当代中国的邮电事业

CONTEMPORARY CHINA: POSTS AND TELECOMMUNICATIONS

2020年·北京

图书在版编目（CIP）数据

当代中国的邮电事业 /《当代中国》丛书编辑委员会编 . -- 北京：当代中国出版社，2020.6
（《当代中国》丛书）
ISBN 978-7-5154-0952-8

Ⅰ.①当… Ⅱ.①当… Ⅲ.①邮电业 – 概况 – 中国 – 现代　Ⅳ.① F632.9

中国版本图书馆 CIP 数据核字（2019）第 163909 号

出 版 人	曹宏举
责任编辑	宗　边
特约编辑	陈立旭
责任校对	康　莹
印刷监制	刘艳平
装帧设计	创世禧图文
出版发行	当代中国出版社
地　　址	北京市地安门西大街旌勇里 8 号
网　　址	http://www.ddzg.net　邮箱：ddzgcbs@sina.com
邮政编码	100009
编 辑 部	（010）66572264　66572154　66572132　66572180
市 场 部	（010）66572281　66572161　66572157　83221785
印　　刷	北京润田金辉印刷有限公司
开　　本	787 毫米 ×1092 毫米　1/16
印　　张	33.25 印张　486 千字
版　　次	2020 年 6 月第 1 版
印　　次	2020 年 6 月第 1 次印刷
定　　价	230.00 元

版权所有，翻版必究；如有印装质量问题，请拨打（010）66572159 转出版部。

《当代中国》丛书
编辑委员会

主 编　邓力群　马　洪　武　衡

编 委　（按姓氏笔画排列）

　　　　丁伟志　于光远　王忍之　王惠德　安平生　朱穆之
　　　　华　楠　杜润生　杨白冰　谷　羽　周克玉　林润青
　　　　房维中　胡　绳　贺敬之　袁宝华　梅　益　薛暮桥

《当代中国》丛书
编辑部
（按姓氏笔画排列）

刘　杲　杜　敬　陈伯林　吴家珣　李松晨　段若非
唐合俭

《当代中国的邮电事业》
编辑委员会

主　编　杨泰芳

副主编　吴基传　李玉奎　成安玉　侯德原　宗之发　刘广乾
　　　　张忠恕

编　委　（按姓氏笔画排列）

　　　　马　然　马生山　王　墨　王苏塘　朱伯禄　乔为中
　　　　刘天瑞　吕　明　宋德仁　杨道新　杨煦昌　张　健
　　　　张季荣　张学籍　柯　平　赵步云　赵品健　梁　健
　　　　崔思九　蒋熙奎

《当代中国的邮电事业》
编 辑 部

主　任　张季荣

副主任　马　然

成　员　徐　榆　陈瑞霞　刘　楷　张振玉　董震丰　刘国强
　　　　徐秀静　王秀音

《当代中国的邮电事业》
主要编撰者

（按姓氏笔画排列）

马　然	王　墨	王化隆	王先华	王苏塘	王明杰
王树昌	王常贵	王崇章	王福元	方　立	邓　畴
只　璐	朱伯禄	汤国权	许广臣	许志勤	刘　楷
刘国强	刘知命	余　杰	何宪文	陆家冯	陈瑞霞
张季荣	张忠恕	张清德	金绍文	柯仲光	胡　浚
赵长太	赵荫秋	赵梅庄	高仰止	高登林	徐　榆
徐荷生	黄达椿	龚达才	崔思九	蔡文法	霍笑川

《当代中国》丛书再版说明

《当代中国》丛书作为新中国成立以来第一套大型当代中国国史和国情丛书，是新中国国史研究领域的标识性作品。该丛书以无可辩驳的史实客观呈现了新中国成立以后近 40 年我们党带领全国人民所取得的社会主义建设的伟大成就，是改革开放前后两个时期有机衔接的忠实记录。

《当代中国》丛书是 20 世纪 80 年代初胡乔木同志提议，经中共中央书记处批准，由中宣部向全国部署，交由中国社会科学院规划和编辑出版，是新中国成立后由中央组织的首次大规模编写中华人民共和国历史的工程。《当代中国》丛书共 150 卷，208 册，约 1 亿字，3 万幅珍贵历史图片。丛书内容广泛，几乎涵盖新中国成立以来各条战线、各个地区社会主义革命和社会主义建设事业的发展过程、辉煌成就。按内容区分，有部门（行业）卷、地方卷、专题卷，还有不限于某个部门或某个方面的综合卷。

1999 年 6 月 30 日，《当代中国》丛书完成总结大会在北京人民大会堂召开，时任中共中央总书记、国家主席江泽民，国务院总理朱镕基，副总理李岚清等党和国家主要领导同志亲切会见了与会代表。江泽民总书记对丛书的完成表示热烈祝贺和高度评价，同时发表重要讲话。他指出：《当代中国》丛书为研究有中国特色社会主义的伟大事业的发展进程、经验和规律，为在广大干部和群众中开展爱国主义、集体主义、社会主义思想教育，提供了丰富的史料和生动的教材。大家应该充分运用这部丛书的科研成果，为资政育人服务，为推进改革开放和现代化建设服务。同年，《当代中国》丛书荣获第四届中国国家图书奖荣誉奖。

由于本丛书第一版时间久远，版本陈旧，且至今市面无存，为服务广大读者，我们推出了该丛书的新版本。目前再版这套丛书，既是向2019年新中国成立70周年奉献的一份厚礼，也是向2020年全面建成小康社会和2021年中国共产党成立100周年敬献的贺礼。

本次再版的总体原则是在尊重史实和时代语境的前提下，保持丛书既有框架和内容，个别调整体例、订正错讹。本次再版，我们邀请专业人员对各卷英文目录做了全面修订，使之更加准确、简洁。我们还提升了用材、装帧质量，务使该丛书以更好的面貌呈现给广大读者。

本次再版得到了中国社会科学院哲学社会科学创新工程和当代中国研究所的鼎力支持与帮助，在此谨表诚谢。

2019年，习近平总书记对在"不忘初心、牢记使命"主题教育中学习党史、新中国史作出重要指示。我们真诚希望，通过本丛书再版，能为全国广大读者增添一套新的、更为全面系统的学习教材，起到进一步传承红色基因、坚定理想信念的作用，做到知史爱党、知史爱国。

当代中国出版社

2019年12月

总　　序

中华人民共和国，作为一个伟大的社会主义国家，屹立于世，已经整整 35 个春秋。

当此之际，我们决定把 30 多年来的历史经验，分门别类，加以总结，编纂成书，陆续付梓，以献给这一伟大事业的创业者和建设者，献给行将参加到这一事业中来的一代又一代新的建设者，献给全国各族同胞和世界上一切关心我们事业的朋友们。

在中华民族 5000 多年的文明史上，我们当代的历史——中华人民共和国的历史，是最辉煌的篇章。这个时期，中国大地上社会的发展，历史的进步，各项事业的兴旺，人民的团结，都是空前的。我们并不满足于既有的初步成就，并不想以此矜夸于人，但是我国人民通过 30 多年的实践，确实重新建立了充分的民族自信。实践本身向全世界宣告，有着古老文明的中华民族，在中国共产党领导下，恢复了和勃发着青春的活力，她完全有能力在比较短的时间内，扎扎实实，以比较高的速度，迎头赶上，跻身于世界先进民族之林。

中华人民共和国的历史，是一部艰苦卓绝的社会主义创业史。其所以艰苦卓绝，一则是由于我们的基础太差，起点太低；二则是由于我们没有经验。如何把一个贫困落后的半殖民地半封建的旧中国改造和建设成为一个富强先进的社会主义新中国，不仅在我国的历史发展中是前无古人的创新之举，而且在世界范围内也无成例可援。我们固然可以参考和借鉴别人的经验，但从根本上来说，却只有靠我们自己运用马克思列宁主义的普遍真理，独立地认识和分析中国的特殊国情，以无畏的革命创造精神和严格的科学态度，找出一条中国化的建设社会主义的道路。只有这样，振兴中华的大业才会事半功倍，卓有成效。在革命战争年代，我们把马克思列宁主义普遍真理和中国革命具体实践相结合，形成了适合中国情况的科学的指导思想，即毛泽东思想。是否坚持马克思列宁主义普遍真理和中国革命具体实践相结合，是决定新民主主义革命成败的关键。新中国成立以来的历史实践表明，这同样是决定我国社会主义事业成败的关键。30多年来，中国人民为此贡献了智慧，付出了劳动，备尝了失误的苦痛和成功的欢欣。党的十一届三中全会以后，我们总结过去正反两方面的丰富经验，坚持和发展马克思列宁主义、毛泽东思想，逐步制定和完善各方面的方针政策，在探索建设有中国特色的社会主义的道路上，有许多新的创造，取得了重大的成就。在1982年党的第十二次全国代表大会上，邓小平同志提出："把马克思主义的普遍真理同我国的具体实际结合起来，走自己的道路，建设有中国特色的社会主义，这就是我们总结长期历史经验得出的基本结论。"建设有中国特色的社会主义，这是一个实践的过程，又是我们的认识不断提高和深化的过程，这是我们的出发点，又是我们的奋斗目标。我们完全可以自豪地说，沿着这条道路前进，通过全体共产党人和各族人民脚踏实地的艰苦奋斗，把我们的祖国建设成为一个高度文明、高度民主的社会主义的现代化强国，是指日可待的。

社会主义中国的历史还在发展。我们有责任把我国走过的道路和取得的经验,介绍给全国各族人民,介绍给世界人民。我国人民必能从中吸取到爱国主义和社会主义的可贵教益,国外一切关心中国的人也能够由此增进对社会主义新中国的了解。这就是我们编撰出版这套《当代中国》丛书的主要目的。

《当代中国》丛书,将遵循实事求是的科学的态度,不虚美,不掩过,用可靠的事实资料,如实地写出新中国30多年的建设史,为世人为后代留下一部科学的信史。我们深信,只要把30多年建设的成功和挫折的经验,运用马克思列宁主义、毛泽东思想——加以科学的总结,那就会使之成为传诸后世的国宝。

当然,任何珍贵的历史经验,都不应变成妨碍人们继续前进的沉重负担。我们不仅不能重复过去的错误,也不能为成功的经验所束缚,而故步自封。历史经验的可贵,在于提供给人们继续前进的力量,在于给人们研究和解决新问题以智慧。现在,为了实现社会主义现代化,全面进行经济改革和技术革命的历史任务,已经提上了议事日程。这些在新的历史条件下面临的重大的新课题,显然是不可能从既往的历史经验中找到现成答案的。我们的任务在于,正确运用历史经验,从中得出规律性的认识,以便用科学性和革命性紧密结合的革新精神,去迎接我国社会主义现代化建设的新高潮。

《当代中国》丛书编辑委员会

1984年5月3日

序　言

　　新中国的邮电事业，是随着中华人民共和国的诞生而组建，随着社会主义建设的进程而发展的。1949年到1986年，已经历了37年。在中华民族悠久的历史中，37年是短暂的，但在中国共产党和人民政府领导下，经过广大邮电干部职工坚持不懈地共同努力，在辽阔的祖国大地上，第一次建成了以首都北京为中心，以大城市和省会为枢纽，联结全国广大城乡、四通八达的邮电通信网。

　　我作为新中国的首任邮电部部长，曾和邮电干部职工一起，共同参加邮电建设这一伟大事业，直到"文化大革命"初期离开邮电岗位。但多年以来，我的心始终是和邮电事业联在一起的。作为一名老邮工，也深知创业的艰难。

　　新中国成立之初，对于我们这样幅员广阔、百废待兴的大国来说，无论是政权建设、国防建设，还是经济、文化建设和各项民主改革，都需要邮电通信来传达政令、沟通联系、推进工作。而旧中国留给我们的是支离破碎的通信网路和残缺不全的设施，因此，邮电部门面临的任务十分紧迫而艰巨。我们以中国人民革命战争中创建的人民邮电事业为主体，一方面改造旧的官僚资本主义邮电企业，建立社会主义邮电事业的基础；一方面集中人力、物力、财力，恢复和建设全国邮电通信网。经过三年左右的时间，基本上沟通了全国的通信联系，保证了党、政、军的通信需要。随后在发展国民经济的几个五年计划中，广大干部职工发挥社会主义积极性和创造性，克服重重困难，研制多种通信设备，建设邮电网路设施，较好地完成了各个时期、各项繁重的邮电通信任务。其间，尽管遭受"文化大革命"的干扰破坏，邮电事业还是有了巨大的发展。到1986年年底，邮电局所比1949年增长1倍，其中自办局所增长近7倍，邮路总长度增长6倍多，邮运汽车增长20.7倍，市话交换机增长11倍多，长途电话电路增长14倍多，邮电业务总量增长达23.4倍。现在除个别边远地区外，长途干线都具有大容量电缆和微波通信手段，而国内卫星通信网则把边远地区同内地联接起来。37年来，邮电建设的巨大成就是中国共产党和中国人民坚持走具有中国特色的社会主义道路的结果。

回顾多年来邮电事业的发展，一靠党和政府的正确方针政策，二靠科学技术的进步，三靠各级人民政府和社会的支持，四靠广大邮电职工的齐心努力。这些在中共十一届三中全会以后的9年中得到了充分的体现。改革、开放、搞活的方针使邮电部门充满了生机和活力。随着城乡商品经济的发展，社会各方面对信息和信息传递的需求不断增加，使邮电通信能力、业务总量、企业经济效益持续稳步增长，邮电事业开始出现前所未有的发展速度。最近9年，市话交换机、长话电路的增长和全行业利润的累计，分别为前30年的2倍多，与新中国成立初期相比，已经发生了翻天覆地的变化。

但是，由于邮电事业基础十分薄弱，加以过去政策上和工作上的某些失误，以致邮电通信能力仍严重不足，很不适应社会主义商品经济发展的需要。前几年，我先后到北京、上海、广州、青岛、烟台等很多地方进行调查研究，深切感到无论邮政或电信，无论国内的或国际的通信都很紧张，邮电建设已成为国民经济各部门中最为薄弱的环节之一。为改变这种状况，中共中央和国务院已把加强邮电通信建设列为发展国民经济的战略重点，决定实行优先发展的方针，制定优惠政策。中央这一英明决定，为加快邮电通信事业的建设创造了有利条件。

随着社会主义物质文明建设和精神文明建设的发展，邮电通信的作用越来越重要，社会需求越来越迫切，邮电部门面临着新的挑战、新的压力。我们高兴地看到，邮电干部职工正在把挑战作为新的发展机遇，把压力变为前进的动力，增强了加快通信建设的紧迫感，已经制定并正积极实施到2000年的发展规划。当前，国际国内环境对邮电发展十分有利，邮电部门只要坚决执行党的以经济建设为中心，坚持四项基本原则，坚持改革开放的基本路线，调动各方面发展邮电事业的积极性，采用和借鉴国外先进技术和管理经验，保持和发扬艰苦创业的光荣传统，我坚信，一定会看到中国邮电通信事业的腾飞。

朱学范
1989年8月

目录

总　序

序　言　　　　　　　　　　　　　　　　　　　　　　　　朱学范

绪　论 ··· 1

一、源远流长的古代邮驿 ·· 2

二、艰难创业的晚清邮电 ·· 4

三、畸形发展的民国邮电 ·· 8

四、人民革命战争中创建的人民邮电 ······················· 11

第一编
中华人民共和国邮电事业的发展历程

第一章　新中国邮电事业的开创与初建

　　　　（1949—1957年）···································· 17

　第一节　迎接全国解放 ··· 17

　　一、革命战争通信中心移到北平 ····························· 17

　　二、组织新中国的通信 ·· 18

　第二节　建立邮电领导体制 ····································· 22

　　一、成立邮电部 ··· 22

　　二、实行"邮电合一" ·· 24

　第三节　三年恢复时期的邮电通信 ····························· 26

　　一、社会主义改造 ·· 26

　　二、迅速恢复和发展通信 ····································· 28

三、端正经营思想，确定服务方针 ·········· 30

第四节　收回国家通信主权 ················ 32
　　一、收回美商在上海的电话公司 ············ 32
　　二、中印两国协商处理印度在西藏的邮电设施 ······ 32
　　三、丹麦商人资产作价转给上海邮电部门 ········ 33

第五节　邮电事业进入发展阶段 ············· 33
　　一、加强以北京为中心的全国通信网 ·········· 33
　　二、建立邮电科研、教育和工业基础 ·········· 35
　　三、建立新的企业管理制度 ·············· 36
　　四、邮电事业的成就 ················· 37

第二章　在曲折中前进（1958—1965年）········· 39

第一节　"大跃进"中的失误 ··············· 39
　　一、指导思想的错误 ················· 39
　　二、邮电企业的下放 ················· 40
　　三、邮电工作中的高指标 ··············· 41
　　四、"反右倾"使"左"倾错误继续发展 ········ 42

第二节　贯彻调整方针，纠正"左"倾错误 ········ 43
　　一、调整邮电管理体制 ················ 43
　　二、整顿领导作风，加强职工队伍建设 ········· 44
　　三、邮电基本建设、工业和院校的调整 ········· 45
　　四、紧缩机构，精减人员 ··············· 47
　　五、加强通信设备维修工作 ·············· 47
　　六、加强基层企业管理 ················ 48

第三节　调整后的回顾 ·················· 48

第三章　"文化大革命"时期的邮电事业（1966—1976年）··· 51

第一节　动乱中的邮电事业 ················ 51

一、通信受到全面冲击 …………………………………… 51
　　二、邮电领导体制被打乱 ………………………………… 53
　　三、邮电干部职工遭受迫害 ……………………………… 55
　　四、邮电部的恢复和"四人帮"对邮电工作的干扰 …… 56
第二节　邮电事业在困难中发展 ………………………………… 57
　　一、国务院决定建设电缆和微波 ………………………… 57
　　二、邮电科研、工业重新起步 …………………………… 58
　　三、适应需要，通信建设有所发展 ……………………… 58

第四章　改革与发展的新时期（1977—1986年） …………… 62
第一节　拨乱反正与工作重点转移 ……………………………… 62
　　一、两年的徘徊 …………………………………………… 62
　　二、工作重点的转移 ……………………………………… 63
第二节　贯彻"调整、改革、整顿、提高"的方针 …………… 65
　　一、邮电工作的三年调整 ………………………………… 65
　　二、邮电管理体制的调整 ………………………………… 69
　　三、企业整顿 ……………………………………………… 70
　　四、开放对台湾地区通邮通电 …………………………… 71
第三节　开创邮电通信现代化建设新局面 ……………………… 72
　　一、"六五"期间的工作方针和主要任务 ……………… 72
　　二、加快发展农村邮电的新政策 ………………………… 74
　　三、邮电经济体制改革 …………………………………… 75
　　四、制定邮电翻三番的规划 ……………………………… 78
　　五、国务院和中共中央对邮电建设的关注 ……………… 79
　　六、地方政府对邮电建设的支持 ………………………… 82
　　七、进行职业道德教育和端正邮电局风 ………………… 85
　　八、邮电的法制建设 ……………………………………… 86
第四节　改革与发展的重大成就 ………………………………… 87

第二编
邮　政

第五章　邮政通信的任务、性质和成就 ········· 93
第一节　邮政的特点和任务 ················· 93
　　一、邮政的特点 ······················ 93
　　二、邮政的任务和作用 ················ 94
第二节　人民邮政的性质和方针 ············· 95
第三节　人民邮政的发展成就 ··············· 96

第六章　邮政通信网 ······················· 100
第一节　邮政局所 ························· 100
　　一、邮政局所设置的原则和标准 ········ 101
　　二、邮政自办局所的发展 ·············· 102
　　三、邮政代办机构的发展 ·············· 103
　　四、加快局所建设 ···················· 105
第二节　邮政分发 ························· 106
　　一、邮件分拣封发体制的演变 ·········· 106
　　二、邮政枢纽的建设 ·················· 109
　　三、推行邮政编码 ···················· 110
第三节　邮政运输 ························· 111
　　一、邮政运输网的建设和发展 ·········· 111
　　二、邮政运输的管理和改革 ············ 115
第四节　邮政投递 ························· 119
　　一、城市投递网 ······················ 119
　　二、农村投递网 ······················ 121

三、城乡投递的改革 …………………………………………… 124

第七章　邮政业务 …………………………………………… 127
第一节　邮政业务的经营范围和方针 ………………………… 127
第二节　函件业务 ……………………………………………… 129
　　一、函件业务的调整和变化 …………………………………… 129
　　二、函件业务的发展 …………………………………………… 131
　　三、函件资费 …………………………………………………… 133
第三节　邮政包裹业务 ………………………………………… 134
　　一、邮政包裹业务的种类 ……………………………………… 137
　　二、邮政包裹业务的发展 ……………………………………… 137
　　三、邮政包裹业务的新变化 …………………………………… 139
　　四、包裹资费 …………………………………………………… 140
第四节　报刊发行业务 ………………………………………… 140
　　一、"邮发合一"的确定 ……………………………………… 140
　　二、报刊发行事业的发展 ……………………………………… 142
　　三、报刊发行业务的成就 ……………………………………… 146
　　四、报刊发行工作存在的问题和改进措施 …………………… 149
第五节　邮政汇兑和储蓄业务 ………………………………… 149
　　一、邮政汇兑 …………………………………………………… 150
　　二、邮政储蓄 …………………………………………………… 153

第八章　国际邮政 …………………………………………… 156
第一节　国际通邮关系和通邮网路的发展 …………………… 156
第二节　国际邮政业务 ………………………………………… 158
　　一、国际邮政业务的经营种类 ………………………………… 158
　　二、国际邮政业务的发展 ……………………………………… 159
　　三、国际邮政业务的管理 ……………………………………… 162

第九章 邮政通信质量和服务 ………………………………… 163

第一节 提高邮政通信质量 ……………………………………… 163
一、建立和贯彻统一的邮政业务规章制度 ………………… 163
二、开展以提高通信质量为主要内容的劳动竞赛 ………… 165
三、组织邮政职工练基本功 ………………………………… 167

第二节 改善邮政服务工作 ……………………………………… 168
一、破衙门作风，送服务上门 ……………………………… 169
二、"一封信一颗心"，全心全意为人民 …………………… 170
三、为党政军和中心工作服务 ……………………………… 172
四、端正局风，接受社会监督 ……………………………… 174
五、平凡的岗位，不平凡的业绩 …………………………… 174

第十章 邮政技术革新和技术装备 ………………………… 177

第一节 邮政部门的技术革新 …………………………………… 177
一、在落后的基础上起步 …………………………………… 177
二、邮政部门技术革新的发展 ……………………………… 179

第二节 邮政技术设备的应用 …………………………………… 180
一、窗口营业设备 …………………………………………… 180
二、邮件分拣设备 …………………………………………… 181
三、邮件传送、搬运和装卸设备 …………………………… 182
四、汇兑稽核和报刊要数处理系统 ………………………… 182

第十一章 邮票与集邮 ……………………………………… 184

第一节 邮票的发行和管理 ……………………………………… 184
一、邮票的发行 ……………………………………………… 184
二、邮票发行的管理 ………………………………………… 186

第二节 邮票的设计和印刷 ……………………………………… 187

一、邮票的设计 ··· 187
　　二、邮票的印刷 ··· 188
第三节　集邮和集邮业务 ··· 189
　　一、集邮事业 ··· 189
　　二、集邮业务 ··· 191

第三编
电　信

第十二章　新中国电信概况 ··· 195
第一节　电信的作用 ··· 195
第二节　新中国电信的发展历程 ··· 197

第十三章　电信业务 ··· 201
第一节　长途电话 ·· 201
　　一、长途电话业务的发展 ·· 201
　　二、长途电话的网路组织 ·· 204
　　三、长途电话的通信指挥调度系统 ································ 207
　　四、长途电话的人工接续和自动化 ································ 209
　　五、会议电话业务的创办和发展 ··································· 211
第二节　市内电话 ·· 212
　　一、市内电话的发展 ·· 212
　　二、市内电话网路和设备 ·· 215
　　三、用户交换机 ·· 217
　　四、公用电话 ··· 219
　　五、市内电话特种服务 ··· 220
第三节　农村电话 ·· 221

一、网路发展 222
　　二、经营管理 226
第四节　公众电报 229
　　一、电报业务的发展 229
　　二、电报网路发展和电报接转自动化 231
　　三、提高电报通信质量和服务水平 234
　　四、在电报业务中推行汉语拼音和简化汉字 236
第五节　用户电报 237
　　一、用户电报的开办和发展 237
　　二、用户电报网的组织与发展 238
第六节　传真、数据及其他通信业务 239
　　一、传真通信 239
　　二、数据通信 241
　　三、新闻广播与电视节目的传送 242
　　四、无线寻呼 243
　　五、移动通信 244
第七节　特种业务 244
　　一、气象通信 244
　　二、水情通信 245
　　三、地震震情监测通信 246

第十四章　国际电信及港澳地区通信 247
第一节　国际电信 247
　　一、保持与27家外国电信机构的通信联系 247
　　二、重点发展与社会主义国家的通信 249
　　三、国际通信转入低潮 250
　　四、国际通信的大发展 251
第二节　香港、澳门地区的通信 253

第十五章 电信传输网 ····· 255

第一节 长途架空明线及载波系统 ····· 255
一、恢复与建设 ····· 256
二、扩建与改造 ····· 257

第二节 长途干线电缆 ····· 259
一、建设对称电缆和60路载波系统 ····· 259
二、建设中同轴电缆和大容量载波系统 ····· 259

第三节 短波电台 ····· 261
一、国际电台 ····· 261
二、国内电台 ····· 261

第四节 微波线路 ····· 262

第五节 卫星通信 ····· 263

第六节 市内电话传输 ····· 264

第七节 农村电话传输 ····· 265

第八节 专用网与公用网的关系 ····· 267

第十六章 设备维护工作 ····· 269

第一节 设备维护工作的演变 ····· 269

第二节 保持全程全网的协调一致 ····· 272

第三节 为维护工作奉献的人们 ····· 274

第四编
邮电科学技术、教育和出版工作

第十七章 邮电科学技术 ····· 279

第一节 邮电科学技术的发展历程 ····· 279

  一、在"一穷二白"的基础上起步……279
  二、"文化大革命"时期的科技工作……282
  三、新时期科技工作大发展……284

第二节　邮政科研成果……289
  一、信函自动分拣技术……289
  二、包裹、印刷品和邮袋分拣技术……290
  三、报刊要数数据处理系统及报刊分发机械化设备……291
  四、汇兑稽核计算机处理系统……292

第三节　电信传输技术的研究成果……293
  一、载波通信系统……293
  二、微波通信系统……297
  三、卫星通信系统……299
  四、光纤通信系统……301

第四节　电话自动交换技术的研究成果……305
  一、纵横制电话自动交换设备……305
  二、程控电话自动交换设备……306

第五节　电报、数据和传真技术的研究成果……307
  一、电报通信技术……307
  二、数据通信技术……309
  三、传真通信技术……312

第六节　邮电通信软科学的研究成果……313
  一、通信网技术体制与技术标准……313
  二、邮电技术经济和管理……315
  三、邮电科技情报……316
  四、通信计量标准……318

第十八章　邮电教育……320
第一节　邮电教育的发展……320

第二节　邮电高等教育 … 324
一、规模、层次与专业设置 … 324
二、教学计划与教材建设 … 325
三、高校的科学研究与学术活动 … 328
四、北京邮电学院 … 329

第三节　邮电职业技术教育 … 330
一、中等专业教育 … 331
二、技工学校与职业培训 … 333

第四节　邮电职工教育 … 334
一、函授教育 … 335
二、政治、文化、技术业务教育 … 336
三、干部教育 … 338

第十九章　邮电报纸与书刊出版工作 … 340

第一节　报纸出版工作 … 340
一、《人民邮电》报的发展历史 … 340
二、《人民邮电》报的主要成绩 … 341

第二节　书刊出版工作 … 343
一、出版概况 … 343
二、出版工作为邮电通信建设服务 … 345
三、为科学普及服务 … 346

第五编

邮电工业和基本建设

第二十章　邮电工业 … 351

第一节　邮电工业的成长及其特点 … 351

一、从修配起步到修造并举 ……………………………………………… 351

　　二、从通信企业大办工厂到邮电工业体系的形成 ……………………… 353

　　三、健全邮电工业生产体系 ……………………………………………… 354

第二节　通信产品的发展 …………………………………………………… 355

　　一、邮政通信器材和设备 ………………………………………………… 355

　　二、明线载波通信设备 …………………………………………………… 356

　　三、"两个60路"通信设备 ………………………………………………… 358

　　四、"两个600路"通信设备 ……………………………………………… 360

　　五、1800路中同轴电缆载波通信设备 …………………………………… 360

　　六、960路微波通信设备和数字微波通信设备 ………………………… 362

　　七、电话设备 ……………………………………………………………… 363

　　八、电报设备 ……………………………………………………………… 366

　　九、其他各种通信设备和器材 …………………………………………… 367

第三节　邮电工业的经营管理 ……………………………………………… 369

　　一、邮电工厂的分类和管理 ……………………………………………… 369

　　二、经营管理上的改进 …………………………………………………… 370

第二十一章　邮电基本建设 …………………………………………… 377

第一节　邮电基本建设的成就 ……………………………………………… 377

　　一、邮电基本建设的特点 ………………………………………………… 377

　　二、邮电基本建设的成就 ………………………………………………… 378

第二节　邮电基本建设的组织管理 ………………………………………… 384

　　一、管理体制 ……………………………………………………………… 384

　　二、机构的设置与调整 …………………………………………………… 385

　　三、降低造价，提高效益 ………………………………………………… 386

　　四、提高技术装备水平 …………………………………………………… 387

第三节　严格执行基建工作程序 …………………………………………… 388

　　一、可行性研究报告和设计任务书 ……………………………………… 388

二、年度计划 …………………………………………… 388

　　三、项目的实施 ………………………………………… 389

　　四、工程竣工和验收投产 ……………………………… 391

第四节　邮电基本建设的改革 ……………………………… 391

　　一、改革计划管理 ……………………………………… 391

　　二、实行投资包干 ……………………………………… 392

　　三、设计单位企业化管理 ……………………………… 392

　　四、实行工程项目招标办法 …………………………… 393

　　五、施工企业的改革 …………………………………… 393

第六编
邮电经济管理和国际交往

第二十二章　邮电经济管理 …………………………………… 397

第一节　邮电计划 …………………………………………… 397

　　一、计划任务、体制和指标体系 ……………………… 397

　　二、规划工作 …………………………………………… 403

　　三、统计监督和统计报表 ……………………………… 406

第二节　邮电财务 …………………………………………… 407

　　一、财务管理体制的演变 ……………………………… 407

　　二、通信企业财务和资金管理 ………………………… 408

　　三、财务分配 …………………………………………… 409

　　四、通信企业财务成果 ………………………………… 411

　　五、基本建设财务管理 ………………………………… 412

第三节　邮电劳动工资 ……………………………………… 413

　　一、企业的劳动组织工作 ……………………………… 413

　　二、劳动制度 …………………………………………… 414

三、职工工资 ······ 415
　　四、职工的劳动保险和劳动保护 ······ 416
　　五、职工劳动生产率 ······ 417
第四节　邮电物资管理 ······ 418
　　一、物资管理体制 ······ 418
　　二、物资的供应工作 ······ 420
　　三、邮电物资的管理工作 ······ 421
第五节　邮电资费 ······ 423
　　一、邮电资费的制定 ······ 423
　　二、几次重大调整 ······ 424
　　三、邮电资费的优惠政策 ······ 425
　　四、邮电资费存在的问题 ······ 426

第二十三章　国际交往 ······ 427
第一节　建立国家间的邮电关系 ······ 427
第二节　参加国际邮电组织活动 ······ 428
　　一、参加社会主义国家邮电合作组织活动 ······ 429
　　二、参加万国邮政联盟活动 ······ 430
　　三、参加国际电信联盟活动 ······ 432
　　四、参加国际通信卫星组织活动 ······ 435
　　五、参加亚洲太平洋地区邮政联盟活动 ······ 437
　　六、参加亚洲太平洋地区电信组织活动 ······ 437
　　七、参加国际集邮联合会和亚洲集邮联合会 ······ 438
第三节　开展国际间邮电经济技术合作 ······ 438

回顾与展望 ······ 440

附录一　中华人民共和国邮电事业大事年表
　　（1949—1986年） ······ 449

附录二　邮电部历届主要领导人名录
　　　　（1949—1986年） …………………………………… 470
附录三　中华人民共和国邮政法 ………………………………… 474
后　记 …………………………………………………………… 482

Contents

General Preface

Preface   Zhu Xuefan

Introduction ··· 1

    1. Long Historied Ancient Courier Post System ·························· 2

    2. Started Posts and Telecommunications in Later Period of Qing Dynasty Arduously ·· 4

    3. Developed Posts and Telecommunications After the Revolution of 1911 Lopsidedly ·· 8

    4. People's Posts and Telecommunications Established During the People's Revolutionary War ·· 11

Part One

Course of the Development of Posts and Telecommunications of the People's Republic of China

Chapter I   Inauguration and Construction of New China's Posts and Telecommunications (1949-1957) ·· 17

    1. Greeting the Liberation of the Whole Country ························ 17

    (1) Moving the Communication Center of Revolutionary War to Beijing ········ 17

    (2) Organizing New China's Communication ····························· 18

    2. Establishing the Management System of Posts and Telecommunications ··· 22

(1) Setting up the Ministry of Posts and Telecommunications ………… 22

(2) Combined Service of Posts and Telecommunications ………… 24

3. Posts and Telecommunications Service in the Period of Three Years' Recovery ………… 26

(1) Socialist Transformation ………… 26

(2) Restoring and Developing Communications Rapidly ………… 28

(3) Correcting Thinking of Management and Deciding Principle of Service …… 30

4. Regaining National Sovereignty on Communications ………… 32

(1) Taking Over Telephone Company Founded by American Businessman in Shanghai ………… 32

(2) China and India Consulting About the Arrangement of P&T Facilities Set up by India in Tibet ………… 32

(3) Properties of Danish Merchants Transferred to the P&T Departments of Shanghai ………… 33

5. Stage of the All-round Development of Posts and Telecommunications ………… 33

(1) Strengthening Communication Networks with Beijing as the Center ………… 33

(2) Establishing Basis of Scientific Research, Education and Industry of Posts and Telecommunications ………… 35

(3) Establishing New System of Enterprise Management ………… 36

(4) Achievements of Posts and Telecommunications ………… 37

Chapter II Advancing Through Twists and Turns (1958-1965) ………… 39

1. Mistakes During the Movement of the "Great Leap Forward" ………… 39

(1) Mistakes in the Guiding Thought ………… 39

(2) Transferring P&T Enterprises to Lower Level ………… 40

(3) High Targets in Posts and Telecommunications ………… 41

(4) Movement of Anti-right Deviation Pushing the "Left"
　　Deviation to Develop Continuously ·· 42
2. Carrying out the Readjusting Principle, Correcting the Mistakes of
　"Left" Deviation ·· 43
　(1) Readjusting Management System of Posts and
　　　Telecommunications ·· 43
　(2) Rectifying Style of Work and Strengthening Building-up
　　　of the Staff ·· 44
　(3) Readjusting Capital Construction, Industry and Education ················ 45
　(4) Simplifying Administrative Structure and Reducing Personnel ·········· 47
　(5) Strengthening Maintenance Work of Communication Equipments ······ 47
　(6) Strengthening Management of the Grass-roots Enterprises ················ 48
3. Retrospect After Readjustment ·· 48

Chapter III　Posts and Telecommunications in the Period of the "Cultural Revolution" (1966-1976) ·· 51

1. Posts and Telecommunications in Great Turmoil ·· 51
　(1) Full Scale Attack to Communications ·· 51
　(2) Systems of Posts and Telecommunications Thrown into Confusion ············ 53
　(3) P&T Cadres and Workers Suffering Persecution ································ 55
　(4) Restoration of the Ministry of Posts and Telecommunications and
　　　Interference from the "Gang of Four" ·· 56
2. Development of Posts and Telecommunications with Difficulty ················ 57
　(1) State Council Deciding to Construct Cable and Microwave
　　　Facilities ·· 57
　(2) Restart of Scientific Research and Industry ·· 58
　(3) Communication Construction Advanced to Meet the Requirements ············ 58

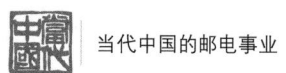
当代中国的邮电事业

Chapter IV　New Stage of Reform and Development
（1977-1986）·· 62
　　1. Bringing Order out of Chaos and Shifting the Focus of Work ·················· 62
　　（1）Two Years Hesitation ·· 62
　　（2）Shift of the Focus of Work ·· 63
　　2. Carrying out the Principle of "Readjustment, Restructuring,
　　　　Consolidation and Improvement" ·· 65
　　（1）Three Years Readjustment of Posts and Telecommunications ·················· 65
　　（2）Reformation of the P&T Management System ·················· 69
　　（3）Consolidation Work of Enterprises ·················· 70
　　（4）Opening Posts and Telecommunications Service to Taiwan ·················· 71
　　3. Creating a New Situation in the Modernization of Posts and
　　　　Telecommunications ·· 72
　　（1）Principle and Main Task in the Period of the "Sixth Five-year
　　　　Plan" ·· 72
　　（2）New Policy of Speeding up the Development of Rural Posts
　　　　and Telecommunications ·················· 74
　　（3）Reform of P&T Economic System ·················· 75
　　（4）Working out a Plan of Raising the Communications Capacity
　　　　and Traffic Volume by 700% ·················· 78
　　（5）State Council and the Central Committee of the CPC
　　　　Showing Grave Concern over the Construction of Posts and
　　　　Telecommunications ·················· 79
　　（6）Local Governments Supporting the P&T Construction ·················· 82
　　（7）Education in Professional Morality and Rectification of Incorrect
　　　　Styles of Work of the P&T Enterprises ·················· 85
　　（8）Construction of the Legal System of Posts and Telecommunications ·················· 86

4

4. Significant Achievements in Reform and Development ……………… 87

Part Two

Posts

Chapter V Tasks, Properties and Achievements of Posts ……………… 93

1. Characteristics and Tasks of Posts …………………………………… 93

(1) Characteristics …………………………………………………… 93

(2) Tasks and Functions …………………………………………… 94

2. Properties and Guiding Principle of the People's Posts …………… 95

3. Development and Achievements of the People's Posts …………… 96

Chapter VI Communication Networks of Posts ……………………… 100

1. Postal Offices …………………………………………………………… 100

(1) Principles and Standards of Establishing Postal Offices ……… 101

(2) Development of the Government-owned Post Offices ………… 102

(3) Development of Postal Agencies ……………………………… 103

(4) Speeding up the Building of Postal Offices …………………… 105

2. Postal Dispatching …………………………………………………… 106

(1) Evolution of Mail Sorting and Dispatching System ………… 106

(2) Construction of Postal Sorting Center ………………………… 109

(3) Putting Post Coding into Practice ……………………………… 110

3. Postal Transportation ………………………………………………… 111

(1) Construction and Development of Postal Transportation
    Networks …………………………………………………………… 111

(2) Management and Reform of Postal Transportation …………… 115

4. Mail Delivery …………………………………………………………… 119

(1) City Delivery Network …………………………………………… 119

5

(2) Rural Delivery Network ·············· 121

(3) Reform of Urban and Rural Delivery ·············· 124

Chapter VII Postal Services ·············· 127

1. Management Scope and Principle of Postal Services ·············· 127

2. Letter Posts ·············· 129

(1) Readjustment and Variation of Letter Posts ·············· 129

(2) Development of Letter Posts ·············· 131

(3) Mail Tariff ·············· 133

3. Parcel Posts ·············· 134

(1) Classification of Parcel Posts ·············· 137

(2) Development of Parcel Posts ·············· 137

(3) New Changes in Parcel Service ·············· 139

(4) Parcel Tariff ·············· 140

4. Distribution of Newspapers and Periodicals ·············· 140

(1) Combined Service of Posts and Distribution of Newspapers and Periodicals ·············· 140

(2) Development of Distribution of Newspapers and Periodicals ·············· 142

(3) Achievements in the Service of Distribution of Newspapers and Periodicals ·············· 146

(4) Problems and the Improvement Measures of the Distribution Service ·············· 149

5. Postal Remittance and Postal Savings ·············· 149

(1) Postal Remittance ·············· 150

(2) Postal Savings ·············· 153

Chapter VIII International Posts ·············· 156

1. Development of International Postal Relations and Postal Networks ·············· 156

2. International Postal Service ··· 158
   （1）Kinds of International Postal Service ······························ 158
   （2）Development of International Postal Service ······················· 159
   （3）Management of International Postal Service ······················· 162

Chapter IX   Quality of the Postal Service ···························· 163
   1. Improving the Quality of Postal Communication ························ 163
    （1）Establishing and Implementing the Unified Rules and Regulations
       of Postal Service ··· 163
    （2）Carrying out the Labor Emulation Drive to Improve the Quality of
       Postal Service ··· 165
    （3）Arranging the Staff Practising in Basic Skill ························· 167
   2. Improving the Postal Service ·· 168
    （1）Breaking with the "Yamen" Style of Working and Serving to the
       Customers' Door ··· 169
    （2）"One letter means one heart", Serving the People
       Wholeheartedly ··· 170
    （3）Serving the Party, Government, Army and Their Central Tasks ············ 172
    （4）Correcting the Style of Working and Accepting Supervision by
       the Society ·· 174
    （5）Ordinary Posts, Uncommon Achievements ····························· 174

Chapter X   Postal Technical Innovation and Technical Equipments ······ 177
   1. Technical Innovation in the Postal Branch ···························· 177
    （1）Starting on a Backward Basis ······································· 177
    （2）Development of the Technical Innovation ··························· 179
   2. Application of the Technical Equipments ···························· 180
    （1）Counter Service Equipments ······································· 180

(2) Mail Dispatching Equipments ……………………………………………… 181

　　(3) Mail Delivery, Transportation, Loading and Unloading Equipments ……… 182

　　(4) Computer Processing System for Postal Remittance Checking and
　　　　Subscription of Newspapers and Periodicals ……………………………… 182

Chapter XI　Stamps and Philately ……………………………………… 184

　1. Stamps Distribution and Administration ……………………………………… 184

　　(1) Stamps Distribution ……………………………………………………… 184

　　(2) Management of Stamps Distribution …………………………………… 186

　2. Design and Printing of Stamps ……………………………………………… 187

　　(1) Stamps Design …………………………………………………………… 187

　　(2) Stamps Printing …………………………………………………………… 188

　3. Philately and Philately Service ……………………………………………… 189

　　(1) Philately …………………………………………………………………… 189

　　(2) Philately Service ………………………………………………………… 191

Part Three
Telecommunications

Chapter XII　General Description of New China's Telecommunications ……………………………………………………… 195

　1. Functions of Telecommunications …………………………………………… 195

　2. Course of Development of Telecommunications in New China …………… 197

Chapter XIII　Telecommunication Service ………………………………… 201

　1. Long-distance Telephone ……………………………………………………… 201

　　(1) Development of Long-distance Telephone Service …………………… 201

　　(2) Organization of Long-distance Telephone Networks ………………… 204

(3) Directing and Dispatching System of Long-distance Telephone
    Communication ·· 207
(4) Manual Operation and Automation of the Long-distance Telephone
    Service ··· 209
(5) Establishment and Development of Conference Telephone Service ············ 211
2. Local Telephone ·· 212
(1) Development of Local Telephone Service ··· 212
(2) Local Telephone Network and Equipments ··· 215
(3) Private Branch Exchange ·· 217
(4) Public Telephone Service ·· 219
(5) Special Services of Local Telephone ·· 220
3. Rural Telephone ·· 221
(1) Development of the Network ··· 222
(2) Management and Administration ··· 226
4. Public Telegraph ··· 229
(1) Development of Telegraph Service ··· 229
(2) Development of the Network and Automatic Switching of
    Public Telegraph Service ·· 231
(3) Promoting the Quality of Telegraph Communication and
    Level of Service ·· 234
(4) Putting the Scheme for the Chinese Phonetic Alphabet and Simplified
    Chinese Characters into Practice in Telegraph Service ···························· 236
5. Telex ·· 237
(1) Inauguration and Development of Telex Service ······································· 237
(2) Organization and Development of Telex Network ····································· 238
6. Facsimile, Data and Other Communication Services ····························· 239
(1) Facsimile ··· 239
(2) Data Communication ··· 241

(3) Transmission for News Broadcasting and TV Programs 242

(4) Radio Paging System 243

(5) Mobile Communication 244

7. Special Services 244

(1) Meteorological Communication 244

(2) Regimen Communication 245

(3) Seismic Prospecting Communication 246

Chapter XIV International Telecommunications and Communication with Regions of Hongkong and Macao 247

1. International Telecommunications 247

(1) Keeping the Communication Relations with 27 Telecommunication Organizations of Foreign Countries 247

(2) Developing Communications Mainly with Socialistic Countries 249

(3) International Communications at a Low Tide 250

(4) Large Scale Development of the International Communications 251

2. Communications with Regions of Hongkong and Macao 253

Chapter XV Transmission Networks of Telecommunications 255

1. Long-distance Open-wire Line and Carrier Systems 255

(1) Restoration and Construction 256

(2) Expansion and Transformation 257

2. Cable Facilities of the Long-distance Trunk Line 259

(1) Constructing the Symmetric Cable and 60-Channel Carrier System 259

(2) Constructing the Medium Coaxial Cable and the Large Capacity Carrier System 259

3. Short Wave Radio Stations 261

(1) International Radio Stations 261

(2) Domestic Radio Stations ········· 261

4. Micro-wave Line ········· 262

5. Satellite Communication ········· 263

6. Local Telephone Transmission ········· 264

7. Rural Telephone Transmission ········· 265

8. Relations Between the Private Networks and the Public Network ········· 267

Chapter XVI   Equipment Maintenance ········· 269

1. Evolution of the Maintenance of Equipments ········· 269

2. Keeping Unity of the Overall Network ········· 272

3. Those who Contribute to Maintenance Work ········· 274

Part Four

Science, Technology, Education and Publishing of Posts and Telecommunications

Chapter XVII   Science and Technology of Posts and Telecommunications ········· 279

1. Course of Development of the P&T Science and Technology ········· 279

(1) Starting on the Basis of Poverty and Blankness ········· 279

(2) Science and Technology During the Period of "Cultural Revolution" ········· 282

(3) Large Scale Development of Science and Technology in the New Stage ········· 284

2. Achievements in Scientific Research of Posts ········· 289

(1) Automatic Sorting Technique for Letters ········· 289

(2) Sorting Techniques for Parcels, Packets and Mail Bags ········· 290

(3) Data Processing System for Subscription of Newspapers and Periodicals and Mechanized Equipments for Distribution of

      Newspapers and Periodicals ············ 291

  （4）Computer Processing System for Postal Remittance Checking ············ 292

  3. Achievements in Technical Research of Telecommunication

      Transmission ············ 293

    （1）Carrier Communication System ············ 293

    （2）Micro-wave Communication System ············ 297

    （3）Satellite Communication System ············ 299

    （4）Optic Fibre Communication System ············ 301

  4. Achievements in the Research of Automatic Telephone Switching

      Technique ············ 305

    （1）Cross-bar Type Automatic Telephone Exchange ············ 305

    （2）SPC Automatic Telephone Equipment ············ 306

  5. Achievements in the Research of Telegraph, Data and Facsimile

      Technique ············ 307

    （1）Telegraph Communication Technique ············ 307

    （2）Data Communication Technique ············ 309

    （3）Facsimile Communication Technique ············ 312

  6. Achievements in the Research of the Soft Science of Posts

      and Telecommunications ············ 313

    （1）Technical Systems and Standards of Communication Networks ············ 313

    （2）P&T Technical Economy and Administration ············ 315

    （3）Scientific and Technical Information of Posts and Telecommunications ············ 316

    （4）Standard of Measurements of Communications ············ 318

Chapter XVIII   Education of Posts and Telecommunications ············ 320

  1. Development of P&T Education ············ 320

  2. Higher Education of Posts and Telecommunications ············ 324

    （1）Scale, Structure and Specialties ············ 324

(2) Teaching Plan and Preparation of Teaching Materials ·················· 325

　　(3) Scientific Research and Academic Activities in the Institutes and
　　　　Universities of Higher Learning ·················· 328

　　(4) Beijing Institute of Posts and Telecommunications ·················· 329

　3. Vocational Technical Education of Posts and Telecommunications ············ 330

　　(1) Secondary Vocational Education ·················· 331

　　(2) Technical Schools and On-job Training ·················· 333

　4. P&T Personnel Education ·················· 334

　　(1) Correspondence Education ·················· 335

　　(2) Political, Cultural, Technical and Professional Education ················ 336

　　(3) Cadre Education ·················· 338

Chapter XIX　Publication of Newspapers, Books and Periodicals about Posts and Telecommunications ·················· 340

　1. Publication of Newspapers ·················· 340

　　(1) Course of Development of "The People's Posts and
　　　　Telecommunications" ·················· 340

　　(2) Main Achievements of "The People's Posts and
　　　　Telecommunications" ·················· 341

　2. Publication of Books and Periodicals ·················· 343

　　(1) General Conditions of the Publication Work ·················· 343

　　(2) Serving Construction of Posts and Telecommunications ·················· 345

　　(3) Serving Dissemination of Scientific Knowledge ·················· 346

Part Five

Industry and Capital Construction of Posts and Telecommunications

Chapter XX　Posts and Telecommunications Industry ·················· 351

1. Growth of the P&T Industry and Its Characteristics ·························· 351

（1）Starting from Repairing and Striving for Repairing and Manufacturing Simultaneously ·························· 351

（2）Setting up Factories by the Enterprises of Posts and Telecommunications and the Formation of the P&T Industrial System ·························· 353

（3）Improving the Management System of P&T Industry ·························· 354

2. Development of the Communication Products ·························· 355

（1）Post Communication Materials and Equipment ·························· 355

（2）Open-wire Carrier Communication Equipment ·························· 356

（3）"Two 60-channel" Communication Equipment ·························· 358

（4）"Two 600-channel" Communication Equipment ·························· 360

（5）Medium Coaxial Cable 1800-channel Carrier Communication Equipment ·························· 360

（6）960-channel Microwave Communication Equipment and Digital Microwave Communication Equipment ·························· 362

（7）Telephone Equipment ·························· 363

（8）Telegraph Equipment ·························· 366

（9）Other Communication Equipments and Materials ·························· 367

3. Management and Administration of P&T Industry ·························· 369

（1）Classification and Administration of P&T Factories ·························· 369

（2）Improvement in Management and Administration ·························· 370

Chapter XXI Capital Construction of Posts and Telecommunications ·························· 377

1. Achievement of the P&T Capital Construction ·························· 377

（1）Characteristics of the P&T Capital Construction ·························· 377

（2）Achievement of the P&T Capital Construction ·························· 378

2. Administration of the P&T Capital Construction ·························· 384

(1) Administration System ············ 384

(2) Setting-up and Readjusting the Organization Structure ············ 385

(3) Reducing the Cost, Raising the Benefit ············ 386

(4) Raising the Level of Technical Equipments ············ 387

3. Following the Working Procedure of Capital Construction Strictly ············ 388

(1) Report of Feasibility Study and the Assignment of Project Design ············ 388

(2) Annual Plan ············ 388

(3) Implementation of Projects ············ 389

(4) Completion and Acceptance of Projects ············ 391

4. Reform of the P&T Capital Construction ············ 391

(1) Restructuring Planned Management ············ 391

(2) The Adoption of Investment Contracted Responsibility System ············ 392

(3) Switching over the Engineering Unit to Enterprise ············ 392

(4) Inviting Bids for the Construction Projects ············ 393

(5) Reform of the Construction Enterprises ············ 393

Part Six

P&T Economical Management and Exchanges with Foreign Countries

Chapter XXII P&T Economical Management ············ 397

1. Posts and Telecommunications Planning ············ 397

(1) Planning and Planning System ············ 397

(2) Development Planning ············ 403

(3) Supervision over Statistics and Statistical Tables ············ 406

2. Financial Affairs of Posts and Telecommunications ············ 407

(1) Evolution of Financial Management System ············ 407

(2) Financial and Funds Management of Communication Enterprises ············ 408

（3）Financial Distribution ……………………………………… 409

（4）Financial Product of Communication Enterprises ………… 411

（5）Financial Management of Capital Construction …………… 412

3. Labor and Wages of Posts and Telecommunications ………… 413

（1）Organization of Labor in Enterprises ……………………… 413

（2）Labor System ………………………………………………… 414

（3）Wages of Workers and Staff ………………………………… 415

（4）Labor Insurance and Labor Protection for Workers and Staff ………… 416

（5）Labor Productivity of Workers and Staff ………………… 417

4. Management of Posts and Telecommunication Materials …… 418

（1）System of Material Management …………………………… 418

（2）Supply of Materials ………………………………………… 420

（3）Material Management ……………………………………… 421

5. Posts and Telecommunications Tariffs ………………………… 423

（1）Formulating of P&T Tariffs ………………………………… 423

（2）Several Times of Important Adjustments ………………… 424

（3）Preferential Policy on P&T Tariffs ………………………… 425

（4）Problems on P&T Tariffs …………………………………… 426

Chapter XXIII International Exchanges ……………………… 427

1. Establishment of the P&T Relations with Other Countries …… 427

2. Participation in the Activities of International Posts and
   Telecommunications Organizations ……………………………… 428

（1）Posts and Telecommunications Cooperation Organization
    of Socialist Countries ………………………………………… 429

（2）Universal Postal Union ……………………………………… 430

（3）International Telecommunications Union ………………… 432

（4）International Communication Satellite Organization …… 435

（5）Asia-pacific Post Union ……………………………………………… 437

（6）Asia-pacific Telecommunications Union …………………………… 437

（7）International Philatelist Association and Asian Philatelist Asscciation ……………………………………………………………… 438

3. Extending International Economical and Technical Cooperations in Posts and Telecommunications ………………………………… 438

Retrospect and Prospect ……………………………………………… 440

Appendix: 1. Chronology of Events Involving Posts and Telecommunications of the People's Republic of China (1949-1986) ………………………… 449

Appendix: 2. List of All the Previous Major Leaders of the Ministry of Posts and Telecommunications (1949-1986) ……………………………… 470

Appendix: 3. Law of Posts of the People's Republic of China ……………… 474

Postscript ……………………………………………………………… 482

绪　　论

以邮政和电信为主体的当代中国的通信事业，是中国社会主义事业的一个重要组成部分。

通信，就是人们传递、交换信息的过程。这些信息包括语言、图像、文字、符号、数据等。通信是和人类社会同时产生、同步发展起来的。至于邮政和电信，则是近代工业革命后的产物。邮电通信是社会生产力的组成部分，是"社会生产过程的一般条件。"①

早在远古时代，猿人就利用叫声、手势和面部表情来传递、交换信息；随着互相联系的发展，产生了语言，这是人类通信方式的第一次革命。以后由于生产的发展和人类活动领域的扩大，人类又创造了用于记录和传播信息的文字，这是人类通信的第二次革命。

从分散、自发的通信到有组织的通信，从相互之间的以物示意到大规模的统一的通信活动，经历了从原始社会到阶级社会的漫长过程。国家出现以后，国家的日常行政和军事活动，社会经济的发展与产品的交换，科学文化的发展与交流，都需要建立相应的通信网。因而，世界各国都先后建立了大同小异的邮驿通信制度。

到了近代，由于工业、航海和贸易的发展，人们的联系范围扩大到整个世界，出现了社会公用的邮政、电报、电话、广播等，人类通信发生了第三次革命。

进入20世纪中叶，人类活动的领域已开始从地球进入太空。通信卫星的应用，通信与计算机的结合，使信息成为非常重要的战略资源。对信息的获取、传递和处理的能力，标志着一个国家经济和社会发达的程度，而信息的

---

① 马克思：《资本论》第1卷，人民出版社1975年6月第1版，第421页。

传递，主要是依靠邮电通信实现的。

纵观人类文明的发展史，可以发现通信是人们从事生产建设和社会物质、文化生活不可缺少的重要工具之一，与国计民生的关系极为密切。邮电通信是国家的神经系统，是社会必不可少的基础设施。信息与能源、材料工业一起构成了现代社会生产力的三大支柱。通信，作为传递、处理信息的主要手段，更加引起社会的普遍重视和关注。这主要是由于通信能为国民经济各部门和社会各方面提供服务，为人们的政治、经济、文化、科学活动和日常生活提供信息，并且通过传递信息，把社会的生产、分配、交换、消费四个环节有机地联系起来，缩短时间和空间，对社会各方面产生巨大的效益。因此，没有现代化的通信，也就没有现代化的社会。

在人类历史上的前两次通信革命中，中华民族都做出过杰出贡献。中国是世界上建立邮驿通信制度最早的国家之一。中国的"四大发明"，① 特别是印刷术的发明对信息的存储、交换和传播起了特殊的作用。只是到了近代，中国通信技术才逐渐落伍。中华人民共和国成立以后，邮电通信事业有了很大的发展。但是，与国际先进水平和社会主义现代化建设的要求相比，还有较大的差距。因此，迅速改变中国邮电通信的落后状况，实现通信现代化，就是历史赋予新中国的光荣而艰巨的使命。

今天的中国是从昨天的中国发展而来的。在介绍当代中国的邮电事业之前，有必要简要回顾一下中国从邮驿到邮电通信的发展历程。

一、源远流长的古代邮驿

中国是世界上著名的文明古国之一。在中华民族的悠久历史中，通信是中华民族文化的重要组成部分。

在原始公社时期，中国还没有文字和通信工具。人们相互之间的通信往往是用原始的以物示意方式，用结绳、木刻等方法记录简单的信息。史书记

---

① 即指南针、火药、纸和印刷术。

载,部落联盟的首领舜曾设置"纳言"① 以"明通四方耳目"②。夏王朝建立后,设有"车正"③ 管理车旅交通,通信范围有所扩大。

到了距今3000多年前的殷商时期,已经出现了有组织的通信活动。从甲骨文的记载推测,这种通信活动最早可能是击鼓传声,传报边界军情。

西周时期,联结中央与周围各诸侯国的通信纽带已经形成。国都附近建立了烽火台,烽鼓并用,传递紧急军情。一般通信也使用了传车。春秋时期,各诸侯国本身的通信组织也已建立并日趋完善。孔子曾说:"德之流行,速于置邮而传命。"④ 说明当时的通信发展已相当可观了。战国时期,在通信方式上是传车与单骑交并使用,书信往来的数量显著增多。

秦始皇统一中国后,制定了《行书律》等有关邮驿的法令,对传递官府公文的时限、登记手续、人员条件、生活待遇,以及对违法行为的惩治办法,都有了明文规定。汉继秦制,邮驿更为发展,全国形成了较为完备的通信网。据史书记载,汉代邮驿是"驿马三十里一置,卒皆赤帻绛鞲(红色头巾和套袖)"⑤。汉代的张骞和班超先后出使西域各国,开辟了从中原经新疆到中亚的交通路线。古代中国丝绸的输出,大体上就沿着这条道路,通过安息(今伊朗)、条支(今伊拉克)和大秦(古罗马帝国)到达欧洲,被誉为"丝绸之路"。在中国境内的一段,经过现在的陕西、甘肃、宁夏、青海、新疆5个省区,沿途都有城堡、驿站、渡口、通路。丝绸之路也是中国的驿道即通信的通道。丝绸之路的开辟,对于沟通中西交通和政治、经济、文化交流起了积极的作用。史称,汉"武帝通大宛(西域国名,今中亚费尔干纳)诸国,使者相望于道"⑥。《西汉会要》反映了这条道路上通信频繁的状况。

魏晋南北朝时期,出现了《邮驿令》这一独立的专门法规。纸的广泛使

---

① 司马迁:《史记·五帝本纪》,中华书局1959年第1版,第39页。
② 同上,第38页。
③ 左丘明:《左传》,见《春秋左传集解》,上海人民出版社1977年第1版,第1605页。
④ 《诸子集成》,中华书局1986年版,第109页。
⑤ 范晔:《后汉书·舆服志》,中华书局1973年第1版,第3651页。
⑥ 徐天麟:《西汉会要》卷六十六,上海人民出版社1976年第1版,第776页。

用更方便于信息的记录和交流。"折梅逢驿使，寄与陇头人"① 就是南北方联系进一步加强的写照。

隋唐的邮驿，法律制度严密，馆驿宏伟，驿路水陆相兼，标志着古代邮驿进入鼎盛时期。唐朝邮驿分为陆驿、水驿和水陆兼办三种，全国共设有驿馆1639所，300里行程朝发夕至。在庞大的邮驿通信网中，邮驿人员"一驿过一驿，驿骑如星流"②，"十里一走马，五里一扬鞭"③，任务十分繁忙。宋代还建立了办理紧急公文的急递铺，驿卒也由军兵充当，尤以金字牌传递最快，昼夜飞驰500里，传递时"过如飞电，望之者无不避路"。

元代以其宏伟的驿站组织和四通八达的通信网路著称于东方，闻名于世界。明清两代的邮驿虽然基本上沿袭旧制，但明代比较重视边疆邮驿的开发，注意沟通与海外的联系。清代在传递速度上达到了昼夜600里左右。

综上所述，邮驿通信为中国政治上的统一，经济、文化、思想的交流，以及中外的民间往来，都起过重要的作用。由于邮驿的畅通与否关系着国家的安危，所以历代政府都在全国修有宽阔的驿道。驿道两旁种植树木，沿路建有邮亭、驿站或传、馆，在边防线设有燧、候、亭，全国构成了完整的通信网。邮驿人员在执行任务时也享有种种保障和权利，如渡河优先、宵禁时允许通行，以及夜间已关闭的城门也要为邮驿人员打开等。

邮驿是政府专用的官方通信工具，不传民信。民间靠托人捎书传信，往往"寄书长不达""家书到隔年"。大约于15世纪初，在沿海和沿长江的一些商业活动比较集中的城镇，出现了少许民间通信机构——民信局，办理商民的通信和汇款。

二、艰难创业的晚清邮电

鸦片战争后，中国闭关自守的大门被西方资本主义列强用武力打开了。

---

① 陆凯：《赠范晔》，见（清）沈德潜《古诗源》卷十一，中华书局1963年版，第269页。
② 岑参：《初过陇山途中呈宇文判官》，见《全唐诗》第6册，中华书局1960年4月第1版，第2024页。
③ 王维：《陇西行》，季镇淮、冯钟芸等选注《历代诗歌选》第2册，中国青年出版社1980年第1版，第354页。

中国开始一步步沦为半殖民地半封建的社会，产生于近代的邮政、电信事业相应地在中国的土地上萌芽生长。19世纪初，民信局数量日益增多。随着沿海居民出海者日众，又出现了办理华侨同家属之间通信、汇兑的侨批局。到清末的同治、光绪年间，中国沿海、沿江及一些内陆城镇，已出现几千家民信局和广通海外的侨批局，组成了广泛的民间通信网。随着商品经济逐步发展，人们的社会联系增多，联系的范围冲破了地域国界。19世纪中叶以后，中国古老的邮驿制度和民间通信机构，自然要被既为政府服务又对公众开放的先进的邮政和电信所逐步代替。

邮电是西方列强为了侵略的目的而强行输入中国的，从出世那天起，就成为资本主义各国扩大政治和商品侵略的工具。而中国自己兴办的邮电事业，则始终受到企图攫取中国通信主权的列强的压迫、摧残和控制。西方列强在中国经营的邮电发展很快，中国自办的邮电却步履艰难，处于畸形的状态。

早在鸦片战争前的1834年，英国政府为向中国倾销鸦片，指使其驻广州商务监督律劳卑，擅自在广州开办"英国邮局"，收发在华英商与英国及其殖民地之间往来的公私函件。1842年，英国以香港为基地，在广袤的中国领土上任意设立英国邮局的分局，明目张胆地侵犯中国主权。接着法国于1861年、美国于1867年、沙俄于1870年、日本于1876年、德国于1886年，先后在上海、天津、北京和东南沿海等地设立各自的邮局。

1866年，清政府面对国内声势浩大的农民革命运动，不愿承担"安全照料"各国往来邮件的责任，便委托把持中国海关大权的英籍代理总税务司赫德①，代为管理北京、天津、上海之间外交、海关等邮件的传递工作。1878年，清政府总理衙门正式同意海关试办中国邮政业务，开始发行邮票，并对公众开放，收寄公众邮件。

中国有识之士，早就主张中国自办邮政。邮政对公众开放，既可以加强

---

① 根据《天津条约》，中国关税由中外双方议定税则，为外国直接管理。为控制中国海关，英政府于1863年派赫德继李泰国任中国海关总税务司。

国内外的通信联系，又是国家的一个财源。1859年，太平天国总理朝政的洪仁玕在《资政新篇》中，就提出"设立邮局"的规划。1888年，台湾省首先实行了改驿为邮。1895年，康有为上书建议由国家开办邮政。1896年3月，光绪皇帝正式批准了署理南洋大臣张之洞关于中国自办国家邮政的奏折，成立大清邮政，在全国办理邮政事务。总理衙门委派赫德为总邮政司。此事引起法国对英国独揽中国邮政大权的不满，要求参与对中国邮政的管理。经过激烈争夺，清政府被迫同意由英法两国共同掌管中国邮政。赫德于1901年任命法国人帛黎为邮政总办。因此，名为中国自办的"大清邮政"，实权却控制在以高薪雇用的、维护殖民主义者利益的英法两国人为主的外籍职员手里。大清邮政设立后，英、法、美、日、德、俄六国在中国私设的邮局非但没有收敛，反而继续扩展，从沿海深入内地，从沿长江一带扩大到新疆、西藏、黑龙江等边远地区；1904年达25个，1906年增为65个，1914年又增为180个，1918年多达344处。带头的是英国，设立最多的是日本。

电信在中国出现，也是资本主义列强入侵所带来的。1870年，丹麦大北电报公司（它是由英国挪威海底电缆公司、英国挪威丹麦海底电缆公司、丹麦俄罗斯海底电缆公司三家国际公司合并后的名称）在沙俄的支持下，由海参崴敷设水线，经日本长崎转向中国上海。在事先未通知中国政府也未得到中国政府允许的情况下，登陆上海，在英租界内建立了电报机房，不久又延伸至香港。以后，英商大东电报公司、美商太平洋商务水线公司的水线也在中国领土上登陆，经营电报业务。1882年，大北公司把电话安设于上海；1900年后又由丹麦人架设了长途电话线。1904年至1905年，在争夺中国东北地区权利的帝国主义战争中，俄国在烟台至牛庄（营口地区）架设了无线电台。此外，日、俄还架设了军用有线电报线路、开设了电报局。帝国主义在中国设立的邮电机构、通信设施，大多先设在租界、通商口岸或各自的势力范围内，有的是通过签订不平等条约，有的则未经清政府允许强行设立。所有这些，都严重地侵犯了中国的通信主权。

自19世纪70年代起，中国的一些先进人士就开始提出向西方学习自办电信，但清廷视电报电话为"奇技淫巧"而拒不采纳。爱国侨商王承荣于

1873年曾自制出中国第一台电报机，却未被接受。

在严重的民族危机面前，清政府逐渐从殖民主义者已占领边疆城镇月余而军旅情报未到、敌军已叩国门而政府毫无所知的教训中，开始认识到电报电话的重要性。1875年年底，福建船政学堂附设了第一所电报学堂。1877年，福建巡抚丁日昌在台湾主持架设了中国第一条有线电报线。1879年，直隶总督兼北洋大臣李鸿章在天津到大沽口和北塘间架设了大陆上的第一条军用电报线。1880年9月，光绪皇帝批准了李鸿章关于建设南北洋电报的奏章，在天津设立了电报总局，委派盛宣怀为总办。同年设立了天津电报学堂，以后上海、苏州也设立过电报学堂。1881年12月，全长1536公里，途经河北、山东、江苏三省的津沪电报线建成通报。次年将电报改为官督商办。从此，中国开始了较大规模的电信建设，沪粤、长江、川汉、赣粤、京恰（恰克图）等电报干线相继建成。1887年，台湾巡抚刘铭传主持敷设了从台湾到大陆的中国第一条水线。从1900年起，中国还在南京、北京等城市陆续创办市内电话（开始是磁石式，以后逐渐出现共电式）。1905年前后，又在北京、河北、江苏、广东等地建立了长波无线电台。

1906年11月，清政府成立了邮传部，管理铁路、航运、邮政和电信事业。由于邮、电是由不同的部门创办和管理的，邮传部经过了多年的努力，才实现统管的目标。1908年将官督商办的电报正式收归国有，1911年又把省办的电报及邮政接管过来。到1911年，中国建有各种邮政局所6201个、电信局所503个，邮路190500公里、电报线路50001公里，通达除西藏外的所有省份，电话交换机8872门、电话用户8369户。

中国近代邮电事业的创办，引进了先进的通信设备和近代管理方法，改变了中国几千年来依靠邮驿为官府服务的局面，开始向公众普遍开放，并与世界各国联邮，促进了国内外信息的交流。特别是近代电信的出现，推动了民族资本主义工商业的发展，加速了中外思想文化的交流，在一定程度上改变了中国闭目塞听的局面，有利于全民族的觉醒。

三、畸形发展的民国邮电

1911年的辛亥革命推翻了清王朝，1912年1月建立了中华民国。从1912年到1927年，中国处在北洋军阀执政的军阀混战局面。这一时期的邮电事业，归交通部统管，但它并没有完全控制邮政，也没有统一各霸一方的电信。

在邮政方面，大清邮政改称中华邮政。邮政总局和各邮区管理局主管人员中，除增加了1名由中国人充当的邮政总局局长外，从交通部邮政总局的邮政总办到各级邮务长几乎全部仍由外籍人担任。中华邮政的内部文件，必须用英文书写。1913年全国22个邮区，各区邮务长都是当时的邮政总办帛黎任命的外籍人员。这些外籍邮务长并不都是办理邮政业务的专门人才，也不都是以处理邮政业务为主要职守。1917年帛黎去职后，相继由法国人铁士兰、英国人希乐思任总办。在早期中华邮政制定和颁布的内部法律性文件，如铁士兰制定的《中华邮政纲要》及以前颁布的《邮政通谕》中，都明文规定"邮政总办有最后决定权"。

由于当时复杂的政治背景，虽然军阀混战，但邮政却很少受政局变动的影响，因而这一时期的邮政业务有所发展。1912年撤销驿站。1915年中华邮政扭亏为盈。从1917年起，实行"以邮养邮"，利用邮政盈余扩充内地邮政和修建局所。1920年到1921年还开办了航空邮路，使邮运工具从早期的肩挑、马驮发展到使用汽车、火车、轮船以及飞机。

1922年，中国政府经过交涉，取消了大部分外国在华设立的邮局。为了收回中国邮政实际的主权，在1924年至1927年国民党和共产党合作进行的第一次国内革命战争推动下，各地中国邮政工人掀起了要求撤销外籍邮务长、收回邮权、改善邮政工人生活、组织邮政工会等斗争。湖南邮工首先驱逐了法籍邮务长饶略；浙江邮工迫使外籍邮务长杜达承认工会、缩短工时、增发津贴。南方11个邮区的邮工在中国共产党的工运领导人刘少奇的领导下，于1927年3月召开了第一次全国邮务工人代表大会，宣告了中华全国邮务总工会的诞生。

电信事业在这一时期也有所发展。交通部从1913年起，在各地建立了一些长波无线电台；1919年在北京设立远程收报处，利用真空管式无线电收信机抄收欧洲的新闻广播。1923年到1929年，沈阳国际无线电台与德国、法国、美国开通直达电路，并经转欧洲、美洲各国的电报。市内电话大多改用共电式，上海市内还安装了旋转式自动电话。电报设备中增加了较先进的韦斯登机。但是，由于受到军阀混战的侵扰，电路常被切断，报费收入被任意截留，加上官军电报充斥电路，使电信的发展受到很大的限制。中国的对外报话通信，则仍然被外国设在中国的电信机构所垄断。

广大电信职工为反对帝国主义和封建军阀侵夺与控制电信主权，展开了英勇的斗争。例如，广州电信局于1924年成立了中国第一个女司机生（话务员）联合会；"五卅"运动和省港大罢工前后，举行了有全国417个电报局响应的总同盟罢工，其影响震惊全国。1927年年初，全国电报总工会筹备处也在汉口成立。

1927年，蒋介石发动"四一二"政变，成立了南京国民政府。中国的邮电事业开始由南京国民政府统管。在南京政府统治中国的22年中，邮电建设有一定的发展，它的建设重点是在政府所在地和大城市以及沿海地区。电信方面，无线电通信和长途电话业务有较快发展，它的设备来源主要依赖进口。到南京政府后期，则主要依靠美国的援助。

抗日战争以前，1928年，南京政府交通部接管了中华邮政和电信企业，基本实现了对邮电事业的统一管理。中华邮政的主要职务改由中国人担任，一般公文改用中文，但重要省、市的邮务长仍是外籍人，重要公文还是使用英文。1930年，成立了独立于邮政之外的"邮政储金汇业总局"，以后逐渐成为蒋介石、宋子文、孔祥熙、陈立夫四大家族金融体系的一部分。1934年，明令取消民信局。1935年，颁发了《邮政法》。到1936年抗日战争前夕，全国邮政局所达72690处，邮路总长584186公里，邮件年处理量8.89亿件。电信重点发展短波无线电台，1928年开通沈阳对欧洲使用20千瓦发信机的电报电路。为了便于与国际上取得联系，1930年在上海新建了国际电台，安装20千瓦的发信机，从此，中国的无线通信中心移到了上海。1934年起，蒋介石主要为了"围剿"工农红军，进行了以南昌、福州、成都、长沙等为中心、路经9个省、全长4万公里的长途电信线路工程建设。同时，在上海、南京、天津、青岛、汉口等城市改装或扩充市内自动电话。

抗日战争期间，国民党政府从南京迁到重庆，加快了西南抗战大后方和西北地区的邮电网路建设。邮政方面扩充了西南、西北的邮路，增开了汽车干线邮路，国际航空邮路也有所发展。电信的技术设备也有所发展。有线电报于1940年首次装用了载波电报机，长途电话也装用了3路载波机，并于1944年年初创建了中心制长途电话网，以重庆、衡阳、西安为中心，形成了辐射式电路。国际电信以无线为主，在成都、昆明和重庆相继设立了国际电台。1943年还开办过国际相片与真迹电报业务。这些都适应了抗日战争中国际通信与军事通信的需要。

在此期间，日本帝国主义在其武装占领的东北、华北、华中、华南等地区，按日本模式建立了殖民地邮电体系，实行了侵略性经营。日本帝国主义出于战争需要和企图长期统治中国的目的，改造和扩建了电信网路体系；在东北统一了设备制式，先后建成了800多公里长途地下电缆（3路或6路载波）；在华北建成了京津间无负荷地下电缆；在北京进行了较大规模的市内自动电话的建设。

1945年8月，抗日战争胜利，国民党政府迁回南京，拟订了《战后五年交通建设计划》。从1946年起，发动了"改良邮政"运动，曾一度使几个大城市的邮件运转速度有所提高，工作也有所改进，但它根本不可能深入广大内地和农村。由于抗日战争的影响，邮政业务发展很慢，1946年与1936年相比，邮政网路没有什么发展，局所数目比战前还有减少，加上严重的通货膨胀，邮政经营连年亏损。这一时期，电信方面修复了重庆至汉口、南京至汉口、西安至铜山、汉口至广州等长途干线，长途电话增装了载波设备，恢复了以南京为中心的通信网，恢复了上海国际电台，加强了南京、上海的电信设施，重点是无线电台的建设。1946年年底，南京直达各省、大城市的有线及无线电报电路有86条。这期间引进的传真电报机、电传打字机等设备主要安装在南京、上海。蒋介石出于进行全面内战的需要，在电信管理上实行了战时体制。全国有11个电信管理局，电信装备在长江以南以有线为主，在长江以北以无线电台为主。在几个大城市间和国际通信上开办了一些真迹电报等新业务,大城市的市内电话也有一些改为自动式。但广大内地和农村通信,仍然十分落后。据 1946 年统计,国统区的电信局所为 1524 处,长话线路 58883 公里,长话设备共有单路载波电话终端机 107 部、3 路 178 部、5 路 20 部、6 路 10 部,载波电报终端机 26 部(其中单路 2 部、4 路 14 部、6 路 6 部、12 路 4 部),市内电话交换机总容量 186564 门,市内电话用户 108049 户。各项电信业务比抗日战争前有较大增长。

中国人民解放战争时期,国民党政府统治地区日渐缩小,它已无力顾及邮电事业的建设发展。到它逃往台湾时,在大陆只有破烂的邮电摊子,残缺不全的通信设备,还有英、美等国在华的电信机构和设施。国统区 8 万多邮电职工,绝大多数在解放战争期间,以各种方式参加了护局斗争,保持了正常的通信联系,为支援解放战争和保护通信设施立下了功勋。

四、人民革命战争中创建的人民邮电

自 1921 年中国共产党诞生开始,就有了党的秘密通信工作,最早设交通员、联络员或通信员。中国共产党领导的中国人民革命在斗争中创建了革命通信组织,从机要交通发展成为人民邮政,从秘密电台发展成为人民电信,经历了 28 个年头。

第二次国内革命战争时期,创立了战时邮电通信。1927 年,中共中央在汉口召开了"八七会议"。会议确定了实行土地革命和武装反抗国民党反动派的总方针后,中央即正式成立了通信组织——交通科,逐渐组成全国机要交通网。

1927 年 10 月至 1928 年年底,在海陆丰苏维埃政权时期,就有过电话队的组织。1927 年 10 月,毛泽东在井冈山建立了中国第一个农村革命根据地。人民群众创造了递步哨、传山哨、秘密交通等通信方式。1929 年前后,在苏维埃政府领导下诞生了赤色邮政,在赣西南、湘鄂西、闽西、湘赣、闽浙赣等根据地建立了赤色邮局,并发行了邮票。

在同时期内,周恩来于 1928 年在上海秘密培训了第一批革命秘密电台报务员,1930年实现了中共中央与中共南方局的无线电通报。1930年8月,在中央苏区成立了红军第一个电话队。1930年年底和1931年年初,红军第一次反"围剿"胜利,先后缴获敌军15瓦电台一部半①,于1931年6月开始收发电报。毛泽东、朱德亲手创立了第一个无线电大队,由王诤任队长。毛泽东当时称这个大队为"革命的鲁班石"。同年12月宁都暴动,国民党第26路军起义,带来10多部电台。红军利用这些设备培训了电报通信人员,扩大了电信队伍,增加了电信设施。

1932年,在江西瑞金成立了中华苏维埃邮政总局,辖7个邮务管理局,经办平信、挂号信、快信、稿件寄递、报纸发行、汇兑、包裹、印刷品等业务,发行了"苏维埃邮票"。1933年年底,主管电信的红军军委三局设有通信科、器材科、教育科、器材厂、通信学校、无线电大队、有线电话总队等机构。1934年8月,三局改为通信团,下设营、总队等。1934年10月,红军开始长征。除留下一部电台外,全部电信人员随军长征。邮政也有部分人员随军长征。在长征中,各主力部队都配备有电台、电话队。

1936年12月12日发生的"西安事变"②,促成了国民党同共产党第二次合作,一致抗日。中国工农红军编为八路军、新四军。陕甘宁边区政府所在地延安,成了领导抗日活动的中心。国民党政府设在延安城的邮局继续经营对边区以外的业务,边区以内邮件、报刊业务由边区政府的交通部门管理。1937年"七七事变"后,八路军和抗日民主政权的邮政机构和电台迅速建立,遍及敌后根据地和日伪统治地区。中共中央军委三局(局长王诤)负责组织中共中央和中央军委对各中央局和八路军、新四军各部队以及敌后各抗日根据地的无线电通信工作。各根据地的邮政工作,则由各地政府和党组织领导。

抗日战争期间的各地邮政,组织名称、工作方式方法各有不同,其任务大体上有三项:一是传递党政军文件、书信、通知,沟通上下左右的联系;

---

① 包括1部发信机、2部收信机和2套电源设备。
② 1936年12月12日,国民党军事将领张学良、杨虎城在西安发起兵谏,拘押蒋介石,促其抗战。

二是传递情报和报纸刊物、宣传品；三是安全护送革命人员穿越敌占区或越过敌人封锁线。陕甘宁、晋察冀、晋冀鲁豫、山东和苏皖各抗日根据地都有交通邮政机构，许多地区还发行了邮票。

抗日战争期间的电信发展较快，大的根据地主力部队在团一级配有电台，较巩固的根据地都架有区内电话线，并设有电话队（连、排、班）。延安的电信，除担负中央报话通信外，还担负新华社通讯、新闻广播等任务。

解放战争时期，解放区的邮电走向集中统一管理，业务技术上也有了提高。

各解放区的邮政普遍组织了随军邮局，把支援前线列为压倒一切的中心任务。各地方邮局也组织专线邮路或快班邮路，随时与军邮局的邮路相衔接，做到大军走到哪里，信报就通到哪里，有力地支援了人民战争。中华人民共和国成立前夕，除东北早在1946年10月于哈尔滨成立东北邮电管理总局外，中原、华中、华东、西南等地区都先后建立了邮政总局或邮电管理机构。1948年，晋察冀、晋冀鲁豫两大区合并为华北边区，8月即成立了华北邮政总局。各区邮政都开办了函件、包裹、汇兑等业务，发行了邮票，为新中国的邮政统一奠定了基础。

在电信方面，利用在解放战争中缴获的美式通信设备，使军队中的电台由15瓦发展到100瓦、500瓦，广播使用了几千瓦的发射机。在解放的大城市中，自动电话设备、载波电报、电话设备和大功率电台，陆续交给当地人民政府的交通邮电机构管理。

1948年9月26日，华北人民政府成立，设立华北邮电总局，决定将原晋察冀边区邮政管理局出版的《邮讯》周刊改为报纸。12月，华北邮电总局写信请当时在河北平山县西柏坡村的毛泽东主席题写报头。当月底，毛主席书写了"人民邮电"的题词。这个题词一直激励着全国邮电职工沿着"人民邮电为人民"的方向奋勇前进。

第一编
中华人民共和国邮电事业的发展历程

第一章
新中国邮电事业的开创与初建

(1949—1957年)

中华人民共和国成立后,没收并改造了官僚资本主义的邮政、电信企业、事业机构,取消了帝国主义在华经营邮电的特权,中国邮电事业走上了独立自主发展的道路,开始进入新的历史时期。

第一节 迎接全国解放

一、革命战争通信中心移到北平

1949年1月31日,北平和平解放,震动了祖国大地,震撼了国民党南京政府。中共中央和中央军委立即指示,要把恢复和建设北平邮电通信,作为接管后的主要任务,要坚决执行和平解放北平的八项条件中有关"邮政、电信不停,继续保持对外通信联系"的条款。这一条款,有利于人民政府完好地接管北平的通信设施,有利于北平与尚待解放的城市间的通信联系。就在31日当天,北平电信工人在中共北平市委领导下,抢修近郊被战争破坏的通信线路,为解放军入城做好准备。当晚,北平市军事管制委员会(以下简称"军管会")电信接管部部长王诤、副部长王子纲进城,到电信局憩村工人宿舍,会见中共市政工委领导人陆禹和中共电信局部分地下党员,连夜研究了解放军入城式的通信组织工作,并对接管北平电信局的步骤和方法交换了意见。

2月1日,北平军管会各个接管部门工作人员入城,城内外各有关单位间由北平电信局立即用电话联通;同时,电信局所属收、发讯台开机待命,为新华通讯社、人民日报社等单位广播准备了通信条件。

2月3日，解放军举行盛大的入城式，几十万市民走上街头迎接解放军。在北平电信局中共地下党的领导组织下，城内外通信畅通无阻。同时军代表王净、王子纲、成安玉带领接管人员分别进驻北平邮政局和电信局。军管的主要任务是：1. 接管通信设备，迅速修复，保证中共中央在北平的机构、北平市军管会、华北人民政府和北平市政府的通信，并担负支援解放战争的通信任务。同时维持正常的民用通信。2. 保证北平与各地通信联系，每解放一个城市、一个地区，就联通一城，通达一地。3. 为中共中央和中央军委领导机关进入北平准备专用的通信设施。

从2月19日到3月底，北平市邮政、电信职工，在军管会领导下，组成了供中共中央领导机关专用的临时专用通信局。在此期间电信职工修复了几台大功率无线发信机、广播机和一批国际通信用的收信机，以备新华通讯社和人民日报社等部门抄收新闻和开通文字、语言广播之用；修复了一批短波无线收发信机，以备与华东、中南、西南、西北各省区和大城市开放通信之用。北平至张家口、石家庄、唐山、大沽、沈阳、济南的有线电路，以及北平到沈阳、郑州、洛阳、徐州、开封的无线电路也先后开通。华北与华南各地于3月9日开始通邮。3月25日，中共中央、中央军委领导机关从河北省平山县西柏坡村迁到北平。新华通讯社、广播电台、人民日报社也在当天迁入北平。新华社国际广播电台开始广播。这样，中国人民革命领导中心和解放战争指挥中心迁到了北平，中国人民通信中心也移到了北平。

二、组织新中国的通信

早在解放战争期间，各解放区都先后成立了邮政管理机构，开办函件、包裹、汇兑等业务，担负党报、党刊的发行工作。为了适应全国即将解放的形势，1947年年底，中共中央工作委员会在河北平山县西柏坡召开了有各大解放区政府、邮政总局负责人和军邮代表参加的华北交通会议。中共中央领导人刘少奇、朱德分别到会作了政治、军事报告，董必武作了会议总结。会议确定邮政的方针：一是服从战争需要，二是促进国民经济的发展。会议还对邮政工作统一组织、统一制度、确保邮路畅通做出了规定，决定人民政府的邮政实行企业化、专业化管理。这些都为建立新民主主义新中国的邮政进行了思想和组织准备。北平解放后，2月22日，华北邮电总局从石家庄迁入北平，着手筹建全国邮政通信。

在解放战争节节胜利的形势下，国民党政府迫于广大人民群众的要求，于1949年3月由其交通部组成邮政代表团从南京到达北平，与华北人民政府邮电总局的代表进行谈判。4月4日，南北通邮谈判开始，经过协商于4月15日达成协议。可是就在签订协定的当天，逃到广州的国民党政府行政院做出了"对中共通邮通电汇兑一律停止"的决定，破坏了南北通邮谈判。

1949年4月20日，国民党政府拒绝接受和平条件。当晚，中国人民解放军发起渡江战役，在长达千里的战线上，摧毁了国民党军队苦心经营的长江防线，强渡长江天堑。21日，中国人民革命军事委员会主席毛泽东、中国人民解放军总司令朱德向人民解放军发布了"向全国进军"的命令。革命形势迅速发展，自4月23日至5月27日，人民解放军先后解放了南京、杭州、武汉、南昌及上海等城市。

为保证邮电设施安全转入人民政府手中，在国民党统治区的中共地下组织，领导各地邮电职工开展"护局保产、迎接解放"的斗争，做高级职员的工作，宣传共产党的政策，警告顽固不化的头目，分化瓦解驻局的军警宪兵，粉碎他们破坏通信设施的阴谋。

1949年5月底，北平市军事管制委员会电信接管部完成任务。经中国人民革命军事委员会批准，成立了电信总局，管理和经营全国的公用通信（电报、电话）系统，任命王诤为总局局长，李强、刘寅、王子纲（兼北平电信局局长）、钟夫翔（兼天津电信局局长）为副局长。电信总局暂由中央军委领导。6月5日，成立华北邮政总局，苏幼农任总局局长，成安玉任副局长。在华北人民政府领导下，华北邮政总局着手联通全国的邮政网路，开展邮政业务。

电信总局成立后，北平至太原、郑州、南昌、杭州、武汉、上海的有线电路，以及北平至张家口、承德、石家庄、塘沽、唐山、秦皇岛、汉口、西安、南京等地的无线电路相继开通，同时还开通了北平至莫斯科和新加坡的国际无线电路。

6月初，经电信总局请示中共中央批准，上海国际电台同愿意保持通信联系的25家外国和港澳的电信机构，继续保持通信联系。这批国际通信渠道，为新中国国际电信的迅速发展准备了条件。

中央军委鉴于全国解放在即，政治协商会议即将召开，决定筹建全国统一的电信网。1949年7月，由中共中央华北局、华北人民政府、华北军区和中国人民革命军事委员会电信总局（简称"军委电信总局"）联合召开华北电信会议，会议由王诤主持。中国人民解放军总司令朱德到会作了重要讲话。他指出：电信部门是个很重要的部门，电信是科学进步的产物。新民主主义国家政权下的电信事业，是社会主义性质的国营企业，这是新中国电信事业的最大特点。电信事业在新中国的政权建设、生产建设中有着重要作用，是不可少的。朱德要求电信部门的职工在共产党的领导下，团结一致，要有充分的自力更生的思想准备，要有决心有信心突破帝国主义者的封锁，和一切困难作艰苦的斗争，把电信事业办好。遵照中共七届二中全会精神，会议提出了电信工作要实现三个转变：第一，党的工作重心转入城市后，长期以农村为根据地的电信网，要以城市为中心重新布置，使城市的电信网与农村的电信网恰当地结合起来；第二，由长期的分割与分散办法转向集中统一与正规化；第三，由适应战争需要过渡到和平建设。军委电信总局还就国家电信建设提出了规划设想，新中国的电信事业除军事电信系统、专用电信系统外，国家公用电信系统是全民所有制的国营电信企业。国家公用电信系统服务对象与业务范围是：为国家各级政权机构服务；为国营与公、私企业以及合作事业服务；为国家以及私人办的新闻事业服务；为铁道以外的交通运输服务；为人民社会团体以及一般城乡居民联系服务。

这次会议提出了华北区电信一年建设计划，使华北区电信成为沟通全国的中枢。会上还作出了《关于充分利用各地国营电信局发电（报）办法的决定》《关于华北军用电信与国营电信、地方电信关系的决定》《关于整理华北地方电信网的决定》《关于统一华北国营电信事业组织的决定》《关于统一华北区电信制度规章问题的决定》等。上述决定，确定了军委电信总局系统直接承办各级人民政府的民政、财经、治安与公私企业、航运、邮政、公路及广播、新闻事业的电信业务，明确华北区内所有长途线路（特别是交通干线）与大小城市的电信设备，均为国家电信企业的财产，任何单位均不得擅自拆迁与任意占用。同时，对于华北地区的地方电话网，作为军委电信总局下辖的一个部分，实行统一管理；北平电信局承担全国电信业务调度指挥的任务。

参加这次会议的人员，除当时华北地区和各省、市电信局负责人外，还有其他大区的军队和地方代表，实际上这是一次全国性的电信会议。

1949年七、八、九三个月，华北、华东、东北、中南等大区的邮政总局分别召开了地区的邮政工作会议，调整了邮区，明确了各区内的领导关系，积极准备统一全国邮政的工作。电信总局和华北邮政总局均为9月21日在北平开幕的中国人民政治协商会议第一届全体会议组织通信服务，并分别准备中华人民共和国开国大典的通信工作。

1949年9月27日，中国人民政治协商会议第一次全体会议通过议案，中华人民共和国的国都定于北平，自9月27日起，将北平改名为北京。到9月30日，已解放地区的公用电信干线已全部联通成网；为保证开国大典现场广播，电信职工为大会指挥部在天安门地区安装了200多部电话机，架设了四五十公里被覆线①和数百公里的广播遥控线，以及一批无线电发信机。10月1日，北京秋高气爽，毛泽东主席在天安门城楼上，向全世界庄严宣告："中华人民共和国中央人民政府成立了！"这声音由扬声器播出，在天安门上空回荡。天安门广场群情振奋，欢声雷动，30万人汇成一个声音："共产党万岁！中华人民共和国万岁！"这声音又由有线、无线电波立即传送到全中国——全世界。

---

① 当时使用的，在裸铜线上加以橡胶等绝缘材料包裹的通信用导线。

第二节　建立邮电领导体制

一、成立邮电部

中国人民政治协商会议第一届全体会议通过的《中国人民政治协商会议共同纲领》明确指出：新中国要努力"改善并发展邮政和电信事业"。《中央人民政府组织法》规定，政务院设邮电部。1949年10月19日，中央人民政府委员会第三次会议任命朱学范为邮电部部长，王净为副部长。11月1日正式启用邮电部印章。朱学范部长在邮电部第一次部务会议上指出："过去的人民邮政、电信，业已有着光荣的历史、伟大的成功，随着今天伟大的建设，也可以预知，一定有着伟大的将来。我们怎么样去创造将来？这就必须遵照毛主席的指示，为人民服务，把邮政和电信搞好。"到1949年年底，全国10多万名邮电职工，团结一致，开始了创建新中国人民邮电的伟大工作。

邮电部的成立，使中国邮电事业走向了新的历史阶段。根据中国历史上70余年来邮政和电信分营的现实，当时采取了"统一领导，分别经营，垂直系统"的体制。即邮政和电信由邮电部统一领导，部内设邮政总局和电信总局，分别经营邮政和电信业务（两个总局各自垂直领导所属企业）。除东北地区早已合设邮电管理局、华北地区邮政总局和原军委电信总局管理的华北电信部分直属邮电部领导外，其余各大行政区均设置了邮政总分局和电信总分局。1949年12月，政务院任命苏幼农为邮政总局局长，赵志刚、谷春帆为副局长；任命李强为电信总局局长，王子纲、孙俊人为副局长。

邮政总局成立以后，面临着急需确定人民邮政的性质、任务、经营方针和建设计划等重大问题。经中财委批准，1949年12月，邮电部召开了第一次全国邮政会议。会议确定：中华人民共和国的邮政属于社会主义的经济组织，应配合新民主主义的政治、经济、文化的建设，办理邮政业务，调整网路和组织局所建设，以服务人民为总的方向和最高原则，确定邮政名称为"中国人民邮政"。这个名称既能在性质上区别于"中华邮政"，又是邮政工作和邮政工具的标志。会议传达了董必武为《人民邮政》杂志创刊号的题词："保证迅速确实的经常性，并保证邮务工作是真正为人民服务的。"会议就统一全国邮政组织机构，恢复、发展邮政业务，整理邮路局所，确定1950年邮政建设计划，以及行政、业务、财务等方面的问题进行了详尽的讨论，作出了15项决议。例如，统一邮政行政组织系统为：邮政总局—大行政区的邮政总分局—区邮政管理局（当时的管理局不是按省、市区划组织的），总分局对各管理局仅负辅导检查之责，管理局下设一、二、三等邮局。在邮政业务方面，决定有重点、有计划、有步骤地积极发展原有的业务，提高服务效能，增加收入，逐步达到邮政经济自给自足；决定把报刊发行作为邮政的重要业务之一。在邮政管理方面，决定将财务、物资管理权限高度集中于邮政总局；废止带有封建性和轻蔑性的职称，将邮务长、信差、苦力、杂役等改称为邮务员、邮递员、邮运员；成立企业管理委员会，实行民主管理；决定从1950年起全国统一调整邮资。在邮政建设方面，决定将邮路分为总干线、主要干线及地方干线三类；对乡邮采取逐步恢复、整顿、有重点的建设方针。

为了统一全国电信，把官僚资本主义企业彻底改造为新民主主义企业，以适应国家的国防、政治、经济、文化建设的需要，1950年1月，邮电部召开了全国电信会议。会议分析了当时全国的政治、军事和经济形势，认为统一的中央人民政府已经建立，大陆上电信企业的接管工作业已完成，统一全国电信已经具备了充分的条件。于是就电信组织机构、财务、器材、人事等问题作出了全国性的统一规定，决定实行总金库制和实物预算制；提出了人才合理使用、发挥特长的原则，全部录用了原电信系统的各大学电机系毕业的工程技术人员。同时还拟定了1950年全国电信恢复建设计划，其主要内容为：1. 以北京为中心，恢复建设全国长途主要干线通信网；2. 建设北京国际电台，以解决国际通信、对外广播和新华通讯社新闻传播的需要；3. 整修加强首都的市内电话；4. 恢复加强江岸、海岸电台以配合交通航务发展需要。

会议期间，中央人民政府副主席、中国人民解放军总司令朱德作了重要讲话。他指出：各地区的工作，在新中国成立后已经统一起来，这是历史上从来没有过的，特别是电信部门，更需要十分的统一，才能很好地进行工作。他说，国营电信企业的建设应该是："一反映政权建设的需要，二反映经济建设的需要，三配合国防上的需要，四反映国家教育的需要，五反映人民的一般需要""使得各地政治、经济、文化消息很快传播到全国去。"

在统一全国邮电工作的同时,相应地组建了全国邮电产业工会。1949年4月10日,北平电信局职工会成立。1950年3月,中国邮电工会全国委员会成立,刘寅当选为主席,李景韩、陆象贤、徐欣为副主席。随后,各地邮电企业也相继成立工会,并建立企业管理委员会,组织职工参加管理,开展爱国主义劳动竞赛,配合邮电部及时推广先进生产经验,促进了邮电事业的发展。

二、实行"邮电合一"

1950年6月,中财委批准了《邮电部组织条例》。《条例》确定了邮电部五项基本任务:1.对全国国营邮电事业之企划(企业规划)、经营与督导(军邮、军用电信与铁道通信除外);2.对国家法律许可范围之内之私营电信、专用电信、业余无线电信与学术研究性的电信实行管制;3.组织、经营与管理对国外的邮政、电信通信;4.统一管理航务电信网;5.举办邮电业务的各种事业及附属事业。这个组织条例,明确了邮电部直接组织通信和经营管理的原则。

邮政和电信经过短暂的分管阶段以后,根据苏联专家的建议,政务院决定对邮政和电信企业实行中央集中统一的领导体制。1950年7月,邮电部召开各大行政区邮电管理局局长会议,讨论新的管理体制方案。会议认为:"邮政和电信是全国性的国营企业,是社会主义性质的经济,只有高度集中管理,才能有计划地适应国家整个经济发展的需要。"因此,决定实行邮政、电信企业行政管理领导的合一(以下简称"邮电合一"),即在邮电部集中领导下,部内实行专业分工,区管理局以下实行"邮电合一"。

按照会议所制定的"积极贯彻、稳步前进"的原则,同年9月,邮电部首先进行了调整。邮政总局和电信总局不再成为一级领导机关,电信总局分为长途电信总局、无线电总局、市内电话总局。至此,形成了邮政总局、长途电信总局、无线电总局、市内电话总局4个业务职能局,改变了邮政、电信分别经营的体制。凡属邮电重大决策以及人事、财务、综合计划、国际邮电事务等都集中于邮电部。部属各专业总局只按专业分工，对各级邮电机构进行业务指导。同时，按照国家行政区划，设立大行政区和省、自治区、直辖市邮电管理局。遵照政务院关于《大行政区人民政府委员会组织通则》的规定，全国邮电机构由中央邮电部垂直领导，各大行政区邮电管理局受其所在地大区人民政府的指导。各级邮电局的党组织由各地方党委领导，政治思想工作以地方党委为主。各级邮电干部的任免由邮电部门提出，与地方党委商定。会议还确定，邮电由国家经营。交通部、燃料工业部、电力工业部和水利委员会的专设电台或季节性电台，由邮电部设置或出租，行政上隶属邮电部，业务归各单位自行管理，但不得对外营业。

实行"邮电合一"体制以后，全国各邮电企业除大城市及部分省会城市由于业务种类较多、业务量较大仍然分设邮政局和电信局外，其余各级邮政局、电信局均陆续合并为邮电局，其管理机构合署办公，营业局所按实际情况合营或分营邮政和电信业务。全国性的"邮电合一"工作实际上到1952年年底才基本完成。至此，在全国形成了四级管理的邮电体制，即邮电部—各大行政区邮电管理局（华北各省邮电管理局和北京、上海、天津市的通信企业直属邮电部领导）—省、自治区邮电管理局及各大区邮电管理局直属的邮政局和电信局—各一、二、三、四等邮电局。

为了加强各级地方政府对邮电工作的领导，从1953年开始，改变邮电部门垂直体制为实行邮电部和地方政府双重领导，业务管理以邮电部门为主的管理体制。

1954年，大区邮电管理局随着大行政区建制的改变，除东北区邮电管理局外，先改为大区办事处；随后，连同东北区邮电管理局均予撤销。当时，县邮电局的地位和责任还不够明确，绝大部分还没有成为一级核算单位，这就影响了计划经济的实施。针对存在的问题，邮电部在1955年5月，再次对邮电企业的管理体制进行了研究，并作了相应调整。经过调整，县邮电局作为一级企业，管理县境内的全部邮电工作，是指令性计划的执行单位。直辖市或较大的省辖市邮电企业，可以根据邮电业务量和通信设备状况等标准，分设两个或两个以上的独立企业，以专门经营邮政、报刊发行、市内电话、电报、长途电话等业务。至此，形成了以邮电部—省（自治区、直辖市）邮电管理局—县邮电局为主体的三级管理体制。

第三节 三年恢复时期的邮电通信

新中国成立后的头三年，邮电部门迅速修复和扩建了公用通信网，统一了全国邮电的管理。到1952年年底，全国工农业生产达到历史的最高水平时，邮电业务和收入也达到了历史的新水平，胜利完成了三年恢复时期的邮电通信任务。

一、社会主义改造

新中国接收下来的邮电企业，除国民党政府交通部管辖的官僚资本主义的邮政和电信企业外，尚有13家中小民族资本家经营的1万门城市市内电话（约占全国31万门市内电话的3.2%）；美商上海电话公司经营的约7万门市内电话（占全国城市市内电话总数的22.6%），以及由印度政府经营的在西藏的几个电信点和邮驿站；在东南沿海侨乡由侨商经营华侨汇款和书信的几百处侨批局；340部分散在各个行政、金融、经济等部门的小电台；3万门农村电话。对这些不同经济所有制的邮电设施，按照社会主义原则和具体政策，分别进行了改造和接管。

（一）接管和改造官僚资本主义企业。

由毛泽东主席和朱德总司令签署，于1949年4月25日发布的《中国人民解放军布告》中规定："凡属国民党反动政府和大官僚分子所经营的工厂、商店、银行、仓库、船舶、码头、铁路、邮政、电报、电话、自来水和农场、牧场等，均由人民政府接管。"从国民党手中接收邮政和电信企业，是在各城市解放时分别进行的。全国各地解放的时间虽不同，但改造官僚资本主义邮电企业的做法大体相同。一般是由当地成立的军管会派出军事代表或接管人员，按邮政和电信两大系统分别接管，在实行短期的军事管制后，再由邮电部门予以接收。中国共产党对官僚资本主义企业的一个重要政策是：接管时不打乱原来的企业机构，即不打乱原有的技术组织与生产系统。军管会严格执行接管政策，对原职工实行"原职、原薪、原制度"，安定人心，稳定秩序，保持通信联系；对职工进行新民主主义、社会发展史、爱国主义教育和"为人民服务"的教育；对通信设备、物资进行清点立册。由于广大邮电职工与接管人员密切配合，在军管期间，各地通信迅速恢复。同时，组建由解放军干部参加的新的领导班子，确定新民主主义国营企业方针和为党政军领导机关服务的具体办法。1950年4月和6月，邮政总局和电信总局先后发出通令，废止职工保证制度①。同年年底，各地基本上完成了对旧邮电企业的接管和改造，使之成为社会主义的国营企业。

（二）改造资本主义通信业。

对民族资本家经营的私营电话，按照对资本主义工商业改造政策进行改造。

1950年，邮电部从保证通信秘密的需要出发，对沿海部分城市由私人公司经营的自动、共电和磁石电话设备，实行统一管理。对这些私营电话公司分别采取与地方政府合营，进而与国营邮电企业合营，或作价收购等办法进行改造。

（三）侨批局实行独立经营、自负盈亏。

1949年前，沿海部分侨乡存在着经营民间通信业务的侨批局，主要办理华侨汇款及其亲属之间的通信。新中国成立后，为了服务侨胞，便利侨汇，对侨批局采取团结与管理相结合的政策。1950年，邮电部门通知有关侨批业进行登记，保证其合法经营。当时，仅向厦门邮局登记的就有82家。此后，邮电部门与人民银行密切合作，对侨批局实行"统一领导，分散经营，独立核算，各负盈亏"的经营管理办法。在国营经济领导下，这些侨批局逐步成为国营邮政的委托代办机构。

（四）统一管理专用和私营无线电台。

中央人民政府政务院于1950年11月规定：除军事通信及铁路专用通信

---

① 国民党政府的邮政和电信企业规定新职工入局时，必须提供"铺保"，即由对该职工能承担经济责任的店铺进行担保。

外，一切通信工作应由邮电部统一管理，重申了1949年中国人民革命军事委员会电信总局关于《充分利用各地国营电信局发电（报）办法的决定》的精神。并指出：已设电信局所之处，各级政府及公私企业之电报，应经电信局收发；未设电信局所之处，可向邮电部租设电台，禁止自设专用电台，其已设者，应交由当地电信局接管。为了贯彻上述决定，加强通信保密工作，并且做到在国家经济建设中与有关部门合理分工，以节约人力、物力和财力，原由地方政府或各公私企业专用的无线电台，陆续移交邮电部门统一管理。到1950年年底，全国接收约340部专用电台。

二、迅速恢复和发展通信

1949年从国民党政府手中接收的旧中国邮电，设施简陋，网路破碎，制式零乱。全国邮路及农村投递路线总长度为70万公里，电信明线线路长度为7.6万杆公里，邮运汽车仅400余辆，城市市内电话31万门（多为落后陈旧设备），邮政投递绝大部分是步班，各省会和大中城市之间的电信联系主要依靠无线电台。全国2000多个县，其中有75%的县只在县城设立邮局，广大村镇很少有邮政机构，有25%的县连县城也没有邮政局，只有几个代办所，有的甚至连代办所也没有。全国除沿海个别县城有电话外，90%以上的县没有电信设施。国际邮件不多，国际电信全靠短波无线电台联系。全国邮政和电信企业都依靠政府补贴。

1949年12月，邮电部提出对邮政设施实行恢复、整顿和重点建设的方针。在干线邮运网的建设中，首先恢复铁路干线邮运网。同时，随着民用航空的恢复和发展，开通航空邮运网；逐步恢复开通长江沿岸及北方沿海干线为主的水路邮运。西北、西南地区一向交通不便，主要依靠汽车邮运，为了能够与全国干线邮运网衔接，经采取种种措施，除西藏外，西北、西南各主要城市也都逐步恢复通邮。

全国除边远交通困难地区外，县以下的区基本上均已通邮。在邮政局所建设方面，随着解放战争的胜利，每解放一个县市，原有邮局的就进行接管，无邮局的就立即设立。到1949年年底，全国邮政自办局所已有4207处，凡是解放了的县、市、旗人民政府所在地，绝大多数都设立了邮局。

为恢复和建设国家干线通信网，1950年3月的全国长途电信工务会议确定了三条原则：第一，建设北京通信中心，恢复联通北京、沈阳、上海、汉口、广州、重庆、西安7个区中心间的电信干线；第二，尽快开通7个区中心之间的直达电路；第三，建设北京至莫斯科之间的有线电路。从1950年3月到12月，仅8个多月时间就新建明线线路8154公里，整修线路4027公里。由于新建锦州至满洲里的1908公里明线的顺利完工，使北京至莫斯科12000公里的有线报话电路得以开通。1951年、1952年又新建明线线路8600公里。至此，北京至各大行政区的干线都已联通，使国内长途通信网初具规模。从潼关经西安、兰州、乌鲁木齐至中苏边境的霍尔果斯新建的一段全长2305公里的杆路，沟通了北京至莫斯科的第二条国际电信干线。1951年1月、6月先后建成了北京国际收信台和北京国内及国际发信台，使北京成为国际无线电通信枢纽。农村电话也有很大发展，从1950年到1952年，线路由15万杆公里增加到32万杆公里，交换机由3万门增为7.6万门，电话机由1.7万部增为4.2万部。

这一时期，国家对邮电基建的投资占全国基建投资总额的1.6%（1950年为3.55%、1951年为1.86%、1952年为0.95%）。1952年年底同1949年相比，邮电局所由26328处发展到49541处，增加88.2%。其中，农村支局所增加160%；邮电部门自己办的局所（以下简称"自办"）虽只增加6%，但由于基层局所邮电合营，因而电报业务的服务点增加85%，长途电话服务点增加了127%，由邮电部门委托的代办机构（以下称"代办所"）增加了107%；邮路及农村投递线路总长度由70.6万公里发展到128.9万公里，增加82.7%；电信明线干线由7.6万杆公里发展到9.5万杆公里，增加24%；长途电话电路由1950年的2881路发展到3777路，增加31.1%；电报电路由1950年的3007路发展到4460路，增加48.3%；城市电话由31万门，发展到39.4万门，增加26.6%；邮电业务总量由13529万元增加到22880万元[①]，

---

① 按1980年不变价格计算。

增加 69.1%；营业收入逐年增加，到 1952 年年底不仅不要政府贴补，而且还略有盈余。这一时期北京市的邮政局所由 27 处增加到 59 处，增加了 1.18 倍；市内电话交换机由 2 万门增加到 3.2 万门，增加了 60%。这些数字表明，邮电事业的发展速度达到了历史的新水平。

从 1949 年 10 月到 1950 年 10 月，中国先后与苏联、保加利亚、罗马尼亚等 17 个国家建立了外交关系，随之也建立了正式通信关系。邮电通信在重大国际事件中发挥了重要的作用。1949 年 12 月 16 日至 1950 年 2 月 17 日，毛泽东主席、周恩来总理率领中国代表团访问苏联的两个月期间，邮电部与新华通讯社、广播事业局等部门通力合作，很好地完成了通信、新闻传递和广播任务。

在抗美援朝战争期间，中国邮电部门除办理国际通信业务外，还组织志愿人员直接随志愿军到前线工作；同时组织较大的邮电工作团，赴东北邮电部门支援抗美援朝的邮电工作，先后历时 3 年。

这一时期，为适应人民的需要，邮电业务种类也逐渐增加和创新。1950 年，政务院批准将报纸和刊物发行工作交由邮局办理（统称"邮发合一"），并作为人民邮政的主要任务之一。邮电局所遍及全国城镇和农村，可以更好地满足群众的需要，特别是满足广大农民群众订阅报刊的需要。1950 年年底，邮局接办发行的报纸已达 140 种，每期发行数为 230 万份。1952 年 12 月，原来由新华书店发行的杂志也全部移交邮局办理，至年底邮局办理发行的报纸达 236 种，为当时报纸出版总数的 85%；办理发行的刊物为 76 种，为当时全国杂志发行总数的 21%。电信方面，陆续开放了防空、事故、天气、报汛、公益（水情、防疫）、新闻、电力调度等项通信业务。

三、端正经营思想，确定服务方针

1952 年 7 月 30 日，邮电部和邮电工会全国委员会联合发出了《关于在全国企业中开展爱国增产节约竞赛运动的通知》，要求各企业进一步制订生产竞赛和推广先进经验的计划。各地在增产节约竞赛中，注意总结推广先进经验，提高工作效率和通信质量，取得了很大成绩，如著名的"郭秀云操作法"①，就是在这一时期产生的。但是在推广业务工作中，有些地方出现了强迫摊派业务的倾向。1952年10月，毛泽东主席从群众来信中发现邮电部门在发展业务上有强迫摊派、歪曲宣传招徕业务的偏向，为此批评了邮电部。经检查发现，在增产节约竞赛中确有些营业单位，为了完成过高的生产指标而片面追求收入，产生了单纯业务和单纯盈利观点。有的用不适当手段向群众强行推销邮简、邮票，有的强迫群众订阅报刊或寄发挂号邮件，有的动员群众向中共中央、毛主席拍发致敬、庆贺电报。中共邮电部党组和中共邮电工会党组于11月向中财委和全国总工会报告了邮电企业开展增产节约运动的情况，并进行了自我批评。中财委同意邮电部的报告，并责成邮电部下令"禁止邮电工作人员在群众中发展致敬、慰问、庆贺信函和电报，以及一切公开或变相的强迫、摊派等错误行为"。1953年年初，邮电部在全国各级邮电部门开展了"纠偏"运动，历时3个多月，于1953年4月底结束，业务偏向得到制止。

在"纠偏"中，邮电部检查了"资本主义经营思想的错误"。但对什么是资本主义经营思想，什么是社会主义经营思想，却缺乏科学的分析，在运动过程中不恰当地扩大了资本主义经营思想的范畴，以致在一些邮电职工中，在长时间内因怕犯"资本主义经营思想的错误"，而不敢大胆发展业务，不敢提增加企业收入，对邮电经营带来了一定的消极影响。

1952年11月29日，邮电部发布《关于克服发展业务中的缺点及对今后方向的指示》，明确提出了"迅速、准确、安全、方便"（简称"八字方针"）作为邮电部门的服务方针。这个方针在邮电职工中深入人心。各级邮电企业根据八字方针，以加强管理、改善服务和提高质量为工作的重点，建立各项业务技术规章制度、责任制度和管理制度，制定质量指标、经济技术定额；增加局所网路，尤其是发展广大农村和边远地区的通信建设，以方便群众；进行人员培训，提高职工的业务技术水平。实践证明，八字方针是完全正确的，它既继承了中国人民革命通信事业的传统，又吸收了

---

① 天津市长途话务员郭秀云等创造的缩短接通电话的处理时间、提高电路利用率的操作经验。

旧中国邮电企业中通信服务的合理因素；既反映了邮电通信的基本规律，也反映了国家和人民群众对通信的基本要求，体现了人民邮电的根本宗旨。

第四节　收回国家通信主权

中华人民共和国成立后，根据国家的政策，以不同的方式，先后接管了外国公司企业在中国大陆上的全部邮电设施，收回了国家通信主权。

一、收回美商在上海的电话公司

美商上海电话公司成立于1930年。1949年该公司拥有旋转式自动电话设备63466门、话机97000余部。上海解放后，中国允许该公司在服从中国政府法令的条件下继续营业。1950年6月，朝鲜战争爆发。同年12月16日，美国政府借口中国政府派志愿军援助朝鲜，宣布管制中国在美国辖内的公私财产，并武装侵略台湾。针对美国政府的侵略和敌对行动，中央人民政府政务院于1950年12月28日发布命令，对在中国境内的美国政府和私人企业的一切财产予以管制并进行清查。根据这个命令，上海市军管会于12月30日对美商上海电话公司进行军事管制，成立了临时管理委员会，团结公司全体职工协助军管开展业务（1954年4月，上海电话公司和上海市电信局市话处合并，成立上海市内电话局，由邮电部门统一管理）。

二、中印两国协商处理印度在西藏的邮电设施

我国对印度继承英国在西藏的邮电设施，采取了中印双方协商处理的方式。1953年，中印双方代表团就中印两国在中国西藏地方的关系问题进行了会谈。1954年12月，印度政府同意将其在中国地方所经营的邮政、电报和电话等企业及其设备，无偿地交给中国政府；并将其在西藏地方的12个邮驿站及其设施以双方同意的价格折价交给中国政府。中国方面派出以阴法唐①为组长的代表团与印度代表齐伯尔办理交接事宜。1955年2月底，双方派人分别

---

① 阴法唐当时为西藏江孜地区领导人。

赴江孜、帕里、亚东等地一起清点有关通信设施。同年4月1日，中印两国政府的代表在西藏拉萨举行了交接仪式，至此西藏全境的邮电通信设施，由中国邮电部门接管。

三、丹麦商人资产作价转给上海邮电部门

在中国尚有丹麦大北电报公司的部分产业。新中国成立以后，该公司虽已结束在中国经营的电信业务，但资产问题一直悬而未决。邮电部授权上海市邮电管理局与该公司协商谈判，将该公司在中国境内的资产全部作价转让给上海市邮电管理局。

第五节 邮电事业进入发展阶段

1953年，国家开始执行发展国民经济的第一个五年计划（以下简称"一五"）。这一期间，邮电部门加强了邮电事业的建设，提高了业务和技术水平。

一、加强以北京为中心的全国通信网

"一五"期间，邮电部门随着国家大规模经济建设和社会主义改造任务不断取得进展，对通信网路进行了有计划的扩建和改造，采取"重点建设，照顾一般"和"有线为主，无线为辅"的方针，加强了以北京为中心的全国邮电通信网，提前一年完成了计划任务。

（一）加强干线邮路，增设自办局所。

这一期间，全国干线邮路有了很大的发展，尤其是边远省份发展更快。例如，随着川藏、青藏公路的建设，1954年和1957年，邮电部门先后开辟了成都经昌都至拉萨和西宁至拉萨的两条各长达1000余公里的自办汽车邮路。同时，邮政运输工具也得到很大的改善，1954年邮电部门在主要铁道干线上使用了自备火车邮厢。在邮件运输的组织管理方面，实行铁道邮路上的计划运输，并进而形成了铁道运输的调度责任局制度。由于邮运的改善，从北京发出的邮件，凡铁路通达的省会及自治区首府，一般三天左右即可到达。

在邮政局所的建设方面，根据国家重点建设和农业合作化的需要，对邮

政自办局所进行合理布局,在一些新兴的工业城市和大型建设工程的基地陆续设置了局所,基本上适应了需要。1954年至1956年,国家对资本主义工商业进行社会主义改造,邮电部决定整顿私商和私人经营的邮政代办所。由于受"左"的指导思想影响,片面求纯,过分强调以自办为主,对代办所分别进行撤、并、转,全国4万多个代办所至1956年减为2.3万多处,致使邮电部门服务水平有所下降。

（二）建成国家电信干线通信网。

"一五"期间的电信建设重点是,进一步沟通以北京为中心的全国长途电信网,建设全国长途明线干线。在苏联专家帮助下,开始设计兴建北京电报大楼；从捷克斯洛伐克、民主德国和匈牙利等国引进了一批市内电话交换机、载波机与无线电发信机；同时,又分别在北京、新疆进行国际电台等重点工程的建设。至1957年年底,在国家各工业部门的支持下,全国已建成国内长途有线通信网和以北京、上海、新疆电台为骨干的国际无线通信网。北京至各大区中心及各省省会、自治区首府间已经全部沟通了直达的长途电话和电报电路,其中长途电话电路全部实现了载波化,电报电路也基本上实现了载波化,并开始使用电传打字机。各省省会至专区、专区至所属各县的有线通信网,经过整顿、改造和扩建,也都基本沟通。少数边远地区和一些沿海岛屿使用了无线电通信。这一期间,电传打字机、传真电报机和3路、12路载波电话终端机等有了大幅度增长,通信设备开始向多路化的方向发展。随着经济建设的大规模展开,市内电话需求量骤增。邮电部门根据政治、经济中心和新兴工业城市建设的迫切需要,新建和扩建了北京等25个城市的自动电话设备,使全国2000多个县城基本上有了市内电话,并对原有市话设备进行技术改造,提高了通信质量。

（三）发展农村和少数民族地区通信。

农业社会主义改造的进展,对邮电通信事业提出了新的要求,1955年邮电部门制定了《关于配合农业合作化运动乡村邮电发展和改进的规划》。1956年年初,中共中央公布了《1956年到1967年全国农业发展纲要（草案）》。其中,第31条提出：从1956年开始,按照各地情况,分别在7年或者12年内，完成乡和大型合作社的电话网的建设。在必要的地方，设置无线报话器。在7年内普及农村邮政网，做好邮电传递和报刊发行工作。从此，农村邮电通信建设进入了新的发展阶段。

到1957年年底，全国农村邮路及投递路线已经达到170余万公里，有96%的乡通了邮路；乡村电话线路累计已达到近70万杆公里，乡村电话交换设备约为32万门，有70%的乡通了电话。这一时期的农村邮电建设发展比较迅速，但是也存在着脱离实际的问题。1956年在全国推行农业生产合作社投递员制度，曾要求农村无偿承担邮件投递任务，加重了农业生产合作社的负担，使这一制度没有巩固下去。在乡村电话建设上，有些地区不顾条件，急于求成，到处铺开，致使通信网路不合理，通话质量很低，造成了农村通信上的后遗症。

"一五"期间，少数民族地区的邮电通信得到了很大的发展。解放以前，在兄弟民族居住的辽阔土地上，只有寥寥可数的邮电服务点和稀疏的通信网路。例如，新疆解放时，全区只有26个邮政局、16个电信局、13个邮政所，自办汽车邮路仅600多公里，广大农牧区一直处于既不通邮递更不通电信的情况，边远地区的农牧民寄一封信，还得带上干粮走两三天。内蒙古全区也只有20多个邮电局所，1100多公里的邮路。经过三年恢复时期的建设，少数民族地区的邮电通信出现了新的面貌，新疆、内蒙古的邮电服务机构增加了五六倍之多，邮路长度增加3倍以上；农村长途电信设备和市内电话设备也有了很大的增长。这些地区邮电通信建设的发展，促进了各兄弟民族经济和文化的发展，加强了各民族之间的联系和团结。

二、建立邮电科研、教育和工业基础

邮电部早在1950年9月，就集中一批较强的技术力量，设立了电信科学研究所，开始电信科学技术的研究开发工作。1952年10月，该所与人民革命军事委员会通信部电信科学研究所合并，归通信部领导。1956年，国务院科学规划委员会组织广大科技人员编制了《一九五六年至一九六七年科学技术发展远景规划纲要（草案）》，确定了57项重点任务。其中，第34项提出了邮电科学技术的发展目标，指明了发展的道路。为加速发展邮电科学技术，1957年，经国务院批准，在北京建立了邮电部邮电科学研究院，在上海成立了电信科学研究所。

作为邮电事业基础条件的邮电教育，得到了各方面的重视。"一五"期间，邮电部门召开了五次全国邮电工作会议，其中有四次会议提出提高领导干部和技术干部以及职工的政治、业务、技术水平等有关邮电教育的问题。从1953年到1957年共建立了8所邮电中等专业学校，并于1955年在全国高等教育院系调整中，成立了北京邮电学院。同时，还以各种训练班的形式培养了大批机务、线务、报务、话务、邮政、营业等人员。1956年，还开办了具有邮电通信特色的高等和中等职工函授教育。

这一时期，邮电工业也相应得到发展。以修配为主的各地邮电修配厂，在进行零配件加工的同时，逐步组装整机设备，建立了一批工厂，形成了修配和制造两个网。到1955年，已生产各种通信设备的维护零配件近2000万件，组装了一批通信设备，解决通信急需，为发展邮电工业初步奠定了基础。

三、建立新的企业管理制度

"一五"期间，邮电通信企业逐步建立和健全各项经营管理制度。1953年8月，邮电部在部署下半年工作时，强调以计划管理为重点，全面加强邮电企业管理。1954年，针对邮电生产的特点，开展了反对无人负责、建立各种责任制的工作。各级生产管理机构都先后建立了生产指挥系统。到1955年5月，全国大体上有200多个企业建立和健全了行政管理责任制、生产责任制、技术责任制、设备维护及检修责任制、线路及邮运部门的安全责任制、保密责任制等。同时根据苏联专家的建议，决定把整顿组织机构同建立健全各项业务制度、加强业务领导结合起来。这一年，着手制定并逐步推行各项业务制度与企业管理的各项规程标准，使邮电企业的管理工作有所改善。1956年12月又提出把加强通信组织工作和业务技术管理放在各项工作的首要地位。到1957年年末，全国邮电企业在通信业务、通信质量、通信技术，以及计划、财务、劳动、物资和基建等方面，基本上实现了管理有制度、检查有依据、考核有办法，企业管理得到加强。

在加强企业管理的同时，邮电部门普遍开展了以提高通信质量为主要内容的劳动竞赛，陆续总结推广"京津邮政投递工作法""沈阳电信局机械股工作法""许兴柱长途线路维护经验""天津邮局紧密运转计划封发经验"等几个对通信工作有重要作用的先进经验，使整个"一五"期间的通信质量和服务水平不断提高，并涌现出一批先进生产者和先进集体。1954年，邮电部门有6位职工当选为第一届全国人民代表大会的代表，他们是：邮电部部长朱学范、邮电工会全国委员会主席李景韩、天津市电信局长途话务员郭秀云、全国劳动模范河北省承德邮电局电力机务员刘长贵、山西省特等劳动模范榆次邮电局乡邮员张道中和贵州省工业劳动模范邮件运输汽车修理工茅显祺。1956年，在社会主义改造高潮中，邮电部门召开了全国邮电先进生产者、先进集体代表会议。出席会议的先进生产者和先进集体代表达489人，其中有148名被选为出席全国先进生产者代表会议的代表。

四、邮电事业的成就

在"一五"时期，邮电事业开始进入全面建设阶段，初步形成了比较完整的通信网，科学研究和教育机构相继建立，邮电工业生产和从设计到施工的基建队伍也已基本形成。"一五"时期的邮电建设，超额完成了计划任务，邮路和农村投递路线总长度达到222.3万公里，超过原计划196.8万公里12.9%；扩建长途明线12.27万对公里，超过原计划6.3万对公里94.7%；扩建城市电话25.19万门，超过原计划9.1万门176%。

新中国成立8年来，邮电通信有了很大发展。以1957年同1949年相比，邮电局所从2.63万处增加到4.54万处，增长了72%；邮路及农村投递路线总长度从70.6万公里增加到222.3万公里，增长2.15倍；长途电信线路总长度从7.7万杆公里增加到12.6万杆公里,增长了63.6%;市内电话从31.2万门增加到64.7万门,增长1.1倍;长途电话电路从2881路(1950年)增加到4684路,增长了62%;电报电路从3007路(1950年)增加到4964路,增长了65%;无线电台发讯功率增长10多倍;全国有96%的乡和80%的社通了邮路及70%的乡通了电话,这些是旧中国无法比拟的。邮电业务总量从13528万元增长到40888万元[①],增长2倍,邮电经营自1952年变亏为盈以来,盈利逐年增加。

---

① 按1980年不变价格计算。

第二章
在曲折中前进（1958—1965年）

1958年，邮电部门提前完成第一个五年计划后，正当广大邮电职工加紧实施《一九五六年至一九六七年十二年邮电科学技术发展远景规划纲要》之时，一个声势浩大的"大跃进"运动在全国范围内掀起。以高指标、瞎指挥、浮夸风和"共产风"为主要标志的"左"倾错误在邮电部门也泛滥起来，给邮电事业造成了损失。1960年7月，苏联政府背信弃义，撕毁合同，1957年2月中苏签订的《邮电科学合作议定书》停止执行，也增加了中国邮电发展中的困难。1961年，邮电部坚决贯彻执行中央提出的对国民经济实行"调整、巩固、充实、提高"的方针，经过三年调整，邮电事业得到恢复和发展。

第一节 "大跃进"中的失误

一、指导思想的错误

1958年1月，国内有些地区和部门开始提出一些不切实际的"大跃进"计划，以后逐步在全国农村和国民经济各部门形成"大办""快上"的高潮。邮电业务量急剧成倍地增长，邮电通信呈现了全面紧张的局面。邮电部门面临着巨大压力，迫切需要采取非常的措施，来扩大邮电建设规模和加快建设进度，以缓解紧张状况。1958年4月，邮电部召开了第七次全国邮电工作会议。这次会议的主题是，解放思想，破除迷信，部署邮电部门的"大跃进"。在会议上，以"左"的错误观点，将行之有效的保障通信秩序的业务制度，当作脱离群众的"教条主义"加以批判；将以中央为主的邮电管理体制和通信性质所决定的指挥调度制度，当作过分集中的弊端加以摒弃。会议号召广大邮电职工，要不甘落后，迅速赶上全国轰轰烈烈的"大跃进"形势。会议确定的任务是，"扫除一切障碍，从右倾保守、经验主义和教条主义的束缚和影响下解放出来"，并提出了"全党办邮电，网路大发展，服务赶先进，质量创纪录，工作大跃进"的行动口号。会议还传达和讨论了邮电部党组在中共八大二次会议上《关于发展邮电事业的十年设想》的书面发言。这个《十年设想》，背离了1956年至1967年的12年规划，企图采取新的技术装备，加快建设速度，改变邮电通信落后状况。这个主观愿望是好的，但提出的发展目标和速度，超越了当时的可能条件，严重地脱离实际。例如，在邮政运输条件还十分薄弱的基础上，提出了"中央报纸当日到省、省报当日到县、县报当日到社"的要求。又如，在当时缺乏技术基础和资金有限的情况下，提出了敷设地下长途电缆35000公里，架设微波电路14000公里的要求。历史的实践证明，这个超越国力的十年设想，在当时的条件下，是不可能实现的。

二、邮电企业的下放

1958年6月，邮电部迫于当时中央国营工业企业纷纷下放的形势，不顾通信组织和管理具有全程全网不可分割的特点，仓促向国务院提出了改变邮电管理体制的报告，比照工业企业下放的办法，把邮电企业下放给地方政府。报告中提出，除北京通信企业和国家一级通信干线仍以邮电部为主领导外，所有省、市、自治区的邮电企业全部下放给地方政府，实行以地方政府为主的领导体制。邮电部负责国家一级通信干线的建设和指挥调度，省、市、自治区的通信网路建设，则列入地方计划。邮电部规定各地邮电企业必须在6月30日前下放交接完毕。由于各地对邮电企业下放没有准备，工作做得粗糙，要求也不一致，有的地方就把各级邮电企业层层下放，甚至一直下放到县和人民公社。全国完整的通信系统被人为地分割，统一的、行之有效的规章制度遭到破坏，主要干线通信难以确保畅通。各地乱上基建项目，很多工程不能按时投产，浪费惊人。邮电系统内技术人员较多，企业下放后，一批邮电技术业务骨干被调到地方其他行业，参加"大跃进"或"大办工业"，使邮电系统人才外流，甚至有的机房无人值机，正常业务都难以维持。

三、邮电工作中的高指标

邮电部门为了能跟上"大跃进"的形势，于1958年8月份提出当年年底实现"长途电路翻一番"的设想，9月份提出在两三年内实现"中央报纸当日到省、省报当日到县、县报当日到公社基层"的口号，12月份又提出了"邮政以报纸发行为纲""电信以长途为纲"的方针。

"邮政以报纸发行为纲"的方针，在一定程度上促进了邮政通信网的发展，增强了运输能力，缩短了信报传递时限，改善了服务。但问题是，不管地区条件，片面地强调提高报纸"三到"的比重，这不仅脱离实际，难以完全实现，而且也造成一定的浪费。同样，"电信以长途为纲"，大力发展长途电路，对缓和当时通信紧张状况起了一定作用。然而"电路翻番"的口号，却超越了当时的实际可能，因而当年也未能实现；同时，只注意长途电路的增长，忽视市话的相应发展，使市话容量及长话—市话中继不配套，因而长途通信发展也受到阻碍。在大办钢铁中，邮电部门提出"当好钢铁元帅通信兵"的口号，要求做到"哪里有高炉，哪里就有邮电通信"。为了适应"大跃进"的通信需要，邮电部门大上基本建设项目，大办工厂，大力开展技术革新和技术革命的群众运动。这对独立自主、自力更生发展邮电工业，特别是对发动群众自己动手改善邮政工人劳动条件，发展邮政操作机械化、自动化，有一定的积极作用。但是，许多电信基层企业，从通信和维护工作的岗位上抽调大批技术力量，严重地冲击了正常的通信秩序和设备维护工作，使通信质量和设备完好率降到了很低的水平。在"大搞载波机"运动中，由于没有统一的技术标准，又缺乏可靠的元器件供应，制造出来的载波机，技术性能差，质量低劣，在通信中能长期使用的极少，造成巨大浪费。人们对"解放思想、破除迷信"的口号，缺乏正确理解，错误地大破规章制度，使许多行之有效的设备维护制度、邮件交接制度、电路测试制度、通信质量管理制度等被破坏。有的地方甚至把会计制度也破坏了，实行所谓"无账会计"。

1959年3月，邮电部召开第八次全国邮电工作会议。会议的主题是，继续大搞群众运动，实现"更大的跃进"。会议肯定了1958年"大跃进"的成绩，认为邮电部门已从右倾保守思想的束缚中"解放了出来"。会议要求1959年邮电业务量要比1958年增长32%左右；基本建设投资要增加2.5倍，要大干快上；邮电工业要继续"土洋结合""大中小并举""边生产边建设"。在追求"更大的跃进"中，企业管理产生了更大的混乱，通信指挥调度失灵，通信质量严重下降，基本建设失控，许多工程不能及时投产，浪费严重，在高指标的压力下，弄虚作假的浮夸风盛行。

四、"反右倾"使"左"倾错误继续发展

1958年年底，中共中央察觉到"左"倾错误并开始进行纠正。邮电部也察觉到企业存在的问题严重，当即组织人员，到各地基层企业深入了解，听取反映，检查问题。在做了大量调查研究工作的基础上，针对存在的严重问题，在整顿业务技术管理和经济管理、缩短基本建设战线、调整邮电工业布局等方面，提出了一些纠正错误的措施，准备提交即将在1959年8月17日至9月6日召开的第九次全国邮电工作会议上研究贯彻。但1959年8月7日，中共中央发布了《关于反对右倾思想的指示》，全国开始了"反右倾"斗争。邮电部门不可能逆转当时的形势，不得不把原定纠"左"的会议，倒转为批"右"的会议，把原来为会议准备的纠"左"的材料和意见悄悄地收起来，盲目地决定在全国邮电系统开展"反右倾"斗争。这一斗争不仅使浮夸风、高指标、瞎指挥的错误更加泛滥，还使民主生活遭到进一步的破坏。一批干部和群众在运动中受到伤害，仅邮电部机关及在京的直属企事业单位中，受到批判和"重点帮助"的干部就有168人，占参加"反右倾"运动总人数的3.5%，其中有司局级干部7人，处级干部26人。这就使得"左"的错误，在邮电部门非但没有能得到纠正，反而又延续了更长的时间。"大跃进"和"反右倾"的错误，使全国邮电事业的发展，遭受到重大的挫折和损失。

第二节　贯彻调整方针，纠正"左"倾错误

1960年冬，中共中央和毛泽东开始纠正农村工作中的"左"倾错误，并且决定对国民经济实行"调整、巩固、充实、提高"的方针。1961年，中共中央颁布了《国营工业企业工作条例（草案）》，即"工业七十条"。从1961到1963年的三年调整时期内，邮电部先后召开三次全国邮电工作会议，总结了"大跃进"的教训，端正了指导思想和业务方针，恢复了各项合理的规章制度，研究并制订了调整的具体方案和措施。经过三年努力，胜利地完成了艰巨的调整任务。邮电部门重新呈现出生气勃勃的局面。

一、调整邮电管理体制

"大跃进"期间的实践证明，把通信管理权层层下放，造成了建设无计划、通信无秩序、指挥不力、调度失灵的严重混乱局面。为了加强全国邮电工作的统一领导，恢复全程全网的正常秩序，首先需要调整邮电管理体制。邮电部经过认真的调查研究后，于1961年5月向中共中央提出了《关于调整邮电体制的请示报告》。1961年12月，中共中央批准了这个请示报告，从1962年1月开始实行新的管理体制。调整后的邮电管理体制，主要有以下内容：

1. 除西藏自治区外，各省、市、自治区的邮电企业实行以邮电部管理为主的部和省、市、自治区地方政府的双重领导，对县（市）邮电企业，实行以省、市、自治区邮电管理局为主的省和县（市）地方政府的双重领导。在邮电系统内部，实行部—省—县三级管理。

2. 农村人民公社的邮电机构，由县（市）邮电局统一管理。县以下的农村电话，划为地方国营，纳入省、市、自治区地方计划。农村人民公社的电话为集体所有制，由公社自建、自营、自负盈亏。

3. 邮电业务的开办和停办、邮电资费、全国统一性的技术标准、业务规章制度、设备维护制度，由邮电部统一制定。国际通信和中央到各省、市、自治区的干线通信，由邮电部统一指挥调度。

4. 全国邮电业务、基本建设、工业生产、物资分配、财务收支、预算拨款、劳动工资、设备大修、科技发展、人员培训等各项计划，由邮电部根据国家计划进行统一安排，并实行全国统一的财务制度和会计制度。

5. 邮电企业干部管理，以邮电部为主，实行系统管理。上级邮电部门在调配干部时，应征求地方党委的意见。政治工作机构和政治思想工作，受地方党委和上级邮电政治工作机构的双重领导。

管理体制的调整，加强了邮电部对邮电通信的集中领导，统一了一级干线建设计划，统一了全程全网的指挥调度，恢复了正常的通信秩序，使国家通信有了可靠保障；同时还加强了业务管理、经济管理、干部管理和政治思想工作，使邮电事业的继续发展有了人才和物质保证。

二、整顿领导作风，加强职工队伍建设

1957年反右派斗争的扩大化，将一批干部和知识分子错划为"右派分子"，使他们长期受到不公正待遇，造成不幸的后果。在"大跃进""反右倾"运动中，又有一批干部、知识分子和工人，被扣上"右倾思想""白专道路"和"反对三面红旗"等政治帽子而遭受批判，使他们背上了沉重的政治思想包袱，严重地挫伤了他们的积极性。邮电部门的领导干部学习了中共中央八届九中全会的精神和中共中央对国民经济实行"调整、巩固、充实、提高"的方针，检查几年来在领导工作和领导作风上的缺点和错误，认为由于领导深入基层不够，下达的指标脱离实际，下面又层层加码，出现了弄虚作假现象，高指标、大帽子造成了干群关系紧张；在推广先进经验时，没有经过认真鉴定，没有注意时间、地点、条件，一刀切带来了瞎指挥风；党委包揽行政事务，削弱了党的领导，在领导思想方法上又存在主观片面、脱离实际等问题。根据中央指示，邮电部在1961年6月部署在全国邮电部门开展"整作风、整制度、整队伍"的整风运动。整风采取"团结—批评—团结"的方式，对"大跃进""反右倾"中受到错误批判的干部、知识分子和工人甄别平反，摘掉其中一部分人的政治帽子，卸掉"包袱"。部、局级领导向受到批判的干部和职工检查了错误，进行了道歉。对于"大跃进"中虚假浮夸

造成的问题，由领导承担责任，对干部职工一概不予追究。对违法乱纪、贪污盗窃的犯罪分子，进行了严肃处理。对犯有玩忽职守、违反通信纪律、造成责任事故等错误的干部和职工，按照人民内部矛盾对待，给予批评教育和纪律处分。

邮电部门担负着国家的通信任务，必须确保通信机密，确保通信质量。为此，需要加强管理，严密制度，特别是加强政治思想工作。这在1961年12月，中共中央对邮电部党组《关于调整邮电管理体制的请示报告》的批语中已经指出。邮电部为了贯彻中共中央指示，随即在广东、辽宁、湖南、贵州等省邮电部门进行建立政治工作机构的试点。1964年，邮电部成立了政治部，中共中央任命朱春和为政治部主任。随后各级邮电企业陆续建立了政治工作机构。

三、邮电基本建设、工业和院校的调整

（一）缩短基建战线，削减基建投资，严格按计划办事、按程序施工。

在1961年至1963年国家经济困难时期，压缩了基建投资，缩短了基本建设战线，邮电部门停建缓建226项不具备建设条件或不符合基建程序的项目，审定保留了一批在资金、器材上有保证的重点工程项目和花钱不多、需时不长就可投产的结转收尾工程项目。紧缩基建战线，保证了重点工程，收到了显著的效果。1961年上半年，就完成了北京—汉口—广州、北京—上海、汉口—重庆、北京—承德等通信干线的补缺配套工程；还先后完成了承德—沈阳、北京—兰州—乌鲁木齐、石家庄—太原—西安等干线整治工程，使这些主要干线通信传输质量有了显著的提高，增加了通信容量，充分发挥了通信效能。经过整顿，纠正了不按计划办事、不按基建程序施工等错误做法，大大加速了施工进度，工程质量也有了明显的提高。1962年，在67项竣工工程中，经过验收，有66项达到了规定的施工质量标准。与此同时，一部分多余的施工人员转移到通信设备维护单位，充实了设备维修和大修力量，对提高设备质量、保证通信畅通，起了较大的作用。

（二）对邮电工业按"全面规划，合理布局"的原则进行整顿。

1958年至1960年三年"大跃进"时期，由于全国范围的邮电业务量成倍

猛增，从城市到农村邮电通信设备普遍不足，纷纷大办工厂制造设备，以应付当时业务上的需要。各省、市、自治区的地区邮电部门开办的工厂达295个。但是这些工厂很多是在企业修机室的基础上搞起来的，生产的产品大多质量低劣，成本也高，在技术上和经济上都起不了多大作用，造成很大浪费。1961年到1963年国民经济调整时期，邮电部对邮电工业，根据"全面规划，合理布局"的原则，进行了"关、停、并、转"的整顿。对邮电部所属的工厂，保留了技术条件较好、工艺水平较高、产品质量较稳定、企业管理较好的19个骨干工厂。这些工厂能够批量生产邮政机械、载波设备、电话交换机、电传机、无线收发信机、电源设备、通信电缆、通信仪表等邮电通信所需的主要设备和专用元器件。对各省、市、自治区邮电部门自办的295个工厂，根据在大行政区范围内不重复生产的原则，在各地保留了20多个生产条件较好的管理局所属工厂。省以下基层企业办的工厂，都改为修机室。经过这样的调整，虽然工厂数量和工业产值大幅度下降，但是邮电工业的布局趋于合理，产品的品种增加了，质量提高了，成本降低了，特别是维护通信设备所必需的零配件和短线产品有了可靠的生产保障，这对保证通信畅通，起了重要作用。

（三）调整邮电院校，提高教学质量。

1958年前，邮电教育系统在北京有邮电学院1所，在各地有邮电中等专业学校8所。"大跃进"中，各地邮电部门又办起了南京、西安、武汉、重庆、长春、石家庄6所邮电学院；中等专业学校则由8所增加到53所。这些新增的院校，有的具有一定的师资和办学条件，教学效果较好，但有一部分由原有的学校升格，并不具备相应的条件，也有一小部分临时仓促办成，条件更差，很难保证教学质量。

为了使邮电教育系统成为培养邮电通信各种专门人才的可靠基地，提高教学质量，邮电部自1961年起决心对邮电院校进行调整。根据师资力量和办学条件，首先将石家庄的学院改为邮电学校，将长春、西安两所学院改为中等专业学校。对全国中等专业学校，按"每个省、市、自治区一般设置一所"的标准进行压缩。到1965年，全国共有北京、南京、重庆、武汉4所邮电学院,中等专业学校38所,较之1960年,数量虽大大减少,但师资配备和物质条件都大为改善,教育质量也得到了保证。

四、紧缩机构,精减人员

三年"大跃进"期间,邮电部门在"大办""大上"的影响下,机构膨胀,人员大量增加。1960年年底,全国邮电职工共有43.4万余人,比1957年的27.8万人增长了56%,使企业增加了沉重的负担。根据中共中央紧缩机构、精减人员的指示精神,邮电部决定,撤销省、市、自治区管理局的一些不必要的附属机构;对省会大市局的职能部门进行合理的兼并;专署级的邮电机构紧缩编制,只行使督促检查的职能;县级邮电机构,由县局长直接领导生产班组,并进一步调整劳动组织和生产组织,合理配备劳动力,精减了人员,提高了劳动生产率。邮电部还对邮电营业服务机构作了必要的调整,重新组织了营业网点和投递网路,既节省了人力,又加强了管理。到1962年年底,邮电部门共精减了6.7万余人。

五、加强通信设备维修工作

1961年,邮电部针对通信设备严重失修的情况,确定了"先维护、后基建"的方针,把设备维修管理放到日常工作的首要地位。各级邮电部门组织技术力量,整治和抢修各项邮电设备,把严重失修的邮运汽车、长途线路、电源设备列为重点,限期检修,使其迅速恢复到正常的技术状态;针对新增维护人员较多和原有维护人员业务荒疏的情况,加强业务培训工作,提高维护人员的业务技术水平。

为了解决维护器材短缺的问题,邮电部门进行清仓挖潜,调剂企业间的余缺。各邮电工厂也优先安排维护工作所需的元器件和零配件的生产。

为了加强通信设备维护工作,邮电部决定迅速恢复各项通信设备的维护制度。例如,邮政运输恢复了邮车包乘保修制度;电信方面恢复包机、包线、包电路的责任制度和通信线路组巡制度以及电路检测制度。

六、加强基层企业管理

1961年，根据中共中央制定的《国营工业企业工作条例（草案）》的精神，邮电部门在试点工作中，结合邮电企业的具体情况，以"五定"①为核心，从建立岗位责任制着手，加强生产班组建设和管理，整顿了基层企业的基础工作。为了提高通信质量，完成通信任务，1963年，邮电部又进一步决定，健全企业管理制度，实行党委领导下的局长负责制，还建立了各级职工代表大会制度。此后，邮电部陆续修订和制定了邮政、电信业务管理制度，通信设备维修制度和农村邮政、农村电话的管理办法。为了加强技术管理，邮电部在1963年当年就制定了《邮电通信企业技术管理若干规定》，决定在省、市、自治区邮电管理局以及省辖市的邮政和电信局建立局长领导下的总工程师负责制，具体规定了总工程师的职责和权限。此外，经过调查研究、总结经验而编写的《县邮电局管理工作手册》，也在此期间正式颁发。这本手册对于指导县局工作具有较大意义，受到基层企业的普遍重视和欢迎。

第三节　调整后的回顾

中华人民共和国成立后，经过三年的恢复与建设，又经过第一个五年计划的经济建设，到1958年全国呈现着一片繁荣景象。邮电通信事业也出现蓬勃发展的大好形势。1956年5月开始动工的北京电报大楼于1958年9月底建成。这是一项大型综合枢纽工程，装有全部国产设备。当竣工交付使用后，中共中央和国务院领导人周恩来、董必武、李富春、李先念等前来视察时，对这第一个现代化通信枢纽给予很高的评价。同年，新疆也建成乌鲁木齐国际电台，装有大功率发射设备和高精度收信设备。它的建成解决了中国与西欧、北非间无线短波通信问题。1959年建成的北京邮票厂，是中国第一个专门印刷邮票的工厂，能够印刷各种雕刻版、影印

---

① 定设备规模和服务水平；定人员和机构；定主要材料工具的消耗定额和供应来源；定固定资产和流动资金；定业务指挥调度关系。

版及五色、六色邮票。1958年年初，毛泽东提出要把党和国家的工作重点转到技术革命和社会主义建设上来。党的号召和经济建设的成就鼓舞着全国人民。广大邮电职工也怀着改变邮电落后面貌的强烈愿望，以无比高涨的热情投身到群众性的技术革新和技术革命运动中来。

但是，胜利会冲昏人们的头脑，成绩会使人们骄傲自满起来。在这种形势下兴起的"大跃进"和"反右倾"运动给国家带来困难和损失，邮电系统也出现了一些混乱，走了一段弯路。

1960年中共中央决定对国民经济实行"调整、巩固、充实、提高"的方针以后，邮电部门认真进行了三年调整。经过调整，邮电事业在通信组织管理、科学技术研究、人才培养、工业生产、设备维护运行各部门职工的共同努力下，取得了显著的进展。

1963年，成都至拉萨有线载波工程完成，开通了北京经成都至拉萨的有线载波电路。1964年10月1日，中国第一次使用微波电路，将首都国庆的电视节目传送到天津。1964年11月，北京到石家庄60路电缆载波工程竣工投产。这是全部使用国产的长途电缆和载波设备的第一条高频电缆载波工程，标志着中国长途电信传输网路开始向大容量方向发展。1964年，北京、上海邮局先后制成直线型和环型包裹分拣机，向邮政操作机械化、半机械化方向更进了一步。1964年和1965年分别在上海、北京成立邮政技术研究所，开始对一些邮政主要设备进行系统研制工作。1964年，邮电部组织并开始了6401工程会战，研制600路微波和600路载波设备，以及配套的长途自动交换设备、报纸传真、自动转报和数据传输等项设备，为中国多路通信新技术的发展，创造更好的条件。

从1958到1965年的8年，邮电事业是在曲折中前进的，虽然遭到过严重挫折，在生产上和职工生活上遇到前所未有的困难，但由于社会主义制度的优越性和广大职工的社会主义积极性，仍然取得很大的成就。1965年与1957年相比，全国邮路及农村投递路线总长度增长127万公里，增加57%；邮运汽车增加613辆；长途电话电路增长5229路，增加1.12倍，其中首都到各省、市、自治区的电路，由平均3.2路增加到8.1

路；载波电话终端机从966部增加到5129部，增长4.31倍；市内电话交换机容量从64万门增加到110万门，增长70%。在这8年中，科技队伍逐步成长，科研计划得到落实，工业布局更加合理，院校教学质量显著提高。这8年的成就为通信现代化建设，奠定了一定的技术物质基础，培养了骨干力量，积累了丰富的正反两方面的经验。

第三章
"文化大革命"时期的邮电事业
(1966—1976年)

1964年,第三届全国人民代表大会宣布调整国民经济的任务已基本完成,整个国民经济将进入一个新的发展时期。1966年春,邮电部门总结了新中国17年来的通信发展建设的经验,认为邮电部门内部关系已经理顺,通信与建设、科研、教育等各方面的工作秩序已恢复正常,计划加快通信现代化建设的步伐,更好地为国民经济的发展服务。但是,1966年5月,一场史无前例的"文化大革命"开始,邮电事业发展的进程不得不被推迟。

第一节 动乱中的邮电事业

"文化大革命"的十年,邮电事业遭到新中国成立以来最严重的破坏。

一、通信受到全面冲击

1966年6月2日,《人民日报》就北京大学所谓全国第一张"马列主义的大字报"发表了评论员文章。6月3日,新华社报道中共中央决定改组中共北京市委的消息。6月4日,作为全国通信枢纽的北京长途电信局的电报大楼,即贴出了全国邮电系统第一张大字报。一夜之间,电报大楼便成立了三四十个造反组织,随后分为两派,相互争夺领导权和通信指挥权。6月17日,北京长途电信局党委书记被停职检查。这一形势立即冲击了邮电部机关,并迅速波及全国各大城市的邮电企业,严重威胁着通信安全。至8月份,据邮电部不完全统计,在24个省、自治区、直辖市的2342个县(州、市)邮电局中,已有28%即675个局开展了"文化大革命"。在全国邮电系统管理局局长以上干部中,有32人被揪出或重点批判斗争,约占这一级干部总数的40%。北京长途电信局的处、科干部和工程技术人员被揪斗的达60%;辽宁省局有1/3的处长停职反省;湖南有40%的专区(州)局长、30%的县局长被斗争。各地重大通信事故连连发生。广东省开平县局于1966年8月31日擅自停止对港澳进口小包的投递,8天中积压40多袋。河北省静海县局一度被造反派所控制,全部通信中断165分钟。

1967年年初,王洪文等人在上海制造的"一月风暴"很快蔓延全国。各级邮电部门先后被造反派夺权或改组,许多地区通信处于无政府或半无政府状态。不少地方武斗蜂起,邮电局遭冲击,有两个省会局和十几个县局的机房被占领,通信全部中断,通信设备遭破坏、被抢掠。其中,济南、郑州长途通信枢纽被造反派占领,在周恩来总理直接干预下,才恢复了通信。山东烟台、新疆哈密、陕西安康、吉林延边等8个邮电局的机房被烧毁。值班人员执行通信任务受阻挠、被殴打等情况时有发生。邮车不能正常出班,国际邮件不能正常交换,国内函件、报刊、包裹大量积压,机要通信被截抄等情况不断发生。全国长途电信干线屡遭切断,省内通信线路经常不通,县以下通信设备损毁更为严重。全国邮电通信一片混乱,濒于中断。

1967年4月,北京电报大楼两派群众组织为争夺权力,已不能正常工作,国家通信枢纽已有发生瘫痪的可能,严重威胁着国家通信的安全。经邮电部报告中共中央和国务院批准,于4月8日对北京电报大楼实行军管。这对稳定局势起了一些作用,但由于中央文革小组直接插手,窃听长途电话和截留电报的情况屡有发生,甚至国务院的电报也不按时发出或投送,有多次竟把国务院的电报送到中央文革小组。鉴于这种局势,邮电部报请国务院和中央军委批准,于同年5月,对全国105个担负国家通信的大型电台、国家通信干线上的枢纽局和机要通信局、载波机务站、专用通信器材仓库派驻人民解放军部队进行保护。这一重要措施,使国家一级干线通信在一定程度上得到了保障。

1967年8月,中共中央、国务院、中央军委决定对邮电部实行军管。但是,全国通信情况并没有好转。1967年八九月间,动乱继续加剧。北京至广东、广西、四川、云南、贵州及东北等地的邮政运输严重不畅,北京市邮局9月初积压邮件近1.3万袋,积压《人民日报》70万份。四川有一半邮路全线中断,55个县市不通邮;重庆电信局的出局电缆遭到破坏,使四川省的省际电路91.2%不通,省到专区电路全部阻断。广东大部地区邮运中断。湖南长沙地区因武斗,大部分邮电职工离局,通信也大部分中断。九十月间,河北邯郸地区武斗,使北京至武汉间的通信干线中断8次,时间长达132个小时。十一、十二月间,仅福建、江苏、云南3省,就有50多个市、县因发生武斗中断通信。福州驶往泉州、漳州方向的火车邮厢经常被抢,先后共抢走报纸250多万份;厦门市区至郊区的报话通信全部阻断,国际及港澳地区包裹积压7万多件;宁德县局通信设备被炸毁,一名报务员被刺死,全局无人上班,中断通信达半年之久。江苏省常州地区武斗,切断沪宁段长途通信干线,使上海到西北、西南地区的有线电路阻断;云南省有些地区因武斗,全省邮路基本停顿,邮件积压达300吨;省内有15个市县邮电局的电路全部阻断,昆明至越南的国际电路也被打断。各地告急文电纷纷传向邮电部,但由于邮电部被夺了权,政令失效,指挥不灵,工作陷入困境。这期间,中央文革小组又直接插手北京、上海、广州、沈阳、武汉、西安、乌鲁木齐等国家干线上的大通信枢纽局的"文化大革命",他们捏造事端,挑起武斗,迫害干部,截留、盗窃各地给中共中央和周恩来总理的电报,窃听长途电话,抢劫机要邮件,干扰和破坏了正常通信。通信事故接连发生,通信组织被搞乱,通信制度被破坏殆尽。

二、邮电领导体制被打乱

邮电部实行军管以后,由邮电部军管会领导全国邮电工作。1968年9

月，江青在中央文革小组碰头会上提出，邮电部军管会要"改造邮电部"。1969年6月，国务院和中央军委通知撤销邮电部，分别成立中华人民共和国邮政总局和中华人民共和国电信总局，从上到下实行邮电分设。邮政总局属国务院领导，由铁道、交通、邮政合并后的交通部管理；电信总局由军委总参谋部通信兵部管理。北京长途电信局直属电信总局领导，北京市内电话局改称北京市电信局，实行以中国人民解放军北京卫戍区为主与北京市革命委员会双重领导。各省、市、自治区邮电部门下放地方，撤销邮电管理局和邮电局，分别设立省、地、市、县邮政局和电信局。上述领导体制的重大改变，由邮电部军管会、铁道部军管会、交通部军管会、军委通信兵部于1969年12月1日交接完毕。12月31日，邮电部军管会结束工作，邮电部正式撤销，邮政、电信正式分开。1970年1月1日，新组建的邮政总局和电信总局开始办公，并启用新的印章。

邮政划归交通部后，按原来部署要把邮政的计划、财务、基建和物资的管理层层下放到县，1970年3月10日，被周恩来总理制止。周总理指出，"邮政是全国统一的，不能下放到县。"因此，全国邮政工作实行了由邮政总局统一领导的体制，邮政通信的指挥调度保持了集中统一。1971年至1973年这一时期，邮政事业得到一定发展，增建了生产用房，增加了火车邮厢和邮运汽车，还新建了邮政专用摩托车厂和邮政机械厂。

电信划归军队领导以后，省、市、自治区电信局和地、市、县的电信局分别划归省军区和军分区、市县人民武装部领导，参照军队的建制和管理办法，把原来统一的通信组织管理、规章制度、指挥调度等全部打乱了，造成了通信上的很大困难，留下严重后果。由于体制的改变，把全国统一的电信工作分属几个单位、几个层次的多头领导，使长途电信的组织与调度十分困难，全程全网的传输难以协调；任意更改了使用多年的电报业务用语，严重影响了国际通信；随意更改规章制度，取消多种业务手续，不讲经济核算，造成电信行业连年亏损。

在打乱电信系统领导体制、改组电信企业和事业单位的影响下，邮电部直属的科研、设计、施工、教育、工业和出版等单位，有的被撤销，有的被搬迁，有的被拆散，使邮电科研、教育、出版工作完全停顿；邮电设计、施工也陷于半停顿状态，使邮电事业的发展遭受到巨大的损失。

三、邮电干部职工遭受迫害

在邮电领导体制被打乱前后，清理阶级队伍和"斗、批、改"的运动在邮电部门不断深入。当时很多企业的职工队伍分裂为对立的两派，揪斗干部，反复夺权，斗争十分激烈。军管以后，局势逐渐相对稳定，但清理阶级队伍和"斗、批、改"运动在"左"倾思想的错误指导和派性的严重干扰下，造成了很大混乱，制造了大批冤假错案，使很多干部职工遭受迫害，甚至株连职工家属。邮电部机关和部直属单位3000余名干部职工中，被关押、被"群众专政"、立案审查的竟达400余人，占总人数的13％。1969年5月，又把部机关80％以上的人员下放"五七"干校进行"斗、批、改"，接受"再教育"。各地邮电部门在清理阶级队伍中，都有一批干部职工遭受迫害。北京长途电信局和北京市内电话局共有1600多人被清理出局。

1970年5月，电信总局在北京召开全国电信工作会议，简称为"七〇五"会议。林彪反革命集团的主犯李作鹏当时掌管军事通信，他把这次会议称为"定向会议"，宣布国家电信部门是"军队系统的事业单位"，要成为有力的"无产阶级专政工具"，并在会上污蔑电信职工队伍"严重不纯"，要"吐故纳新"，进行整顿。"七〇五"会议后，全国各地电信部门立即开始整顿队伍。虽然有些地方进行了抵制，但第一批被清理出各级电信局的职工，据不完全统计即达80000人之多，其中包括大批领导干部、工程技术人员和生产业务骨干。这批人员被清理出局，使电信部门元气大伤。与此同时，电信企业又盲目增员，1970年增员83961人，1971年又增员66307人。新增人员中很多人既不具备通信的专业知识，又未经过一定的业务培训，职工队伍的技术业务素质下降，严重影响了通信质量和服务质量。

四、邮电部的恢复和"四人帮"对邮电工作的干扰

1973年3月3日,国务院、中央军委向中共中央提出关于恢复邮电部的报告。报告认为,邮电部撤销后,电信、邮政部门做了大量工作,是有成绩的。但是经验证明,"电信工作由军事部门领导,对开展业务工作和对外交往都带来许多不便,有的部门为社会主义经济建设的服务工作有所削弱。邮政、电信分开,增加了机构人员,也不方便群众。各大军区要求改变这种体制,各省、市、自治区党委表示同意"。为此,建议"邮政部分从交通部划出来,电信与邮政合并,恢复邮电部。各级邮电体制,也作相应调整"。3月6日,中央批准了这个报告,并批示:"在调整过程中,要注意业务工作不要中断,贯彻精简的原则,做好思想政治工作,搞好团结。今后,在业务工作上还要密切协作。"1973年5月23日,国务院、中央军委下达了《关于调整邮电体制问题的通知》。5月31日,军队停止对电信总局的领导关系,邮政总局从交通部划出。6月1日,邮电部恢复。

邮电部的恢复,在全国广大邮电干部职工中引起热烈的反响。从各省、自治区、直辖市邮电管理局到各地、市、县邮电局,都比较顺利地得到了恢复。同时,邮电科学研究院、邮电部设计院等单位也相继恢复。在此基础上,集中力量推进加快了1800路中同轴电缆通信系统和960路微波通信系统的研制和建设。

1974年、1975年,邮电部门根据周恩来总理和邓小平副总理关于整顿企业的指示,重点抓了基本建设、线路整治、设备维护和企业经营管理等工作,编写、出版了一批设备维护手册和介绍维护经验的书籍,在干部和职工中开展业务技术培训工作,使企业管理水平和设备完好率都有所提高。1975年3月召开的第一次全国邮电部门学大庆会议,介绍交流了设备维护和企业管理等方面的经验,表彰了一批先进工作者和模范人物。会上提出了要继续整顿企业。

正当邮电系统形势开始呈现好转时,"反击右倾翻案风"运动又在全国掀起,邮电通信秩序和工作秩序再度陷入混乱。例如,贵阳搞武斗打派

仗，报房停工近两个月，致使成都、长沙、昆明、南宁由贵阳经转的电报不得不用汽车运和牲口驮。河南省有几十个邮电局停产或半停产，以致1976年1至9月份仅完成全年邮电业务量计划的29%。河北保定地区连关系到国防和人民生命安全的气象电报也不能收发。"反击右倾翻案风"运动使全国邮电体制的调整工作和正常的通信工作再次受到严重干扰和破坏。

第二节 邮电事业在困难中发展

"文化大革命"的十年，邮电事业虽然遭到"四人帮"的严重干扰和破坏，但始终得到国务院特别是得到周恩来总理的关注。国务院对重要通信任务和重点建设工程都给予保证，这是邮电事业在国家困难时还能有所发展的根本条件。

一、国务院决定建设电缆和微波

1969年1月26日，中国发生了一次特大面积因冻雨而造成冰凌中断通信的灾害。北京通往华东、中南、西南、西北地区的架空明线电路全部中断十几小时到两三天。有的线杆连续几十公里都被冰凌压倒。这次严重的自然灾害，酿成大半个中国长途通信一时瘫痪，突出地暴露了电信技术装备的落后面貌。

1969年1月28日晚，邮电部将《关于因冻雨中断有线通信，拟开放无线通信的请示报告》送到国务院。周恩来总理于29日凌晨3时批示同意，并于当天下午在中南海同副总理李富春、李先念、计委主任余秋里一起听取邮电部关于冰凌情况的汇报。当周总理了解到明线抗灾力弱，而现有网路主要是明线，是造成这次大面积通信阻断的主要原因时说："这种现象是严重的落后""最重要的是改变落后面貌""你们回去做个改变面貌的建设计划。"2月7日，周恩来总理、李先念副总理又指示："要加快干线电缆和微波的建设，从1969年就开始，头一年的建设可以小一点，就是倒宝塔式的。"1969年3月，国家计委下达了研制1800路中同轴电缆载波和960路微波设备的计划。同年3月3日，邮电部军管会向国务院总理写了一个《关于通信建设五年规划的报告》。周恩来总理在报告上批示："五年内用电缆和微波连通二十九个省市。"从此，邮电的科研、工业和基本建设在动乱中又开始积极行动起来了。

二、邮电科研、工业重新起步

在国务院要求迅速改变国家电信技术落后面貌的形势下，邮电部门于1969年3月重新组织科学研究和工业生产工作。科技人员有些虽尚未落实政策，但都怀着改变国家通信落后面貌的强烈愿望进入了研究室和工厂工作。他们的辛勤劳动，取得了重要成果。

1. 1800路4管中同轴电缆通信系统，北京—天津间126公里的试验段于1974年11月通过国家科技鉴定，准予作为国家通信建设的主要设备投入生产。

2. 960路微波接力设备的研制，是在1966年4月取得600路微波科技成果基础上进行的。但因"文化大革命"而中止，到1969年3月以后才进入研制阶段。1977年通过国家鉴定。

3. 数字通信技术是1964年开始研究的，它是为了跟踪和控制发射人造地球卫星的项目。1970年4月24日，中国第一颗人造地球卫星"东方红一号"的发射成功，数据通信设备发挥了应有的作用。

从1973年到1976年，在过去的基础上还取得了大功率单边带无线收发信机、编码纵横制电话交换机以及具有中国特色的汉字译码机、60路报纸传真机等科技成果。

"文化大革命"的十年，正是国际上通信技术迅速发展的十年。虽然取得了上述科研成果，但经过十年的动乱，中国通信技术与世界先进水平之间的差距，还是拉大了。

三、适应需要，通信建设有所发展

1969年到1973年5月这段时间内，邮电基本建设曾受到"左"的思想干扰。在建设方针上，执行的是"平战结合，以战为主""军用民用结合，以军用为主"的方针。对电缆、微波干线这样复杂的通信工程，既缺乏周密的调查研究，又未对设计进行科学论证，不按基建程序办事，而是以大搞群众运动一哄而上的办法来进行的。不少项目完工后，技术不合格，不能投产使用，形不成通信能力。在路由选择和施工方法上，执行了"山、散、洞"的错误方针，远离了大道，该进城市的不进城，不能连接城市市内电信设施，不能充分发挥作用；又因所选路由经高山、密林、沼泽泥潭、山沟小路，造成长期维护不便。所建数万公里明线，有 1/3 因故未建成，半途而废，建成并发挥作用的只约有 1/5；所建微波线路 7400 公里，其中沈阳—哈尔滨 1495 公里的设备 1978 年全部"换装"；全国有 1/5 微波站建成后，因路由不合理或站址不适宜而报废。所建电缆干线，能用于邮电通信的不到 1/3，没有体现改变邮电通信落后面貌的精神，使国家不得不进行改建、补建和重建，加大了投资，推迟了时间。但同时，由于毛泽东主席和周恩来总理的直接过问，以及广大邮电职工的积极努力，基本建设还是取得了较大成绩，适应了国内国际的通信需要。为了配合中国第一颗人造地球卫星"东方红一号"的成功发射，邮电部承担了卫星发射场、控制中心和各观测站之间的电话、电报、数据通信等各项任务。为发射卫星架设的通信线路，绵延数千公里。线路穿过沙漠戈壁、崇山峻岭，跨越琼州海峡，工程任务十分艰巨。与此同时，邮电部门为了国家航天科学的研究，还研制和生产了大量的专用载波电话和电报、电传、电话交换、数据通信、指挥调度等项设备。在设计施工和设备研制生产中，尽管受到"文化大革命"的严重干扰和破坏，但承担任务的通信企业和设计、施工、科研单位及工厂，克服了重重困难，质量良好地按期完成了任务。这是"文化大革命"中效益最好的一项工程。

　　1971 年 10 月以后，国家邮电建设加快了步伐。这是因为：1971 年 10 月 25 日联合国大会恢复了中华人民共和国的合法席位，1972 年 2 月美国总统尼克松来华访问，1972 年 9 月日本首相田中角荣访华，中国的国际环境发生了重大变化。这些客观形势，对国内国际的通信提出了新的要求。中共中央、国务院为顺应新形势，对国内国际通信建设及时做出了决策和部署。1973 年 6 月邮电部恢复后，邮电科研、工业、设计、施工等单位陆续恢复和组建，邮电建设有所加强。

从 1971 年 11 月到 1973 年 10 月,毛泽东主席、周恩来总理亲自提出和审定了一批重点工程的建设项目。这些项目,在 1976 年 10 月以前竣工投产的有:

1. 1973 年 7 月到 1974 年 3 月,分别建成北京、上海 3 个卫星通信地球站。从此,国际电信进入了从短波无线通信过渡到以卫星通信为主的历史时期,开始了国际电视节目的交换业务,开发了一些快速通信业务,适应了国际形势的需要,改善了国际通信质量。

2. 1973 年 2 月到 1974 年 4 月,与香港联合建成了广州—香港的 300 路小同轴电缆通信线路。

3. 1972 年 10 月到 1973 年 4 月,建成北京—天津地下电缆网,保证了京津地区通信质量。

4. 邮电部于 1973 年 9 月开始,进行了北京—上海—杭州 1800 路 4 管中同轴电缆载波通信工程建设。这是中国第一条大容量地下电缆载波工程。

5. 1973 年开始建设北京—上海—杭州 960 路微波干线并开始建设兰州—银川、武汉—南昌—福州、石家庄—济南、广州—南宁 4 条 960 路微波线路。在以 Ⅱ 型机替换了质量较差的 Ⅰ 型机以后,这些线路形成了以北京为中心、联结 23 个省、市、自治区的微波通信网。从此,中国电信网成为具备了有线与无线、短波与微波等多种通信手段的电信网。

6. 1976 年 7 月 1 日建成北京长途电话大楼,它是全国电缆、卫星、微波和明线的电路枢纽,也是国内、国际长途电话和电视的接转中心。

7. 1976 年 10 月 25 日,中国和日本合建的中日海底通信电缆建成投产,增加了国际通信通道。

8. 1972 年 9 月开工兴建了中国自行设计的邮政机械化试点工程——广州邮政枢纽楼。于 1976 年完成第一期工程。

9. 为建设大容量电缆载波干线和微波干线的需要,自 1968 年至 1972 年,邮电工业重点兴建了四川眉山通信设备厂、山西侯马电缆厂、河南洛阳电话设备厂和广西兴安电信设备厂,还建成江西南昌、河南偃师两个邮政专用的摩托车厂和贵州邮政机械厂。

这些通信项目的建设，不但保证了70年代国际和国内通信，也为80年代国家实行改革开放政策以后的邮电通信建设打下了基础，在全国通信网中起着重要的作用。

在十年动乱中，邮电通信遭受严重破坏和干扰，但由于社会对通信的需求不断增加，通信在逆境中仍有所发展。由于科学技术的进步，基本建设的加快，通信能力还有所增长。1976年同1965年相比，火车邮厢增加143辆，增长82%；邮运汽车增加3866辆，增长2.44倍；长途电话电路增加7159条，增长72%。增加较少、增长较慢的是城市市内电话，只增长了37%。邮电业务总量上升69%，业务收入增加82%。1971年以后，国际电报、电话、传真、电视传送等业务直线上升，成倍增长。但在动乱中，由于不讲经济效益，1965年通信企业盈利为8562万元，到1976年却亏损7118万元。

由于建设了一批干线电缆和微波，增强了抗御自然灾害的能力。1975年夏秋之际，河南省发生大水灾，明线被冲毁，微波和无线短波发挥了优势。1976年7月唐山大地震时，明线全被震断，唐山市就是靠未被扭断的电缆向国务院报告震情的；在抗震救灾中，又用车载通信设施联接电缆，开通唐山—天津、唐山—北京、唐山—石家庄电路，对保证灾区通信起了十分重要的作用。

第四章
改革与发展的新时期（1977—1986年）

粉碎"四人帮"以后，中国进入了新的历史发展时期，特别是中共十一届三中全会以后，随着全党工作重点的转移和改革开放政策的贯彻落实，邮电事业出现了持续、稳定、协调发展的新局面。

第一节 拨乱反正与工作重点转移

一、两年的徘徊

1976年10月，中共中央粉碎江青反革命集团的伟大胜利，激发全国广大邮电职工义愤填膺地揭发批判林彪、江青反革命集团祸国殃民的罪行，并以极大的热情投入生产。全国各地邮电部门，开始整顿组织，恢复通信秩序，整治失修的通信线路和设备，加快通信建设速度，邮电业务有了较大幅度的增长。但是，由于邮电部主要领导既没有积极组织邮电职工开展对"四人帮"的"揭、批、查"，又没有抓住通信工作中的主要矛盾因势利导地发展大好形势，以致丧失了时机，使邮电工作徘徊了两年。

1977年7月，邮电部在第二次全国邮电部门学大庆会议上，决定继续对北京—上海—杭州中同轴电缆和微波两条大容量通信干线全部设备进行整治。这个整治是必要的，也取得了成效。会上还决定在三年内基本实现"县内四化"。其具体内容是：1. 县城市内电话自动化；2. 县至公社电路载波化；3. 电报传真化；4. 在有条件的农村邮件投递摩托化。要求各省、区、市邮电部门和邮电基层企业确定"县内四化"时间进度表，进行"严格的督促和检查"。这些要求对企业形成了很大压力。很多县局为了响应"县城市内电话自动化"的号召,在技术力量和资料器材都不具备的情况下,采取"群众运动"的方式组装半电子自动电话交换机。所装设备,大多数因工艺水平差、元器件筛选不严格、技术性能不完善而不能使用,造成较大的经济损失,一些勉强投产的设备,留下了后遗症。至于"电报传真化"由于脱离实际而无法实现,也造成一些设备的积压浪费。但在推行"县内四化"中,基层邮电企业职工怀着迅速改变通信落后面貌的强烈愿望,付出了艰苦的劳动;有些管理局安排所属邮电工厂生产纵横制和半电子自动电话交换机,收到了较好的效果。

在此期间,各地邮电部门在当地党委的领导下,积极参加揭发批判江青反革命集团罪行的斗争,清算林彪、江青两个反革命集团对邮电工作造成的危害。邮电部机关及其在北京的直属单位,清查工作却不够得力,对一些冤假错案没有及时平反,大批干部没有恢复工作,全国被清除出邮电部门的数万名职工还没有收回妥善安置。落实政策的工作在邮电部遇到了阻碍。邮电部机关广大干部对此状况极为不满,要求给在"文化大革命"遭受迫害的干部和群众落实政策,并上书中共中央反映情况。1978年4月,中央决定,由国务院、中共中央组织部派苏静和曾志带领工作组,协助邮电部党组在部机关开展整风。在整风中落实了党的政策,平反了冤假错案,开始清理邮电事业特别是通信建设方面在"文化大革命"中出现的一些是非问题。1978年10月15日,中共中央决定调整邮电部领导班子,王子纲任邮电部党组书记、部长,李一清任党组副书记、第一副部长。

经过整风,纠正了邮电部在工作中的失误,使邮电工作走上健康发展的轨道。

二、工作重点的转移

中共邮电部党组,根据中共十一届三中全会所作的"把工作重点转移到社会主义现代化建设上来"的决策,于1979年3月30日到4月23日,在北京召开第17次全国邮电工作会议。全国省、市、自治区邮电管理局一级行政和工会负责人以及部机关负责人共300余人参加了会议。余秋里、王震、谷牧副总理出席在人民大会堂举行的闭幕式,并接见了会议代表。这次会议把邮电工作从以"阶级斗争为纲"转移到以通信为中心,为社会主义现代化建设服务上来,结束了1976年10月以来邮电工作徘徊的局面。这次会议揭发批判了"文化大革命"对邮电事业的干扰和破坏,清算了林彪、江青两个反革命集团妄图控制邮电通信和诬陷、迫害邮电干部的罪行。邮电部建议各级邮电组织在当地党委领导下,尽快地实事求是地平反冤假错案,落实党的政策,召回被清除出局的人员,恢复他们的工作。这是关系到能否实现工作重点转移的一件大事。这一建议,促进了各地邮电单位对政策的落实。

这次会议比较系统地总结了邮电工作的基本经验和教训,澄清了一些在"文化大革命"中被混淆了的是非界限。会议认为"文化大革命"前的17年,邮电工作的成绩是主要的,邮电干部队伍和职工队伍是好的和比较好的,林彪、"四人帮"提出的所谓"黑线专政论"是对邮电工作的诬蔑。会议重申了1952年确定的"迅速、准确、安全、方便"的邮电服务八字方针;批判了在邮电通信上"平战结合,以战为主"的错误口号,以及邮电部门是"专政工具"的错误观点。

这次会议,从理论上明确提出"邮电通信是社会生产力"的观点,并对邮电通信的性质、任务、方针、政策等作了系统的阐述。会议认为:按照马克思主义的观点,邮电通信是"社会生产过程的一般条件",是社会生产力的重要组成部分。邮电部门既是党和国家的通信部门,又是经济部门,是全民所有制的社会主义企业,既要完成党和国家以及人民群众的通信任务,又要完成国家的经济任务。那种"只算政治账,不算经济账"的想法和做法都是错误的。邮电部门通过提供快速、优质、高效的通信服务,加快党的方针政策和国家政令的传达过程,加快社会生产过程、流通过程以及人民群众的联系过程,缩短时间和空间,为社会产生巨大的效益,创造很大的价值。这是一次邮电工作理论上和指导思想上的拨乱反正的会议,对邮电部门的观念更新起到了积极的作用,对促进邮电通信的发展产生了重要影响。

第二节 贯彻"调整、改革、整顿、提高"的方针

一、邮电工作的三年调整

（一）确定调整目标。

1979年5月，邮电部根据中共中央四月提出的"调整、改革、整顿、提高"的方针，制定了《邮电部三年调整规划纲要》。纲要中说："粉碎'四人帮'两年多来，拨乱反正，结束了停滞倒退的局面，百乱待理。主要矛盾集中表现在邮电通信严重落后于国民经济的发展。国内国际邮电业务迅速增长，通信网路和通信设备容量严重不足；长途电话与市内电话比例严重失调；通信阻塞情况日趋严重；邮政落后，邮电通信企业全行业亏损；邮电工业自流发展，邮电技术落后，邮电教育遭到严重摧残；职工生活福利欠账太多。"因此，提出1979年至1981年的主要任务是做好调整工作，"以通信为中心，增加通信能力，提高通信质量，搞好通信服务，加强企业管理，使目前存在的薄弱环节和比例失调的严重落后状况，有显著变化"。

针对上述主要矛盾和几个严重失调问题，确定了三年调整的四大指标：一是大中城市的自动电话增加40万门；二是增加长途电路5000路；三是解决22处10万平方米的邮政生产急需用房；四是增加100万平方米的职工宿舍。

（二）提高对邮电事业的认识。

当国家进入新的历史时期，随着改革、开放、搞活的方针在全国各方面工作贯彻执行以后，邮电供需矛盾暴露得比较突出。通信能力严重不足，通信装备陈旧，技术落后，服务网点少，邮政工作场地尤为紧张；国际通信技术落后，新的、高速传递信息的业务种类少。这些已成为发展国民经济特别是发展外经外贸和开放城市的不利条件。邮电的落后，引起了社会各方面的议论和关注，也促使邮电部门深思，人们都在探讨落后的原因和寻找解决问题的办法。议论集中到两点，一是通信是不是生产力，通信是为党政军领导机关服务，还是为国民经济建设服务，还是二者兼而有之。二是发展通信的资金，是单靠国家投资，还是也靠社会力量。

1980年7月，邮电部召开了第18次全国邮电工作会议。会议期间，国务院安排了一次邮电部汇报会，主要是听取在北京参加第18次全国邮电工作会议的各省、区、市邮电管理局局长和部机关局级干部的汇报。国务院副总理赵紫阳、余秋里、万里、谷牧、姚依林、陈慕华、康世恩、薄一波出席了会议。国家建设委员会和国家经济委员会的负责人参加了会议。八位副总理在听取邮电部汇报后，对邮电工作作了指示：1. 邮电部门过去的工作是有成绩的，用落后的通信设备保证了国家尖端技术（指人造卫星上天、原子弹爆炸、科学试验等）的通信需要，这是社会主义制度的优越性。2. 邮电通信的主要问题是技术落后，设备数量不足，这二者是并存的。邮电落后是历史造成的，新中国成立前通信基础差，底子薄；新中国成立后各种原因使邮电发展缓慢，但还是适应了国家高度集中统一的计划经济体制的需要。现在（指1980年）邮电已不适应国家对外开放和国民经济搞活的形势，它的落后，已影响到国民经济的发展。3. 邮电的落后，长期以来没有被人们所认识，没有给予应有的重视。4. 过去说邮电是国家通信部门，是神经系统，现在说是生产力，都对。但现在要强调邮电通信在发展社会生产中是生产力，在社会经济中是基础结构，或叫基础设施。国家实现四化，没有通信不行，信息不灵也不行，邮电建设跟不上，什么事情都办不成，通信在国民经济中的作用是明显的。因此，通信建设在国家经济建设中要先行，或超先行。5. 解决当前技术落后，可以先引进点新设备、新技术，国家的长远计划要立足于自己制造。6. 邮电发展建设要有重点，分步骤，大城市市内电话的落后就很突出，要作为重点解决。7. 发展建设单靠国家不行，要有各种办法。国家要支持要投资，也可以引进外资，各级地方政府也要投资（特别是城市市内电话建设），大项目可以中央与地方合资，邮电内部要挖掘现有设备、人力、技术的潜力，发挥自己的优势。

国务院这么多领导人讨论邮电工作还是第一次。他们针对邮电在新时期的任务、作用而提出的上述这些新观点和发展邮电建设的新办法，提高了邮电干部在新的历史时期对通信性质、任务、作用的认识，开阔了发展通信能力的思路，增强了改变邮电落后面貌的信心。八位副总理讲话精神，成了编制邮电"六五"计划的指导思想和改变邮电面貌的工作方针。第18次全国邮电工作会议根据国务院领导的指示，充分肯定了三年调整的四大指标，又确定增加四项指标：（1）增加企业积累，要求1980年全行业盈余1亿元以上，比1979年增加1倍；（2）通信质量主要指标要超过1979年的水平；（3）提高投资效果，固定资产投资当年支付使用率达80%；（4）整顿企业，使企业的生产水平、技术水平、管理水平有较大的提高。

（三）落实措施，实现目标。

一是立足现有基础挖潜、革新、改造，努力解决通信薄弱环节，增强通信能力。比如，为了充分发挥现有微波通信设备的潜力，提高微波通信质量，再次狠抓微波通信干线的整治，对微波载波、长途终端设备进行补缺配套和技术改造，并积极开展全国微波通路组织的调整工作，使大区与省及省与省之间形成网路，增强了通信能力。从1980年10月起，在微波通信干线通达地点，分期分批开放国内长途电话自动拨号业务，使北京至西北、西南、中南方向的通信电路紧张状况有所缓和。1981年夏季，西南、西北地区发生特大洪水，架空明线和电缆均被冲毁，造成有线通信中断，而微波通信却畅通无阻，并在抗洪救灾中发挥了重要作用。

二是调整各种通信建设的投资比例，适当增加对通信薄弱环节的投资数额，加强基本建设管理，缩短基建战线，集中力量打歼灭战。1979年，邮电部停建缓建非通信急需项目100多个，其中有11个是投资500万元以上的大中型项目。1980年，继续压缩大中型基建项目。在安排好停建缓建工程的同时，努力提高新建工程的投资效果。三年用于邮电发展的资金共达15.96亿元。用于邮电通信方面的投资比重，由1972年至1978年平均占总投资的80%左右，提高到85%；其中市内电话投资比重由16.8%提高到21.7%，到1981年，又提高到27.4%，突出了对薄弱环节的建设。

三是按照专业化协作原则改组邮电工业。对产品质量差、消耗大、成本高、品种不对路而又无发展前途的部、省所属的一批邮电工厂，有计划有步骤地实行"关、停、并、转"，有13000多名职工转入通信生产部门。在调整的基础上，邮电工业实行专业联合，产品集中设计选优定型，提高了质量，降低了成本。通过技术引进、补偿贸易、来料加工、合资经营等多种形式，改造现有工厂，有一批产品如纵横制小交换机、12 路载波终端机、55 型电传机、载波电报机、8 千兆赫微波电话调制调解机等 40 多种被评为邮电部优质产品，905 型纵横制交换机、EY501A 型和 B 型行波管荣获国家银牌优质产品奖。

四是加强了邮电科研工作和教育工作。邮电科研贯彻国家科委提出的"经济建设必须依靠科学技术、科学技术必须面向经济建设"的战略方针，大幅度增加了通信急需的技术改造和补缺配套的研究课题，取得了一批重要成果。对重大课题，如邮政编码、4380 路中同轴电缆载波通信系统、6000 兆赫 1800 路微波通信系统、光纤通信等加紧研制。邮电教育方面，陆续恢复了长春邮电学院、重庆邮电学院、北京邮电函授学院、北京邮电工业学校，并成立了邮电部管理干部学院，学校教育和职工教育都得到一定的充实和加强。

此外，在企业管理、增产节约、政治思想工作等方面，都采取了一些具体措施，收到了一定的效果。

经过三年的调整，长途电路增加 5486 路，超计划 9.72%；邮政生产用房增加 13 万多平方米，超计划 30%；职工宿舍增加 172.9 万平方米，超计划 72.9%；除大中城市市内电话只增加 27.6 万门，未能完成 40 万门的计划外，其余都超过调整指标和要求。由于逐步端正经营思想和服务思想，重视经济效益，特别是 1980 年实行"收支挂钩、差额包干、超额分成"办法以后，调动了企业和职工增产节约、增收节支的积极性，全国邮电部门的经济状况逐年好转。1980 年通信企业实现利润 9400 万元，扭转了十年九亏损的局面；全行业实现利润 1.4 亿元，比上年增长 167.4%。1981 年全行业实现利润 3.2 亿元，比上年增长 124.6%。此外还在 15 个省会城市开办了长途电话自动、半自动接续业务。干线邮政运输能力也有所提高，火车邮厢与邮运汽车分别增长 12% 和 7%。三年中，国际公众电报增长 75%，国际电话增长 3 倍，国际用户电报增长 5 倍。北京、上海、广州等城市增开了对美国、日本和香港地区的长话半自动电路，天津等 11 个城市增开了国际用户电报。从 1980 年 7 月 15 日起，北京还开办了国际特快专递邮件业务，受到国内外用户欢迎。1981

年的各项通信质量都比 1979 年有所提高。

二、邮电管理体制的调整

新中国成立以后，邮电管理体制几经变动，但仍有不足之处。1973 年邮电部恢复后，在全国恢复了以邮电部为主的邮电管理体制。但同时规定各省、区、市邮电管理局由省、区、市革命委员会领导，地、市、县邮电局由省、区、市邮电管理局和地、市、县革命委员会双重领导，邮电各项计划实行中央和省、区、市两级管理，在实际工作中遇到一些职责不清的困难。为了发挥中央与地方两个积极性，根据"调整、改革、整顿、提高"的方针，邮电部于 1979 年 4 月 20 日向国务院写了《关于调整邮电管理体制问题的请示报告》。1979 年 6 月 28 日，国务院批准了这个请示报告，并将它转发到全国省、自治区、直辖市政府和有关部委。国务院明确规定："邮电通信是党和国家的神经系统，是国民经济的先行部门，它具有全程全网、联合作业的特点。为了有利于国家通信网的统一规划和建设，有利于通信的统一指挥调度，有必要对现行邮电管理体制进行调整，实行邮电部和省、市、自治区双重领导，以邮电部为主。邮电管理体制调整后，各省、市、自治区要继续加强对邮电工作的领导"。

国务院还强调指出："邮电通信是当前国民经济中的一个短线，特别是市内电话更为薄弱，极不适应各方面的需要。为加速发展邮电通信事业，尽快改变我国邮电通信的落后状况，必须充分发挥中央、地方和企业的积极性。市内电话要纳入各地城市建设规划，由中央和地方共同投资建设。"这一"共同投资"的新政策，促进了城市市内电话的发展。

经国务院批准的邮电部《关于调整邮电管理体制问题的请示报告》，在调整邮电管理体制方面，其主要内容有：

1. 邮电部对全国邮电工作实行统一管理。省、市、自治区邮电管理局实行以邮电部为主和省、市、自治区双重领导；地、市、县邮电局，实行以省、市、自治区邮电管理局为主和地、市、县双重领导；县、市以下邮电分支机构，由县、市邮电局直接领导。

2. 邮电部门党的工作由地方党委负责；思想政治工作以地方为主，干部管理以邮电系统为主。对邮电系统干部、工人，邮电部可根据需要，在全国范围内进行调配；省级邮电管理局可在所辖范围内进行调配。

3. 国家通信网发展规划，通信指挥调度、业务方针政策和规章制度、技术政策、技术体制和技术标准、资费标准和邮资凭证印制发行，以及国际通信等邮电业务工作，由邮电部统一管理，自上而下地建立强有力的通信指挥系统，加强全国邮电通信的统一指挥调度。

4. 邮电业务、基本建设、劳动工资、财务收支、工业生产、物资供应、科技发展、院校招生等计划，以及邮电各项资金，均由邮电部统一管理。

5. 县至公社的地方国营农村电话的各项计划，纳入省、市、自治区计划，由省、市、自治区邮电管理局设置专门机构，加强管理，实行独立核算。公社以下集体所有制农村电话，由公社自建自用，自负盈亏；邮电部门在通信技术、业务管理上，予以指导和帮助。

边防、海防前沿地区公社以下农村电话，其人、财、物和基本建设均纳入省、市、自治区计划。

邮电管理体制的调整，是一件关系到国家通信网的统一规划和建设，关系到通信的统一指挥调度的大事，自国务院文件下达之日开始，在中央和地方有关部门的支持下，进行顺利，至1979年年底基本完成。1980年起全国邮电系统实行新的管理体制。

实践证明，这种管理体制既符合邮电通信全程全网联合作业、社会化大生产的要求，有利于国家邮电主管部门对全国邮电网统一规划布局，统一技术业务管理，统一指挥调度和经济上的统一核算，又符合邮电机构遍布城乡、点多面广、服务地方的要求，有利于地方党政部门对当地邮电事业的领导和支持，有利于调动各方面的积极性，这就把必要的集中统一和因地制宜结合起来，理顺条块关系，促进了邮电事业的发展。

三、企业整顿

1978年10月，李先念副总理针对邮电部门存在的问题，明确指出：邮电当务之急，首先是大力整顿现有企业，整顿领导班子，整顿队伍，整顿机关，整顿业务工作，整顿规章制度，整顿组织纪律。1979 年，邮电部确定全面整顿企业，加强经济核算，搞好企业管理。重点是恢复企业的生产秩序和管理秩序，开展增产节约，加强经济管理，实现收支平衡略有盈余。到 1981 年年终，总结三年的整顿，做了七个方面的工作。1. 调整和整顿了企业的领导班子，撤换了不符合要求的领导干部，使一些在"文化大革命"中遭受迫害的老干部重新回到领导岗位上来，并选拔了优秀中青年干部；2. 加强了企业基础工作，建立健全以岗位责任制为中心的各项责任制度；3. 积极推行全面质量管理，广泛开展"一条龙"大协作和其他各种劳动竞赛；4. 加强了统计监督工作，充实了统计力量；恢复和健全了统计制度，补齐了"文化大革命"期间的统计资料；5. 整顿健全了企业民主管理制度，建立了党委领导下的局长负责制和职工代表大会制；6. 加强了基层建设，整顿了邮电分支机构，有些地方还建设了一批标准化支局所；7. 邮电干部职工的培训工作有了新的进展，全国县邮电局长以上干部已轮训了 69.5%。经过三年恢复性的整顿，全国 2700 多个邮电企业大部分达到国家经委颁布的整顿标准。企业领导班子普遍得到充实和加强，一批符合"革命化、年轻化、知识化、专业化"要求的中青年干部开始走上领导岗位；民主管理有了加强；邮电经济效益明显提高。

四、开放对台湾地区通邮通电

1979 年元旦，中华人民共和国全国人民代表大会常务委员会发表《告台湾同胞书》，提出"希望双方尽快实现通航通邮"的倡议。邮电部部长王子纲于一月七日发表了对台湾地区通邮通电的讲话，"建议尽快与台湾邮电部门进行通邮通电的商谈，建立直接的通邮通电联系"，并从 2 月份起，邮电部门陆续单方开放了对台湾地区的电报、长途电话、平信和挂号信业务。

1981 年 9 月 30 日，叶剑英委员长向新华社记者发表的谈话中，再次提出海峡两岸通邮、通商、通航的问题。邮电部为此于 1981 年 10 月 7 日做出了 6 项决定，准备随时与台湾地区通邮、通电。同时，邮电部长文敏生对新华社宣布了这六项决定：1. 准备通过海运和空运，开通大陆到台湾地区的直达邮路，实行直接交换邮件。2. 随时准备通过卫星开通北京至台北的直达电信电路。3. 凡是国外经大陆转寄转退台湾地区的邮件、邮袋和结算单等，继续负责转寄、转退到台湾地区。4. 台湾同胞目前通过其他途径寄到大陆的邮件和发到大陆的电报、电话，继续负责查找、投递和接通。5. 欢迎台湾地区邮电同行来大陆探亲、访友、参观和讲学，并进行邮电业务、技术和邮电情报交流。6. 准备随时同台湾地区邮电部门就大陆与台湾地区之间的通邮通电事宜进行谈判，具体时间和地点可互相协商。

自 1979 年上半年邮电部门开放对台湾地区的通信业务以后，大陆对台湾地区的信函、电报、电话一直不断。但由于台湾当局的阻挠，只能通过海外经转，造成了通信上的困难，很多电报、电话由于台湾当局拒绝收受而不能接通。

第三节　开创邮电通信现代化建设新局面

随着改革开放的发展，社会对通信的需求日益旺盛，邮电部门各级领导干部深切感到加快通信现代化建设的迫切性。党和国家领导人也多次强调要优先发展、加快发展通信事业。早在 1978 年 11 月，邓小平在日本友人池田一郎建议把通信设备现代化放在首位的信上批示，要重视邮电通信；1979 年 1 月，邓小平同国务院领导人谈经济工作时指出，投资的重点要用在电、煤、石油、交通、电信、建材上；1980 年 3 月和 1984 年 2 月，邓小平在关于经济发展规划、特区建设和增加对外开放城市问题的两次谈话中，都提出要先把交通、通信搞起来，这是经济发展的起点。1982 年 9 月，在中国共产党第十二次全国代表大会的报告中，把邮电通信列为中国经济发展的战略重点之一。随着第六个五年计划的开始，特别是中共邮电部党组大胆提出到 2000 年主要通信能力和业务总量在 1980 年基础上翻三番的目标以后，大大加快了邮电事业的发展步伐，开创了通信现代化建设的新局面。

一、"六五"期间的工作方针和主要任务

1982 年 2 月，邮电部召开了第 20 次全国邮电工作会议，讨论邮电"六五"计划。会议期间，薄一波副总理接见各省、区、市邮电管理局的负责人

时说，邮电与国家的经济建设相比还很落后。国家有关部门要支持邮电事业的发展，使邮电工作跟上四化建设前进的步伐。但发展要有重点。他说：第一，首先搞好北京、天津、上海、广州四个城市市内电话。下一步再搞十几个大城市。大城市的人民政府和城市建设部门要把市话建设作为城市规划和城市建设的重要部分。"六五"期间要引进市内电话新技术，要先解决首都等几个大城市的市内电话紧张的问题。第二，长途电信，增加电路数量，提高电路质量的根本办法是要把明线改为电缆，这条方针要定下来。邮电部要定个明线改电缆的奋斗目标。第三，国际通信，要实现现代化。对外开放，没有较好的国际通信的条件不行。国际通信要搞好北京、上海、天津、广州、厦门、大连、青岛几个地方。这要多花点钱引进新技术。

邮电部根据国家"六五"计划的要求、国务院领导的指示和第二十次邮电工作会议讨论的意见，提出了通信建设的地区分类和加强发展的八条方针。

全国大体上划分为四类不同的地区：第一，大城市；第二，经济发达地区；第三，经济发展较慢地区；第四，边远和边防地区。在这四类地区中，以第一、第二两类地区为重点，分别定出不同的发展目标，采取不同的措施，达到不同的水平。每一个省，也要明确重点，分别先后缓急，区别对待。这样划分地区和确定发展重点，是从国家经济建设现实的需要考虑的，也是从提高通信效能和经济效益考虑的。把重点地区的通信搞好了，不但会明显缓和通信紧张状况，而且也会增加收入，积累资金，从而有利于加快其他地区的通信建设。

八条方针是：1. 把改善邮电服务，提高通信质量，切实放在邮电工作的首位；2. 从长远着眼，从当前着手，努力加快通信建设；3. 加强经营管理，不断提高通信企业的经济效益；4. 积极稳妥地改革邮电经济体制，充分调动各方面的积极性；5. 有重点有步骤地进行技术改造，充分发挥现有通信设施的作用；6. 积极慎重地利用外资，引进先进技术；7. 抓紧全员培训，不断提高职工的政治素质和业务技术素质；8. 加强邮电科学技术工作，大力组织科研攻关。

邮电"六五"计划期间的主要任务是：1. 邮电业务总量平均每年递增

5%左右,邮电业务收入每年达到20亿元以上。2. 市内电话是发展重点之一,全国增加70万门,总容量达到270万门。北京、上海、天津、广州4市装机容量基本上各增加1倍,使这4个城市的电话长期待装现象明显改善。全国大中城市的市内电话接通率由40%达到60%以上。3. 长途电话电路增加6000路,长途自动交换机增加5100线,长话与市话的中断线增加12000条,并在绝大部分省会局安装长话自动交换机,在大区中心和部分省会局安装用户电报交换机,增装自动转报设备。4. 适应对外开放的需要,重点发展国际通信业务,建成北京国际电信局。北京、上海、广州三地实现国际电话自动和半自动接续,增强天津、大连、青岛、厦门的国际通信能力。5. 改建、扩建、新建邮电局所2700处,以缓和邮电营业局所少和邮政业务处理场地紧张的状况;适当增加火车邮厢和汽车,邮政干线实现集装箱运输,省会局和重点转口局装卸搬运和内部处理基本实现机械化,以提高邮政干线运输能力和枢纽局业务处理能力。6. 将现有北京—广州线以东主要干线中的明线改为电缆,并建成长沙—广州、福州—杭州、西安—郑州的电缆工程,这是电信干线建设的重点。7. 充分利用微波电路开放通信业务和传送广播电视节目。建设北京、广州、拉萨、乌鲁木齐、呼和浩特等一批国内卫星地球站,以加强通信能力扩大广播电视覆盖率,充分发挥微波和卫星电路的优势。

"六五"期间的任务,都提前一年完成了。在各项工作中涌现出许多先进人物和先进单位。1985年12月,邮电部和中国邮电工会全委会召开全国邮电劳动模范和先进集体表彰大会。万里、谷牧、王丙乾等国家领导人出席了表彰大会。在北京人民大会堂隆重举行的授奖仪式上,全国有天津市邮政局等15个先进企业、北京市东四邮电局等70个先进集体、于云程等28名特等劳动模范和209名劳动模范受到表彰和奖励。

二、加快发展农村邮电的新政策

中共十一届三中全会后,广大农村经济繁荣,商品经济迅速发展,农民对信息的需要越来越迫切,对邮电通信的要求越来越高。中共中央、国务院在 1983 年 1 号文件《当前农村经济政策的若干问题》中，把邮电通信列为农村商品生产基地的基础设施之一。同年 7 月，邮电部制定了坚持邮电部门自办和委托代办相结合，充分发挥社会力量的农村通信建设方针。国务院副总理万里肯定了这条方针，并指出发展农村邮电，都由国家包下来是不行的，要把农民组织起来，在邮电部门的组织领导下，走"农邮合一"的路子，农村邮电工人实行离土不离乡的办法。

此后，各地党政领导对农村邮电通信很重视，并给予积极支持。例如，广东省政府决定 1984 年拨水泥 1000 吨、钢材 500 吨，补助资金 100 万元，并从 1985 年起每年拨水泥 250 吨、钢材 150 吨，支持农村电话建设。辽宁省政府决定，每年从能源交通建设基金中拿出一部分用于农村电话建设，省财政拿 100 万元，地、市、县也从本地份额中拿出 1/10，支援农村通信建设。山西省确定把农村通信建设作为振兴农村经济的大事来抓。

1984 年，中共中央 1 号文件《关于进一步活跃农村经济的十项政策》中又进一步指出："农村邮电通信作为传递信息的重要手段，要不断发展，逐步形成普及的比较灵活的传递网。"全国各地邮电部门贯彻国家、地方、集体、个人一起上的方针，大力发展委办、代办，充分利用社会力量，积极支持农民兴办农村邮电通信事业。到 1986 年年底，全国各地农村邮电代办所已达 13100 处，其中私人经办的有 3010 处。各地农村信报站已发展到 221546 处。全国农民集资兴建的村办电话交换点已达 2563 个，其中农民私人经办的 257 个。

三、邮电经济体制改革

中共十一届三中全会后，邮电部遵照中共中央和国务院的指示，开始进行经济体制的改革。首先在 1979 年年底完成了全国邮电管理体制的调整，从 1980 年开始实行以邮电系统领导为主的新体制，这为以后各项改革的推行创造了有利条件。1984 年 5 月，国务院颁发了《关于进一步扩大国营工业企业自主权的暂行规定》，同年 10 月，中共十二届三中全会通过了《中共中央关于经济体制改革的决定》，这些是指导中国经济体制改革的纲领性文件。同年11月,邮电部召开第22次全国邮电工作会议,主要议题是贯彻《关于经济体制改革的决定》,以加快邮电企业改革步伐,促进邮电事业的迅速发展。国务院副总理李鹏在会上做了重要讲话。他指出中国的通信事业是以邮电为主体的。邮电通信事业发展速度必须高于国民经济的发展速度。邮电部是政府机关,邮电部门所属单位按企业管理,省局和地、市、县邮电局都是企业,邮电部要给企业更大的活力,权力要下放。李鹏强调指出:发展邮电事业,一靠政策,二靠科学,三靠地方和各部门的支持。主要靠邮电部门自身增强活力。

在经济体制改革中,国家对邮电部门实行优惠政策,各级地方政府对邮电事业的发展,给予了很大的支持。邮电部对下属企业,加强宏观控制,实行简政放权,加强了企业的经营机制,扩大了企业自身积累,加快了邮电发展速度;在内部分配上,克服吃"大锅饭"的平均主义,实行多种形式的按劳分配。改革调动了企业和职工的积极性,明显地提高了社会效益和企业的经济效益;改革增强了企业的活力,使企业充满了勃勃生机。

(一)国家对邮电实行优惠政策和特殊政策。

根据国家、地方、集体、个人一起上的方针,采取多渠道、多层次、多途径的方法,扩大积累,加快邮电事业的发展,改变了单纯依靠国家投资发展邮电事业的老思想、旧观念。自1980年起,为了加快市内电话的发展,国家采取了特殊政策,决定对市内电话收取市话初装费,作为发展市话的专项资金;1981年起实行"以话养话",市话利润不上缴,全部用于发展城市电话;开放城市引进国外先进市话技术装备免征关税。这些政策措施,使城市电话建设有了比较稳定的资金来源。1982年2月,薄一波副总理主持听取邮电部汇报以后,国务院决定对邮电实行优惠政策:一是邮电的利润只上缴10%,90%留给邮电使用;二是非贸易外汇收入上缴10%,90%留给邮电使用;三是1986年国务院又批准国家给邮电拨款改贷款的固定资产投资,只偿还10%的本息,豁免90%。以上三项政策统称为"三个倒一九",其中的利润留成办法,在1984年又改为只上交10%的所得税。随后,国家对邮政又确定"以邮养邮"的政策,邮政利润全部返回邮政。由于国家对邮电实行了优惠政策和特殊政策，大大增强了邮电部门的活力，促进了邮电事业的发展。1980年的邮电固定资产投资总额为4.64亿元，1986年增长到24.49亿元；市内电话交换机容量，1980年以前平均每年增加5.45万门，1981年实行"以话养话"以来，每年大约增加30万门。

（二）扩大企业自主权，增强企业活力。

1980年到1981年年初，邮电部决定在24个企业，进行企业扩权的试点，积累了扩大企业自主权的初步经验。1984年5月10日，国务院颁发了《进一步扩大国营工业企业自主权的暂行规定》，邮电部随即制定了《邮电部关于扩大省、自治区、直辖市邮电管理局权限的规定》，在邮电经营发展、地方性业务资费标准、固定资产投资计划、物资供应、资金使用、机构设置、干部、人事、工资、奖金、资产处理、省属工厂经营和产品销售12个项目范围内下放了部分权限。这期间，邮电部还在市话利润留成，二级干线的基本折旧、大修折旧、更新改造3项基金的分配，长途电信和邮政利润的分配，营业外收入，偿还基建款5个方面，进行了扩权。邮电部的扩权规定，强化了省局的经营机制，增加了省局的积累，扩大了计划管理和财务管理的权限，确定了一部分分配关系，调动了企业各方面的积极性，增加了企业的活力。

（三）改进计划管理体制。

1978年前，邮电计划存在着管理权限过分集中于邮电部的弊端。为了适应邮电企业改革的形势，邮电部扩大了省局的计划管理权限，使计划管理更加符合各地的实际情况，在生产和建设上，较好地发挥指导作用。在业务量计划方面，邮电部只控制邮电业务总量，各项分类业务计划均由省局自行安排。在基本建设计划方面，扩大工程项目的投资限额，并实行投资包干。1984年年底，根据国务院批准国家计委的《关于改进计划管理体制若干暂行规定》，邮电部确定缩小指令性计划的范围，规定邮电业务总量的计费业务量、基本建设和技术改造计划中的国家拨款、国家信贷、国外贷款为指令性计划。由于扩大了指导性计划的范围，使省局的计划管理，有了更大的灵活性和机动性。

（四）改变邮电统支统收、长期吃"大锅饭"的状况，实行财务管理制度方面的改革。

1. 自 1980 年起，邮电部对省、自治区、直辖市邮电管理局实行"收支挂钩、差额包干、超额分成"的包干办法。1982 年又实行了"三年滚动包干"，调动了企业改善经营管理、增收节支的积极性，对促进邮电全行业财务状况的基本好转起了积极的作用。2. 在通信企业推行经济核算制。3. 从 1980 年开始，邮电部对广东、福建两省在少缴利润和实行补贴的基础上进行包干，采取特殊政策和灵活措施，以适应对外开放的通信需要。

（五）改革邮运管理体制。

随着邮政业务量的增加，邮政运输能力同运量的矛盾十分突出，运输堵塞、邮件积压的现象时有发生。为了改变这种被动局面，1985 年 7 月 10 日，邮电部决定改革邮运管理体制，成立邮电部邮政运输局和 6 个大区的邮运分局，加强干线邮运的统一指挥调度，初步改变了一些大转口局邮件积压的状况，运输秩序有了好转。

四、制定邮电翻三番的规划

1982 年 9 月，中国共产党第十二次全国代表大会向全党全国各族人民提出了全面开创社会主义现代化建设新局面的伟大任务，确定了从 1981 年至 2000 年全国工农业年总产值翻两番的战略目标。中共十二大报告把邮电通信列为中国经济发展的战略重点，明确指出要保证国民经济以一定速度向前发展，必须大力加强邮电通信的建设。

遵照中共十二大的精神，邮电部于 1983 年 1 月曾制定过 1981 年至 2000 年邮电发展的规划。当时确定到 2000 年全国的电话机达到 2000 万部，邮件处理能力达到 1000 亿件。这两项主要通信能力都略高于翻两番。

1984 年 8 月，中共邮电部党组，通过一年的整党，深刻认识到邮电落后的严重性，原因就是长期对邮电在国民经济中的重要地位和作用认识不足，没有把邮电建设放在先行地位。对比整个国民经济的发展速度，

1983年1月提出的邮电通信能力翻两番多的目标仍然偏低，难以保证国民经济发展的需要，必须重新提出到20世纪末的发展目标和"七五"期间的计划安排。根据经济发达国家的经验，邮电的发展速度必须高于国民经济的发展速度。同时，新技术的发展，必将带来通信技术的进步和通信的快速发展。在这种形势下，邮电部决定修改规划目标，到2000年主要通信能力和业务总量实现翻三番，以保证国民经济翻两番的通信需要。规划的主要指标是：1. 全国电话机由1980年的420万部，发展到3360万部；2. 邮件处理能力由1980年的200亿件，发展到1600亿件；3. 全国县城以上电信网实现自动化。

为了加快邮电通信现代化建设，邮电部党组强调必须依靠科学技术的进步，要分层次地积极采用新技术、新设备。第一，为解决沿海地区和主要城市的通信急需，利用对外开放的有利时机，引进一批具有国际先进水平的技术装备，如程控电话交换机、光纤和卫星通信设备；第二，引进国外先进生产技术和生产工艺，组织国内生产，如组建上海贝尔电话公司、武汉光纤基地，以及改造成都电缆厂等；第三，跟踪国外新技术，抓紧组织科研攻关，如长途、市话的程控交换设备、三四次群光纤通信设备等，同时，加快对引进技术的消化吸收，提高设备的国产化程度，以增强自力更生的能力。这一决策，有力地促进了邮电通信的现代化建设，使通信的技术装备水平较快地发生了质的变化。

五、国务院和中共中央对邮电建设的关注

1984年10月12日，国务院常务会议听取了邮电部关于发展邮电事业的规划目标和"七五"计划安排的汇报，对邮电工作作了重要指示，形成《会议纪要》。其要点如下：

1. 中国邮电通信事业严重落后，供需矛盾十分突出。由于中国地域大，经济发展不平衡，搞邮电要合理规划，分清轻重缓急，做到因地制宜。近期要首先把北京、上海、天津、广州等大城市以及沿海开放城市的邮电通信建设搞上去。内地和西南、西北地区，可以购买国外更新下来的

二手设备先进行装备，中小城市不要盲目追求光纤通信、卫星通信等最先进的技术。

2. 到2000年邮电通信能力翻三番，资金不足是个大问题。除采取多种渠道集资外，国家在年度计划里每年可适当增加一些投资。邮电建设使用的贷款，外汇由国家统借统还，邮电部可以只还人民币。鉴于邮电是微利行业，而且还有不少政策性亏损，国家对邮电的投资在拨款改为贷款后，可延长还清本息的年限，对战备通信、边海防通信和少数民族地区通信建设的投资，可免于偿还。

3. 同意"七五"期间国家在财政上继续实行对邮电部门的优惠政策。所有邮电业务利润和邮电外汇实行倒"一九"分成不变，即10%上交国家，90%留邮电部，上交部分可改为所得税。邮电通信设备的折旧率可以逐步提高到7%的水平。

4. 调整邮电资费势在必行，否则企业本身没有活力，邮电事业难以发展起来。

5. 在管理体制上，邮电通信业务仍由邮电部直接管理，其他为此服务的行业，如生活、维修、基建等，都不要再搞总公司。目前已有的这类总公司也不要再强化它，要逐步实行政企分开。

6. 要抓紧人才培养工作。除继续办好现有大中专邮电院校外，征得教育部同意后，要依靠地方力量，多办中等专业技术学校，以加快人才培养。

1984年12月13日，中共中央书记处会议听取了邮电部党组关于通过整党端正业务指导思想和邮电通信事业整改方案的汇报，对邮电工作作了重要指示，形成《会议纪要》。其要点如下：

1. 中共十一届三中全会以来，邮电通信事业有了很大发展，邮电部的各项工作取得了一定的成绩。但是，邮电通信事业的现状仍然远远不能适应新形势的需要，仍然是制约国民经济迅速发展、影响对外开放的一个重要因素。因此，必须加速发展邮电通信事业，以适应四化建设的要求，适应新技术革命和信息发展的需要。邮电部门要再接再厉，继续努力，加快改革步伐，进一步开创新局面，更好地服从于中共十二大提出的总任务和总目标。

2. 邮电通信是国民经济的基础设施和社会发展的必要条件，在当今信息社会中起着极其重要的作用。因此，必须十分重视邮电通信的建设，要把它放在同能源、交通一样的重要地位，优先发展，以促进整个四化建设。发展邮电通信事业，主要依靠政策，进一步调动各方面的积极性，破除独家经营和包揽一切的旧框框，国家、地方、集体、个人一起上，多渠道、多层次地开展工作；改革管理体制，简政放权，增强企业活力，逐步做到政企职责分开。同时，要积极利用自筹、集资和引进外资等形式筹措建设资金。

3. 发展邮电通信事业要多种手段和多种技术并进，不要单纯追求世界上最尖端的技术。要根据中国目前发展水平的需要，以实际应用为主，同时积极采用新技术。随着科学技术的进步，中国在邮电通信上的技术手段有些是有可能后来居上的。利用通信卫星是实现通信手段现代化的一个重要途径。地面通信线路要大力发展光导纤维通信技术。

4. 发展邮电通信事业要有重点、多层次、分步骤进行，不要片面追求全国平衡，同步推进。中国幅员辽阔，各地区经济建设和文化科学技术水平的发展很不平衡，甚至差别悬殊，因此，切忌采取"一刀切"的办法，不能平均使用力量，否则，势必延缓全局的发展。当前，应该根据各地的实际情况，分别轻重缓急，首先加快经济发达地区（如长江三角洲、珠江三角洲、京津唐地区、辽南地区等）、沿海开放城市和内地一些中心城市（如武汉、重庆等）的通信建设。

5. 提高职工素质，加强经营管理，改善服务质量。首先要加强对职工进行职业道德教育和"人民邮电为人民"的思想教育，对在工作中创优质高效的职工要给予表彰奖励，对那些利用工作之便毁弃信件、偷窃邮包、贪污汇款的人要绳之以法，同时还要防止在经济体制改革中产生新的不正之风。其次，要十分重视职工的业务技术培训工作，把它作为一项长期的任务加以制度化。邮电部门业务工作的基本要求是：准确、迅速、讲求社会效益和自身经济效益。要建立职工考绩考勤制度，根据本部门实际情况实行岗位责任制。要改革现行的招工制度，由先招工后培训改变为先培训后经过考核再招工。要多采用合同制、聘任制等形式，减少固定工，打破"铁饭碗"。

6. 加快各级领导班子建设。现在的主要任务是，调整好司局以下各级领导班子，步子迈得再大些。

中央书记处还明确指示：邮电部门可以采取各种形式积极引进外资，引进技术和设备，但邮电通信各种业务的管理权必须由中国邮电部门掌握。

中共中央书记处和国务院关于邮电工作的两个"六条指示"，进一步明确了邮电通信在国民经济和社会生活中的重要地位和作用，规定了优先发展邮电通信的方针、政策和措施，对于调动全国广大邮电职工和社会各方面的积极性，发展有中国特色的社会主义现代化邮电事业具有十分重要的指导意义。

1985年3月，全国人大常委会副委员长朱学范，在视察上海、天津、北京、烟台等地邮电通信设施后，向全国人大常委会和国务院领导人写了信，建议邮电部门要依靠国家给予的政策，充分调动各方面的积极性，广泛筹集社会资金，用先进技术改造通信网。国务院将朱学范的建议转发各省、自治区、直辖市人民政府，对于各地邮电事业的发展建设也起了一定的促进作用。

六、地方政府对邮电建设的支持

1979年以后，随着改革、开放、搞活政策的贯彻落实，邮电通信在经济建设和社会发展中的地位、作用越来越受到重视。特别是中共中央书记处、国务两个"六条指示"传达到地方以后，各地对邮电通信建设更加重视。全国29个省、自治区、直辖市和很多市、地、县、乡的党政领导干部都亲自听取当地邮电工作汇报，研究本地区通信发展建设规划，制定具体政策，确定建设项目，协助筹措建设资金。在大城市和沿海开放城市，人们深切地感受到，通信不发展，信息不灵通，流通就搞不活，外资也就引不进来，经济就很难振兴，邮电落后严重制约着社会经济的发展。邮电部领导深入一些省区市，宣传加快通信建设的重要性和迫切性，与当地领导干部共商发展邮电通信的方针政策；各省区市相继召开通信工作会议，落实建设规划。北京、天津、上海还成立了由市政府和邮电部负责人参加的通信建设领导小组，加强对邮电建设工作的领导。许多地区都把通信建设摆进了重要工作议程，出现了加快通信建设的新局面。

1985年9月，中国共产党全国代表会议通过的《中共中央关于制定国民经济和社会发展第七个五年计划的建议》中提出，要"坚决把发展交通、通信业放在优先地位"；地方通信工程的建设，主要依靠地方和群众集资兴办，国家给予必要的资助。因此，"七五"计划期间，绝大部分省、自治区、直辖市的党政负责干部都亲自过问当地邮电工作，逐项研究落实邮电发展规划，纷纷表示要从各方面大力支持邮电通信的发展，有的甚至表示，宁可少办几个厂子，也要拿出些钱来，把邮电通信搞上去。

在各级地方政府的大力支持下，邮电部门坚持国家、地方、集体、个人一起上的方针，依靠社会力量，多方筹集资金，加快了邮电通信建设。据不完全统计，第六个五年计划期间全国用于通信建设的地方投资、用户集资就达12亿多元。福建省5年用政府投资、用户集资以及与有关部门共同投资等联合建设的办法，建成并开通了福州、厦门两个容量各为1万门的存储程序控制（以下简称"程控"）电话局，全省市内电话增容4万门，相当于原来市话容量的1.5倍。全省有19个县、市开通了到香港的半自动、自动长途电话业务，福州、厦门、泉州等市开通了到中国香港及日本、美国的全自动直拨电话。这就大大改善了外资的投资环境，促进了对外开放。山西省1984年至1986年用于长途电路、市内电话和矿区通信建设的地方投资、用户集资达1亿多元，全省3000多个煤矿中原来通电话的只占17%，到1986年年底已基本实现了矿矿通电话。天津市"六五"期间依靠地方各种渠道用于市内电话建设的投资达5800万元，约占市话建设总投资的53%，五年共增加市内电话交换机容量4.5万门，市话普及率由原来的2.17%提高到3.15%。广东省5年中用于通信建设投资共3.3亿元,其中2/3是通过多渠道集资解决的。该省5年新建市内电话交换机14.7万门。到1986年年底,全省市话总容量已达26.7万门,其中程控电话6.3万门;长途电路达5198路,比1980年增长3.6倍;农村电话总容量达24万门,其中自动电话6.1万门。广州市引进的2.6万门程控市内自动电话和1000线程控长途自动电话工程于1985年8月正式投产后,不仅使广州装电话难、打电话难的紧张状况得到一定程度的缓和,而且大大改善了对港澳和内地城市的通信联络。上海市通信建设坚持"高低兼顾、远近结合、新老并存"的方针,"六五"期间地方财政拨给资金1.2亿元,全市市内电话和农村电话5年共增加11万门,总容量达27.2万门。北京市政府对通信建设也抓得很紧,"六五"期间市内电话交换机发展到21.3万门,1986年新增市话交换机1.5万门,至此北京市话交换机总容量已达22.8万门。

为了适应改革、开放、搞活的新形势需要,各地邮电部门,在联合建设微波通信方面也取得了可喜成绩。例如,广东省邮电管理局与港方联合建设了广州—香港2700路微波工程,积极利用外资建设了广州经湛江至海口1800路微波通信系统。福建省邮电管理局与省广播电视厅联合建成福州—厦门—漳州960路微波工程,与省水利电力厅联合建设南平—永安—漳州960路微波工程,不但解决了广播、电视、电力部门的专用通信线路,也扩大了公用微波通信网。山西省邮电部门与省广播电视厅联合建设的太原—长治300路微波线路,全长300多公里,利用原有的邮电部门3个微波站和广播电视部门2个微波站,仅用了5个多月就开通了传送电视节目的业务。辽宁省邮电管理局和大连市人民政府合建沈阳—大连960路微波线路,全长387公里。河南省邮电管理局和焦作市人民政府联合建设从郑州到焦作的960路微波线路,解决了长途电话全自动拨号及传送电视和数据通信问题。他们还与洛阳炼油厂以及濮阳市人民政府、中原油田联合,建设了从修武到洛阳炼油厂和从郑州到濮阳的两条960路微波线路。黑龙江省邮电管理局1985年分别与牡丹江、鸡西、鹤岗、七台河、佳木斯、双鸭山 6 城市签订协议，集资建设哈尔滨—双鸭山微波通信线路，全长 700 多公里。安徽省人民政府决定，由政府出面帮助邮电部门组织各有关单位集资建设了一条贯穿安徽南北的微波干线。这条微波干线开通后，将使安徽全省通信和电视传输状况大为改观。这种邮电部门同地方有关部门合作建设的做法，既满足了社会各方面的需要，又避免了重复建设，无论从各部门经济效益还是社会效益上看都是值得大力提倡的。

七、进行职业道德教育和端正邮电局风

邮电企业的社会性、公用性和服务性很强，邮电职工与千家万户都有密切的联系。提高职工队伍的素质是做好邮电服务工作的关键。在 1984 年至 1986 年期间，邮电部门对广大职工进行了革命传统教育和职业道德教育，狠刹了服务工作中出现的极少数人违法乱纪、撕毁邮件、盗窃邮包、贪污汇款等侵犯用户利益，破坏邮电信誉的歪风，依法惩处了一批犯罪分子，表彰了 71 个优质服务的先进集体，表扬奖励了 5 万多名优秀职工。邮电部门还总结提出了邮电职业道德八条规范：1. 热爱邮电事业，忠于本职工作；2. 坚守通信岗位，确保通信畅通；3. 精通业务技术，保证通信质量；4. 遵守通信纪律，严守通信秘密；5. 全网一盘棋，全线一条心；6. 急用户之所急，帮用户之所需；7. 文明生产，礼貌待人；8. 廉洁奉公，一尘不染。各地邮电部门根据邮电职业道德规范，结合本地情况和各工种的不同要求，制定服务守则和公约，开展群众性活动，把职业道德教育渗透到生产活动之中。这种思想政治教育，对提高职工素质，起了积极作用。

在进行职业道德教育的同时，针对邮电服务工作中存在的积压延误、差错事故、贪污盗窃、以权谋私等问题，邮电部从 1986 年 3 月 14 日开始在全国邮电部门开展端正局风活动，要求以提高职工队伍素质为重点，通过发动群众查服务、查质量、查纪律，深入进行理想、纪律、法制和职业道德教育，纠正邮电行业不正之风，打击破坏通信的违法犯罪活动，提高通信质量，建设从严治局、全网协作、优质服务、信誉第一的新局风。到

1986年年底，各级邮电部门，都派人到基层企业调查研究，走访用户，联系实际认真进行整改。通过端正局风的活动，全国有近千个邮电企业，被当地政府命名为精神文明单位。

八、邮电的法制建设

中华人民共和国成立后，邮电部对全国邮电事业统一管理。为了保证全国邮电通信的协调畅通，建立正常的管理秩序和通信生产秩序，邮电部建立了一套比较完备的部门规章和管理制度，以及业务使用规则，各项工作大都有章可循。为了规范邮电工作与社会各方面的关系，邮电部分别会同司法、公安、国防、铁道、交通、电力等部门，共同制定了若干条例、办法和规定；国务院和中央军委也先后颁布了有关划分无线电收发信区域和保护通信线路等规定。对于保障人民通信自由，保障通信设施安全，协调各方面的关系，都起了积极的作用。但由于缺乏全面性的邮电立法，很难适应邮电事业发展建设的需要。早在50年代，邮电部就曾着手研究起草邮政法和电信法，但因为主观和客观上的原因，一直没有能定稿。中共十一届三中全会后，国家大力加强法制建设，邮电部也开始加强邮电立法工作。从1980年起，邮电部先后组织邮政法和电信法的起草工作。邮政法（草案）经过多方征求意见，反复修改，报请国务院常务会讨论通过后，邮电部部长杨泰芳受国务院委托，于1986年11月向第六届全国人民代表大会常务委员会第十八次会议作了关于《中华人民共和国邮政法（草案）》的说明，提请审议。12月2日，人大常委会正式通过。同时，由中华人民共和国主席李先念以第四十七号主席令公布《中华人民共和国邮政法》，自1987年1月起实行。《邮政法》对保护通信自由和通信秘密，保障邮政工作的正常进行，对邮政企业的性质任务、职工的职业道德、通信纪律，对邮政企业同用户的关系以及各自的权利义务，对邮政机构同社会有关部门的关系以及各自承担的责任，对社会各方面对邮政工作的支持和保障、邮件的损失赔偿等，都作了明确的规定，邮政工作从此有法可依。

《电信法》由于涉及面广,尚未审定。为适应社会主义建设和人民生活的需要,正加紧起草《中华人民共和国电信法》,提请人民代表大会批准立法。

第四节 改革与发展的重大成就

1978年以来,全国邮电部门认真贯彻执行了中共中央、国务院对邮电事业制定的一系列方针政策,坚持发展通信能力,提高通信质量,注重社会效益和自身经济效益,努力使通信工作适应对外开放和对内搞活的形势,以服务于国家经济建设。8年间,邮电主要通信能力和业务总量都翻了一番,通信业务收入增长了两倍多,经济状况扭亏为盈以后又有较大的改善,这是新中国成立以来邮电事业发展建设最快的时期。

邮电发展建设速度开始高于国民经济的增长速度,通信能力明显提高。从1978年到1986年的8年间,邮电固定资产从60.9亿元增加到141.7亿元,翻了一番多。其中邮运汽车由6722辆发展到9254辆,增长37.6%;自备火车邮厢由372辆增加到519辆,增长39.5%;长途电话电路由18801路发展到44005路,增长1.34倍;电报电路由8430路发展到10150路,增长20.4%;城市电话交换机总容量(不含部门小交换机)由174.9万门发展到380.5万门,增长1.17倍;农村电话交换机总容量由230万门增加到292万门,增长27%,全国城乡电话机总数(含部门自用电话机)由368.8万部,发展到705.9万部,增长91.4%。这样,许多地区通信紧张状况,在某些方面有了一定缓和。广东、福建等省和一些沿海城市以及经济特区的通信有了较大的改善。

社会对通信的需求量越来越大,邮电业务量大幅度增长。全国邮电业务总量,1978年为16.2亿元(以1980年不变价格计算),1986年为32.8亿元,翻了一番多。增长幅度较大的有:函件增长75.2%,订销报刊增长66.5%,城市电话用户增长1.1倍,长途电话增长1.27倍,公众电报业务量增长65.5%。增长最多的国际长途电话业务和国际、国内的用户电报业务,增长10倍到30倍。在这期间,相继开办了特快专递、邮政储蓄、电子信函、有声信函、用户传真、数据检索、无线寻呼电话、移动电话、磁卡电话、国际直拨和程控电话新功能等几十种新业务,受到社会普遍欢迎。

经济效益有明显提高,自我发展能力有所增强。8年中,在强调提高通信质量,改善邮电服务,重视社会效益的同时,邮电部门采取了一些改革措施,提高企业的经济效益。1980年,邮电部对企业实行"收支挂钩,差额包干,超额分成"的包干办法;1982年又实行"三年滚动包干";1985年实行全面经济核算制;1986年实行工资总额包干等办法,不断把经济改革引向深入,增强了企业和全网的活力。邮电基层企业从单纯服务型向经营服务型转变,积极发展新业务,扩大邮电服务面,经济状况有了较大好转。1978年全国通信企业的业务收入为12.48亿元,1986年发展到45.16亿元,增长了2.61倍;1978年通信企业亏损4777.6万元,1986年盈余9.23亿元。全行业利润8年累计43.21亿元。经济效益的提高,为邮电事业向良性循环发展,加强通信建设,创造了有利条件。邮电固定资产投资总额中自筹资金的比重逐年上升,1979年自筹资金比重只占投资总额的1/6左右,1984年上升到1/3左右,1986年占40%还多。在生产发展、经济效益提高的基础上,职工生活也逐年得到改善。

技术装备有了较大的改善,自动化水平有了较大的提高。坚持依靠技术进步发展邮电的方针,大力开展科技攻关和技术改造,利用对外开放的有利条件,引进国外设备、资金和技术,加速了邮电通信网的改造和建设。邮电部门的科学研究和新设备的制造也取得了较大的成果,如光纤通信等5个大的科研项目已投入使用。1986年,城市电话交换机总容量中,自动交换机占83.5%(1978年为57.3%),开通程控电话27万门;全国装有长途电话自动交换机进入自动交换网的城市达140多个;北京、上海、广州等城市开通了国际直拨电路,用户国际直拨业务量已占国际业务量的25%;有18个省会城市安装了自动转报设备,承担了省会局电报交换总量70%的转报业务;有53个城市安装了用户电报交换设备,总计容量为1.4万门;除国际卫星通信有了发展外,还开通了北京至拉萨、呼和浩特、乌鲁木齐的国内卫星电路,传送电视和通信业务。有 20 个城市开办了无线寻呼通信业务。在国际通信方面也有较快的发展。到 1986 年,中国已同 113 个国家和地区建有直接通邮关系,有 49 个城市开办了国际邮政特快专递业务,通达 33 个国家和地区的 45 个城市。中国同 43 个国家和地区建有直达电信电路,其中电话电路 2115 路、电报电路 758 路,通过直达和经转,同世界各国沟通了电信联系。

邮电事业发展建设的局面是好的,但通信能力仍然赶不上经济发展的需要,通信紧张状况还没有完全缓和。邮电事业的进一步发展,有待于邮电科技的进一步发展,也有待于邮电部门的改革进一步深化。

第二编
邮　政

第五章
邮政通信的任务、性质和成就

具有悠久历史的邮政,是社会各方面使用最普遍、广泛的通信手段,是现代社会不可缺少的基础设施。进入 20 世纪 80 年代后,随着科学技术的不断发展,邮政除通过传统的业务渠道传递信息外,还开办了特快专递、电子信函、有声信函等新业务,提高了传递速度,扩大了服务范围。邮政的发达程度和服务水平,已成为衡量一个国家文明程度的标志之一。

第一节 邮政的特点和任务

邮政以实物传递的形式实现人们之间的通信。它的基本任务是传递函件和传递具有通信内容的物品,并办理报刊发行、邮政包裹、邮政汇兑、邮政储蓄和其他代理业务。

一、邮政的特点

邮政除了具有一般通信的共同特性,即全程全网联合作业、生产与消费的统一、时间与空间的转移、通过传递信息产生效用以外,还有其自身的特点。

邮政拥有广泛的服务网路。除极少地区外,一般凡有人类聚居的地方几乎就有邮政人员的足迹。邮政网点星罗棋布,邮政人员走街串巷,很少有一个统一经营的机构能具备如此广泛、严密而又普及国际的服务网。

邮政以低廉的价格为用户提供最大的信息容量。一纸书信可以倾诉衷肠,交流信息不受时间和地点的限制,而用户花费却很少。

邮政传递的信息，是实物信息，具有浓厚的真实性和情意性。"烽火连三月，家书抵万金"①，"征人去日殷勤嘱，归雁来时数附书"②，这些古诗名句便是邮政独特功能的生动写照。

正是由于这些特点，邮政在通信中一直占有重要的地位。在中国，每天与邮政机构发生联系的约有 8000 万人次。正如万国邮政联盟在 1984 年世界邮政日提出的口号："邮政——绝不能取代！"邮政始终是全社会使用最广泛的基本通信手段之一。

二、邮政的任务和作用

邮政担负着为国家传递政令的使命，是国家实施行政管理和对外联系的重要手段之一。周恩来 1940 年的题词："传邮万里，国脉所系！"③ 精辟地概括了邮政在国家事务中的重要作用。新中国邮政部门还担负着发行报纸期刊的任务。通过发行工作，报纸和期刊可以及时地传播党和国家的方针政策，发挥宣传教育和舆论监督作用。

邮政的发展取决于经济的发展，但同时它又是组织经济活动的必要条件，是国民经济的基础设施和先行部门。社会生产活动越发展，依靠邮政传递生产经营管理等信息的需求就越是迫切。中共十一届三中全会以后，随着经济体制的改革和商品经济的发展，邮政通信中的商务邮件比重不断上升，直接为经济部门服务的商品包裹、邮政汇兑、特快专递邮件、邮购货物等业务逐年增加，邮政通信已成为发展社会主义商品经济不可缺少的手段。

邮政在精神文明建设中的作用也很显著。

邮政也是人际交往的使者。亿万人民依靠邮政交流经验，沟通信息，联络感情，互通心曲。邮政深入千家万户，邮政工作人员在中国一直被人

---

① 杜甫：《春望》，《唐诗鉴赏辞典》，上海辞书出版社 1983 年 12 月第 1 版，第 453 页。
② 王维：《伊州歌》，《唐诗鉴赏辞典》，上海辞书出版社 1983 年 12 月第 1 版，第 197 页。
③ 1940 年 5 月 9 日，周恩来为中华邮政第三军邮总视察林卓午题词。林卓午为实现国共两区的正常通邮做出了不懈的努力。

民亲切地称为"绿衣使者"。

第二节 人民邮政的性质和方针

中国邮政企业，是全民所有制的经营邮政业务的公用企业。这个性质决定邮政部门要坚持正确的业务指导思想，坚持"人民邮电为人民"的服务方向和"质量第一"的方针，努力为社会各方面、国民经济各部门和广大人民群众提供优质高效的服务。同时，邮政企业同其他企业一样，也要计算盈亏，加强经营管理，使其有自我改造和自我发展的能力，以满足不断增长的社会需要。这样既保证国家和人民群众对通信的需要，又促进邮政企业加强经营管理，把社会效益与企业经济效益统一起来，有利于加快邮政事业的发展。

中国人民邮政的性质，要求邮政部门制定与之相适应的服务方针和经营、建设方针。

在中国兴办近代邮政的早期，1903年就提出过常（Regularity）、速（Speed）、妥（Security）三个字的邮政方针。中华邮政又归纳为四大目标："快、安全、普遍和服务。"当时，中国的邮政虽然也有所发展，邮政人员做出了很大努力，但在半殖民地半封建的旧中国，上述服务目标无法全面实现。

新中国成立后，50年代初期，邮电部在总结过去工作经验的基础上，提出了"迅速、准确、安全、方便"的八字服务方针。它体现了"人民邮电为人民"的根本宗旨，也反映了广大人民群众对邮电通信的客观要求。八字服务方针在邮政通信上的具体要求，就是保证各类邮件严格按规定时限传递，在传递过程中确保邮件安全，保证用户的通信自由和通信秘密不受侵犯，做到邮件不延误，不出错，不丢失，不损毁；并努力做好通信服务，在服务网点设置、营业时间、经办业务种类和处理手续等方面，使用户感到方便。

邮政通信的这个服务方针，要求邮政企业的经营必须把社会效益放在第一位，做到社会效益与企业经济效益的统一。邮政经营坚持从国家和人民的利益出发，把保障社会通信需要作为企业的根本目标。当企业的经济效益与社会效益发生矛盾时，自觉服从社会效益。有些业务如边防海防通信，有些地区如少数民族地区、边远山区，邮政虽有很大亏损，也千方百计保证通信任务的完成。努力提高邮政服务质量，特别要确保邮件的时限与安全，保证邮政通信的实际使用价值。邮政部门要充分利用社会力量，积极改善服务，开拓业务，实行"一业为主，多种经营，通信为本"，适应不断增长的通信需要。

实现邮政的服务方针，要求邮政建设相应地发展，为邮政服务创造必需的物质条件。37年中，邮政事业有了很大发展，局所、邮路增加很多，业务量大幅度增长，服务水平不断提高，但邮政固定资产的增加远不能适应通信增长的需要（1986年邮政固定资产总值仅比1950年增加1倍，而同一时期内邮政业务量则增长了26倍），加以邮政的立法保障长期没有落实，邮政资费又长期过低，邮政事业缺乏自我发展的基础，通信能力发展缓慢。1985年，全国人大常委会朱学范副委员长给国务院领导写信提出改革邮政的建议，主张国家对邮电建设增加投资并实行优惠政策。为了加快邮政事业的发展，1986年1月国务院确定邮政部门实行"以邮养邮"的政策，决定邮政上缴的利润全部返回邮政；邮政建设拨款改贷款，资金减免偿还；邮政资费和运邮费用的不合理部分逐步进行调整。"以邮养邮"使邮政企业增加了活力，各地政府也对邮政事业的发展实行相应的政策。例如，邮政服务网点纳入城市规划、对新建居民区的邮政局所进行配套建设、地方政府负担一部分建设资金、对邮运车辆免征养路费等，使邮政建设步伐加快。邮政企业在保证质量、改进服务的前提下，努力增产节约，实行专业核算，积累建设资金。在国家开放搞活的方针指引下，"以邮养邮"的政策推动邮政建设事业出现了新的局面。

第三节 人民邮政的发展成就

中国人民邮政事业，在中国共产党和人民政府的领导下，依靠全国邮政职工的辛勤努力，37年来有了很大的发展。

1986年与1949年相比：

邮政业务量大幅度增长。函件业务量增长7.3倍，报刊累计份数增长56.3倍（据1950年"邮发合一"时统计），包裹增长29.5倍，汇票增长36倍。特别在"六五"期间，随着国家经济体制改革的深入和商品经济的发展，社会对信息传递的需求迅速上升，邮政业务量的发展速度和用户构成都出现新的变化。函件业务从长期以来年增长2%左右，提高到10%以上，商务函件大量增加；居民包裹业务比重下降，商品包裹业务持续上升；先后恢复和开办了邮购、代收货价、代发广告、贺年片、特快专递、邮政储蓄、集邮等业务，更好地为商品经济的发展和精神文明建设服务。

邮政网路有很大发展。邮政局所增长近1倍，其中自办机构增长8倍。局所设在农村的比重从11%增长为81%，使城乡局所布局逐步趋于合理。全国邮路及农村投递路线增长6.1倍，其中铁道邮路增长9.1倍，汽车邮路增长14.9倍，航空邮路增长201.4倍，使用机动运输工具的邮路长度增长14.5倍，改变了新中国建国初期全国84%的邮路依靠人力、畜力运输的状况。国际邮政通信也有较快发展，先后与113个国家和地区建立了直接通邮关系。

邮政服务水平显著提高。随着邮路的扩展和交通条件的改善，邮寄信件的全程时限普遍缩短。全国有22个省会、自治区首府和直辖市的读者可看到当天的《人民日报》，其余城镇的读者也能在次日看到；83.1%的县、市所在地，64.2%的乡镇和60.5%的行政村的读者可以当天或次日看到本省、区、市出版的日报。进口函件和出口函件在邮局内部的处理时间分别为3小时和4小时。城市投递每天1—3次，上午10时前投入信筒的市内信件一般做到当天投递。农村投递邮路通达全国99.7%的乡镇和96.1%的行政村，大多数每天投递一次。邮政局所平均服务面积从374平方公里减少为181平方公里，每个市、县平均拥有邮政局所20.8个，连同报刊门市部和邮票代售处达60余处。邮政局所的对外营业时间为每天8至12小时。邮局还普遍组织上门服务、流动服务，使用户"寄信不出村，订报不上街"。

邮政技术装备逐步改善。1954年后，邮政部门陆续置备的火车邮厢已担负了全国干线80%的邮运总量，还大量添置了邮政专用汽车和邮政投递摩托车。在各地邮政职工的努力下，从无到有地研制各种邮政专用机械设备5398台。邮件装卸、搬运、捆扎等逐步采用机械操作。35个大中城市实现了包裹分拣作业机械化和半机械化。营业收寄的自动化设备在城市中逐渐推广应用。

邮政通信队伍发展壮大。全国邮政职工从5.3万人增加到31.4万人，经过多年的培养教育和实际锻炼，形成了一支具有一定政治、业务、技术水平的专业队伍。他们终年坚守岗位，埋头苦干，昼夜兼程，分秒必争，在邮政业务大量增加、通信能力和生产场地不足的情况下，完成了繁重的邮政通信任务。全国邮政部门人均年邮件处理量从1.94万件增加到9.4万件。此外，还有广大的农村信报收发站人员、城镇委办投递人员、报刊零售人员、社会报刊发行站人员等，也在为人民邮政事业而辛勤地工作。据1986年统计，仅全国报刊发行站即达43万个，社会发行员近70万人。

邮政通信在新中国成立37年中取得了巨大成就，但仍不能满足国家和人民群众对邮政通信的需要。邮政通信仍是国民经济和城乡建设中的薄弱环节。主要的问题是：1. 邮政通信能力严重不足。新中国成立以来，邮件、报刊业务量从10.8亿件增加到295亿件，增长26倍，而邮政的固定资产仅从5亿元增加到12亿元，才增加1倍多。邮政生产作业场地狭小，邮政局所少、小、破、旧，邮政运输和内部处理能力薄弱，干线运输力量短缺20%—30%，经常造成邮件大量积压。2. 邮政通信服务质量不够稳定。由于场地紧张，运力不足，加上管理工作跟不上，邮件的延误和丢失现象时有发生，引起群众不满。个别邮政人员甚至贪污票款，盗窃包裹，撕毁隐匿邮件，侵犯人民利益，造成极坏影响。

1986年12月2日，第六届全国人民代表大会常务委员会第十八次会议通过的《中华人民共和国邮政法》，是通信领域中法制建设的一件大事，对依法保护人民通信权利，规定邮政企业的权利义务与应承担的责任、社会应给予的保障以及邮政职工必须遵守的规定等，用法律形式公布施行，这必将促进邮政事业的发展。

根据国家第七个五年计划对邮政工作的要求和邮政工作面临的问题，邮电部确定在今后一个时期内，加快邮政通信建设的发展，以尽量缩小邮政通信与国民经济、社会发展不相适应的差距。在"七五"期间，用于邮政扩大再生产的投资将有较大增加，使通信能力同业务量增长的要求基本适应，为建成一个水陆空多层次、多渠道、综合利用、四通八达的邮政通信网积极创造条件。

第六章
邮政通信网

邮政通信是高度集中统一的社会化大生产，它需要经过两个或两个以上的邮政企业协同作业，按照收寄、分发、运输、投递的顺序不间断地运行才能完成。邮政通信网，就是按照邮件传递的过程，由各个不同的运转环节和各类不同业务的作业方式组成的统一、完整、严密的有机体系。

中华人民共和国成立后，根据社会主义建设和邮政业务发展的需要，在各级政府和社会各部门的支持下，实行邮政自编力量和社会力量相结合，逐渐建成了四通八达、遍及城乡的全国统一的邮政通信网。它由5万多个收寄邮件的局所、2000多个邮件分发处理中心、150多万公里的邮政运输网络和350多万公里的农村投递路线等组成，担负着每年近300亿各类邮件的传递任务。

第一节　邮政局所

邮政局所是收寄邮件、供公众使用邮政的场所。它担负着所收邮件的处理任务，既是基层营业点，又是邮件集散分发的集中点。

1949年邮电部成立时，邮政与电信是分别设置、分别经营的。1950年7月到1952年12月，各级局所实行"邮电合一"，即邮电机构合并，统一经营邮政电信业务。除省会以上城市和少数县仍分设邮电局所外，均按照行政区划将邮政和电信对外营业的基层局所和县以下邮电单位，合并成邮电局所。1969年到1973年2月，邮政和电信又分为两个单位。1973年3月，邮政和电信再次合为一个单位。这一体制直到1986年未变。

一、邮政局所设置的原则和标准

中华邮政时期，建设邮政局所主要是以收入为标准。1935 年前曾规定：每月营业收入 200 银圆左右，开发汇票 1000 银圆左右的城镇，方可设置最低级别的邮局。不够这个标准的城镇，只能根据收入多少，分别设置邮政代办所、村镇信柜或邮票代售处。按这个标准设立局所虽然可以保证盈利，但对公众方便考虑不够，结果邮政局所大多设在大中城市和沿海地区，边远地区和广大农村局所很少，用邮困难。据国民党政府交通部出版的交通年鉴记载，1933 年全国县治不足 2000 个，而县城未设邮局的竟达 1/4 以上。这些未设邮局的县城，仅设代办所的约 500 处，设村镇信柜的 8 处，连代办所、信柜也未设的有 35 个县城，农村邮政网点更少，公众用邮十分不便。

新中国成立后，对邮政局所网的设置，按照邮政为人民服务的宗旨，根据各地政治、经济、文化情况和人口分布密度、邮政业务需要等情况，以合理布局、方便用户为标准建设调整了营业网点。邮电部于 1955 年制定颁发了《邮电局所设置原则和标准》，1962 年进行了修订，1981 年根据国民经济发展和社会的需要，又进行修订和补充。这些规定的基本精神是：按行政区划设置邮政（电）局时，应考虑邮件流量、流向规律的实际情况，最大限度地接近居民，方便用户，同时也要考虑经济效益。在特定地区和特殊条件下，企业经济效益服从社会效益和政治需要，邮政局所的发展应与地方发展规划相适应。

《邮电局所设置原则和标准》对各种不同情况都作了具体规定。凡是设有县、市行政机构的地方，必须无条件地设置邮政（电）局，并作为县、市人民政府的一个组成部分，受以邮电系统为主与地方人民政府的双重领导。大、中城市可分片设置办理全部邮政业务的邮政（电）支局或经办部分邮政业务的邮政（电）所，但县城一般可不设分支机构，个别范围较大的县城可设邮政（电）所或邮票代售处。县以下设置邮政机构，根据需要与可能，按业务收入多少、地区间隔距离、人口聚居和邮件运输、投递等情况，进行合理布局。自办的分支机构一般设在中心集镇，公社所在地，规模较大的厂矿、企业、林区、畜牧区领导机关所在地和有邮件、电报、电话转接任务的地点。在农村邮政机构设置时，若全年业务收入满 10000 元或按编制标准定员人数满 7 人的，可设邮电支局；每月邮政业务收入在 200 元以上，服务半径在 5—10 公里之间，可设邮电所；在铁路公路交叉点、人口稠密、业务收入较多的地区，或人口稀少的边远地区，可以灵活处理。在不够设自办机构条件的地方，如确有开办收寄邮件、收订报刊的需要，邮政业务收入每月在 30 元以上的；或者是人口稀少、地处边远有接发邮件需要，邮政收入不满 30 元，但不低于 20 元的，可以设置邮政代办所。在不够设置邮政代办所的地方，如当地确有需要，可设邮票代售处。

邮政局所在 1958 年以前实行分等管理。县、市邮电局，在 1953 年分为五等，1956 年改分七等。1958 年企业下放，改按行政级别管理，不再分等。新中国成立初期，对代办所也进行分级管理。

按照以上的原则和标准，在全国范围内，以自办局所为主体和骨干，以代办所为辅助力量，遍布广大城乡的邮政局所网逐步建成，改变了旧中国那种局所发展缓慢、农村信息闭塞的历史。

二、邮政自办局所的发展

新中国成立以后，邮政自办局所发展很快，尤其是广大农村发展更快。1949 年底全国邮政自办局所为 4207 处，到 1986 年已发展到 38768 处，连同报刊门市部和零售亭共计为 42537 处，比 1949 年增加了 9 倍。1949 年全国农村邮政自办局所只有 463 处，而且 85% 以上是在华北、东北老解放区，江浙沿海一带也只占全国 9.5%，甘肃、新疆占 4.5%，其余各地农村基本没有。国家十分重视农村邮政的建设，从沿海到边疆普遍增设自办局所，使农村邮政服务大为改观。1986 年全国农村邮政自办局所已达 31417 处，为 1949 年的 67.8 倍。

在解放战争中，每解放一个县、市，凡是没有邮局的立即设立邮局。因此，到 1949 年年底，凡是解放了的县、市、旗人民政府所在地，都已设立了邮局。中华人民共和国成立后，主要是发展县、市以下邮政分支机构，即邮政（电）支局、邮政（电）所。

1949 年 12 月召开的第一次全国邮政会议，对邮政设施确定实行恢复、整顿和重点建设的方针。从 1950 年开始逐年增设邮政分支机构，1950 年到 1953 年共增设自办局所 1845 处，平均每年增加 461 处。1954 年二三月份，邮电部召开了第三次全国邮电工作会议,决定整顿私商承办的邮政代办所。同年 11 月发出的补充通知提出,以增设自办机构或改设邮票代售处等办法,积极完成全部撤销私商承办代办所的工作。1954 年至 1956 年,3 年内自办局所猛增 15528 处,到 1956 年底自办局所为 21580 处,比 1949 年增加了 4 倍多。

1957 年邮政自办局所发展速度开始降低,但 1958 年全国掀起了农村人民公社化的高潮,邮电部门提出"社社设机构"的目标,自办局所发展速度加快。到 1960 年,连续 3 年共新增自办局所 7621 处,使全国邮政自办局所达到 29958 处,较 1956 年增加了 38%。在人民公社化运动的影响下,广大群众对通信的要求增长,确应增设邮政局所以满足需要,但由于过分强调自办为主,以致局所增加过快过猛,脱离实际需要,管理工作也很难及时跟上。1961 年,根据中共中央提出的"调整、巩固、充实、提高"的方针,邮电部决定对自办邮政局所进行调整撤并,缩短战线。到 1962 年年底,全国自办邮政局所减为 25637 处,较 1960 年减少了 4321 处。1963 年,根据中共八届十中全会确定的"以农业为基础、以工业为主导"发展国民经济的总方针,邮电部门又逐步增建邮政自办局所,以后连年持续稳步发展,1978 年自办邮政局所总数达到 37697 处,比 1956 年增加了 77% 以上。

中共十一届三中全会以后,在局所发展上重申了自办与委办相结合的方针。1983 年 8 月,邮电部全国农村邮电工作会议明确提出:"农村服务机构和农村投递工作必须坚持自办与组织社会力量相结合的原则。"这一阶段,邮政局所自办与委办又有发展,从 1979 年到 1986 年,自办局所增加了 1023 处,代办所增加了 2131 处。

三、邮政代办机构的发展

邮政代办所是邮政部门委托社会组织或个人代办邮政业务的服务机构。一般代办所均办理出售邮票,收寄平信和挂号信,收订报刊和包裹业务;较大的代办所办理汇兑业务,还负责一定地区范围内的邮件报刊投递任务。代办机构是邮政部门自设机构和自编力量的补充。设立邮政代办机构是利国便民的重要措施。37 年中,代办机构的设置走了一条发展、减缩、再发展的道路。

从中华人民共和国的成立到1953年,国家对代办所的设置一直采取"稳步发展"的政策。1950年,邮电部邮政总局先后制定并实行《邮政代办所暂行规则》《邮政代办所及邮票代售处酬金核给办法》。1951年,邮电部召开全国乡邮工作会议,确定"稳步发展,公私兼顾,加强自己和组织群众相结合"的建设方针,明确肯定了自办局所和代办机构都是需要发展的。同年,邮政总局又发出了《关于邮政代办所划分四级及改组乡村邮票代售处的通知》。这一时期,全国邮政局所总数从26328处发展到51651处,4年增长96.2%。其中自办局所从4207处发展到6052处,增长43.8%;代办所从21460处发展到45573处,增长112%。

1954年,国家开始对资本主义工商业进行社会主义改造。邮电部召开第三次全国邮电工作会议,专题总结了前两年整顿私商承办邮政代办所的工作,决定有计划、有步骤地坚决整顿私商代办所,以依靠社会主义和半社会主义的力量,作为过渡时期农村代办所的方向。城市中的代办所,在一定时期内,尽速收回自办。同年11月,邮电部又明确规定了对农村代办所进行整顿、撤销或改为自办的原则。这次整顿到1955年6月基本完成,共整顿代办所45553处。其中,有4.1%改为自办机构,15.5%撤销停办,4.4%改为邮票代售处,43.8%撤销后将由供销合作社代办。在1年3个月的时间内,改、撤、转代办所共30898处,为整顿总数的67.8%;原代办所只保留了14675处,占32.2%。由于供销社本身管理有不少困难,代办酬金分配问题又未很好解决,因此供销社对代办邮政业务的积极性不大,致使这些代办所大部分未能发挥作用,有些不得不改为邮票代售处,降低了服务水平。

由于政策上的失误,加以"文化大革命"十年动乱的干扰,在1949年到1982年这段长达28年的时间里(除"大跃进"三年外),代办所的数量逐年减少,到1982年全国只有9888处。尽管在同时期内自办局所由6076处增加到38531处,但全国局所总数仍少于1953年。

1983年,邮电部以中共十二大《全面开创社会主义现代化建设的新局面》的报告为指针,召开了全国农村邮电工作会议,总结新中国成立后32年邮政局所建设的工作,认识到局所设置必须适应国家社会经济状况,超越经济发展水平的政策，就犯脱离实际的"左"的错误；中国地域辽阔，农村面积很大，经济状况又极不平衡，仅靠自办局所和自编力量解决不了为农村服务的问题，只有采取自办与委办相结合建设局所的方针才是正确的。在改革、开放、搞活的新形势下，到 1986 年年底，全国邮政代办所恢复到 12201 处，为 1949 年的 56.8%，较 1982 年增加 2313 处，邮票代售处也有所增加，对方便公众用邮起到了积极作用。

四、加快局所建设

中华人民共和国成立以来，邮政局所发展速度落后于社会主义建设和人民通信的需要。一是局所密度不够，机构的增加赶不上人口的增长。1980 年在北京、天津、上海及各省会城市调查，每一局所服务面积在 9 平方公里以上，邮政自办局所过少，代办机构又未发展，公众用邮很不方便。二是不少局所房屋破旧，场地狭小，设施不足，特别是城市老市区的邮政分支机构房屋多系解放前建造，几十年来邮政业务量大量增长，而工作场地增加不多，影响了服务质量。

1980 年，邮电部和国家城市建设总局联合发出了《关于城市规划要结合考虑邮电通信建设的通知》。随后，邮电部门贯彻国家、地方、集体、个人一起上的方针，在地方政府的领导下，调动社会各方面的积极性，加快邮政局所的建设。主要形式有：1. 在大城市纳入市政配套，与居民小区统建邮政支局所。例如，天津市将邮政建设纳入市政建设总体规划，住宅区新建邮政（电）局所，由市统一规划设计，材料实行统供，建成后交邮电部门使用，大大加快了局所的建设速度。该市新建邮电支局所需投资中，由市政拨款支持的占 82%。2. 在工矿、林区继续执行邮政与使用单位联合建设邮政服务网点。3. 继续在城市中与大型饭店、宾馆及涉外专用大楼合作，由这些单位提供房屋，邮电部门提供服务项目和人员，本着互利原则，建立邮电服务网点。4. 地方政府统筹安排，有计划地增设邮亭、报刊亭方便群众。到 1986 年全国报刊门市部已有 1368 处，报刊亭 3973 处，其中有 40% 由个人经营承包。5. 发展邮票代售处，普及信箱、信筒。到 1986 年全国已有邮票代售处 96652 处，比 1962 年的 42668 处，增长了

1倍多；信箱信筒有176843个，其中设在农村的有136794个，比1949年增加了3倍多，大大方便了群众。

第二节 邮政分发

邮件的分拣封发，是邮政通信全过程的中心环节。全国城乡所有邮政（电）局所收寄的各类邮件，都要集中到相关分发单位，按收件人地址进行分拣封发，寄往相关局所投交收件人。邮件分拣封发对于邮件的传递速度和质量起着很重要的作用，如有差错，就会"失之毫厘，谬之千里"，给用户造成无法弥补的损失。

一、邮件分拣封发体制的演变

（一）新中国成立初期的邮件分发。

中华邮政对邮件的分发标准和经转关系没有统一规定，一般是按照习惯和老职工口传心授办法进行分发。只有省会局、少数大转口局及一些铁路起讫点、沿线局之间来往的邮件，才互相直接封发（即将邮件封入袋、套，直接发往对方，以下简称直封），其他各局的邮件均发到省会局或大转口局经转，只要不发过头造成倒流，就不算错，往往形成层层经转，"站站歇店"，加上交通不便，车、船频次又少，邮件传递非常缓慢。

中华人民共和国成立后，仍沿用旧的邮件分发办法。随后，天津、北京、上海等邮局相继主动研究缩短邮件全程传递时间，改进邮件分拣封发工作。1951年，天津邮局在开展劳动竞赛和合理化建议运动中，集中群众建议，实行计划分发办法，即从提高邮政通信全程效能出发，选择有效车次和衔接寄达局的有效投递班次，有计划地封发邮件，减少了盲目转发的频次，缩短了全程传递时间。接着，北京邮局也实行计划分发，平常信函的直封格口（即直接发往的单位）大大增加，挂号信函改为按车次分拣。上海邮局通过与铁路沿线各大局加强联系，也调整和改善了分发关系，建立和增加了直封格口及封发频次。

1952年和1953年，邮电部和邮电工会全国委员会，先后总结推广了天津邮局的计划分发经验，以邮件分发为中心，组织全局按"紧密运转图"作业（即将全局各生产单位按邮件分拣封发和运输衔接时间制成流水作业图表,组成一个协调的有机整体,各环节都按图表程序作业),提高了通信时效和服务水平。

1954年,铁路客运列车挂用邮政自备火车邮厢后,又实行了车上分拣,铁路沿线各局互寄的邮件,无直接分发关系的,或因时间紧迫不及时分拣的,都可直接交邮车在运行中沿线分发,提高了邮件的传递速度和效率。

上述一系列改进,为逐步形成全国统一的邮件分发体制积累了经验。1954年,邮电部邮政总局吸取这些经验,拟订了《国内平挂函件分拣办法》颁布试行,邮件分拣封发工作初步纳入了有章可循的轨道。

(二)建立邮件分拣封发统一体制。

随着社会主义建设的蓬勃发展,交通运输发展很快,通达地区日益扩大;邮件业务量大量增加,使邮件的经转范围、路由和关系不断发生变化,迫切要求在全国范围内建立统一的更加适合全国形势发展的分拣封发体制。

1958年3月,邮电部邮政总局在北京召开邮政分拣封发工作座谈会。会上11个省市局的代表向全国邮局发出了改革分拣封发工作的倡议,提出"两次分到底①,车上也分拣,时限砍一半,差错消灭净"的口号。同年7月,邮电部组织全国邮电系统的代表在天津、徐州、济南邮局进行现场观摩,在济南邮局召开现场会议,总结交流了改革邮件分拣封发的经验,决定在全国范围内实行分拣封发的改革。会上,根据邮件流向流量纵向多、横向少、近密远疏的规律和速度快、质量好、效能高、消耗少的原则,规定了全国统一的函件分发标准和办法:

1. 根据各机关、团体、企事业单位上下级之间纵向通信联系较多的实际情况,规定北京邮局与各省会邮局,省会局与省内各市县局,市县局与所属各支局所之间,一律实行直封。

2. 各市县局之间,实行"平十挂三"(平信十件,挂号三件)的直封标准。不够直封标准的,则分别情况处理:凡是铁路直达沿线各局之间的,向火车邮车分发,避免邮件倒流,影响时效;凡是其他各局之间的,向寄达局附近的经

---

① 两次分到底,即一次分到相关枢纽局,枢纽局再转一次即到寄达局。

转局分发，以尽量减少经转层次，降低消耗，提高速度。

这一改革，取得了立竿见影的效果。首先是提高了函件的传递速度。根据部分局的统计，平均有20％—30％的函件，加快了6—24小时，仅北京、天津、济南、徐州、上海5个局每天出、转口信函63万件中，就有14万件缩短了传递时间。其次，有30％的函件减少了经转次数，避免了重复劳动。同时根据新定标准改进了生产组织和分拣封发设备，使分拣效率和质量也有提高。在规定函件分发办法的同时，对邮政包裹也根据其体积大等特点，确定以县市局为主要封发单位，实行定量分发办法，统一规定了"本三转三"（即发某局本身满三件或由某局经转满三件）的直封标准。从此形成了全国统一的各类邮件分拣封发体制。

（三）邮件分拣封发体制面临新的改革。

上述分发体制已实行近30年，基本未变。在此期间，全国经济、文化教育等各方面都发生了很大变化，尤其是进入80年代以后，邮政业务量大幅度增长，交通运输发展变化也很大，现行邮件分拣封发体制已逐渐不相适应。

首先是邮件业务量不断增长，仍以县市局为分发单元按原定标准进行分发，直封单位越来越多。1983年，北京邮局发往全国的平常信函直封格口达1802个，上海局1153个，天津局736个，沈阳局821个，西安局1153个。即使这样，有的仍不符合标准要求，不得不在规定分拣两次后，再进行第三次分拣，工作量增加将近1倍，造成人员设备增加，生产场地紧张，分拣效率下降，而且由于交通运输的变化，往往按原定标准直封到县，沿途各局的部分邮件反而造成倒流和延误。

其次是由于交通运输发展很快，经转关系变动很大，在实际工作中很难掌握，以致发生大量邮件往省会局和几个大转口局乱分发的现象，使函件和包裹的无效经转率高达30％—40％，纸片印刷品高达50％—60％。这种乱分发现象不仅给人力、物力、财力造成很大浪费，而且影响了邮件传递速度和质量。

最后是当时的分发体制基本是手工操作体制，不适应现代化的要求，不利于采用机器分拣和邮政编码的推行。

为了对现行分拣封发体制进行新的改革，1982年邮电部组织了邮政分发和运输的"两网"调研组，进行了广泛深入的调查研究。根据中国国情和形势发展的要求，到 2000 年邮政运输仍将以铁路和其他陆运手段为主，邮件量将比 1980 年翻三番，拟逐步建立以邮区中心局为基础的邮件处理系统。统一规划邮区，按邮区设置中心局，实行以邮区为基本分发单元、直接封发和邮区中心局集中封发相结合的邮件分发体制，并统一按邮政编码分拣邮件，为实现邮件处理机械化、自动化创造条件，走出一条适合中国实际情况的新路子来。

据此，邮电部邮政总局于 1985 年 10 月开始部分调整了邮件分拣封发关系：

1. 直封邮件的数量标准不变，函件仍实行"平十挂三"、包裹实行"本三转三"的直封标准。省内及邻省各县可按标准互相直封，发往其他各省则只封到指定的转口局，如数量不够标准规定，则封至对方省会局或寄达局就近的转口局。

2. 取消一级干线火车押运班散件分拣封发作业办法（二级干线邮车车次是否办理，由相关派押省局合理确定）。各发报刊局对外埠分发的报刊，都按指定的转口局直封成袋，不可散件捆卷交分拣封发部门或邮车路段、车次押运班处理。

部分调整邮件分发关系，是为了从旧分发体制向新分发体制过渡，先使大部分进口邮件实行指定转口局集中分发，克服盲目分发现象，减少省会等局的无效经转，并积极创造条件，使指定转口局逐步承担起所指定范围内各收寄点出口邮件的集中分发，有计划地增强邮件处理能力，调整邮运网路，从而逐步过渡到以邮区中心局为单元的邮件分发新体制。

二、邮政枢纽的建设

邮政枢纽局是大的和比较大的邮件集散中心，担负着全国、全省或指定范围的邮件分拣、封发和经转任务。为了增强邮件处理能力，实现机械化、自动化作业，提高生产效率，适应邮政业务迅速增长的需要，邮电部门从 70 年代起有计划地分批分期地进行了邮政枢纽的建设。

邮政枢纽局是根据全国交通地理和邮政运输网路组织情况规划布局的。除直辖市、省会、自治区首府各建一处外，还有重庆、青岛、烟台、大连 4 处，全国共 33 处。从 70 年代初到 1986 年年底，已先后建成投产的有广州、长沙、武汉、石家庄、烟台、乌鲁木齐、西宁、南宁、昆明、太原、郑州 11 处，正在建设的有北京、天津、上海、福州、南京、长春、青岛、银川、兰州、成都10处，进行建设前期工作的7处，待建的5处。

建成投产的邮政枢纽，都扩大了生产场地，安装了机械化设备，增强了处理能力，提高了生产效率，同时减轻了职工的笨重体力劳动，改善了劳动条件。广州邮政枢纽楼是全国邮件处理实现机械化的第一个试点项目，新建转运楼、连接楼和配套楼于1982年投产，进出口的整袋邮件传输、包裹的分拣、装运和邮袋开拆等主要工序，都基本实现了机械化和半机械化。武汉邮政枢纽楼于1984年建成投产，楼内安装了包裹分拣机、印刷品分拣机和邮袋储存、传输等机械化设备，形成了新的邮件处理中心，全年邮件处理能力达5.7亿件。1985年，武汉枢纽局与全国721个邮政（电）局所直封邮件，与260个局所直封包裹，与1230多个局所直封报刊，平均每天接发车船87次，进出邮件27000多袋捆，总重量约400吨，成为仅次于北京、上海的一大枢纽。乌鲁木齐邮政枢纽设有6个使用邮政机械的邮件处理车间，装有包裹分拣机和转运传输带等设备，1985年建成投产后，担负着区内外各类邮件报刊的收寄、分拣、封发、转运等繁重任务，使新疆地区的邮政通信能力显著增强。

三、推行邮政编码

现代化的邮政，需要现代化的分拣手段和科学的组织方法，邮政编码就是组织邮政通信、提高通信水平的一种科学方法。邮政编码用阿拉伯数字组成，是表明邮政收寄件人的业务区域和城乡投递区域的专用代号。中国的邮政编码采用四级六码方式：即在六位数码中，前两位代表省（自治区、直辖市），第三位代表邮区（一个省划分为若干邮区），第四位代表县（市），最后两位数码代表投递区。对邮件量特别多的企事业单位，也可给予专码，如"100871"为北京大学，"100733"是人民日报社的专码。这种编码有一定的组合规律，结构明朗，容易记忆和使用。

推行邮政编码，是实现邮件处理机械化、自动化的必要条件。它的推行，一可以加快邮件的传递速度。因为普遍书写了邮政编码，就可逐步配备自动信函分拣机，提高分拣效率，避免造成积压。二可以提高邮件传递的准确性。中国地名复杂，重名和近似的地名很多，实行邮政编码后，分拣时可不受汉字地名的影响以致误拣。三可以大大减少无着邮件。多年来，由于地址书写不清，送不出去又无法退回的邮件经常出现，实行编码后，即使地址书写不太完备，也可把投递范围缩小到最小限度，便于查找，把信件送交收件人。

邮政编码已在世界大多数国家先后实行。中国在1974年组织专门力量，开始对邮政编码进行详细研究，拟订了邮政编码方案，并先在江苏、辽宁和上海3个省市进行试点，1980年7月1日在全国普遍推行。在推行初期，由于各地党政领导机关和有关部门的支持，广大人民群众的配合，进展比较顺利，全国编码书写率曾一度达40%—50%，即使在推行不够理想的地区，也有20%左右。但不久之后，却由于内部思想准备不足，加以少数地区在推行中急于求成，方法简单，引起社会上一部分人的误解，一度停顿。1982年，邮电部重新决定，充分做好准备，继续推行。1986年12月颁布的《中华人民共和国邮政法》明确规定："寄递邮件逐步实行邮政编码。"为了逐步实现邮政通信现代化，邮政编码势在必行，这是人民的需要。在社会各界的支持下，宣传推行邮政编码的工作正在健康、稳步地进行。

第三节 邮政运输

邮政运输网连通着全国邮政（电）局所，按照规定班期、时限和路线来往运输邮件，好像人体的动脉，必须四通八达，日夜不停，畅通无阻。中华人民共和国成立后，随着交通运输和邮政事业的建设和发展，逐步建成了以北京和主要城市为中心的全国邮政运输网。

一、邮政运输网的建设和发展

（一）邮政运输网的组成。

中华人民共和国的邮政运输，主要依托国家交通部门的运输手段，实行邮政自办与交通运输部门承运相结合，组成三级邮政运输网，即全国干线邮路，也称一级干线邮路，是以北京为中心，以铁路为主，水陆空综合利用的连通各省、市、自治区之间的运输网；省内邮路为二级干线邮路，是以省会、自治区首府为中心，以铁路、公路为主，连通各县市之间的运输网；第三级是市内、县内邮路，即县市邮政（电）局与其所属各支局所之间的运输网。邮政运输工具，在一、二级干线上，有邮政自备的火车邮厢、汽车、轮船，也有交通运输部门提供的容间吨位。市内运输大都使用邮政自办汽车。县内运输，有的委托交通运输部门汽车承运，有的使用自备汽车、摩托车、自行车，还有步班、船班、马班运输。

（二）邮政运输网的发展。

中华人民共和国建立后，邮政运输网有了很大的发展。到1986年年底，全国邮路长度达83.87万多公里，比1952年的25.35万多公里增加2倍多。机动运输工具邮路在总运输邮路中的比重，由1952年的10.98%上升到1986年的29.33%（见表1），邮政自备的机动运输工具也有了相应的发展。邮路的增加和运输工具的改进提高了运输速度，改善了职工劳动条件。1985年仅一级干线即运输各类邮件和报刊2.2亿袋捆。

邮政运输和投递网路发展情况表

表1　　　　　　　　　　　　　　　　　　　　　　　　　　　　　单位：公里

年 份	邮路和投递路线总长度	其　中			
		（一）		（二）	
		邮　路	农村邮路及农村投递路线	机动运输工具邮路	非机动运输工具邮路
1949	706046	—	—	95489	610557
1952	1289727	253526	1036201	141667	1148060
1957	2222620	427948	1794672	420003	1802617
1962	2665448	416266	2249182	487138	2178310
1965	3492766	447971	3044795	575663	2917103
1970	3977104	484206	3492898	811522	3165582
1975	4796298	593457	4202841	1340261	3456037
1978	4863282	596991	4266291	1686851	3176431
1986	5042029	838713	4203316	1479045	3562984

注：1. 机动运输工具邮路包括：火车、汽车、机动船、摩托车及机器脚踏车等邮路。

2. 非机动运输工具邮路包括：木船、水泥船、自行车、畜力和步班邮路。

3. 在1975—1978年间，邮电部大力推行"农村投递摩托化"，盲目生产大量摩托车供农村投递使用，因此1975年及1978年机动运输工具邮路线猛增，但有些摩托车质量低劣，经过整顿大部分停止使用，因此1986年机动运输工具邮路线数又有所下降。

中华人民共和国的邮政运输，以铁道为主，水陆空综合利用。新中国成立初期，火车客车运输邮件，只是由铁道部门提供空间吨位。1954年学习苏联的经验，开始挂用邮政自备的火车邮厢。到1986年，全国各主要铁道线上都挂用了火车邮厢，大大增强了运输邮件能力，铁道运输邮量占干线总邮运量的78%以上。

不通铁路的地方，特别在边远省区，除委托交通运输部门的汽车运送邮件外，邮政部门还积极发展自办汽车邮路。1954年开通了成都经昌都至拉萨的自办汽车邮路，第一辆邮政汽车于12月15日到达拉萨。1957年又开通了青海至西藏的邮政自办汽车邮路。这两条邮路分别长达1181公里和1105公里，是中国最长也是最艰苦的干线汽车邮路。这两条邮路的开通，永远结束了这里使用畜力驮运邮件的历史，对于加强西藏与内地的通信联系起了重要作用。新疆在新中国成立前只有汽车邮路620多公里，1985年已发展到25996公里。邮路通达所有的县和不少村镇。喀什至西藏阿里的邮车班，冒风雪，穿戈壁，翻越莽莽的喀喇昆仑山，连续27年安全运输大量邮件报刊，被誉为邮运战线上的尖刀班。1986年全国70.3万公里汽车邮路中，邮政自办汽车邮路有30.5万公里。

在水运方面，除委托交通部门的船只承运外，第一艘邮政自办的海运邮轮"鸿雁"一号，于1980年8月1日，在辽宁省大连至山东省烟台之间正式开航。全程航行9小时，每次可装邮件10000袋，并远航上海、浙江等地疏运邮件。以后，"鸿雁"二、三、四号又陆续投入运行。

截至1985年，全国各种邮路的运邮量有较大发展（见表2）。

1985年各类邮路运邮量统计表

表2

邮路类别	计量单位	运邮量	占总运量的%
铁　　路	万袋公里	7932456.3	81.36
自备车船	万袋公里	1301780.7	13.35
航　　空	万袋公里	250890.6	2.57
委办车船	万袋公里	264999.1	2.72
总　　计	万袋公里	9750126.7	100

（三）邮政运输的社会保障。

国家一贯重视邮件运输的畅通，1950年2月中财委即对邮电部的报告批复："一般邮件运输全赖飞机、铁路、轮船及汽车，供给充足之吨位及优惠之运费。"同年6月7日又对铁道部、邮电部进一步明确规定：

"邮政车装载邮件范围是信函、明信片、新闻纸、印刷品及瞽者文件、贸易契、商务传单、货样及小件邮包。小件邮包以不超过15公斤为限。国际邮件有20公斤规定者，凭证明装载邮政车。

"邮政车容间费率按相当铁路普通包裹运价6.25%收费，今后随着普通包裹运价调整而调整。加挂车辆，照邮政车费率加5倍计算。

"邮政包裹交铁路行李车、货车零担运送时，依照普通客商托运办理，分别包裹、货运，照铁路章则按8折付给铁路运费，由铁路尽可能优先装运，其重量尺寸以铁路规章为准。"

铁道、邮电两部于1950年12月22日按中财委规定原则签订并公布了《铁道部、邮电部运邮合约》。其后，邮电部于1952年又先后与交通部签订了《国内航线运送邮政物件合约》，与民航局签订了《空运邮政物件办法》。

1986年12月2日，第六届全国人民代表大会常务委员会第十八次会议通过，由中华人民共和国主席命令颁布的《中华人民共和国邮政法》第二十六条、第二十七条、第二十八条分别规定：铁路、公路、水运、航空等运输单位均负有载运邮件的责任，保证邮件优先运出，并在运费上予以优惠。邮政企业在车站、机场、港口转运邮件，有关运输单位统一安排装卸邮件的场所和出入通道。带有邮政专用标志的邮政车船和邮政工作人员进出港口、通过渡口时，优先放行。带有邮政专用标志的邮政车辆需要通过禁行路线或在禁停车地段停车的，由有关主管部门核准通行、停车。

以上规定和合约，尤其是1986年公布的《邮政法》，使邮政运输得到了法律保障和有关方面的支持。这些规定是适合中国国情和邮政通信需要的。30多年来，交通运输部门在本身也有困难的情况下，发扬风格，和邮电部门密切协作，对保证邮件运输的畅通，尽了很大努力。

二、邮政运输的管理和改革

（一）实行计划运输、联系合同和随局、随车管理制。

中华人民共和国成立初期，邮政运输基本上因袭中华邮政旧制，无统一运输计划，沿线各局不分轻重缓急，见车就装，盲目发运，不讲实效，有的邮件先到后发，有的后到先发，甲局发走了，乙局成批积压，甚至为了抢装，发生了接押人员打架的事故。为此邮电部邮政总局于 1950 年 5 月发出关于试行计划运输办法，改进火车运输工作，克服紊乱现象的通令，并首先在矛盾较突出的京沪线试行计划运输。计划运输按邮件到发时间和邮路衔接情况，及主要报纸出版、投递要求，编订各次邮车运输邮件任务及各车、各重点局邮件具体流量计划，并明确规定"起点局照顾中转局，中转局照顾沿途局""先发信报，后发期刊、印刷、包裹""先发远途的，后发近程的""先发经转，后发本局邮件"等原则，坚决克服"见车就装"等盲目发运情况。同时成立京沪线计划运输委员会，建立预报、调度和定期检查等制度。京沪线计划运输取得明显的成绩，1952 年起先后在全国干线上全面推开。有了统一计划，各局心中有数，互相协调，按计划作业，促使全线畅通，效率提高，团结增强，邮运面貌全面改观。

为了加强邮政运输的管理调度，邮政总局于 1957 年 12 月，决定实行干线邮运调度责任局制，并先后成立了北京、沈阳、上海、武汉、西安和成都六个调度责任局，在加强统一规划和调度指挥方面收到一定的效果。但调度责任局不是一级行政实体，缺乏实际权力，特别是人、财、物权下放之后，指挥调度不灵。为此，邮电部于 1983 年宣布成立大区调度室，受邮政总局和相关省、市管理局的双重领导，并适当加强了区调度室的权力和干部配备。1985 年 7 月成立了邮电部邮政运输局，各大区调度室改为邮运分局，统一负责邮政运输的管理和指挥调度。长期实践证明，邮运管理体制必须按邮政的特点，全程全网要统一管住、管好，网点支线要放开、搞活，做到"权责结合、调度灵活、统一指挥、分级管理"。

"联系合同"是群众的创举，是同计划运输一齐发展起来的。随着京沪线试行计划运输，天津和济南邮局的接车员为了加强团结，保证邮件运输，在党组织和工会的积极支持下,首先发起和京沪线各次邮车的押车员签订保证运邮联系合同,共同保证装载邮件一定按计划运输规定办,装卸车要先卸后装,邮件清单和邮袋逐一勾挑核对,保证单袋相符,如有破损要事先整理好,特别强调要发挥友爱精神,接车员主动为押车员买饭、送开水等。"联系合同"开创了邮政文明生产的先例,很快便与计划运输一起在全国推广。1958年4月,全国各大干线邮运协作会议在北京召开,在联系合同的基础上发展提高,签订了《跃进、协作、竞赛合同》协议书。各级邮电工会对这一群众活动,非常重视,多次派人参加检查评比。1959年,学习四川省邮电职工经验,全面发展为邮运"一条龙"大协作竞赛。1985年又改为全国邮运干线开创文明转运站、文明车船竞赛。这些活动都对改进干线邮运工作起了很大作用。

随着计划运输和联系合同的实行,又推行了"随局管理制"和"随车管理制"。邮车押运员长期在外,工作、生活、学习和管理教育,主管局很难顾及,实行"随局管理制"后,押车员到达终点局或因故滞留中途时,即归当地领导管理,由当地局负责组织学习,关心和保证他们的生活,解决困难;押车员则应向当地局报到并汇报请示工作,服从管理。"随车管理制"系由哈尔滨押车员倡议,经邮电部与铁道部商定在全国推行。即押车员在押运途中,视同铁路列车人员受该车客运车长领导,铁路车长要负责邮件安全和便利邮运工作,双方互相协作和互相支持。这两种管理制度的实行,有效地改变了过去押车员与当地局及列车长之间互相脱节的情况,权责分明,互相协作,工作有利,双方方便,因此一般都能自觉坚持。

(二)加强自备车船管理。

1950年4月,邮政总局召开自备交通工具会议,决定对邮政自备的机动车船,实行统一机构、统一管理、统一调拨供应器材,制定了长途汽车分段行驶包乘制、大修负责制等制度,统一和改进了邮政的车船管理。为提高运载、消灭邮车放空现象,在自备车船邮路上开办"加大包裹"业务,兼营客货,实行企业性经营。

1957年,在全国邮政运输会议上对自备邮运汽车的车务和技术管理进一步作了具体规定。为了加强领导，各省、区在重要的枢纽点设立邮车总站，负责邮运组织工作和邮车管理维护。总站下设邮车站，并配置修理车间或维修站，实行分级分段负责制。海运邮轮的管理参照航运部门办法实施。

中国邮政的自备邮运汽车，长期以来实行集中的行政管理，业务、财务、技术等管理权限集中在省局。1979年后，部分权限下放，邮车总站逐渐成为相对独立的经济实体。例如，四川省邮电管理局对邮车总站实行"五定六考核"，增收分成；总站对分站实行费用包干、收支差额全额分成。各站有权在保证邮运的前提下，利用邮车空位附搭客货和对外修车。该省初步改革后，邮车运行准班率和准点率分别稳定在90%和95%以上，每年平均超额行驶200多万公里。1979年至1983年还实现利润500万元，使邮车总站从一个没有收入的单位，变成能上交利润、提供资金的企业，邮运人员的福利也有了改善。

利用邮车空余吨位附搭客货，是邮车管理上长期以来有争议的问题。中华人民共和国成立前和成立初期，邮政一向办理附搭客货业务，1953年"纠偏"运动后，因怕犯"资本主义经营错误"而停办，直到1979年后，各地才先后恢复。从实行的情况看，它是一件既利国又便民的好事。为了防止可能发生的流弊，各地邮局规定了附搭客货不准影响邮件准班、准点运输，不准载运易污染邮件的物品，以及到站后先交接邮件、后上下货物等，以确保邮政运输任务不受影响。

（三）实行邮件多渠道运输。

长期以来，邮件运输虽有各种方式，但主要干线基本上是依靠在铁路客车上挂用自备邮政车，遇有邮件突然增多，则加挂邮车疏运。这种方式在五六十年代，因邮件量不大，铁路客运也不紧张，基本可以适应需要。但自1980年开始，各类邮件量增大，邮件运输的运量和运能的矛盾日趋紧张，只靠原有方式已远远不能满足需要。邮政总局于1981年提出，分别不同情况，组织多渠道运输。在铁路方面除仍是客车上挂用自备邮政车和加挂邮车外，在邮件规定时限范围内，还根据邮件的不同种类利用铁路客车托运、零担货运、集装箱货运、整车货运，同时充分发展长江水运、南北海运、汽车和航

空运输等。

　　随着商品经济的发展，邮政业务量持续大幅度增长，运能与运量的矛盾日益突出。1985年夏季，全国各重点局曾积压邮件14万袋，报纸、杂志纷纷报道，引起社会各方关心。邮电部发出紧急通知，要求千方百计疏运邮件。在社会各方面的支持下，邮政职工克服人员不足、场地狭小等种种困难，积极采取多渠道、多种方式加以疏运。一级干线各省会局和重点转口局，1至11月份即共发集装箱26702个，铁路货运整车1151辆，行李车托运1487次，加班汽车4768辆，共运输邮件690余万袋，比上年同期多70%。同时，积极联系，多方设法扩大邮运能力，如结合火车改点，在长春至石家庄、上海至贵阳等7对列车上增挂邮车或租用容间；新辟南京至武汉、武汉至重庆、大连至广州、天津至广州4条委办水运邮路；开辟定期和不定期干线委办汽车邮路21条；对全国15个重点铁路货运集装箱接发局重新确定了集装箱邮路108条，实行定点、定量、定期发运等，日增运能3万多袋。

　　1985年，邮电部还决定在各邮运分局组建干线邮运汽车队，联成干线自备汽车邮运网，并首先在杭州和大连建成两队。1986年，先后在南昌、武汉、长沙、柳州、广州、西安、成都等地组建了16个跨省干线汽车队，新辟邮路37条，月增运能力13万袋，相当于160节火车邮政车厢的运量。汽车队的组建，与铁路邮车相辅相成，在特殊情况下显示了它机动、灵活、适应性强的特点。例如，1986年汛期，陇海铁路天宝段两次塌方，铁路中断7天，先后21趟列车在西安、兰州、宝鸡折返，卸下邮件2万多袋，由于成都邮运分局汽车队及时抢运，没有积压一袋邮件。又如，吉林管区发生火车翻车事故，沈阳邮运分局调度车队迅速奔赴现场抢运邮件，圆满地完成了任务，受到各方面的好评，称赞是"救急解愁的车队"。

　　通过以上努力，陆上邮运能力有了明显的增强，但水运和航空邮运仍然发展缓慢，尚未得到充分发挥和利用，邮政运输面临的运能与运量的矛盾，还未彻底解决。为此，必须进一步调整和改革邮政运输结构，尽快建立以铁路客运邮车为主、铁路集装箱、货运、自办和委办干线邮运汽车队以及水运、空运等多渠道的综合邮政运输体系，充分发挥各种运输方式的作用；并逐步解决码头、仓库、生产场地和装卸设备等接口配套问题，有效地增强运输能力。

第四节 邮政投递

邮政投递是邮政生产过程中的最后一个环节，也是邮政服务网的重要组成部分，是联系千家万户的纽带。1949年前，城乡投递的基础很差。以北京为例，只有外国人集中居住的东交民巷及繁华商业区的邮件投递频次较多，城外都是乡段，每日投送一次；除快信由投递员骑自行车投递外，基本都是步行投递。内地各省农村，除华北、山东等老解放区外，大多靠信柜捎转。内蒙古锡林郭勒盟仍沿用着"驿站"的通信方式。中华人民共和国成立后，按照增强邮政自编力量与充分组织社会力量相结合的方针，邮政投递网发展很快。到1986年，全国已有城乡投递员10万多人，城市投递道段1.5万条，县内邮路和农村投递路线达420万余公里，其中使用摩托车及机器脚踏两用车投递的为14.6万公里，还有大量的信报站、代投点，遍布大街小巷和集镇农村。广大投递人员成年累月，栉风沐雨，投递着千千万万份邮件、报刊，为国家建设和人民群众服务。

一、城市投递网

（一）城市投递的组织形式。

城市邮件除少数大城市外，一般由邮政（电）局集中统一投递。随着城市市区范围的扩大，邮电分支机构的增加和邮政业务量的发展，逐步改为分散投递。到1986年，除较小的市和县城仍由市、县邮（电）局集中投递外，大中城市多已改为分散投递，即根据市区范围、交通情况和用户分布，确定若干个邮政（电）支局为投递局，划分投递区域，在投递区内划分投递段，每一位投递员负责一段。投递段运用运筹学的方法进行合理划分。每一段的起点尽量靠近投递局，以减少空跑里程。一条街巷尽可能划在一个投递段内，段与段之间尽量避免犬牙交错和互相跨越。每个投递段，要选择行程最近、费时最少的路线，往返程走法固定，并尽量将机关、部队、工厂、学校等单位定为去程，使他们早些收到邮件和减轻投递员的负重。总的目的是，既能提高传递速度，尽快把邮件报刊投给用户，又要减少重复里程，节省人力物力。

（二）城市邮件投递方式和时限频次。

各类邮件的投递方式，30多年来基本上有两种：一是按址投递，即由邮政投递员按照邮件封面书写的姓名地址投给收件人；二是窗口投交，由邮局投送通知单，通知收件人到邮政（电）局所领取。采用后一方式的，主要是包裹、汇款、保价邮件和大宗印刷品等。此外还有邮政专用信箱，邮局将邮件投入设在邮局内的专用信箱内，收件人可随时开箱取回邮件，不受投递频次和时间的限制，既方便又能提前收到和保密。但过去因重视不够，发展很少，80年代后已有所增长。

随着城市建设的发展，邮件业务量大幅度增长，邮件投递除上述方式外，各地邮局又按不同情况，分别采取了以下几种辅助方式：一是组织机关专段投递。由于机关、企业、团体、学校等单位的邮件量大，1957年各地开始按机关、工厂、学校等分布情况，使用机动车辆组织机关专段投递，既减轻了一般投递段的负荷，又加快了邮件速度，机关用户比较满意。到1985年年底，全国地、市以上城市的机关投递段，已发展为816条。二是实行信报分投。由于业务量增加，有的地方信件和报纸难以合一投递，省会以上城市，每日先专班投递一次本地出版的报纸，第二班再投进口的信报。三是楼房投递。在楼房安装信报箱，供楼房住户接收报刊邮件使用。这样分散了投递员的负荷，也适应了订户的要求。

投递频次和投递时限，在50年代初期，除少数大城市外，一般城市每天投递2次，较小城市和县城则大多每天投递1次。1958年"大跃进"中，各地曾纷纷增加投递频次，随后又减了下来。1972年和1979年，邮电部对城市投递频次先后规定北京、天津、上海三个直辖市，市内每天至少投递3次；省会市和重庆市内每天投递2—3次；大中城市郊区、省辖市和县城，一般每天投递1—2次。对信报投递时限每天投递2次以上的城市，上午10时以前到达本市的进口信函，中午12时以前到达本市的《人民日报》和本省报纸，都当天投递。本市市区互寄的信函，凡用户在上午 10 时以前投入信箱信筒，中午 12 时前交到市区各局或投入局门前信箱的，在当天投递。城市投递频次和时限，多年来主要是根据能否提高邮件报刊的全程传递速度，按邮件不同种类，区别轻重快慢分别确定，并在发展中不断及时调整，以适应需要。

（三）城市投递工作法的总结和推广。

早在 50 年代初期，为了改进城市投递工作，邮电部和邮电工会全国委员会在调查研究的基础上，总结推广了"京津邮件投递工作经验"，对于提高投递人员的服务意识，保证投递工作质量，促进投递工作规范化等起了重要作用。投递工作分为四个基本环节，其主要内容是：

1. 选定最佳投递路线，并固定统一去程和返程的走法。2. 做好分排信报工作。投递员在出局前，将信件、报刊按投递段的行走路线先后顺序排列。3. 复核点交，准确投递，尽量做到"收投相见"（即投递员尽量将邮件当面交给收件人）。4. 组织交叉作业，提早出局时间。根据理信、过戳、分拣等作业所需的时间，把全组人员组织起来，合理分工，使各作业的顺序衔接，工作方便，互不妨碍。在推广京、津邮件投递经验的同时，还不断总结推广模范投递员的先进经验，改进城市投递工作。

二、农村投递网

（一）农村投递网的建设方针和组织原则。

对于农村投递网的建设，邮电部于 1951 年即明确规定实行"加强自己与组织群众相结合"的方针。1963 年，邮电部邮政总局制订颁发了《农村邮件运输和投递工作管理办法（草案）》试行。1981 年修订为《农村邮政组织管理办法》正式颁发实行。办法中明确规定：农村投递路线是指由县邮政（电）局、邮政（电）支局、邮政（电）所至各乡镇、行政村、村民小组及农村其他单位和个人用户，以投递邮件报刊为主的路线。其组织原则是：1. 以县局及负责投递的支局，或邮政（电）所为中心，不受行政区划限制；2. 按照交通地理情况和邮件流量流向，进行统一规划，合理布局，达到用人最少、投递面最大、传递速度最快的要求；3. 同县内邮路（也称农村邮路，即县局到支局、所之间运输邮件的邮路）尽量结合组织，以充分发掘潜力，减少和避免重复路线，节省人力物力；4. 农村投递实行五定（即定人员、定路线、定班期、定投递点和定出归班时间），并尽量组织自行车班，减少步班，尽量组织环形路线，或直环混合形路线，避免直线往返；5. 按照先重点、后一般的原则，尽量把乡镇机关、厂矿企业、驻军、学校等邮件报刊多的单位，定为去程。农村投递网由县市局统一管理，规划的投递路线一经测定实行后，各支局所即依照执行，不得随意改变班期或降低投递水平。各县邮政检查员及各支局负责人，都要定期下乡按规定的内容进行检查，走访用户，依靠群众监督，及时发现和解决问题，以提高投递工作质量。

（二）农村投递网的发展。

农村邮政投递网的建设，大体分为三个阶段。

第一个阶段是邮政自编力量投递到乡，建立义务乡邮站（1949年至1955年）。中华人民共和国刚成立时，农村投递力量极为薄弱，1949年全国仅有农村投递员8235人，大部分是在华北、华东、东北老解放区。第一次全国邮政会议决定按经济、迅速、可靠和因地制宜的原则，分别不同情况提出要求：人烟稠密交通便利的地区，一般投递到区，争取到基点村；交通不便、村落稀少的地区，争取到区；地旷人稀的荒僻边远地区，县以下由人民政府通讯员代转。1951年，为了配合土改运动，在政务院批准的《土改地区邮电修建及使用办法》中规定："邮班一般做到逐日到区，保证三日内到行政村。不靠邮路的行政村或自然村，指定专人向最近的邮政局所取得联系。"邮电部相应召开了全国乡村邮政工作会议，决定积极开办邮政局所，增编邮政投递员，增辟邮路。同时，对不通邮路的行政村和自然村，在当地人民政府的支持下，积极组织群众义务乡邮站，负责一片或一个村庄的报刊、邮件收投工作。这是当时解决农村通信和报刊下乡的主要形式，对配合土地改革和解决农村通信需要，起了很大作用。以后逐年发展，到1955年年底，全国乡邮员增加到20672人，比1949年增加1.5倍；县内邮路和农村投递路线发展为142.4万多公里，建立义务乡邮站90377个。农村投递面貌初步改观。

第二个阶段是自编力量投递到社，建立社邮递员制度（1956年至1963

年）。1956年是全国农业合作化运动发展高潮的一年，为适应农村发展的新形势，邮电部于1955年11月发布了《关于配合农业合作化运动，乡村邮电的发展和改进的规划》；同年12月，又召开了全国乡村邮电工作会议，决定邮政自编力量一般投递到社，社以下学习苏联集体农庄邮递员的经验，推行农业生产合作社邮递员制度。1956年1月，中共中央政治局提出《1956—1967年全国农业发展纲要（草案）》，要求"在七年内普及农村邮政网，做好邮电传递和报刊发行工作"。国务院第六办公室主任王首道在《人民日报》发表文章，提出要逐步增设乡村邮递员，"普遍实行农业合作社邮递员制度"，基本做到"乡乡通邮路，社社有报刊，社社有邮递员，各种邮件经过合作社邮递员投递到户"。随后，《人民日报》又发表了《乡乡要有电话，社社要通邮路》的社论。农业生产合作社邮递员制度很快开展起来，到1956年6月，全国已有农业社邮递员约6万人。但不久许多地区在贯彻勤俭办社指示时又撤销了农业社邮递员。结果这些地方的信报便发生了收不上来和送不下去的混乱情况。为此邮电部及时进行了检查总结，报请中共中央于同年10月30日批转了邮电部《关于乡村邮递工作和农业社邮递员问题的请示报告》，要求各省、市、区党政领导根据自己地区的情况，拟订具体办法，指导各地邮电部门解决农村投递问题。到1956年年底，全国有农业社邮递员2.5万人保留了下来。

1958年，在人民公社化运动中，全国各地又纷纷建立了人民公社邮递员。后来在纠正"一平二调"的错误时，一部分撤销，一部分改为雇工，由邮电部门按农村中等劳动力的收入水平，付给报酬。经过调整，到1963年年底，全国乡邮投递员（包括雇工）增为36332人，较1955年增加15000多人，县内邮路和农村投递路线共243.6万多公里，比1955年年底增加101.2万多公里。

第三个阶段是邮政自编力量投递到村，建立信报接转点和收发站（1964年至1986年）。吸取50年代建立义务乡邮站和农业社邮递员工作起落的经验教训，邮电部门在调查研究的基础上，于1964年确定采取增编农村邮递员、雇用合同工和组织接转点、收发站相结合的办法，逐步扩大投递面，一般地区投到生产大队，利用队干部开会或建立信报收发站转给收件人；有条件的地区投到生产队，利用集体劳动和当时的评工记分等机会转交给收件人；少数边远地区，视可能情况投到人民公社，公社以下及投不到的公社和大队，建立邮件报刊接转点转给收件人。接转点和信报收发站，仍属义务性质，每年进行奖励。1980 年，经请示国家经济委员会批准，农村邮件投递深度为：一般地区投到生产队和生产大队、较大的厂矿、国营农林牧场场部和驻军营地；边远地区投到公社或生产大队领导机关所在地。对挂号邮件、快递小包和领取邮件通知单，有条件的地方投递到户。对不通邮路的公社、生产大队和生产队的邮件，委托已通邮路的公社、生产大队建立信报接转点代为捎转。投递班期，一般地区实行逐日投递或每周六班；邮件量小的地区，每周三班或两班；交通困难的边远地区班期更稀一些。

从 1964 年起，经过 20 多年的努力，克服种种困难，一个遍布全国广大农村的邮政投递网，终于逐步建立和发展起来。到 1986 年年底，农村通邮面已达 99.7% 的乡镇、96.1% 的行政村和 72.3% 的村民小组。投递邮件速度显著提高，64.2% 的乡镇、60.5% 的行政村，当天或次日看到本省报纸。广东省有 70% 的地区已投递到户（其中侨乡为 90%），江苏省有 42% 的村民小组投递到户。各省市的农村投递深度也都有不同程度的伸展，全国县内邮路和农村投递路线达 420.3 万公里。农村邮递员增为 68703 人，比 1949 年增加 7.3 倍。另有社会力量 2.1 万多人，建立起信报接转点和收发站 18.6 万多个。

三、城乡投递的改革

城乡投递网的建设虽然取得很大成绩，但与各项社会主义事业的发展和邮政投递业务量的增长还很不适应，中共十一届三中全会以后更为突出。主要问题是，业务量急剧增加。在农村，随着商品经济的发展，农民迫切需要很快见到信报，由于投递力量不足，有的地方只投递到队，不能直投到户，农村信报有积压，群众反映强烈；在城市，楼房宿舍增加很快，一些新建高层建筑不能上楼投递，有的投递到单位，有的投递到居委会，不但速度慢，而且质量也无法保证。投递员出班投递，往往携带几十公斤邮件，堆满自行车前后,好似"骑骆驼",十分劳累。面对上述问题,各地邮局先后进行了城乡投递改革。

(一)进一步贯彻邮政自编力量和社会力量相结合的方针,大力发展委办投递。

1983年,推广安徽省砀山农村投递经验,利用农村多余劳力投递信报。委办投递员的酬金,一部分在报刊发行费内支付,一部分由农村负担,实行多劳多得。实行以后,投递深度已由原来的行政村延伸到自然村,报刊尽量投递到户,群众反映:"订报不怕收不到了。"浙江省依靠社会力量,建立农村信报站、接转点和半营半投点后,全省投递路线到1984年10月已达109700公里,比中共十一届三中全会以前增长了15.8%,委办投递员增加了34.3%,259万多农户实现信报妥投到户,占全省农户的35.8%。城市投递也发展了一些委办力量,如北京市邮局1981年为解决《北京晚报》敞开收订后投递到户问题,由东区邮电局同东城区劳动服务公司联合组织集体所有制的"东城报刊服务部",负责投递报纸。在邮政自编投递力量不足的城市,还委托街道居民委员会负责组织建立代投点,固定专人负责投递,邮局按规定付给酬金。1982年3月15日,国务院负责人就北京城市投递问题批示:要狠抓各项工作的落实,坚决克服那种不为群众办邮电和不方便群众通信的官僚主义作风。邮电部随即组织全国邮电部门改进城乡邮电服务工作,全国在整顿中充实了投递力量近5000人,城乡投递得到一定改善。

(二)普及城市楼房信报箱。

为了解决城市楼房居民信报投递问题,1979年国家基本建设委员会和邮电部发出联合通知,规定:"在城市楼房住宅建筑标准设计中,每一单元的一层楼梯口安装一套与住户号数相适应的信报箱,供楼房住户接收报刊、邮件使用。信报箱是建筑物的组成部分,所需材料和资金是有限的,应在基建计划项目内统一解决。""对已建成的楼房宿舍没有信报箱设施的,由各省、市、自治区责成有关部门或收房租单位分期分批进行安装,并负责维护修理。"到1983年年底,据北京、天津、上海、重庆及各省会城市30个邮局统计,共有楼房12.8万多栋,已安装用户信报箱的有4.4万多栋,占1/3以上。其中北京、上海、沈阳、长春等市装箱率达80%以上,天津到1985年年底已超过97%。邮电部曾在天津召开会议,介绍了天津住宅楼安装信报箱的做法。北京、上海、福州等市政府还分别作出了加强城市住宅信报箱设置和管理的规定。

（三）推行乡邮承包责任制。

从1983年起,推行农村邮路和投递路线承包,到1986年年底私人承包的农村投递路线已达9787条,里程为340614公里,接近全国农村投递路线总数的1/10。安徽省1985年有1400多农民承包1800多条邮路,农村通邮面从1984年的37%提高到53%。内蒙古巴林右旗邮电局试行农村邮路和投递路线承包后,受到自治区领导和人民群众的称赞,列为1984年自治区十大新闻之一。为支持这项改革,自治区邮电管理局决定在全区推广,效果良好。例如,敖汉旗采取自编乡邮员承包、委托农牧民承包和民办公助承包三种形式相结合,实现了村村通邮路,投递班期正常,信报投递及时,消灭了邮件丢失、积压和用户有理由的申告;承包人员多劳多得。到1986年内蒙古农牧民承包农村投递已发展到33个旗、县局,160条乡邮路、9082公里,当地政府称赞邮电局为农牧民办了一件实事。

第七章
邮政业务

第一节 邮政业务的经营范围和方针

邮政业务主要有四类：一、函件和包裹的寄递，其中信件和具有信件性质物品的寄递是国家邮政部门专营的业务；二、报刊发行；三、邮政金融业务，包括汇兑、储蓄、保险业务等；四、其他业务，如集邮业务、代收税款、代发年金、代购货物、代发广告等。各国邮政经营的业务种类，由各国政府根据本国情况和经营方针确定。

中华人民共和国成立伊始，由于各地解放有先后，邮政业务经营不尽相同，亟待统一。1949年12月第一次全国邮政会议决定："邮政经营方针为注重已有业务的恢复和发展。""为配合新民主主义经济建设和文化建设，……有重点的、有计划的、有步骤的积极发展业务，提高为人民服务的效能，增加收入，为达到邮政自给自足而奋斗。"根据这一方针，1950年起在全国统一邮政业务经营种类，除恢复办理各种函件、包裹和汇兑业务外，并决定开办报刊发行业务，作为邮政部门的主要业务之一。对邮政代理业务，实行三项原则，即符合政策；计算成本，对邮局有利；不妨碍邮局专营业务。1950年起，在全国统一办理的有征询服务、代售印花税票、代购货物、代发广告（旧称商务传单）等，以后由于社会主义改造，社会条件发生变化，大部分代理业务陆续停办。

在中财委的领导下，邮政部门与铁路、银行等部门一起，就包裹业务、汇兑业务、储蓄业务的分工达成协议：邮政部门的包裹经营方针，基本上以发展个人零星包件业务为主，辅助其他运输机构促进物资的正当交流，收寄商品包裹。邮政储汇业务受人民银行金融政策的指导,邮政汇兑以办理小额汇款为主,邮政储金为代理业务,所有储金全部存入银行(1953年起停办,1986年国务院批准恢复)。

经过50年代初期几次调整,函件、包裹、报刊发行和汇兑,便一直成为中国人民邮政的4项主要业务。

邮政业务在三十几年中有很大的发展,邮件、报刊业务量从1950年的10.8亿件增加到1986年的295亿件,增长了26倍多。业务构成也发生很大变化,特别在国家实行改革、开放、搞活方针以后,商务邮件尤其是商品包裹大量增加,报刊发行品种、发行数量迅速增长,邮政储蓄迅速恢复,集邮业务十分活跃,各项代理业务也纷纷兴办,邮政业务呈现空前繁荣景象。邮政业务量的增长大大超过了邮政设施、邮政运输和处理能力的增长,使邮政通信质量难以保证;同时邮政资费长期偏低,部分业务发生亏损。1986年全国邮政工作会议上,总结了邮政业务经营的经验和教训,进一步明确和调整了邮政业务方针。

1. 坚决把提高邮政通信服务质量放在首位。企业的经济效益要服从社会效益,部门的或个别业务的亏损需要国家通过特殊政策、价格政策来调整解决,而不能用牺牲社会效益的办法来维持或取得部门的经济效益。邮政服务水平,要从各地经济文化实际情况出发,因地制宜,量力而行。

2. 邮政的函件业务、民用包裹业务和汇兑业务,具有占用生产场地和运输力量少的优点,要改善服务,提高质量,保证时效,促进这些业务的发展。

3. 报刊发行业务由于品种增加过多,发行数量已占整个邮件总数的80%以上,邮政部门要突出重点,集中力量保证党报党刊的发行,对其他报刊则根据实际能力承担。总的发行业务方针是:"计划发行,区别范围,扩大零售,发展代办",以提高发行质量,增加社会效益和企业的经济效益。

4. 商品包裹对于活跃城乡经济,沟通流通渠道,带动邮政各项业务的发展有重要作用。凡是商包业务量不大、自己又有运输能力的地区要积极发展;运输能力和场地紧张,商包业务量过大的地区,要开展多渠道运输,并在这个前提下,量力而行,以产定销(根据处理和运输能力来确定收寄数量),使商包业务限制在合理的范围内,以免积压延误,堵塞邮路。

5. 办好邮政储蓄是利国利民的大事。要利用邮政网点众多的优势,在全国城乡大力开展储蓄业务,并运用电信联网,实行通存通兑。

6. 积极开拓那些不占或少占场地,不要或少要运输条件,社会效益和企业经济效益都好的邮政业务,如特快专递、明信片、贺年片、祝贺信简、代收货价、代发广告、存局候领、专用信箱、代发工资等,扩大为社会服务的范围,也为企业增加业务收入。

7. 积极发展集邮业务。开展集邮业务的目的是传播社会主义精神文明,在尽力满足广大集邮爱好者需要的前提下,努力为社会主义建设积累资金。

8. 坚持自办和委办相结合,充分运用社会力量。在保证通信质量和经济效益的前提下,采取多种形式实行委办代办,利用社会力量弥补邮政部门力量的不足,搞好城乡邮政服务。

第二节　函件业务

函件业务是邮政经营的主体业务。《万国邮政公约》规定"函件包括信函、明信片、印刷品、盲人读物和小包。"传递信函以及按规定可作函件寄递的文件和印刷品,历来是国家政令传达、社会各部门以及公众之间通信联系的主要渠道和方式,也是国家举办邮政的主要目的。世界各国都通过立法规定函件寄递业务由邮政部门专营,因为只有由国家经营的邮政部门担负起传递函件的任务,才能确保通信畅通和通信自由、通信秘密。函件业务在邮政业务中占有特殊重要的地位。

一、函件业务的调整和变化

1949年12月召开的第一次全国邮政会议,把国内函件按性质统一调整为八类:信函、明信片;新闻稿件;新闻纸;印刷品;贸易契;商品传单;瞽者文件;货样。其中新闻纸是经出版机关批准出版的报纸、杂志,向邮局登记按新闻纸类交寄。新闻稿件原是老解放区人民邮政为了便利人民向报社、电台等新闻机构投寄稿件和反映情况、增强党和政府同人民群众的联系,而开办的一种函件业务，按信函处理，由各报社、电台等收件单位统付邮资。贸易契指非通信性质的文件，包括各类账单、提货单、笔记、会议记录等。瞽者文件即盲人读物，寄递资费特别低廉。

以上各类函件按处理手续、承担责任及运递方式的不同，分为平常、挂号、航空、快递、保价等，又按邮寄区域分为本埠和外埠两种。其中，保价信函曾规定可以装寄现钞（称为"装钞保价信函"）、粮柴票（称为"装粮柴票保价信函"）和其他有重要价值的文件。装钞保价信函业务是为方便用户而开办的，特别是尚未办理汇兑业务的地区，收件人不出门即可收到现款。装寄粮柴票的保价信函是为适应当时干部出差下乡，须向当地供应伙食者交纳粮柴票而办理的。此外，还有存证信函和存局候领函件。前者是寄件人于交寄信函时，以内容完全相同的副本存邮局备作法律证据；后者是邮局为便利无确定住址的收件人，将函件寄存邮局，由收件人到局领取。

随着社会主义建设的发展，为适应需要、方便群众，函件业务进行过多次调整，其中较大的调整有四次。

第一次是在1953年。因为"邮发合一"后绝大部分新闻纸的传递已成为邮政本身的发行任务，所以决定取消新闻纸业务，少数未经邮政发行的新闻纸并入印刷品类内。由于普通函件的传递速度提高，停办快速函件业务。此外，社会停办广告业务，商务传单业务也随之取消；存证信函则因业务不多而停办。

第二次是在1958年至1961年间。新办特种挂号信函业务，这是为了适应人民群众交寄票证日益增多的情况而举办的。特种挂号信函专事传递"三票三证"（粮票、布票、食油票、户口迁移证、粮食转移证、中国共产主义青年团组织关系），资费与挂号信函相同，但在处理手续上较挂号信函更严密。此外，由于汇兑业务的发展，取消了"装钞保价信函"业务；将"新闻稿件"并入了印刷品类。

第三次是在1969年至1973年间。受"文化大革命"的影响，先后取消了货样及贸易契业务，前者并入包裹类，后者改为"事务文件"并入印刷品类。"代收货价"与存局候领及附寄回执业务，也先后停办。至1978年，国内函件按性质分类简化为信函、明信片、印刷品和盲人读物四种；按处理手续、承担责任、运递方式分，也只有平常、挂号（包括特种挂号信函）、保价和航空四种。

第四次调整是在1981年至1986年。调整内容有两方面。一是为了适应商品经济的发展和人民生活的需要，先后恢复了代收货价、回执、存局候领业务，开办了相当于原来的"商务传单"的代发广告业务。二是调整了印刷品的准寄范围。在函件分类中长期存在的突出问题是印刷品类的准寄范围过广，内容过于庞杂。1979年9月修订的《国内邮件处理规则》规定："印刷品准寄全部用印刷方式印在纸上的各种物品"。各种新闻稿件、合同、单据、报表、通知单（包括会议、开学、到货、交款、住院等事务通知单）均可按印刷品交寄。这样的分类不仅使印刷品与信函及包裹的界限不清，而且由于印刷品的传递时限与频次低于信函，常使一些时间性很强的会议通知等因此而产生延误。针对邮件分类中存在的问题，邮电部经过长时间的调查研究，于1986年5月会同国家物价局，决定调整部分邮件分类范围，对印刷品的准寄范围作以下调整：凡经出版行政机关批准的书籍、报纸、期刊和教材作为印刷品交寄，资费不变。非上述印刷品准寄范围的，纳入下列邮件种类：1. 属于各种事务性通知、稿件、提货单、请柬、征订单、协议、合同、票据、入场券、照片、报表以及印有"内部"字样的各种资料等，应作"信函"交寄。2. 各种广告，按"代发广告"规定办理。如自行装封，符合"信函"规格要求的，也按"信函"交寄。3. 凡不能纳入"信函"和"代发广告"业务种类的，一律按"民用包裹"交寄。4. 机关、企业、事业等单位交寄的公文按现行规定办理。这是一次较大范围的调整。通过这一调整，大大压缩了"印刷品"范围，保证了有时间性、经济性的文件和资料的时限与安全，并部分消除了资费负担不合理的现象。

二、函件业务的发展

1949年全国函件业务量仅5.98亿件。随着社会主义建设的发展、人民文化水平的提高和社会交往的增多，邮政函件业务有了较快发展。自1954年起,每年邮政函件业务量均超过10亿件。1959年起,每年超过20亿件。1979年起,每年都超过30亿件。进入80年代以后,发展速度进一步加快,1984年已近40亿件,1986年接近50亿件。

30余年来函件业务量发展的总趋势,基本上是逐步上升的,但出现过两次突升突降的不正常情况。一次是1958年至1960年"大跃进"期间,函件业务量突然大幅度上升,1958年为17.34亿件,1959年猛增至23.15亿件,1960年更增至28.28亿件。2年的年增长率分别达33.51%和22.16%。1960年冬,国家对国民经济实行调整,函件业务量也随之回降,至1963年基本恢复正常。另一次是"文化大革命"的十年动乱期间,函件业务量出现下跌现象,在动乱最激烈的1967年与1968年,函件业务量分别比上年下降3.1%和4.5%。此后,除少数年度外,升降幅度均不足3%。

1980年起,随着国家经济体制的改革和国民经济的发展,函件业务量又恢复逐年稳定上升趋势。1984年和1985年两年,函件业务量均有较大幅度上升。1984年比上年增加4.27亿件,增长率为12%;1985年比上年增加7.3亿件,增长率为18%;1986年又比上年增加2.8亿件,增长率为6%。函件业务的发展呈现喜人的形势。但按全国人口计算,1986年人均函件用邮量只有4.7件,与发达国家相比,差距甚远。在社会主义建设日益发展的形势下,社会各部门和人民群众对邮政通信的需求,势将不断增长,中国的邮政函件业务当会有更加蓬勃的发展(见表3)。

1949—1986年各年函件业务量

表3 (单位:万件)

年 份	业务量	年 份	业务量
1949	59874.4	1968	207184.6
1950	64622.9	1969	226833.7
1951	77208.4	1970	237029.3
1952	80893.5	1971	243802.0
1953	94562.8	1972	250362.4
1954	103723.0	1973	263538.0
1955	114964.7	1974	261141.9

续表

年　份	业务量	年　份	业务量
1956	143840.0	1975	273379.0
1957	164053.9	1976	277856.4
1958	173417.8	1977	284997.7
1959	231478.4	1978	283544.5
1960	282817.0	1979	307979.9
1961	255548.9	1980	331271.1
1962	227535.7	1981	338760.4
1963	202090.4	1982	339399.5
1964	199593.9	1983	352126.3
1965	217570.7	1984	394835.0
1966	223890.0	1985	467824.7
1967	216851.2	1986	495943.3

1984年11月起，邮政部门举办国内特快专递邮件业务，这是继1980年中国举办国际特快专递邮件业务以后，为用户在国内传递时间性很强的各种文件和物品提供特殊服务的业务。邮政部门用最快的运输手段赶班发运，优先处理，并用专人、专车投递。按照邮电部的规定，信函、文件、资料、物品、商品等，都可作为国内特快专递邮件处理，并必须严格按规定日期投送给收件人。

国内特快专递邮件业务的资费，参照国内邮件资费规定，以200克为起重，收取邮资8元，每续重200克或其零数加收2元。

1984年11月起，国内特快专递邮件业务在北京、天津、上海、哈尔滨、长春、沈阳、大连、石家庄、秦皇岛、郑州、太原、西安、武汉、长沙、广州、深圳、南宁、成都、青岛、南京、苏州、连云港、杭州、福州24个城市间开办。特快专递业务开办后很快取得用户信赖，产生了良好的社会效益。至1986年年底，开办城市已达54个，1986年收寄8.8万件，比1985年增加2.2倍。

三、函件资费

中华人民共和国的函件邮资实行均一资费制。1949年12月，中财委决定,国内互寄平信邮资,按每20克以小米12市两(当时每市斤为16市两)为标准制定。1950年1月,邮电部根据政务院通过的第一次全国邮政会议报告,规定明信片资费为平信的一半,挂号费另加3倍,平快费为平信的1倍,挂号快递费加收4倍。新闻纸、印刷品资费,分别按铁路、汽车、马车、驮骡、人力挑运、民船和手推小车7种平均社会运价80%与90%核定。盲人读物则按印刷品资费50%收取。随着全国币制的统一,东北地区自1951年7月起也执行全国统一的邮资标准。

中财委决定国内平信按小米价格为标准制定的同时,规定小米价格涨落超过20%—25%时调整邮资。1950年,国家发行人民胜利折实公债,中财委又指示国内平信每20克邮资改以公债分值牌价的4%为标准,也规定涨落幅度在20%—25%时调整邮资。事实上,除1950年上半年因物价波动和公债分值牌价变动而作过一些小的调整外,37年来全国邮资基本未动,国内平信邮资一直保持每20克8分(见表4与表5)。在有些方面还有所调低,如在函件分为本、外埠后,本埠资费减半收费;印刷品准寄范围曾几次放宽,扩大了优惠范围;等等。随着物价指数和运输、管理费用的上升,邮件资费价格与价值背离的状况日益突出。1984年10月12日,国务院常务会议听取邮电部关于发展邮电事业的规划目标和"七五"计划安排汇报时,决定适当调整邮件资费,以促进邮政事业的经营与发展。

第三节 邮政包裹业务

包裹业务性质上属于货物运输范畴。由于邮政既有遍布各地的收寄、投递网点,又有集各种运输手段于一起形成综合力量的运输网络,利用邮政传递包裹,既可"一竿子到底",补运输单位之不足,又能便利公众,适应公众的需要,因此世界各国邮政,都把包裹寄递作为基本业务。在旧中国,包裹业务收入曾是当时邮政取得盈余与弥补亏损的来源之一。中华人民共和国成立后,中财委确定邮政包裹业务的经营方针是以寄递普通小包为主,但在过渡时期为适应小商人需要,可兼收商品包裹。这一方针体现了在计划经济的指导下,邮政与运输部门的合理分工。邮政包裹收寄的对象主要是个人交寄

表 4　国内信函、明信片、印刷品、盲人读物资费调整情况表

（单位：元，原为旧人民币数额的，已折成新人民币数额）

调整日期	信函			明信片			印刷品			盲人读物		
	计费标准	资费 本埠	资费 外埠	计费标准	资费 本埠	资费 外埠	计费标准	资费 本埠	资费 外埠	计费标准	资费 本埠	资费 外埠
1950.1.10	每重20克或其零数	0.05		每片	0.025							
1950.2.1	同上	0.08		同上	0.04		起重50克		0.012	每重50克或其零数		0.06
							51—100克		0.024			
							每续重100克		0.024			
1950.3.11	同上	0.10		同上	0.05							
1950.5.11	同上	0.08		同上	0.04		每重100克或其零数		0.024			
1950.7.1	同上	0.04	0.08	同上	0.02	0.04	同上	0.012	0.024	同上	0.03	0.06
1951.3.24								0.01	0.025			
1958.1.1							每重1000克或其零数	0.015	0.03		0.01	0.02

当代中国的邮电事业

表5 几种主要的特种资费调整情况表

单位：元（原为旧人民币数额的，已折成新人民币数额）

资费项目	计费标准	1950年 1月10日	2月1日	3月11日	5月11日	7月1日	8月5日	1952年	1953年	1958年	1981年	附录
函件航空费	1952年5月前为每20克或其零数，此后为每10克或其零数						0.30	0.15（5月调整）	0.08（1月5日调整）	0.02（7月调整）		自1950年8月5日起收寄国内航空函件
挂号费	每件	0.15	0.24	0.30	0.24	0.12						
回执费	同上	0.15	0.24	0.30	0.24	0.12					0.02（7月调整）	代收货价、回执、存局候领业务均曾停办过，前两者分别于1981年5月及7月恢复。后者于1980年7月恢复。恢复后因处理手续改变订，代收货价手续费和存局候领费沿用旧局资费标准
代收货价手续费	同上		0.24	0.30	0.24	0.12		0.24（9月调整）		0.30		
存局候领费	同上	0.15	0.24	0.30	0.24	0.12						
保价费	每保1元或其零数		0.03							0.01		
	每件最低保价费		0.10	0.40	0.08					0.20		
查询费	每件		0.32		0.32	0.24				0.20		

的适于邮递的一般生活用品。从广义上讲，这样的个人包裹也兼有信息交流的性质。至于成批的商品包裹，则根据运输和处理能力等条件，在不影响函件、报刊和个人包裹业务的前提下，邮政机构也适当收寄，以满足社会需要。

一、邮政包裹业务的种类

1950年，邮电部将国内包裹业务统称为"包件业务"，按重量分为包裹和小包两种：15公斤以上至50公斤的称包裹，15公斤以下的称小包。又按收寄对象分为个人、零星、大宗三种包件。包件同函件一样都可以另作保价、代收货价、附寄回执、存局候领、航空等特别处理。此外，为了满足公众寄递急需物品，特别是急用药品等，邮政部门于1950年专门开办了快递小包业务。快递小包的传递时限和处理手续都与信函相同。1953年7月起，根据"邮政包裹业务应以寄递普通小包为主"的精神，将包裹限重由原来的最高50公斤，改为不分商品包裹和个人包裹一律以15公斤为限。从此，不再有包裹与小包之分，国内包件只分为包裹和快递小包两类。

1986年，邮电部调整部分邮件分类范围，把一部分原来按印刷品交寄的纸质品纳入包裹范围，同时扩大包裹业务种类，把纸质品与非经营性的个人零星物品合称"民用包裹"，把经营性的和超过"民用包裹"规格标准的物品称为"商品包裹"。这样，包裹就分为"民用""商品"和"快递小包"三类。

此外，出于与函件业务变动同样的原因，1954年5月起，邮政机构停收私营工商业的代收货价包裹，1969年4月起，又进一步全面停办代收货价以及附寄回执、存局候领等业务，邮政包裹业务品种大大减少。进入80年代后，为了适应商品经济的发展和人民生活的需要，代收货价、附寄回执和存局候领包裹业务，于1980年和1981年先后恢复。

二、邮政包裹业务的发展

随着国民经济的发展，人们交往的日趋频繁，和人民生活水平的提高，邮政包裹业务有很大的发展。1986年收寄量达到8448万件,比1949年的277万件增长了29倍。在总的发展过程中,邮政包裹业务也经历了两次较大的变化与起伏。1958年至1960年,受"大跃进"和自然灾害以及大量人口盲目流动的影响,包裹业务急剧增长。1958年包裹业务量为2566.4万件,1959年增加为3831.4万件,1960年继续增加至4818.8万件,两年里增长达87.8%。1961年起,国民经济调整,邮政包裹业务也随之回降,至1964年基本上恢复了稳步上升的正常状态。迨至"文化大革命"初期,大批知识青年上山下乡,干部下放劳动,邮政包裹业务再次突增,1969年由1968年的3761.8万件增至4991.2万件,1970年续增至5822.3万件,增长幅度之高与上一次涨潮几乎相同。1971年起,上升幅度逐步趋于正常。70年代末期转为有升有降,幅度不大,年业务量基本上徘徊在7000万件左右。1986年达到8448.3万件(见表6)。

1949—1986年各年包裹业务量

表6　　　　　　　　　　　　　　　　　　　　　　　　　　（单位:万件）

年　份	业务量	年　份	业务量
1949	277.1	1968	3761.8
1950	522.3	1969	4991.2
1951	969.4	1970	5822.3
1952	1395.8	1971	6039.8
1953	1996.2	1972	6246.9
1954	2025.2	1973	6450.9
1955	2169.8	1974	6470.2
1956	2591.6	1975	6880.0
1957	2517.5	1976	6874.4
1958	2566.4	1977	7397.3
1959	3831.4	1978	7400.5
1960	4818.8	1979	7074.6
1961	4068.1	1980	7153.2
1962	3938.4	1981	7133.0
1963	3020.3	1982	6754.6
1964	2875.4	1983	6958.4
1965	2996.0	1984	7175.3
1966	3119.1	1985	7612.7
1967	3537.4	1986	8448.3

三、邮政包裹业务的新变化

80年代起,邮政包裹业务的用户构成发生了较大变化。商品流通渠道畅通,城乡商品供应丰富,人民生活用品一般均可就地购得,农村农副产品更见充沛,加上政策落实,大批上山下乡知识青年和下放干部、职工相继回城,人民群众通过邮寄生活用品调剂有无的需要减少,因而个人包裹件数随之下降。与此同时,随着社会主义商品经济的迅速发展,市场贸易范围逐步扩大,工商企业通过邮寄以扩大市场、打开销路的需求日益迫切,商品包裹比重不断上升。由于商品包裹一般比个人包裹体积大、分量重,邮政限于运输能力,不能敞开收寄,因而包裹件数每年增加不多,包裹总重量则逐年显著增加。

多年来,邮政在商品包裹的经营上,几度反复。1953年前,按中财委批示精神,包裹业务以收寄个人包裹为主,也注意收寄一部分商品包裹。自1953年至70年代末的20多年中,虽然总的经营方针未变,但对商品包裹的经营一直怕犯"资本主义经营"的错误,消极对待,多方限制。80年代起,邮政商品包裹业务急剧上升,主要是乡镇企业、城市集体小企业与个体工商户蓬勃发展,迫切需要销售、运输渠道。他们的产品一般批量不大,销地分散;自备运输工具少,许多厂商地址不在交通线上。如果利用铁路等运输渠道,难以纳入运输计划,层层转运,费时费力,成本又高,而利用邮政则可以就地交寄,不论批量,交寄后可直达目的地。他们说:"邮电所虽小,但一票可通天下。"有的乡镇企业,脱离邮寄商包业务,几乎就难以生存,当地政府也要求邮政放宽对收寄商包的限制。沿海地区的乡镇企业,对邮寄商品包裹业务的需求更为迫切。例如,浙江省1982年收寄商包215.2万件,1983年、1984年、1985年即分别增至297.2万、386.7万、401.1万件,商包收寄量占包裹收寄总量的比重分别为53.9%、60.3%、58.2%。1980年,第十八次全国邮电工作会议提出:"在坚持以通信为中心的前提下,要发挥优势,广开门路,扩大业务",要求"把商品包裹业务抓好,做到放宽限制,扩大收寄,以适应社会需要"。但这次会议没有提出解决邮运能力的具体措施,结果商包量迅猛上升,而邮政部门处理与运递能力严重不足,甚至邮袋供应也跟不上，造成部分商包积压、延误。通过调查研究，1982年邮政对商包的经营方针修改为"积极办好，量力而行"。按照这一方针，邮政部门采取增添自备车辆、增加处理场地、实行多渠道运输等一系列措施，邮运矛盾有所缓和。为了更好地解决商品包裹的邮寄问题，邮电部门研究将商品包裹和民用包裹进一步分开，按不同办法处理，以便在确保民用包裹业务的前提下，办好商品包裹业务，适应社会主义商品经济对邮政通信的需要。

四、包裹资费

包裹资费实行递进邮资制。中华人民共和国建国初期沿用中华邮政办法，按邮程远近分别核定，也称一地一费制。1958年起，为简化手续，以直辖市、省会及专区所在地为中心，参照行政区划和经济交通情况，将全国划分成200多个包裹计费区，实行一区一费。两区间互寄的包裹，不论实际邮运路线情况如何，均按同一标准计费。同时，将包裹资费分为普通包裹和航空包裹两种，快递小包资费另加50%。包裹资费的核定办法，自1958年后除区间运价率有所调整以及包裹重量、计费单位等有些变动以外，基本上未再改变。

第四节　报刊发行业务

中华人民共和国成立前，报刊发行工作基本掌握在私营派报社①手中。一般报社只办理批发业务，或委托派报社包销。有的报社直接接受本、外埠读者订阅，市内订户由报社雇用送报员投送，外埠交邮局按新闻纸类邮寄。全国从事发行的报贩、报童2万余人。报刊发行范围局限在大中城市和铁路沿线城镇，广大农村基本上是报刊发行的空白区。

一、"邮发合一"的确定

邮政办理报刊发行业务，发轫于国内革命战争时期，当时中央革命根据

---

① 承办报纸定销和投送的一种经济组织。它受一家或多家报社委托，与其签订合同或其他契约，承办某一区域的报纸定销和投送，并收取发行费。

地出版的几十种党报党刊，都通过赤色邮政传递。抗日战争时期，冀太联办交通总局①于1940年首先将邮件传递和报刊发行工作合为一体。接着，山东、晋察冀等解放区也先后在共产党的领导下，将政府的战时邮局（或连同各级党委的交通科）同报刊社的发行部门合并，成立邮政、交通、发行三位一体的战时邮政，通称为"邮交发合一"。解放区的各个报社，在战争环境下一面作战，一面出报；邮政职工冒着生命危险，肩挑、背扛、驴驮、车拉，通过敌人封锁线，把报纸送到解放区和敌占区，鼓舞人民，瓦解敌人，为抗日战争和解放战争的胜利做出了贡献。许多人为党报的发行事业献出了宝贵的生命。

中华人民共和国成立后，报刊在宣传党的方针政策、加强政府与人民间的联系、组织和推动各项工作方面发挥十分重要的作用，对发行工作的要求更高。旧中国的报刊发行体制已不能适应需要，首先，不管哪一家报社或私营派报社都没有能力将报刊发行到全国所有城镇和广大农村去，而解放后全国城乡人民迫切需要精神食粮；各报社各搞一套发行机构，不但在人力、物力上是很大的浪费，事实上也难以办到。1949年12月，全国报纸经理会议和第一次全国邮政会议在北京举行，决定继承老解放区的经验，将报纸发行工作交邮局承担。这个决议不久即由中央人民政府政务院正式批准。从此，报刊发行工作即成为邮政部门的主要业务，要求作为一项光荣的政治任务来努力完成，即邮局发行报纸，统称"邮发合一"。

邮政部门统一办理全国报刊的发行，具有网络普遍、读者方便、传递迅速、成本节约的优越条件。第一次全国邮政会议《关于报刊发行问题的决议》中指出："报纸杂志发行为人民邮政重要业务之一，凡邮局力量所能担负的地区各政府报刊出版机关尽先全部交给邮政发行。"决议确定了以下各点：

1. 各出版机关与邮局间，是为了加强新民主主义的文化建设分工互助、共谋发展文化教育的一种营业关系。政治性的发行政策（例如报刊价格、读者对象、发行范围等）由出版机关决定，邮局执行。行政管理及业务技术性

---

① 冀太联办的全称为冀南、太行、太岳行政联合办事处，1941年改为晋冀鲁豫边区。

的发行问题由邮局决定。邮局和出版机关按各地具体情况订立"总销合同"或"发行合同"。

2. 根据报纸杂志每月出版次数、每次发行份数及是否由邮局包装，以及发行范围（如铁路沿线城市与广大农村不同）等条件，确定每月由出版机关付给邮局相当于报刊定价的20%—40%的发行费。

3. 邮局应经常研究发行业务，检查发行效果，逐步改善发行工作，提高速度，发展订户，满足读者要求，并根据报刊出版机关所定价格，争取预收报刊资费，集中交给报刊出版机关。在邮局统一发行报刊后，对原有历史较久的私营派报业和报贩应采取妥善办法，分别予以适当的照顾与处理。

4. 报刊出版机关，应将报刊发行全部份数交邮局发行，不得仅将一部分赔本的农村或偏僻地区的报刊交邮局发行，而将有利部分自行保留。报刊增价应尽先和邮局商讨，并给予邮局以足够时间通知所属各级局所，凡邮局已预收的报刊费不再补收增价。报刊出版机关对印刷出版时间应明确规定与严格遵守。

5. 报刊出版机关与邮局应经常教育职工，以各自负责的精神，加强员工整体观点、合作精神，并经常交换意见，努力改进发行工作。

1950年2月13日，人民日报社与邮电部邮政总局签订了《关于报纸发行工作的协议》，自3月1日起将发行工作全部交由邮局办理，并将报社的发行组织逐级与邮局合并。以后，各地和各部门出版的报纸，也陆续交邮局发行。到1950年年底，邮局接办的报纸共140种；到1952年末增为236种，占当时全国报纸出版种类总数的85.5%，除内部发行的报纸外，全国公开发行的报纸均先后由邮局发行。1952年12月28日，邮电部与出版总署颁发《关于改进出版物发行工作的联合决定》，决定将原由各书店发行的杂志也全部移交邮局办理。新华书店的期刊发行部门也和邮局合并。至此，全国范围内的"邮发合一"宣告完成。

二、报刊发行事业的发展

邮局接办报刊发行工作以后，首要的任务是组织报刊发行队伍。报刊发行队伍由三部分人员组成：一是报社、书店转到邮局的人员和邮局本身人员一起，组成报刊发行的基本力量；二是私营派报业人员；三是工厂、企业、机关、学校中业余担任报刊发行工作的积极分子。

从1950年起，各级邮局先后设立了专门的报刊发行机构。在"邮发合一"初期，一些邮局的发行机构负责人还兼任报社发行部负责人（如北京市邮局发行处长兼任《人民日报》发行部长）。各地邮局，针对一部分干部、职工把报刊发行视为"额外负担"的思想，反复进行了教育，明确报刊发行工作是党的宣传工作的组成部分，不但是邮局的主要业务，也是光荣的政治任务。"努力完成报刊发行任务，当好党的宣传员""多发行一份党的报刊，就是多增加一份宣传马列主义的力量"，30多年来，一直成为广大邮政职工的共同口号。

团结和改造私营派报业人员，是报刊发行工作上一个政策性很强的问题。在"邮发合一"初期，曾一度出现排斥和打击私营派报业人员的关门主义倾向。邮电部长朱学范为此在《人民日报》上发表专门谈话，指出："邮局接办发行工作的意义，并不是要由邮政局来'包办'全国的发行，而是要由邮政局来统一领导全国的发行工作，以五万邮务工作人员为骨干，团结另外二万余人私营发行机构的力量，使全国报纸的发行工作有一个新的开展。如果不从开展发行工作的观点出发，就根本违反了'邮发合一'的精神。""在我们中国这样地区辽阔、人口众多的国家，全国公私发行人员共计不过七万人，还远不足发行工作的需要，根本谈不上排斥。社会主义的经济成分对于其他四种经济成分，只能采取公私兼顾、分工合作的方针。""邮政局这五万余人的力量是大的，但对于发行报纸还是没有经验的，而另外的二万余人则是有经验的。邮政局为了办好发行工作，必须对这二万余人采取团结改造的方针。"朱学范剖析了邮政系统中所以比较普遍地发生关门主义的现象，主要来自两个错误的思想根源，"第一，是抽象的'社会主义'观念，不切实际地反对一切'中间剥削'。他们不知道，如果在全国增加几千个、几万个派报所，使各地读者能很快地看到报纸，大家是愿意付出这种合理'剥削'的。相反的情形是，邮局打垮了许多报摊、报贩，而邮局本身的力量又不能完全代替他们的作用时，读者是不欢迎这种所谓'社会主义'的办法的。第二，是邮局人员中有些人有单纯的经济主义的倾向，为完成'生产任务'而采取争夺原来私人发行户的方针，而不是采取从推广发行来完成生产任务的方针。这些都是完全错误、必须加以改进的"。① 在邮电部检查督促下，各地邮局排斥私营派报机构的倾向迅速得到纠正，个体经营的派报户有较多增加，私营派报业也在邮局帮助下进行了整顿，加强了管理，从而推动了全国报刊发行业务的发展。

与此同时，在各地党委、政府的支持下，由工会、青年团等群众组织组建的"报刊发行站"逐渐出现，成为报刊发行战线上的一支生力军。报刊发行站由工厂、企业、机关、学校中的积极分子组成，他们在邮局的业务指导下，利用业余时间在本单位宣传、收订各种报刊，并担负内部分发工作。他们中的多数是宣传工作的骨干，是报刊出版发行机关同广大读者联系的重要纽带，也是邮局办理报刊发行业务的得力助手。

在"贯彻邮发合一，壮大发行力量"的方针指导下，报纸发行业务在"邮发合一"的头三年中得到迅速发展。许多报纸交由邮局发行以后，发行量都成倍地增长。但在1952年下半年增产节约运动中，有些地方出现了盲目追求发行量的倾向，犯了强迫摊派报纸的错误。1953年"纠偏"运动以后，坚持推广报刊必须遵守读者自愿原则，并把工作重点放到加强发行管理、提高发行质量上面来。当年起，按照邮电部和出版总署的联合决定，报刊实行计划发行。出版主管部门对各种报刊分别定出最高发行限额，并逐级向下分配，各地邮局只能在核定的发行限额内组织收订、批销和零售。同时，在全国实行了报刊定期预订的制度。计划发行的目的，是谋求在报刊的出版与读者的需要之间、报刊的发行数量与纸张供应之间取得平衡，以便在国家当时物质条件的基础上尽可能地满足读者需要。但是，当时无论邮政部门还是出版部门，都对客观情况和工作条件认识和估计不足，规定的办法过于机械，执行又过于急躁，报刊的定额控制太紧，预订

---

① 见1950年6月12日《人民日报》。

的办法太死，对零售工作又作了收缩，使广大读者订买报刊发生许多不便，有些地方还出现强迫读者退订的情况，引起读者不满。1954年8月，邮电部和出版总署针对出现的问题，对计划发行的办法作了修正：一般报刊的发行份数不再作硬性控制；各报刊核定的发行计划，允许在一定幅度内机动处理；改进报刊预订办法，允许读者随时起订；积极开展报刊零售业务，满足流动分散的读者需要。报刊发行工作在两年左右的时间内走了一些弯路以后，逐渐走上了健康发展的轨道。

　　1958年，在各行各业"大跃进"形势的影响下，报刊发行数量大幅度增长。邮电部由于受"高指标""浮夸风"的影响，对报纸发行的指标订得过高，又不按照各地区实际情况的差别，而统一提出报纸"三到"的要求，使一些客观条件暂不具备的地区为了实现指标，不讲经济核算，浪费了很多人力物力，结果也未能坚持下去。这一时期报纸杂志的出版品种大量增加，1958年邮发报刊2593种，每期发行7921万份，分别比上年增加35.4%和145.7%，但存在不少重复浪费现象。1961年，国家对报刊出版工作进行整顿，品种缩减为842种，每期发行数也减少为2590万份，发行数量仅为1958年的1/3，出现了报刊发行上从未见过的大起大落状况。在这段时间内，对报童、报贩经营报刊发行进一步采取了限制政策，一部分人吸收入邮局工作，报刊零售业务受到了严重影响。1956年，报纸零售数曾占发行总份数的26.3%，此后十年不断下降，至1965年，报纸零售比重仅占4.7%。

　　"文化大革命"给报刊发行工作带来了灾难。许多报刊被冠以"坚持资产阶级反动立场"的罪名而被迫停刊。1970年，全国邮发期刊仅存60种，除去报纸索引、合订本和外文杂志，中文期刊只有18种。报刊发行工作被当作"专政工具"，重点是发行"两报一刊"。① 个体经营和合作社性质的报刊发行人员被当作"资本主义尾巴"割掉，零售业务因无报刊可供公开陈列，基本停顿。报刊发行管理混乱，差错事故丛生，报刊出

---

① 指受"四人帮"控制的《人民日报》《红旗》《解放军报》。

版脱期严重,有的竟长达半年之久。读者批评说:"《新闻照片》隔了半年才收到,成了历史资料。"

中共十一届三中全会以后,全国政治、经济形势发生了根本的变化。随着社会主义商品经济的发展,各行各业为了解政策,传递信息,迫切需要报刊,新闻出版事业空前繁荣。1985年,由邮局发行的报刊达3783种,每期发行3.02亿份。在全国城乡,报刊的订阅和零售业务都有很大的发展。报刊发行按份数计算,占邮政总业务量的84%,占邮件总运量的60%,占农村投递量的90%(见表7)。

三、报刊发行业务的成就

报刊具有很强的时间性,需要最迅速、最普遍地与读者见面,而邮政部门点多、线长、面广,局所星罗棋布,网路四通八达,遍及全国城乡,是最理想的发行渠道,这是"邮发合一"的优势,体现了社会主义条件下分工协作的优越性。邮局办理报刊发行业务30多年来,尽管有过曲折和反复,但成绩是巨大的。

(一)提高了报刊传递速度。

邮政部门一向把报纸列为与信函相同的发运次序,报刊一出版,即选用迅速有效的路线、班次和发运方式赶发,综合利用火车、汽车、摩托车等各种传递手段,日夜兼程,接力联运。为了进一步加快传递速度,从50年代起就推行空运纸型分地出版的办法,1986年全国有61种6820万份报刊分别在323处分地印刷,外地分印数占56.6%。《人民日报》在全国24个城市分印,《红旗》在全国15个城市分印。70年代起,邮电部举办报纸传真业务,中央级报纸可在当天上午与当地省报同时分发投递。全国有83.1%的县市所在地城镇能在当天或次日看到本省省报。全国5万多个邮电局所,每天下午3时前收到报纸的,在当天投送给城镇读者。省会以上城市,多数实行早上先送报、后送信的办法,在上午9时前将当天日报投送读者。

表7　邮政发行报刊业务发展情况表

单位：万份　万元

数量\年度\项目		1950	1952	1957	1962	1965	1970	1975	1980	1985
报纸	种数	140	236	1325	308	415		231	382	944
	期发数	230.2	803.1	1508.6	1344.6	2784.8	2722.4	3998	7415.4	14717.9
	累计数	41015.8	152600.6	263992.9	275045.4	496289.9	704711.5	1199250	1604235.2	2293065.2
杂志	种数	69.4	76	589	448	767		488	1449	2839
	期发数	559.8	1362.9	1753.2	1147.3	2835.8	584.8	3825	9015.9	15453.8
	累计数	1351.1	11335.4	31819.0	21373.4	44190.4	16485.2	48474	105525	208015.7
合计	种数	140	312	1914	756	1180		719	1831	3783
	期发数	299.6	1362.9	3223.6	2438.2	5620.6	3307.2	7823	16431.3	30171.7
	累计数	42367.0	163936.0	295811.9	296418.8	540480.3	721196.7	1247724	1709760.2	2501080.9
报刊流转额		1553.4	8460.6	17412.0	13643.6	24791.5		44882	75524.4	170242.4
报刊发行收入		390.4	2404.5	4459.9	3464.1	6221.7		11342.7	18859.9	45535.2

（二）扩大了报刊发行量。

邮发报纸从1950年140种、每期发行230万份增加为1986年984种、14793万份；邮发杂志从1952年76种、每期发行559万份，增加为1986年2443种、13938万份。报纸、杂志的发行数量分别增加了63倍和23倍。1950年"邮发合一"时，《人民日报》发行9万份，《工人日报》发行2.8万份，1986年分别增加为385万份和230.7万份，省、区、市的党报发行量平均增长20至30倍。每期发行数超过100万份的报刊达46种，报刊的发行深度和广度起了巨大变化，少数民族文字报刊的发行也有很大的发展。

报刊深入全国城镇和广大农村、山区和边疆，这在中国历史上是从未有过的。在全国报刊发行总量中，发行到县及县以下的比重占60%。一些经济发达的县，一半以上的农户订了报刊。随着农村商品经济的发展，不少专业户、重点户向邮局订阅了几十种甚至上百种报刊。报刊已成为他们获取经济信息和科学知识的主要来源。1986年，全国每100人平均订有27.1份报刊，京、津、沪、穗等大城市达到人均1份以上。

（三）大大方便了读者。

"邮发合一"后，城乡读者可以向就近邮局或本单位报刊发行站订到自己需要的任何邮发报刊。在订阅办法上经过多次改进，确立了日报按月预订，期报、期刊按季预订的制度，读者可以长期预订，也可以随时起订。为方便农村读者，乡邮投递人员也办理报刊收订。社会报刊发行站1984年达43万个，社会发行员近70万人。1985年，报刊门市部、报刊亭、流动车等各种报刊零售点有14892处，其中委办零售服务点7513处，全年报刊零售流转额达2.4亿元，占报刊订销流转总额的14.3%。此外，邮局还办理报刊寄售、邮购、出租、代发、贴报、交换等对外服务项目。

（四）降低了报刊社发行费用。

邮局办理报刊发行业务，可以利用邮政的网路、机构、设施和人员。在邮局能够负担的限度内，只需增加较少的人力和财力，便可完成发行任务，使报刊的发行成本显著降低。"邮发合一"前，报社自办发行或委托私营派报社和报贩经销，发行费率一般为40%—50%。"邮发合一"后，由各地邮局与出版部门分别商定发行费率,全国报纸发行费率平均为28.4%;杂志发行费率平均为33%。1952年12月,邮电部和出版总署决定统一全国发行费率,报纸和杂志的订阅部分一律降低为25%。这一很低的发行费率,一直维持到1986年。除1980年起对新接办的报刊发行费率提高到30%以外,原来邮发的报刊发行费率保持不变。

四、报刊发行工作存在的问题和改进措施

邮政部门办理报刊发行业务的实践,证明"邮发合一"的方针是正确的。随着全国政治、经济、文化形势的发展,广大读者对报刊的需求逐年增长,报刊发行工作也出现了许多新的情况和问题。主要问题是全国报刊品种、数量大量增加,对邮政部门的运输和投递带来很大压力;同时,报刊发行费率过低,邮局亏损严重,使发行工作必需的场地和各项机械工具设备的添置无力解决。为此,在增强邮政通信能力,充分发挥邮政部门作为报刊发行主渠道的作用外,报刊发行工作本身也必须相应改进。1. 报刊社也可自办发行或委托其他部门发行,改变过去"统购包销、独家经营"的办法。邮政部门除依靠本身机构和人员外,还大力发展委办力量,扶植和鼓励城乡集体和个体经营户办理报刊的零售和投递工作,使邮局、报刊社和社会委办机构三方面的力量互为补充,适应社会需要。2. 实行订阅、零售并重的发行方针。邮政部门长期实行"订阅为主"的方针,虽然利用邮政投递上的优势,保证了广大订户的需要,但不能适应流动读者的要求,并限制了读者的选择,不利于报刊的竞争。1980年后,各地邮局大力发展零售业务,既扩大了读者面,又减轻了投递压力。3. 加强报刊发行的专业核算。在国家的统筹安排下,合理调整报刊发行费率,改变邮政部门长期亏损经营的状况;在邮政部门内部积极推行承包经营责任制,贯彻多劳多得的原则,提高邮政职工和社会委办人员的积极性。

第五节 邮政汇兑和储蓄业务

汇兑和储蓄性质上属于金融业务,主要由银行经营,但世界各国邮政也

都把汇兑、储蓄列入邮政的基本业务。邮政办理汇兑、储蓄，具有机构普遍、手续简便、用户方便的优点，公众乐于使用，有利于国家资金的积累与流通。

中华邮政于1919年7月1日开办邮政储金业务，先在北京、天津、上海等11个大城市开办，当年年底，已发展到81个城市。1930年3月，国民党政府在上海成立"邮政储金汇业总局"，办理邮政储蓄与汇兑业务，以后又在上海、南京、汉口、等地开设储汇分局。储汇局除办理邮政储金、汇兑业务外，还办理保险业务与经营买卖股票、抵押放款等银行业务，成为一个"邮政银行"。1933年，"邮政储金汇业总局"改称"邮政储金汇业局"。

新中国的金融业务实行集中统一领导和管理，邮政不再成为独立的金融机构，汇兑业务按国家规定与银行分工办理。邮政储蓄业务自1953年停办，直至1986年才恢复办理。

一、邮政汇兑

（一）邮政汇兑业务的经营原则和范围。

1949年中华人民共和国成立后，国家对银行和邮局在经营汇兑业务上的分工，作了原则规定，即，"银行以工商企业汇兑为发展方向，邮局应以个人汇兑为发展方向"。1949年，12月，中财委决定"邮政汇兑办理小额汇款为主，经银行同意，在某些地区与城市可将汇额扩大"。邮政汇兑即遵循这一原则从事经营。

1949年至1951年2月，邮政独立办理汇兑业务。这一阶段初期，邮政汇兑业务的经营范围较宽。除现金管理各单位（包括军政机关、公营企业、合作社）的公款汇兑由银行办理外，其他一切汇款，不分对象，不限数额，邮局与银行均可承办。由于当时银行机构还未十分普遍设立，尤其是广大农村地区更为少见，因此，国家规定未设银行机构地点的公款汇兑，邮局也可办理，汇款款额均无限制。

汇款种类，分普通汇款与电报汇款两种。普通汇款还分一般普通汇款、定额汇票与稿费券3种。汇费在银行通汇地区，按银行汇率计算；银行不通汇地区，则按交通条件、资金调剂情况，在3%—10%范围内确定。

当时社会上还存在着为数众多的私营银行与钱庄,对这些私营金融机构的业务汇款,究竟应由谁承办,不够明确。银行从1950年11月份起普遍降低汇率,邮局主要办理个人小额汇兑,按银行汇率收取汇费,收入不能维持成本。为了解决以上矛盾,经中国人民银行与邮电部邮政总局共同研究,决定金融业汇兑统一由银行办理。并决定自1951年3月起,将原来由邮局、银行分别经营汇兑业务,改为双方密切结合,整体经营。邮局原来独立办理的汇兑业务,改为受银行委托的代理业务。邮政汇兑对外仍以邮局名义进行经营,但在业务政策、经营方法上受银行指导。业务收入不敷成本部分,由银行贴补。同时规定了邮政汇兑的限额:办理高额汇兑的邮局,其限额由银行规定;一般邮局办理的汇款,每张汇票限汇300元。汇费率除高额汇款按照银行汇率外,其他汇款汇费率为5%—10%。

1953年3月份起,鉴于国家金融结构已发生了变化,邮政汇兑仍恢复为邮局独立经营。银行、邮政双方分工再次加以调整:工商业汇款一律由银行承办,个人汇款则由邮局承办。以后,又于1953年8月、1962年1月、1977年10月先后对工商企业汇款和个人汇款的含义、汇款款额的限制及其他有关问题的处理,作了详尽具体的规定。

1. 单位之间的汇款,以及单位汇给个人属于采购性质的汇款,一律由银行办理;单位汇给个人属个人性质的汇款,如工资、退休金、福利费、赡家汇款等,邮局可以接受办理。

2. 个人汇出的汇款,一律由邮局办理,邮局只收现金,不收支票。

3. 有邮局无银行,或有银行无邮局的地区,双方可以相互承办应归对方承办的汇款。

1980年又补充规定,邮局可承汇因办理"代收货价""代购"业务而发生的单位之间汇款,进一步体现了双方分工合作、互为补充的精神。

至于汇款限额,在此阶段有过多次调整。初期,普通汇票仍以每张300元为限,电报汇票则无限制;1959年至1962年,普通汇票的限额一度提高至每张1000元,以后又恢复为300元。1980年9月,由于商品经济的发展,各单位和个人汇款往来增多,汇款款额增大,为适应形势的需要,简化手续,曾一度取消限额，1981年6月起，改为每笔以5000元为限。

汇兑费率，1953年起每张汇票一律为2角，1959年起改为汇款款额的1%，10元以下的汇款，每笔最低收费1角。这一费率规定至1986年未变。

（二）邮政汇兑业务制度的改革。

长期以来，汇兑的概念是汇款人利用信用凭证——汇票，交由汇兑单位居间办理的一种付款行为。因此汇兑一般都采用票汇方式，这种票汇方式由解放前沿用至1959年。实行票汇方式，邮局收付凭票，环节清楚，责任明确，不担风险，汇票丢失处理手续简便。而用户则不方便，汇款时既要办理汇款手续，又要办理交寄挂号信手续，一事二办，费事费时；取款局名需由汇款人指定，而汇款人大多不熟悉取款邮局设置情况，往往指定有错，增添收款人麻烦；一旦遗失，汇款人受损失，原因难以查清。为了体现人民邮政为人民的宗旨和"迅速、准确、安全、方便"的服务方针，经过慎重研究，长期酝酿，邮电部决定将普通汇兑由票汇方式改为信汇方式，并自1959年4月起在全国实行。信汇方式，即用户汇款只需填写汇款通知，交付汇款与汇费，经邮局核收无误后，开给汇款收据，即完成全部交汇手续，不必再另寄挂号信。邮局将汇票联单和"汇款通知"直接寄往兑付局。兑付局在核对检查后，根据收款人地址在汇款通知上注明就近取款局所，然后将"汇款通知"投给收款人，收款人即凭"汇款通知"到局取款。汇款通知单上，还可写"附言"，用户方便，邮局也便于管理。在整个汇兑过程中，汇票始终掌握在邮局手里，邮局便于检查，对外可防止窜改汇票金额、冒领汇款等事情发生。兑付局还可根据待兑汇票，预先掌握待兑金额，及时备妥兑款资金。实行信汇方式后，定额汇票和稿费券等办法也同时取消，简化了汇票种类。汇兑制度的这一改革，方便了群众，提高了质量，受到了普遍欢迎。

（三）邮政汇兑业务的发展。

1950年，全国开发汇票915万余张，汇款金额4262万余元，到国民经济恢复时期的最后一年——1952年，即达到3282万余张，8069万余元，分别增加了259%与89%。以后，除1961年至1963年因受国民经济困难的影响，及1967、1968两年因"文化大革命"有所下降外，其余各年的汇兑业务均有增长。进入80年代后,与经济息息相关的汇兑事业,有了更大的发展。1986年同1950年相比,汇票张数增加了17倍,汇款款额增长了36.8倍。与中华人民共和国建立初期不同的是,汇票款额的增长幅度超过了汇票张数的增长幅度,除了有货币发行量增长的因素外,反映了社会主义商品经济发展和城乡人民收入的提高(见表8)。

邮政汇兑业务发展情况表

表8

年份	开发汇票张数（万张）	开发汇票金额（万元）	为1950年的%	
			张数	金额
1950	915	4262	100	100
1953	4538	13328	496	312
1963	8500	229016	928	5373
1973	12030	418711	1315	9824
1980	13557	686077	1482	16097
1981	13689	772224	1496	18118
1982	13297	771896	1453	18111
1983	13943	876895	1524	20574
1984	14840	1051159	1622	24663
1985	16355	1369856	1787	32141
1986	16573	1612397	1811	37831

二、邮政储蓄

邮政办理储蓄,除了为国家吸收闲散资金,为公众服务,谋取邮政经济利益外,更应着眼于鼓励社会勤俭风气。中华邮政以小额个人储户作为邮政储金主要对象,满1元即可开户,甚至不足1元也可先买成邮票贴入储金片,提出了"人嫌细微,我宁烦琐;不争大利,但求稳妥"的经营方针。"邮政储金汇业局"最终纳入国民党"四行两局"[①]成为官僚资本金融垄断体系的一个组成部分。

(一)新中国成立初期的邮政储蓄。

人民邮政按中财委1949年11月的决定,接管了"邮政储金汇业局",在

---

① 指国民党控制的中央银行、中国银行、交通银行、中国农民银行及中央信托局、邮政储金汇业局。

中国人民银行统一指导下进行工作。1950年6月，撤销"储金汇业局"，邮政储蓄改为代理业务，代银行收储个人存款和非经营性质的群众团体存款，所收储金全部转存人民银行，由银行付给利息，后又改为按每日存款平均余额付给代理手续费。

在此期间，邮政储金办理的业务，有以下几种：1. 存簿储金（又称乙种活期）；2. 支票储金（又称为甲种活期）；3. 定期储金；4. 定活两便储金；5. 保本保值定期储蓄存款；6. 生活存款；7. 有奖定期储蓄存款。

1953年9月，储蓄业务完全归银行办理，邮政储蓄停办。

（二）国务院决定恢复邮政储蓄业务。

为了给社会主义现代化建设聚集更多资金，1981年国务院决定恢复邮政储蓄业务，利用邮政网点众多的优势，广为收储民间零星资金，作为国家筹集资金的一条渠道，吸收的储蓄存款交给人民银行使用。邮政部门从各方面进行筹备。1986年1月，经中央财经领导小组决定，邮电部与中国人民银行发出开办邮政储蓄业务的联合通知，决定于当年春节前在北京、上海、天津、郑州、沈阳、石家庄、成都、西安、南京、广州、福州、长沙12个城市开办邮政储蓄。邮政储蓄的利息按国家统一规定的利率交付。人民银行按邮政交存的储蓄款按月累计日平均余额的2.2‰付给邮政机构手续费。

1986年3月10日，邮电部与中国人民银行签订《关于开办邮政储蓄的协议》。《协议》指出："邮政机构办理储蓄业务是一项利国利民的重要措施，它的基本任务是利用邮局点多、面广的特点，为广大人民群众提供储蓄方便，以达到积聚社会闲散资金，为发展国民经济服务的目的"。"邮政储蓄业务由邮电部统一管理"。邮政机构办理储蓄业务"必须贯彻执行国家的金融方针和有关法律规定"，"贯彻执行国家宪法关于保护公民合法的储蓄所有权的规定，个人的储蓄存款为个人所有，不得侵犯；实行'存款自愿，取款自由，存款有信，为储户保密'的原则"，并规定：

1. 邮政储蓄业务，受理个人人民币储蓄存款（包括互助金），不受理支票。

邮政储蓄和种类，先按银行现行的储蓄种类办理，以后可以结合群众的需要，由省、自治区、直辖市邮电管理局与当地人民银行分行根据各地的实际情况，开办新的储蓄种类。

2. 邮政机构吸收储蓄存款是中国人民银行的信贷资金来源，全部存放人民银行统一使用。

3. 邮局的邮政储蓄手续费率暂定三年不变。

《协议》下达后，邮政储蓄即在全国范围开展。各地邮局职工热情投入邮政储蓄业务的推广工作，利用邮政优势采取了各种服务措施：邮政汇票在邮局内部可以转入储蓄存款；储户可以向邮政储蓄点提出特需服务的要求，由邮局派人上门办理存取手续；组织流动服务，邮政外勤人员利用定额定期储蓄存单，按照整存整取办法向用户收储；利用电信网路开办异地邮政储蓄存、取款业务。这些服务措施，受到了社会和人民群众好评。至1986年年底，短短9个月，全国已开办储蓄点2715个，储户268万户，存款余额达到5.6亿元。1986年12月2日公布的《中华人民共和国邮政法》明文规定邮政储蓄是邮政的主要业务之一，给予了邮政储蓄以明确的法律地位。

第八章
国际邮政

　　国际通信是邮政通信的重要组成部分。中华人民共和国的邮政，在独立自主的和平外交政策与对外开放的方针指导下，努力沟通与各国人民之间的通信往来，发展同全世界人民的友好关系，促进国际上的经济贸易、科学技术和文化的交流，做出了应有的贡献。随着中国与国际关系的发展，国际邮政的通达地区、网路组织和业务经营有很大的发展，特别是进入80年代以后，发展更为迅速。

第一节　国际通邮关系和通邮网路的发展

　　早在中华人民共和国成立之前，1949年1月中国人民解放军解放北平、4月解放南京、5月解放上海时，中共中央都作了对外通邮联系的明确规定，指示各地邮政局保持原中华邮政建立的国际通邮关系。北平邮政局根据这一规定，1949年4月即恢复收寄和接收国际邮件；对于直达邮路不通的国家和地区，由满洲里交换转发。这个保护人民（包括外国人士）通邮利益的重要政策，成为社会主义新中国成立和发展国际邮政的初步条件。新中国成立以后，中国与日本及一些西欧、北美的国家，虽在一个较长的时期内未建立外交关系，但一直保持了通邮渠道。

　　1957年11月，中国同缅甸签订邮政包裹协定后，又开辟了从南方通往东南亚各国的一条国际邮路。

　　随着通邮国家和地区的逐步扩大及国际邮政业务的恢复和发展，国际邮件交换量不断增加。中华邮政时期与外国交换的邮件每年不到10万袋，其中和日本及欧美的几个主要国家交换的邮件占 60% 以上。1952 年，中国的进出口国际邮件交换量就增加到 28 万袋，1959 年达到 40 万袋，其中同社会主义国家的邮件交换量占 80%。60 年代初，非洲民族独立运动蓬勃兴起，中国又同非洲许多新独立的国家陆续建立了直接通邮关系。到 1965 年年底，世界各大洲同中国建立直接通邮关系的国家和地区增加到 77 个。在这时期内，中国除和东南亚、拉丁美洲、非洲的许多国家建立了通邮关系外，还和许多国家从 1949 年上半年起就一直保持着通邮渠道，因此中国国际邮路始终比较通畅。

1971 年，中国恢复了在联合国的合法席位。1972 年，中国在万国邮政联盟（以下简称邮联）的合法席位也得到恢复。随着外交方面这一重大胜利，同世界各国建立直接通邮的范围又有了新的发展。

1972 年，中国与日本商定，由日本东京经转中国同世界各地的进出口国际邮件。1973 年，与美国商定，中国广州与美国旧金山和奥克兰之间分别开办包裹直封业务。

这一时期，国际邮件的陆地运输，北方主要是从满洲里和二连浩特经由苏联发运，南方主要是从广州经由香港发运，并接收水陆路运来的邮件。与日本、联邦德国、英国、荷兰等国之间还利用远洋轮船带运进出口邮件。为了加快国际邮件的运输，大力发展航空邮政业务，除原有北京至莫斯科、平壤、巴黎、东京、卡拉奇几条国际航空邮路外，1974 年起，又陆续开通了与瑞士、伊朗、罗马尼亚等国的直达国际航空邮路。加上南方的通道中国香港，这样就使原来必须绕道布拉格经转的与亚洲太平洋地区各国交换的包裹，大大缩短了运输里程和时间，提高了邮运速度，减轻了用户的负担，方便了中国同第三世界各国间的通信联系。

1979 年后，国际间的贸易往来和多种形式的国际经济合作不断扩大和发展，国内经济特区和沿海 14 个城市对外开放，以及侨务工作的发展等，都给国际邮政带来了新的活力。到 1986 年，中国已与 113 个国家和地区建立了直接通邮关系。直接与国外封发交换国际邮件的国际邮件互换局[①]和交换站增加

---

① 国际邮件互换局是国际邮件的集散中心，对内与各省省会邮政局组成联接全国各级邮政机构的国际邮政通信网，对外同世界各个国家和地区的邮政机构互相直接封发国际邮件。

到 36 个，分布在北京、上海、天津、内蒙古、黑龙江、吉林、辽宁、山东、福建、广东、广西、云南、西藏、新疆 14 个省、自治区、直辖市，每天不间断地与国外交换大量的进出口国际邮件（见表 9）。

1986 年中国国际邮件互换局、交换站名单

表 9

省、自治区、直辖市	互换局兼交换站	互换局	交换站
北京市	北京		
天津市	天津		
内蒙古自治区	二连、满洲里		
辽宁省	丹东、大连	沈阳	
吉林省	图们、长白、集安		
黑龙江省		哈尔滨	绥芬河
新疆维吾尔自治区	喀什（托云）、塔城（巴克图）、伊宁（霍城）	乌鲁木齐	
上海市	上海		
福建省		福州、厦门	
山东省		青岛	
广东省	广州、拱北（珠海）	汕头、海口、深圳	
广西壮族自治区	南宁、东兴、凭祥、水口（龙州）		
云南省	昆明、河口、天保（麻栗坡）、畹町（暂停）		
西藏自治区	亚东	拉萨	聂拉木
全　　国	24 个	10 个	2 个

第二节　国际邮政业务

一、国际邮政业务的经营种类

中国国际邮政业务有函件、包裹两大类，分为信函、明信片、印刷品、盲人读物、小包邮件、保价信函、普通包裹、脆弱包裹、保价包裹、特快专递邮件和电子信函等 10 多种，按国际邮件寄递方式又分普通、挂号、航空 3 种。

上述各项业务，都可以航空邮寄，并可要求附寄回执。除保价信函必须按挂号手续办理，并对其丢失、损毁按保价金额负责补偿外，其他均可按平常或挂号邮寄。国际邮政函件资费是按《万国邮政公约》规定的标准和增减幅度核定和调整的。1950年至1955年，国际邮件资费共调整过6次，1977年至1986年调整了4次。包裹分为普通、航空、保价和脆弱包裹4种，按万国邮联《邮政包裹协定》以及与有关国的双边协议规定的范围办理。国际包裹资费是按万国邮联《邮政包裹协定》的原则分国核定和调整的，分为水陆路包裹和航空包裹两种。

新中国成立后，为了发展与全世界人民的通信联系，全国各地邮局自1950年1月10日起恢复收寄国际邮件；2月1日，又恢复收寄国际航空邮件；7至9月，先后恢复收寄发往欧洲各社会主义国家的包裹；11月，各主要邮局恢复收寄发往英国、美国、瑞士、加拿大、丹麦、瑞典等国的包裹。1957年，中国与大多数社会主义国家和一些欧洲国家开办保价信函和保价包裹业务；当年4月，北京、天津等13个城市邮政局，收寄发往苏联39个城市的脆弱物品包裹。到1986年年底，普通信函、明信片、印刷品、盲人读物和小包邮件可以通达全世界所有国家和地区；挂号函件可以通达113个直接通邮的国家和地区；保价信函通达世界89个国家和地区；普通包裹和航空包裹可以通达世界绝大多数国家和地区；保价包裹通达22个国家，脆弱包裹暂时只通达朝鲜、罗马尼亚、苏联等少数几个国家。

二、国际邮政业务的发展

新中国成立以后，国际邮政业务量增长很快。北京邮局的出口国际函件业务量，1949年为2.1万多件，到1959年已增至487.9万件，进、出、转国际邮件总交换量增加到2390多万件。1960年后，与社会主义国家间的邮政业务大量减少，国际邮件总交换量曾有所下降。1978年以后，国际间的贸易往来，经济合作、文化交流等活动日益增多，国际邮政业务量不断增长。1981年为6801.3万件，1984年即达到7528.0万件，1985年有所下降，但1986年又有所回升（见表10）。

国际函件业务量增长情况表

表 10

年　度	业务量（万件）	为上年的%
1981	6801.3	100
1982	7100.6	104.4
1983	7255.2	102.2
1984	7528.4	103.7
1985	6762.0	89.8
1986	6933.8	102.5

进口国际邮件业务，在 50 年代也有很大增长。在三年经济困难时期（1959 年至 1961 年），港澳同胞、国外华侨邮寄至国内的食品包裹数量较大。1961 年春，广州邮局经转的进口国际小包邮件，从每日平均 20 万件左右，骤然增到 140 多万件，与港澳地区毗邻的邮局和中缅边境交换站应接不暇，处理遇到困难，一时发生积压，致使有些包装不合格的食品包裹不能及时投送，给用户造成一定损失，邮电部门经过及时采取措施，调整生产组织，增强处理能力，疏通邮运渠道，确保了通信质量。1963 年起，随着国内市场供应逐步好转，进口邮包数量趋于正常。进入 80 年代后，进口国际邮件量明显增加。1974 年到 1977 年，每年进口国际函件均在 4000 万件左右，到 1986 年增加到 7120 万件。中国的对外开放政策带动了国际邮政业务的发展，而国际邮政业务的发展又促进了中国对外经济、文化的交流和人民的交往。

为了适应国际间经济合作和贸易往来迅速发展的需要，邮政部门于 1980 年 7 月 15 日，兴办了国际特快专递邮件业务。这项业务是专门为用户寄递时间性较强的商业性文件、工程图纸、合同资料、商品样本、设备零件、金融账单、贸易契约等文件和物品的。1980 年，中国办理这项业务的城市只有 6 个，通达 7 个国家和地区。到 1986 年已有北京、上海、天津、广州等 49 个城市，与新加坡、日本、英国、美国、法国、加拿大、荷兰、瑞士、澳大利亚、阿根廷、马来西亚、巴西、联邦德国、瑞典、卢森堡、埃及、挪威、泰国、葡萄牙、丹麦、突尼斯、阿联酋、意大利、希腊、卡塔尔、哥伦比亚、新西兰、比利时、塞内加尔、阿曼、圭亚那 31 个国家和中国香港、中国澳门地区互通特快专递邮件。1986 年进出口的特快专递邮件总量，由 1980 年的 3272

件增加到42万件。广州市1981年特快专递邮件出口922件，进口2046件；1985年出口增加到12787件，进口18495件。国际特快专递邮件业务在短短几年内得到迅速发展，说明这是一项适应客观需要，并很有发展前途的业务。这项业务的最大特点就是快。它严格按照规定的计划，环环相扣，紧密衔接，用最快的运输工具赶班发运，在邮局内部以最快速度专人负责优先处理，到寄达局后又由专人、专车投递，从收寄到投送比一般航空信函快2至10天。同时，它不按所寄物品性质分类，凡符合寄递条件的各种文件和物品均可混封一起交寄，用户十分方便。

国际特快专递邮件业务的兴办，便利了国际间的贸易往来，加速了相互间的资金结算，急用户之所急，取得了很大的社会效益，受到国内外用户的热烈欢迎。1980年下半年至1981年3月，中国银行大连分行利用国际特快专递业务，向美国办理索汇21笔总额1200多万美元的单据，比过去用普通航空寄递平均提前4天到达；向英国、瑞士、日本等国寄送收款账单49笔总额4239万美元，比过去平均早到2天多，仅此两项即可多得利息近10万美元。1981年，香港一位商人致函上海丝绸进出口分公司，提出要在一个星期内看到商品货样。上海丝绸进出口分公司即通过特快专递邮件寄送，这位港商一天后就收到了货样，很快做成了这笔生意。上海丝绸公司还利用特快专递，创办了印花真丝绸回头绸样的快速交货业务（丝绸外贸中，新设计的图样往往先印制少量货样，抛到市场上听取用户反映后，再决定图案的取舍及需求量，称为"回头绸样"），有力地促进了丝绸的贸易出口。由于特快专递邮件业务使货样、商品邮寄速度加快，在发展对外贸易中起了良好作用，被誉为对外贸易中的"前哨尖兵"。又如，上海一家中型企业到市邮局办理仪表鉴定书速递业务，要求务必在4天内送到孟加拉国首都达卡，如不能按时送到，外商不了解仪表性能，就不能签约，将失掉几千万元外汇生意。为了国家利益，邮政速递人员精心计算，选择最佳路线，并进行速递电脑跟踪，经各方密切合作，将该件准时寄到达卡，使外商非常惊奇。中国邮政速递，一时名闻遐迩。

三、国际邮政业务的管理

新中国成立后,国际邮政业务不断增加,国际邮政业务管理也随之加强。

首先,建立健全了整套国际邮件业务规章制度。国际邮件传递需要各个不同国家、地区的邮政部门互相配合连续作业才能完成。因此对国际邮件的规格、质量和作业处理,必须按国际的统一标准和要求,制定规章制度,严格执行。中国国际邮件业务规章制度,新中国成立后即着手制定,但多系单项内部规定。1960年,为便于用户使用邮政,邮电部颁布了《邮政业务使用规则》,统一规定各类国际邮件的书写规格、尺寸、重量、资费标准以及用户查询的处理方法等。1963年,颁布了《各类邮件处理规则》,其中对国际邮件的处理手续作了统一规定。1964年7月,制定了《国际邮件互换局和交换站处理国际邮件办法》。1972年修订规章制度时将有关国际邮件的规定单独编订为《国际邮件处理规则》,1980年又将历年有关国际邮件的零散规定汇编成《国际邮政业务规定汇编》。之后,又根据历次万国邮联大会的决议对有关规章制度进行了修改补充,基本形成一整套国际邮件业务规章制度,作为各级邮政机构处理国际邮件的依据。

其次,加强国际邮政人员培训,提高国际邮政人员素质。新中国成立之初,邮政人员缺乏处理国际邮件的经验,给通信服务工作带来很多困难。因此培训国际邮政专业人员,就成了一项当时非常急迫的任务。各省、自治区、直辖市邮电管理局相继举办了培训国际邮政专业人员的学习班,学习国际邮政业务和外语。随后,邮电部在西安、天津举办了国际邮政中专班,60年代又在北京、南京邮电学院和上海开办了国际邮政通信大专班,为国际邮政通信专业培养出一批业务骨干和专业管理干部,适应了国际邮政业务的需要。

第九章
邮政通信质量和服务

第一节　提高邮政通信质量

邮政通信不生产新的物质产品，它的生产过程就是用户的使用过程。在邮政传递过程中，任何环节稍有失误，都会给用户造成无法弥补的损失。每天24小时，亿万邮件在全国几万个局所间互相寄递，纵横交流，局所不分大小，邮程无论远近，都必须按照统一的规章制度，正常运转，密切协同，才能完成邮政通信任务。30多年来，全国邮政职工贯彻"迅速、准确、安全、方便"的方针，坚持不懈地提高质量，努力达到周恩来总理对邮政工作提出的"万无一失"的要求。

一、建立和贯彻统一的邮政业务规章制度

1949年10月以前，各解放区有各自的邮政规章制度，大部分新解放区还沿用着中华邮政的规章制度，内容尽管大同小异，但因具体要求不一，影响全面通邮。在1949年12月第一次全国邮政会议上，邮电部即提出必须尽快建立全国统一的邮政规章制度。邮政总局从1950年起，按邮政业务种类分别制定有关章则和制度，先后颁布了30种，并于1954年集中出版了《邮政业务制度汇编》。《汇编》在新中国成立初期统一全国邮政业务种类和规格要求以及企业内部的处理手续等方面，发挥了积极的作用。与此同时，邮政规程的起草工作也在着手进行。但开始时急于求成，调查研究不够，又片面强调"以苏联邮政规程为蓝本"，未能紧密结合中国实际情况，致使起草工作走了一段弯路。至1958年9月才制定了《邮政业务使用规则（草案）》，1960年

正式颁布实行。这是中华人民共和国成立后,全国第一个比较系统的对外正式邮政法规。它规定了各种邮政业务种类、服务范围、使用要求、资费标准等,使用户了解并正确使用邮政业务,也使邮局正确接受用户的委托、处理与用户的关系,是邮局和用户共同遵守的邮政规章制度。

为了使邮政内部作业有秩序地进行,以确保邮政通信质量,必须具体规定各个作业环节的处理手续,以及各个环节、各个局所间的协作关系,作为全国邮局在工作中必须遵守的共同准则。经过前后长达10年的努力,邮电部在1963年颁布实行《各类邮件处理规则》,以后又陆续制定了《国内邮政汇兑业务处理规则》和《报刊发行业务处理规则》。这些业务处理规则是总结全国各邮政部门多年来的实践经验而制定的,如邮政投递方面的"京津投递法"、邮政运输方面的京沪线计划运输经验、邮政分发方面的天津邮局平常函件分拣封发经验、邮政营业方面的北京东四邮电支局服务工作经验等都经过总结提高,上升成为制度。在邮政汇兑、报刊发行和农村邮政通信方面,邮电部也多次召开专门会议,总结推广先进经验。1955年第四次全国邮电工作会议通过的关于邮政通信服务水平的4项规定,对邮政局所的营业日和营业时间,各类邮件处理、运输和投递的时限和频次,对邮政生产过程的监督检查等,作了全面的具体的规定,这是中国邮政工作的一大进步。例如,规定各级邮政局所除少数市内邮电所或县属支局所外,均应全周营业;邮局和城乡邮电支局的对外营业时间一般应有8至10小时,有的延长到12小时或者更多一些;出口信函的处理时限不超过4小时,进口信函的处理时限不超过3小时;规定了市区投递频次和市内互寄信函的时限;等等。这些规定不但保证了邮件的及时传递,改善了服务,而且促进了劳动的合理组织,有效地提高了劳动生产率。为了保证邮政通信质量,邮电部门改变了过去只靠事后发验单查处差错的办法,强调实行各作业环节间交接验收制度,尤其强调在发寄局要自查、互查和专职检查相结合,将差错、事故消灭在"出门"之前。1964年,为进一步加强质量管理,邮电部颁发了《邮政通信质量管理办法(草案)》,在全国试行。1979年,又进行了修改、补充和完善,形成了比较系统的质量管理制度。

邮政业务规章制度也经受了"大跃进"和"文化大革命"两次大的冲击。"大跃进"中的"大破大立"实际上是只破不立，造成秩序混乱，全国通信质量下降。1961年后，从建立责任制入手，整顿邮政企业管理，严格执行各项规章制度，加强监督检查，并组织职工大练基本功，使通信秩序逐渐恢复正常，通信质量显著提高。1964、1965两年，是邮政通信质量较好的两年。但在1966年以后，邮政规章制度再次被破坏，管理极其混乱，通信质量严重下降。

粉碎"四人帮"后，经过拨乱反正，全面修订了被破坏的规章制度，邮政通信重新走上了"质量第一"的轨道。1980年，邮电部根据国家经济委员会《工业企业全面质量管理办法》，结合邮政特点，重新制定了《邮政通信质量管理办法》。《办法》将传统管理与现代化管理结合起来，强调实行全员、全过程和全部门管理，贯彻"预防为主"，重视质量教育，对邮政通信过程中的质量控制、监督检查、考核奖惩等提出了具体要求和措施。各地邮政部门随后广泛开展"质量月"活动并组织通信质量大检查。1980年至1985年，邮政总局三次召开全国邮政通信质量管理小组代表会议，交流经验。在企业整顿中，把质量管理列为首要内容。

在全国邮政部门的共同努力下，邮政通信质量得到较大的改善，管理水平也有较大的提高。但是邮政业务在新形势下发展迅速，邮政企业新人员大量增加，培训工作跟不上，职工业务水平较低，"有章不循"的状况仍有发生，特别是在农村地区，邮政管理比较薄弱，加上邮政服务设施、生产场地、通信能力和技术装备不足，也给质量管理带来困难。贯彻规章制度、加强质量管理仍然是邮政通信中首要和迫切的任务。

二、开展以提高通信质量为主要内容的劳动竞赛

为了发动邮政职工不断改善服务，提高质量，邮政部门行政和工会一直采取各种方式发动群众，开展劳动竞赛。劳动竞赛的主题始终围绕着改善服务和提高通信质量，通过不断总结推广先进经验、组织比学赶帮活动、学习先进集体和模范人物的先进思想和操作方法，使各个岗位不断创出通信服务

的新水平和新经验。

1952年，邮电部门开展爱国主义劳动竞赛，总结了天津邮局分拣科实行交叉作业和平行流水作业的经验以及山西省榆次邮电局投递员张道中一年处理23万件邮件保持无差错的经验，为邮政部门开展竞赛树立了旗帜，并为正确进行邮政生产改革开拓了道路。1956年，在北京召开了全国邮电先进生产者代表会议。会上交流了邮电工作的各项先进经验，其中邮政方面的先进经验有44项。会后，重点推广了包括北京邮局投递员罗淑珍的投递工作方法在内的33项经验。1958年，全国推广北京东四邮电局改善服务、哈尔滨邮局李荣分拣信件等经验，并进一步发动群众，开展服务态度好、消灭差错事故好、完成时限指标好、整齐清洁好、协作配合好，以及比服务态度、比质量、比协作、比效率、比节俭、比整洁的"五好""六比"竞赛活动。随着竞赛的深入开展，每年都涌现出大批先进人物和总结出一些先进经验，邮件分发、运输、营业、投递等各个主要工种都树立了标兵；各单位还培养了很多"小先生""小老师"，作为推广先进经验的骨干。

1959年在全国邮电部门开展的"一条龙"大协作竞赛，是邮电部门劳动竞赛形式的重大突破。它打破了过去按各个部门、各个工种间的组织竞赛方式，按照邮电传递过程组织上下环节的紧密协作，从而有效地提高了全程全网的通信质量。它的组织形式和领导方法，符合邮电机构分散而邮电通信要求高度集中统一和绝对协调一致的特点。邮电部在成都召开现场会议，介绍四川省邮电部门的经验，又召开了有全国1600多个邮电企业约20万职工参加的电话会议，在全国邮电部门中掀起"一条龙"大协作竞赛的高潮。接着，北京、上海、天津、沈阳、西安、武汉、广州、重庆八大城市又开展了局际竞赛。在各地邮政企业内部，分别按通信过程的各个环节，组织"小龙"竞赛，"小龙保大龙"，环环衔接。在邮政部门中，"一条龙"竞赛一直是竞赛的主要形式。"文化大革命"中"一条龙"竞赛活动被迫停顿。粉碎"四人帮"以后，各地邮局又先后恢复了这种行有成效的竞赛形式。例如，上海邮电管理局从1980年起组织邮局、报社间的"一条龙"竞赛，将报纸的编辑、印刷、出版、发运、投递等统一组织到竞赛中来，邮报双方密切协作，报社准时出版,邮局准时投送,使全市的市区读者都能在上午 8 时上班时看到报纸,郊区读者也能在上午看到报纸,实现了"早报早送"的目标。1981 年,不少基层企业组织了"假如我是一个用户"的讨论,开展了"服务良好"竞赛。辽宁、吉林、黑龙江、陕西等省邮电部门,开展了青年对口赛,争创最佳通信质量,最佳服务态度,最佳业务技术水平和争当五好文明青年。1985 年,邮政总局又总结推广了 14 个省、市营业班组改善服务和提高质量的经验。

三、组织邮政职工练基本功

邮政企业虽是劳动密集型企业,但邮政网路四通八达,生产组织严密,新的技术设备不断投入使用,因此职工业务技术水平的高低,对保证邮政质量、完成通信任务具有决定性的作用。对职工进行基本技能的训练,是邮政企业的一项基础建设。除"文化大革命"动乱期间以外,邮政部门的练功活动一直坚持进行。1955 年,邮政部门按各类生产人员的应知应会要求和技术等级标准组织职工开展岗位练兵活动,组织先进人物作操作技术表演,对职工进行业务技术考核。1956 年,全国邮电先进生产者会议召开。会议有力地促进了各地岗位练兵的深入开展。此后,全国邮政部门曾 3 次掀起练功比赛的高潮。第一次是 1959 年。各省、市邮政局提出边比赛、边表演、边总结,把技术表演赛的过程变成总结推广先进经验与技术革新的过程。第二次是 1960 年 3 月。邮电部召开全国邮电技术表演赛大会,总结出 90 多项成套先进经验,其中邮政方面的有 31 项。第三次是 1964 年至 1965 年。在大学解放军的同时,掀起练基本功高潮,要求做到思想红、作风硬、技术精,练好过硬本领。1978 年后,邮政部门的练功活动每年持续开展,并不断刷新纪录。

邮政部门的练功活动强调做什么、练什么,缺什么、练什么;围绕提高质量和改进服务的要求,从难从严,提倡一专多能;要求各级干部带头练,做出表率。练功活动成了邮政职工日常生活的一个组成部分,使职工的业务操作水平有很大提高。许多邮政营业员能记熟四五百个县的包裹资费和全国邮程;发行员能记熟三四百种甚至更多的报刊名称、刊期定价;分拣员能掌握三至五个分拣地区的分拣操作；火车押运员能押运两三条路线；投递员能投送四五个不同道段的邮件。据1959年、1960年统计材料，营业员平均收寄一件包裹的时间，从练功前3分多钟缩短为2分钟以下，先进纪录不到1分钟；开发20张汇票的时间从练功前40多分钟缩短为30分钟，先进纪录只需10分多钟；投递员排列信件时间从每100封需时12分钟缩短为6分钟；分拣员每小时分拣信件从2000多件提高到4000多件，先进纪录达到8000件以上。

在练功中，各地总结了许多单项的和成套的操作经验，并且改进和创造了不少工具。由邮政职工自己动手制作的营业工具盒、投递排信器、汇票款额戳等各种小工具，在提高工作效率上起着很大作用。广东省海口邮局职工创造了分信板，将分拣员单手分拣的操作方式改为双手分拣，大大提高了邮件的分拣效率。

由于练功活动紧密结合提高邮政服务质量进行，因此效果较好。营业员熟记各种业务的制度规定、不同地区的包裹资费和各种报刊目录后，窗口处理效率大大提高，答复用户询问清晰周到，使对外服务显著改善。邮运调度人员掌握大量地理知识和交通运行状况，遇特殊状况能迅速灵活调度，确保邮运安全。邮车驾驶员掌握汽车修理技术后，对行车中一般故障能自行修理，保证了邮件运输时限。城乡投递员不仅通过练功提高了排信、点数等技术，而且进一步掌握和熟悉投递路段的情况，不但对村镇街巷、门牌院落，而且对居民家庭情况包括上下班时间、有无老弱病残、在外地有无亲友乃至婆媳关系等也了如指掌，使服务工作越做越活。在全国邮政部门中，出现了为数众多的"活地图""活户口簿"。

第二节　改善邮政服务工作

优质高效的服务，是用户的要求，也是人民邮政的宗旨。广大邮政职工在服务中创造了许多宝贵经验，涌现了无数动人事迹。邮政服务机构被称为社会主义精神文明的"窗口"，邮政人员特别是投递人员被人民誉为"绿衣使者"和传播精神文明的"前哨兵"。

一、破衙门作风，送服务上门

破除中华邮政的"衙门"作风，是中国人民邮政服务的一项重大改革。"衙门"作风的主要表现，一是邮政原有的一些规定，既不方便用户，又束缚着职工改善服务的积极性；二是自恃独家经营，坐等顾客上门。邮政营业方面表现得更为突出。早在1950年，邮电部就提出了消灭旧中国遗留下来的"衙门"作风，努力改进服务的要求。1958年，又同邮电工会全国委员会一起总结推广了北京东四邮电局改善服务的经验。《人民日报》就此还发表了《大开方便之门》的社论。全国邮电部门掀起了改善服务的热潮，先后采取各种措施。

延长营业时间。在新中国成立初期，各地绝大多数邮局都沿用中华邮政的规定，中午、晚上和星期日不办理包裹、汇兑业务，使群众很不方便。50年代初，根据人民群众的要求，全国邮政局所改为整天办理各项业务，并根据实际需要延长营业时间，遇星期日和业务繁忙时，还适当增加营业窗口，减少用户排队等候时间。农村邮电局所，逢集市时即使在休息日也照常营业，方便农民用邮。不少地区的邮电局所对外营业时间每天12小时以上，较其他行业的对外营业时间为长。

代填邮政单式。中华邮政规定不准营业员代用户填写邮政单式，这不仅脱离当时中国广大劳动人民中文盲较多、不会写字的实际情况，给用户造成很大困难，而且也束缚了邮政职工改善服务的积极性。在改善服务过程中，各地邮局学北京东四邮局改善服务经验，破除了这一陈规，在用户要求下为不会填写单式的用户代为填写，受到劳动人民的欢迎。

提供包装用品。为了方便用户，各邮局营业窗口准备了包装纸、木箱、针线、钉、钻子、锤子等供用户使用的物品，天津和沈阳市有的邮电支局还专为老年人准备了不同度数的老花镜，以及市内导游图、列车时刻表等。

简化收寄手续。各邮局在受理业务时，执行"先外后内、先简后繁"的规定，减少用户等候时间。要求营业员"一专多能"，通晓几种业务。在营业窗口实行"一手清"，使用户不论走到哪个窗口都能一次办妥几种业务。

推行上门服务。为方便群众，各地邮局在车站、码头、机场及列车、轮船上为旅客收寄信件，出售邮票和报刊；逢节日或集会组织临时邮电服务处，或派出流动服务车。对未设邮电局所或离邮局过远的工厂、矿山、林区、基建工地，则按照分布地点、业务量和发工资日期，定期定点派人上门服务，辽宁、吉林、黑龙江3省在1954年一年中就先后抽出人员组成403个流动服务组，同800多个单位建立了定期上门服务的关系。广西融安县邮电局为流动的林业工人服务，专门抽调人员在10余里范围的5个采伐工地上收投信件、汇款，林业工人说："人民政府真是想得周到，我们在山里工作，连寄信、汇款都派专人来办理。"

二、"一封信一颗心"，全心全意为人民

邮政投递是邮政通信的最后一环。广大城乡投递员每天走街串巷，联系着"千家万户"，他们服务工作的好坏，直接影响着人民利益和邮政信誉。

自1952年邮电部和邮电工会全国委员会总结推广"京津投递法"后，邮政投递工作的服务质量有很大提高，各地涌现了一大批优秀投递员，北京市邮局女投递员罗淑珍是其中突出的代表。她对人民群众满腔热情，对自己投递的每一封信、每一份报刊，在任何情况下都坚持一丝不苟，万无一失。她处处为群众着想，态度和蔼亲切，服务细致周到。从1953年8月到1963年年底，连续十年零五个月，总共投递邮件、报刊288万余份，没有发生差错和延误。"一封信一颗心"，是她全心全意为人民服务的深刻体会，也是广大邮电职工不断改善服务的行动口号。她的先进事迹，被编入了小学课本，作为学习的榜样。

（一）"三送三带"，处处为用户着想。

按照规定，包裹和汇款应由收件人到邮局领取。但广大投递员为改善服务，方便群众，在投递过程中实行"三送三带"。"三送"就是为有困难的用户送包裹、送汇款、送特种挂号信函。"三带"是带邮票、带信封和带信纸，使用户不出门即可寄信。以后又发展到带钢笔，为用户代写信；带印泥，供用户接收邮件盖章用。这些行动受到了广大群众的称赞，很多人委托投递员代寄包裹、代汇款、代订报刊，甚至代购生产生活用品。内蒙古苏尼特右旗

乡邮员、著名劳动模范巴图达来，23年如一日，不但投递邮件报刊97.5万件未发生差错，而且坚持为牧民收寄平信、挂号信、代订报刊等，被广大牧民称为草原上的"活邮局"。四川新都县盘龙邮电支局依靠9个投递员"三送三带"，把邮政业务办到田头、地角，使群众"取款不用上街，寄信不需赶场"，曾在三年中送汇款、包裹、特种挂号等2.5万件，为用户节省了很多劳动日，深受群众欢迎。

（二）千方百计复活"死信"。

所谓"死信"，是指信件上收信人和寄件人的地址、姓名书写不清或书写错误，既无法投递，又无法退回的"无着邮件"。中华人民共和国建国初期，由于许多劳动人民不会写信，托人代笔，误写地址的较多；以后，随着城镇建设发展，街道、门牌变换，这类"死信"一直没有减少。在这些"死信"中，很多是由多年背井离乡、渴望与亲人重通音讯的人寄发的。广大投递员本着为人民服务的精神，宁愿自己多吃苦，不让用户失望，总是千方百计查找线索，把这些信件送到收件人的手中，涌现出无数感人的事例。

1953年，天津市邮电劳动模范王文秀投递一封写着"福安街小狗子妈妈收"的信，他遍访福安街一带的里弄，终于在致远里找到那个小名叫小狗子的孩子，把信送到他的家中，一时传为津门佳话。

合肥市邮局投递员王晋生，参加工作4年，投递邮件416万件无差错，还复活了疑难信件1100余封。1982年夏，从美国寄来一封寻人的信件，地址不明，他为了找到收信人，跑遍了全市各个角落，访问了400多个用户，给寄件人写信两次询问情况，查找线索，花了13个月时间才妥投了这封信。收件人十分感动，说小王"对用户比亲人还亲"。他曾使一位用户收到失散30年的哥哥从海外寄来的信，用户为了表达感激之情，赋诗赞美说："战乱手足别，天涯两地分。生死难臆断，家书抵万金。沧海桑田变，茅屋何处寻。幸有绿衣者，为民传佳音。"

1980年，湖北省监利县邮电局接到香港《大公报》社转来从台湾省发出的信，寻找离别30多年的妻子和女儿。监利县邮电局深知这位在台同胞望眼欲穿的心情，立即派人冒着风雨到处查找，经过多方打听，终于找到了他78

岁的老伴和女儿。母女俩收到这封信后,激动得热泪盈眶。

1983年,南京市邮局投递员禹正秋,收到湖北省黄陂县一位农民来信,要求帮助找她的弟弟小八子,她俩是在"七七"事变中逃难路上失散的。禹正秋凭着信中提供老家住在大行宫或太平桥一带的线索,利用工余时间到处查找,终于促成她姐弟在离散46年后重逢。

在全国邮政系统中,这类感人的事例不胜枚举,每年复活的这类"死信"数以十万计。为了有效地减少这类"死信",各地邮局加强了"正确书写信封"的宣传,并及时了解掌握本地街坊、宅区和机关企业的变动情况。

三、为党政军和中心工作服务

为保证各地党政机关传递政令、联络公务的需要,邮局除了在各级政府所在地设立服务机构(1985年全国乡以上政权机关所在地有64.8%设立了邮电分支机构,99.6%通了邮路)外,有的还在党政机关内专设局所,逢重要会议和政治活动时,邮局都在会场和代表驻地组织专人服务。对党政机关交寄的重要文件,邮局组织专发专送,确保迅速、准确、安全、保密。

新中国成立后,邮电部门对中国人民解放军实行平信免费办法,1969年取消免费,1984年实行义务兵平信免费办法。为国防服务,是人民邮政的重要任务,也一直是人民邮政的优良传统。无论在抗美援朝中组成军队邮局随军渡江入朝,还是在福建前线为守岛战士投送信报,邮政工人都不顾艰险,克服种种困难,积极为人民子弟兵服务。新疆天山深处的喀什邮电所,为适应部队培养"两用人才"的需要,在部队驻地附近开设"拥军邮亭",1982年到1984年出售文化、科技图书13万册,被战士誉为"传播知识的窗口"。昆明市官渡区邮电局职工,二十年如一日为子弟兵服务,当部队开往老山前线时,他们及时将3000多封信和大量报刊转送前线,军区某部政治部代表部队指战员送给他们一面锦旗,旗上绣着"军人心中的鸿雁"。

邮政部门历来重视为党和政府的中心工作服务。中华人民共和国建国初期,邮政部门配合土地改革和抗美援朝斗争,重点组织邮政通信服务。当国家转入大规模经济建设后,厂矿、企业、牧场、道路、水利工程到处兴建,邮政部门克服困难，及时主动地提供邮政服务。1960年开发大庆油田时，油田指挥部所在地仅有一个拥有7名职工的邮电支局。为了支援油田建设，邮电部门迅速调集了百余名干部、职工，与石油工人并肩战斗，吃在井场，睡在帐篷，油井打到哪里，邮电就服务到哪里。1985年，大庆油田邮电职工已有856人，建立了72个邮电分支机构、2347公里邮路，沟通了大庆油田内外的通信联系，为大庆油田的开发和建设做出了贡献。在全国创办最早、规模最大的黑龙江垦区，90多个大型农牧场地处边境，交通落后，邮政部门为了支持农垦事业，多方筹集资金，抽调人员，开辟邮路，设置局所。仅据农场比较集中的宝清、虎林等6个县统计，到1984年已建立邮电局所144处，邮路长度由1952年的1014公里增为3136公里，仅宝清县一年就订报6万份。1954年，治理洞庭湖工程开工，沿湖10多个邮电局抽调400多人到治湖工地服务，以治湖工程指挥部驻地为中心组成邮电通信网。全工区设立了2个临时邮电局、6个营业处、数十个工地服务组。从工程指挥部发出的公文、邮件和报刊，当天或隔天即可送达各个工地，使治湖工地邮电通信畅通无阻。工程结束后，工程指挥部授予邮电部门锦旗，并有76名邮电职工立功受奖。还应该特别提到的是，随着中国南极科学考察基地的建立，1985年2月20日，在南极建立了"中国南极长城站邮局"并开始营业。11月15日，全国开放至南极的信函业务。

1976年7月28日，河北省唐山发生了7.8级强烈地震，唐山邮电局的邮政楼全部倒塌，68辆邮运车辆被砸毁55辆。在此危急时刻，唐山的邮政干部职工，不顾亲人伤亡、家产被毁，顽强地投入了恢复邮政通信的战斗，仅仅在3天内即开通了唐山至京津两条航空邮运线和2条自办汽车邮路，接着又恢复了唐山市区及其各县的邮路。8月底，全市原有25个邮电局所，有15个恢复营业；88个投递段，恢复了71个；每天投递报刊42万份。投递员们在一无街道，二无路标，三无门牌的废墟中，调查访问用户，重新编写新路段，至1977年1月全面恢复邮件投递到户，全市邮政服务也基本恢复到了震前水平。邮政通信的迅速恢复，对抗震救灾和建设新唐山做出了积极贡献。

四、端正局风，接受社会监督

邮电职工具有优良的传统和作风，新中国邮电事业在社会上享有良好的信誉，即使在"文化大革命"动乱的情况下，广大干部职工仍能自觉维护信誉。进入80年代后，通过整党和企业整顿，不断端正业务工作指导思想，开展通信服务质量大检查，对干部职工组织了各种培训，通信服务工作不断取得进步。但是，由于十年动乱的破坏，社会上不正之风的影响，以及对大量新增人员教育不力，个别职工私拆、毁弃信件，贪污挪用汇兑款和盗窃包裹等现象屡有发生，损害用户的利益，造成了很坏的影响。1986年2月14日，中共中央书记处在听取邮电部党组关于为精神文明建设服务问题的汇报时指出，要"认真整顿邮电队伍，坚决打击违法犯罪活动"。3月14日，邮电部在全国邮电部门电话会议上，部署了在全国邮电部门开展以整顿队伍、打击违法犯罪为重点的端正局风活动。全国各邮电部门，狠刹行业不正之风，打击破坏通信的违法犯罪活动。通过整顿，到1986年年底，邮政部门利用邮车捎、买、带谋私，利用发行报刊吃请、受礼和抽窃报刊等不正之风基本刹住；对贪污、盗窃等犯罪行为进行了认真查处，打击了一批犯罪分子；服务质量有所改善，用户申告和查验单基本上做到了认真查实处理。邮政职工的精神面貌发生了可喜的变化；各级领导干部改进作风，深入基层调查研究、检查指导工作；广大邮政职工以主人翁态度积极努力工作，忠于职守，文明服务，在平凡的岗位上涌现出许多一心为通信、一心为用户和不重金钱重信誉的好人好事。

五、平凡的岗位，不平凡的业绩

随着邮政事业的发展，邮政职工队伍日益壮大。1986年年底，全国邮政生产人员已达31.4万人，比1949年增加5倍。在祖国辽阔的大地上，从东海之滨到青藏高原，从白山黑水到南海诸岛，到处都有邮政职工的足迹。30多年来，在这支队伍中，涌现了一批又一批先进生产者和劳动模范。邮电部先后于1956年、1959年、1977年和1985年召开了全国邮电先进生产者先进集体代表大会、全国邮电群英会、全国邮电部门学大庆会议和全国邮电劳动模范先进集体表彰大会。1982年,邮电部还专门召开全国优秀投递员大会,有104名城乡投递员荣获"优秀投递员"称号。许多邮政职工先后被评上地方的劳动模范和先进生产者。他们和广大邮政职工一道,肩负着党的委托和人民的希望,日复一日,年复一年,坚守岗位,昼夜辛劳,为了完成邮政通信任务而努力,在平凡的工作岗位上创造着不平凡的事迹。

在邮政营业战线上,如辽宁省阜新市新邱中部邮电所营业员田志仁,进局20余年,以局为家,从各方面熟悉自己的服务对象,热情周到地为用户服务,"宁肯自己麻烦千遍,不让用户感到不便",办理信函、包裹、汇兑等各类邮件28万件,没有发生过任何差错,当地群众敲锣打鼓,送他一块写着"优质服务十八年"的大红匾。

在邮件分发战线上,如哈尔滨邮局分拣员李荣,坚持勤学苦练,创造出每小时分拣平信9126封的最高纪录。她的先进操作法在全国邮政部门推广后,邮件分拣效率显著提高。北京市邮局分拣员赫景兰,在分拣岗位上埋头苦干了30多年,没有出过差错。她为了搞好分拣,将全市4万多个地名、单位名都熟记在心;每年人大、政协开会,代表、委员来京2天后,谁住在哪个宾馆她都默默记住,准确分发信件,成了北京的"活地图"。

在邮件运输战线上,如山西省太原邮局火车押运员石书亭,坚持质量第一,他经手押运的邮件13.5万袋套,从未发生任何差错。新疆维吾尔自治区邮政汽车驾驶员马高左牙,在风雪山路、翻浆地带,连续2年安全行车4.6万公里,胜利完成邮运任务。上海至乌鲁木齐的押运15班,在社会上不正之风一度猖獗时,坚持以身作则,拒绝捎、买、带,确保邮运质量,"一路清风八千里",为邮政运输战线树立了楷模,受到了社会上的好评。

在邮政投递战线上,如吉林省浑江县乡邮员宫本玉,从1956年参加工作到1982年,每天爬高山、穿密林,不顾寒风大雪、豺狼出没,坚持为农民送信送报,从未请过一天假、误过一次班,26年中共步行22万公里,等于绕地球5周半。他受到农民的极大爱戴,被称为"乡邮路上的铁人"。青海省同仁县乡邮员杰果,负责近百里的乡邮投递,这条邮路要翻4座山、淌4道河,还要穿越大片原始森林。他骑马背枪在这条邮路上跑了23年,投送邮件17

万余件，无任何差错延误。哈尔滨邮局投递员刘福明，对投递段内 1200 多户、5000 多人的姓名、年龄、工作单位等都了如指掌，10 余年中投递 400 万件邮件报刊无差错。

邮政战线上这些先进人物的高尚品德和服务精神，集中地反映了新中国邮政人员的精神面貌。他们的先进思想和先进事迹，已成为全国邮政职工的学习榜样。

第十章
邮政技术革新和技术装备

1949年以前，中国邮政技术十分落后，除了邮件运输使用少量机动的交通工具，以及上海等大城市邮局装有一两台滑槽和链板传送机外，其他邮政作业几乎全靠手工操作和肩挑背扛，工作效率低，劳动条件差。新中国成立后，经过广大职工和技术人员的努力，邮政技术装备有了较大改善。在邮政运输方面，除了依靠铁路交通部门的运输手段外，大量置备了各种机动运输工具。到1986年，共有火车邮厢519辆，汽车9254辆，机动船19艘，摩托车12641辆，自行车131623辆，集装箱1030个（见表11）。此外，尚有装卸邮件用的叉车276辆，牵引车333辆，拖挂车4073辆，提高了装卸搬运效率。在邮件收寄和处理方面，也有了一定规模的机械化、半机械化和自动化设备。到1986年，共有自动出售机1108架，包裹收寄机3156架，包裹分拣机148台，邮件传送机307架，报刊捆扎机371架等（见表12）。其中，有一些设备的技术水平，接近70年代末期国际水平。

第一节 邮政部门的技术革新

一、在落后的基础上起步

邮政作业多是手工操作，劳动强度大，特别是邮件搬运装卸和分拣封发部门，需要赶班赶点，工作十分紧张。邮局的转运人员和过去的码头工人不相上下，每班装卸的邮袋、报捆有一两千件，加上重复倒手，重达数十吨，全靠手搬肩扛。尤其是在大的铁路车站上，停车时间只有几分到十几分钟，要装卸五六百个二三十公斤的邮袋，即使在冬天，一班下来也是汗流浃背。

邮政自备主要运输工具发展情况表

表11

年 份	火车邮厢（辆）	汽 车（辆）	机动船（艘）	摩托车（辆）	自行车（辆）	集装箱（吨/个）
1949		427	19	78	5675	
1952		399	18	87	11647	
1957	51	974	10	411	27136	
1962	170	1378	11	850	42698	
1965	171	1587	8	923	54355	
1970	221	2449	22	4743	79106	
1975	298	4649	42	16211	110333	
1978	372	6722	51	25411	117437	
1986	519	9254	19	12641	131623	5150/1030

1986年邮政主要专用技术设备情况表

表12

项目名称	单 位	数 量
自动出售机	架	1108
包裹收寄机	架	3156
自动信函分拣机	台	2
半自动信函分拣机	台	2
印刷品分拣机	台	2
包裹分拣机	台	148
邮件传送机	架	307
报刊捆扎机	架	371
报刊分发流水线	套	2
信函分类理信机	台	1
邮袋分拣系统	套	18
人工标码台	台	2
邮件升降机	台	279

注：信函分类理信机为试用设备，已经技术鉴定。

50年代初期，包裹分拣是在车间内摆地摊，大城市的邮政分拣人员整天捧着包裹来回走动寻找堆位，每班走动几千次，行程几十里，弯腰上千次。信函分拣则靠在分拣格前甩胳膊，一班下来，甩动上万次，臂酸眼花，40岁以上的工人一般不易坚持下去。邮政作业不仅十分劳累，而且工作效率低，劳动条件也相当恶劣。

随着国民经济的发展，邮政业务量的增加，长期沿袭下来的操作方式已远远不能适应生产发展的需要,特别是一些大城市邮局业务的压力最大。1954年,北京、上海、天津、沈阳等邮局,各自从本局的业务需要出发,开始从事信函、包裹分拣机的研制工作,并研制出多席位、单席位信函分拣机和半自动包裹分拣机。虽然这些设备由于技术没有过关,投产使用后不到两年便相继停用,但毕竟是中国邮政技术从此起步了。

二、邮政部门技术革新的发展

1958年,全国掀起技术革新、技术革命高潮(简称"双革"),邮政技术也得到了大发展。

1958年7月,邮电部在北京召开全国邮政技术革命比武大会,号召职工群众解放思想。全国邮政职工响应号召大搞"双革",研究出各种类型的邮政专用设备,其中有信函、包裹分拣机,自动出售、收寄机,自动磅秤,数刊机,自动捆袋机,运输邮件集装箱、托盘及各项用品用具等。特别是自动出售、收寄设备有了较大突破。1958年国庆节前夕,在北京王府井大街邮局进行了自动化试验。1960年,上海市邮局在卢湾区邮局又进行了一个规模较大的自动化试验。

此后,全国相继设置自动化出售机群的邮局就有二三十个。上述各项设备,有一部分由于技术上没有过关或设备不配套而逐渐被淘汰,有相当一部分则经过改进提高后,坚持使用了下来。邮政部门的这场群众性革新运动,使邮政职工和干部改变了"邮政没有技术,也不需要技术"的认识。这一时期,在上海、北京、天津、沈阳、南京等城市,还先后成立了邮政科研机构及邮政机械制造厂。1961年12月,邮电部召开全国邮政工作会议,进一步明确了"奋发图强,自力更生,坚持工人、技术人员、管理干部三结合的工作方法,吸收国外科学技术成就,逐步实现邮政通信的机械化、自动化"的方针。

1965年,邮电部在北京、上海正式成立邮政研究所,大多数省市局也逐步增设了相应的邮政技术研究机构。随着邮政科技力量逐渐加强,群众创造的设备得到了改进与提高,如北京、上海邮局的包裹分拣机都是此时期内研制成功并投产试用的。

1966年"文化大革命"开始后，一部分省市邮局仍在困难中坚持进行研制。1967年，北京市邮局研制成功自动包裹收寄机。1970年前后，北京、上海、沈阳等邮局的包裹分拣车间的技术改造工作相继完成，分别建成了相当规模的机械化包裹作业流水线。

1978年全国科学大会后，邮政技术革新出现了欣欣向荣的局面，在运用计算机技术、光学技术等进行信函、包裹自动分拣、研制新型的运输、装卸、捆扎设备，以及汇兑稽核、报刊要数实行计算机处理方面，均先后获得成功，并投入应用。1979年，邮电部颁发了《邮政发展技术政策》。1984年11月，国家科委又进一步制定了《发展我国邮政技术的政策要点》，明确制定了邮政技术的发展方向和重点，邮政部门的技术革新进入了新的时期。

第二节 邮政技术设备的应用

新中国邮政技术装备，除运输工具系向国家物资部门和运输部门订购外，大部分是自行研制的。由于这些技术装备面向生产，着重实际，投产后效果较好。

一、窗口营业设备

自动出售和收寄的设备，1974年经邮政总局技术鉴定并委托江苏省邮政机械制造厂批量生产，在全国邮局推广使用。这种自动出售设备结构紧凑，性能也较完全，可以接受不同组合的硬币，并有找币、显示装置。由上海研制的SPD-1型兑币自动售票机，可以接受纸币。1979年9月，上海卢湾区邮局还采用了一台小型计算机对全局出售设备进行控制，并对该局营业窗口营业收入进行统计分析和打印报表等工作，为提高邮电支局的管理水平迈出了第一步。但由于自动出售设备不配套，缺少卷装邮票，以及经济效益不够显著等原因，各地邮局推广使用尚不普遍。

包裹自动收寄机由自动磅秤、计算电路和打印设备组成，可以自动计算资费，并在三联包裹详情单上打印出包裹重量、应收资费和收寄日戳，全过程只需4秒钟,大大缩短了包裹收寄时间。这种自动收寄机已在大中城市邮局中普遍推广使用。程控取包机械手是由杭州市邮局职工郁雅夫等于1974年研制成功的。1982年,这种设备经浙江省邮电科研所徐徐等改进后,已在大城市邮局推广使用。它主要由贮包架和一个取包机械手组成,通过一台单板机的程序控制,可以根据窗口营业员的取包指令(操纵键盘),将需要投交的包裹自动取出,全过程只需16秒钟。该机还可以将需要投递的包裹自动存放到贮包架的指定位置上,贮包架的容量为500件。

二、邮件分拣设备

北京、上海邮局于1964年分别使用机电模拟控制的单席位直线型和环型包裹分拣机,设计效率为每小时1800件。1979年以后,杭州、上海和邮电部邮政科研所又分别研制出由微机控制的包裹分拣机和印刷品分拣机,有4个分拣席位,可以自动上包并具有设备自检、统计、打印及数据处理等功能。整机效率达3600—5400件/小时,分拣格口100—200个,显著提高了设备的处理能力。上述设备经逐步配套,从进袋传送、开拆除尘、分拣入格到出袋,整个生产过程组成了机械化流水作业线,在全国大中城市推广使用。

1978年,广州邮政枢纽局安装推挂式邮袋传送分拣机。该机在同步电路的控制下可将邮袋分拣到108个路向,设计效率为900袋/小时,滑轨总贮存量为300袋。该项设备经改进完善后已用微机控制并在新建枢纽局中推广使用。

在信函分拣设备方面,经上海邮政研究所总工程师王琪等科技人员的努力,于1978年研制成功了中国第一台自动识别手写体邮政编码的信函分拣机,1981年经邮电部鉴定,曾于1983年分别在上海、广州市邮局试用,但因邮政编码尚未普遍推行,未能进一步推广使用。1983年后,又相继研究出3席位、5席位的按键式信函分拣机,分别安装在浙江省余姚和江苏省无锡邮电局试用,效果较好。

三、邮件传送、搬运和装卸设备

邮件传送、搬运、装卸设备主要集中在一些大城市，大多数是通用设备，如牵引车、拖车、电动搬运车、叉车、电梯和传送、升降设备等（除某些邮件有特殊要求的，如邮袋吊挂传送机、集装箱倾翻器和邮件专用升降设备等以外），一般市场可以买到，不需自己研制。邮政大量使用的因地制宜型的传送机、升降机等则由各地邮局自行设计制造。

1981年起，开始研制新型的火车邮厢。1985年在京沪、京穗铁路线上试验运行。这种新型火车邮厢缩小了车上分拣办公室面积，扩大了装载容间和载量吨位15%—20%，并在车厢内预留安装集装箱升降移位设备的位置，适用快速装卸，减轻了笨重体力劳动。1983年开始，邮电部在全国主要铁路干线上改用铁路方面提供的货运集装箱和部分邮政自备的集装箱（5吨）运输印刷品和包裹邮袋，对缓和干线邮运紧张状况起了很大作用。

在市内运输汽车方面，北京市邮局于1974年研制出一种液压控制的托盘装卸汽车，已在全市重件转趟路线上推广使用了10多年。这种汽车利用发动机的动力，可以将汽车上的托盘降落到地面或将地面上的托盘举升到车内底板上，缩短了邮件装卸时间，大大减轻了体力劳动。

1964年到1984年，北京、上海、广州、天津、杭州等邮局还分别使用邮件专用的传送升运机、夹带升运机、伸缩传送带等设备，进一步提高了工作效率。

四、汇兑稽核和报刊要数处理系统

1976年起，黑龙江、四川邮电管理局和北京市邮局在业务处理方面先后使用计算机控制的汇兑稽核处理系统。北京市邮局于1980年6月试用微机控制的汇兑稽核系统后，比人工稽核速度提高了1.5倍。1981年，河北省研制的汇票自动排号机，也已投产使用。

1983年开始，河北、安徽、河南和宁夏邮电管理局先后成功地应用计算机处理各类报刊要素的分类统计、核算款额和打印报表等工作，工作效率比人工处理提高了 3—7 倍。

在邮政业务量中，报刊占总量 80% 以上，亟待实现报刊封装和分发机械化。1974 年，广州市邮局首先在南方日报社安装报纸封装作业流水线。这条流水线连接在印报房轮转机的出报口处，可以自动地将轮转机输出的报叠（每叠 500 份）顺序传送，推入特制的邮袋内，然后传送到发运汽车上（邮袋已预先贴有标签）。

1976 年至 1983 年，郑州、济南、长沙、哈尔滨等市邮局，也先后投产使用不同类型的报纸封装作业流水线，特别是长沙的作业线采用了程控技术，使报纸封装、分发全过程的主要环节实现了自动化。

在报刊作业机械中，比较成功的还有 1975 年研制成功的报刊捆扎机。该机全套设计图纸被第一机械工业部包装机械厂采用，组织批量生产后，在中国各行业中使用。1978 年，又研制成功了液压式捆扎机，已在生产上普遍使用。

此外，1983 年起，在全国 14 个城市使用自行研制的塑料扎袋器，用来捆扎各种邮袋，比人工扎袋效率提高 1 倍，比麻绳、铅志成本降低了 20%—30%，省时省力，受到邮政职工的欢迎，该设备已经普遍使用。

中国的邮政技术装备，在新中国成立以后虽有改进，但整个说来仍比较落后，邮件处理的机械化、自动化水平较低，邮政职工还未从笨重体力劳动中完全解放出来。自行研制的邮政专用设备没有配套成龙，在邮政通信上效益也不够明显。一些具有先进水平的设备如信函自动分拣机等，虽已经过鉴定，但由于客观条件不具备，未能推广应用。今后要全面规划，加强领导，大力培养邮政技术人才，坚持自力更生与引进外国先进技术相结合，技术革新与业务制度改革相结合，努力提高邮政技术装备水平，增强通信能力，促进邮政事业的发展。

第十一章
邮票与集邮

邮票是国家发行的供作交纳邮资使用的一种凭证。它同时也是反映国家政治、经济、文化、艺术等方面的成就和特色的小型宣传品。由于邮票设计和印制技术的发展和提高,它又成为一种益智怡情的艺术品,受到人们普遍欢迎。人们对邮票进行收藏、欣赏和研究,形成了集邮活动。

新中国的邮票发行和集邮业务,受到国家的重视和社会各界的关心,成为邮政部门的一项重要业务。

第一节 邮票的发行和管理

一、邮票的发行

1878年(清光绪四年),清政府同意海关办理邮政,发行中国第一套邮票,即大龙邮票。1896年清政府正式开办国家邮政后,于1897年发行大清国邮政普通邮票。中华民国初期,以加字改值的办法沿用大清邮票,1912年(民国元年)发行"中华民国光复纪念""中华民国共和纪念"纪念邮票。1913年(民国二年)发行中华民国第一套普通邮票。第二次国内革命战争时期,福建、江西等革命根据地的邮政机构先后发行邮票,以1930年赣西南赤色邮政总局发行的赤色邮政邮票为最早;1931年,中央苏区建立苏维埃邮政机构,1932年开始发行邮票;抗日战争和人民解放战争时期,各解放区也都各自发行邮票。新中国成立后,全国统一发行"中国人民邮政"的邮票,邮票发行进入了一个新阶段。

1949年10月1日,中华人民共和国成立。当年10月8日,即发行了一套《庆祝中国人民政治协商会议第一届全体会议》纪念邮票。这是新中国发行的第一套邮票。1950年1月，邮电部邮政总局成立后，全国各解放区的邮政逐步走向统一，从当年2月起，陆续发行全国性的"中国人民邮政"邮票。① 自1949年到1986年，新中国发行了普通、纪念、特种等类邮票542套共2235枚（包括小型张、小全张39枚）。

新中国的邮票，主要分普通邮票、纪念邮票和特种邮票三类。普通邮票通常供贴于邮件上作缴付邮费使用，图案不经常变换，票幅面积较小，发行数量较多，面值种类较全。纪念邮票是为纪念国内外重大事件或著名人物而发行的，图案多以所纪念的事件或人物为主题，票幅面积较大，印制精美，但发行量较少，除1956年以前曾再版重印过几套外，售完后均不重印出售。特种邮票则系指印有特定题材图案的邮票，主要以宣传中国的文化艺术、体育、科学技术、珍稀生物，以及历史文物、物产资源和风景名胜等能反映中国特色的事物为题材，邮票形式和发行方式基本上与纪念邮票相同。新中国成立初期，也曾采用加字改值的办法，将中华邮政和解放区邮政的某些邮票作为新中国的邮票发行，称为加字改值邮票，性质属于普通邮票，1951年8月后不再发行。1950年9月至1957年9月间，还曾发行过航空邮票、欠资邮票等特殊用途的邮票。这些邮票另立门类，不包括在特种邮票之内。

新中国的邮票发行，对纪念邮票和特种邮票实行在邮票上加印志号的独特办法，即在邮票下方编印志号，表明本套邮票是纪念邮票或特种邮票，是本类邮票中的第几套，全套共几枚，本票是第几枚以及发行年份。这对邮政部门内部管理邮票和集邮者收藏、研究邮票提供了便利。这一中国首创的办法是采用邮政总局邓连普的建议实行的，深受国内外赞誉。后因受"文化大革命"影响，1969年4月至1973年10月一度中断实行。这种办法恢复后将原来表明纪念邮票、特种邮票的志号"纪""特"字分

---

① 1951年4月前，东北地区发行东北币面值的邮票限东北贴用，全国币制统一后，东北币值的邮票不再发行。

别改用其汉语拼音的首字"J""T",套数分别自1号起另行编号。

二、邮票发行的管理

新中国成立初期,邮票发行量少,集邮业务处于准备开展阶段。随着邮政业务的发展,和集邮爱好者逐渐增多,为加强邮票发行工作的管理,邮电部于1956年7月成立了邮票发行局。邮票发行局成立后,加强邮票设计和雕刻的专业力量,引进设备,筹建专业的邮票印刷厂。1959年9月,中国和捷克斯洛伐克两国进行技术合作,建成中国第一个现代化邮票厂——北京邮票厂。自此,中国邮政部门具备了自行印制邮票的条件。在60年代初期,陆续发行了很多套纪念邮票和特种邮票,图案绚丽多彩,题材生动广泛,设计新颖典雅,印制精致优美,受到各方面的好评。邮电部还建立了一系列新的管理办法,以加强对邮票发行工作和集邮业务的领导。

1979年8月,中国邮票总公司成立(内部机构仍称邮票发行局),经营管理邮票发行和集邮业务,对邮票的发行政策如每年纪念邮票、特种邮票发行套数、枚数、每套的印量和全年发行的总面值等拟订计划并报邮电部和中央有关部门审定。

进入80年代以后,在全国城乡经济体制改革的推动下,中国各项事业蓬勃发展,邮政业务特别是函件业务大幅度增长,同时,人民群众迫切需要丰富业余文化生活的内容,社会上广泛开展集邮活动,出现了"集邮热",从而对邮票的设计、印制、发行、销售等提出了较高的要求。1985年7月,邮电部明确邮票发行工作的业务指导思想,既要充分满足邮政通信业务发展的需要,又要尽力满足广大集邮爱好者的需要,以利于社会主义精神文明的传播,并为物质文明建设积累资金。邮票发行和集邮管理体制实行政企分开的改革,将中国邮票总公司分为邮票发行局和中国集邮总公司两个机构。前者负责管理邮票发行工作,后者负责经营管理全国的集邮业务。邮票发行局和中国集邮总公司还对增加邮票印量,提高邮票设计质量,扩大邮票销售渠道,维护广大集邮爱好者的利益等,采取了一些保障措施。

第二节 邮票的设计和印刷

一、邮票的设计

中国发行邮票有100多年历史。新中国成立前,清代邮票大都是外国人设计,在国外印刷,数量不大,图案不多。民国邮票的原图设计多数是邮政当局在向承印邮票的厂家征集来的图稿中选用的,内容和形式都较单调。中国人民革命战争各个时期由革命根据地和解放区发行的邮票,因受当时物质条件的限制,印制质量不高,图案也较单调,但在设计上内容明确,主题突出。

新中国成立后,邮票从内容、形式到发行种类和数量都有很大变化。建国初期,邮电部设计邮票的专业力量薄弱,有些邮票的设计是邀请国内装饰美术家和国画家等参加设计的。1953年起陆续充实力量,建立专业设计队伍,同时邀请装饰美术家担任艺术顾问,使邮票设计日益精美。这样的邮票从广泛收集的资料中精选题材,以巧妙得体的表现形式突出主题思想,以精细的处理手法使票面图案明快,色彩绚丽,风格多样,既具有民族特色,又反映现代化水平,逐步做到思想性、知识性、艺术性和趣味性的和谐统一,在国内外广泛发行,深受群众喜爱。

在"文化大革命"中,邮票设计力量严重削弱,邮票设计流于公式化、概念化,邮票上出现了不少标语口号式的图案。粉碎"四人帮"后,恢复和加强邮票设计力量,扩大设计队伍,1985年又对邮票选题、设计、审核等进行了一系列改革。为提高邮票设计水平,将邮票图稿主要由邮票专业人员设计的办法,改为向社会美术家约稿和向社会公开征稿相结合的方式,开阔了邮票图稿的来源,同时还成立了"邮票图稿评审委员会",聘请著名美术家和集邮家为委员,通过一定程序,评审来自各方面的图稿,择优报主管部门最后审定采用。这既加强了对邮票设计工作的领导,也有利于邮票设计水平进一步提高。

新中国成立后的37年中,中国邮票设计工作取得可喜成就,发行的邮票曾多次在国际上被评为最佳邮票,如1958年采用黄永玉原画由刘硕仁设计的《林业建设》特种邮票中"森林资源"图案的邮票,同年孙传哲设计的《关汉卿戏剧创作七百年》纪念邮票中"望江亭"图案邮票,1976年叶武林设计的《在广阔天地里》特种邮票中"草原新牧民"图案邮票,均曾被英国集邮刊物评为世界最佳邮票。1981年和1982年卢天骄设计的两套《中国古代钱币》特种邮票,美国集邮家和古钱研究家协会认为"给集邮和古钱币研究领域增添了异彩"。

二、邮票的印刷

印制精巧是生产高质量邮票的必要条件之一。

在1949年以前,邮政部门都不能自己印刷邮票,有些邮票还是在国外印刷的。革命老根据地和各解放区发行的邮票,克服敌人封锁和物资缺乏的困难,用木刻版、石印版印制,有的甚至用手刻蜡纸油印,最好的印制条件也只是用简单的胶版印刷,这种自力更生的革命精神,弥足珍贵,但就印刷技术来说则是简单粗糙的。

新中国成立初期,利用国内一些印刷厂的设备,用雕刻凹版、胶版、凸版等工艺手段,印出了很多好邮票。例如,《中国科学家(第一组)》《关汉卿戏剧创作七百年》等邮票,形象逼真,墨色浑厚,层次分明,线条清晰,印刷精美。北京人民印刷厂还用雕刻凹版与胶版套印、雕刻凹版与凸版套印以及胶版与雕刻凸版套印等方法印制套色邮票。虽然套色比较简单,但为中国邮票增加了新的品种。这一时期的邮票印制,总的说来印刷质量比较好,但色彩较单调,品种较少,加之邮政部门没有印制邮票的专业工厂,在印刷能力和技术方面不能适应中国邮票发行工作的需要。

1959年9月,中国第一个专业印刷邮票的工厂——北京邮票厂建成投产,使邮政部门拥有了比较先进的邮票制版印刷专用设备,为提高邮票生产能力和印制水平,增加品种,扩大邮票发行创造了有利的条件。

北京邮票厂建成后,开始用照相凹版印制彩色套印的邮票。初期先印了一些套色比较简单的邮票,如《"五四"运动四十周年》《中国少年先锋队十周年》邮票等，到 1960 年就印制了四色照相凹版套印的《金鱼》邮票，以后又印制了《菊花》《唐三彩》《丹顶鹤》《梅兰芳舞台艺术》《牡丹花》等多套色彩绚丽、层次丰富的邮票。这些都标志着中国邮票印制工艺水平和质量水平的提高。

1972 年、1979 年、1984 年北京邮票厂又先后改装原有的印制机，增添新设备，采用新技术，提高了邮票印制能力和印制工艺水平，印出了五色以至六色的彩色邮票，如《庐山风景》特种邮票中"含鄱口"风景图案的邮票、《北京风景》图案高面值普通邮票和《西藏自治区成立二十周年》纪念邮票等。此外，还印制了《邮政运输》等磷光邮票，为中国邮票增加了新的印刷品种。

经过 37 年的努力，中国的邮票印刷已有较大成就，但与世界有些国家相比，仍有差距，需要加强科学研究，进一步改进邮票印制技术，提高印制邮票的工艺技术水平，印出更多更好的邮票，以适应邮票发行工作的需要。

第三节　集邮和集邮业务

一、集邮事业

集邮是以收集、欣赏和研究邮票为中心内容的一项群众性文化活动。

新中国成立后，随着人民群众经济和文化水平的逐步提高，集邮活动日见增多。1950 年 10 月、12 月和 1951 年 10 月，捷克斯洛伐克、波兰、匈牙利先后举办布拉格、罗兹、布达佩斯邮票展览会，中国均有邮票参加展出。1955 年 1 月，邮电部在北京成立中国集邮公司，与此同时，人民邮电出版社创刊了《集邮》杂志。1959 年，中国集邮公司与邮票发行局联合举办"国庆十周年邮票展览"，促进了中国集邮活动的开展。自此以后到 1966 年，集邮活动有较大的发展，当时邮政部门对在社会主义条件下如何办好集邮事业，还处于摸索经验的阶段，广大集邮爱好者还没有组织起来，对群众性的集邮活动给予具体指导不多，举办邮票展览很少，但尽管如此，中国集邮事业已经兴起并日益发展，呈现欣欣向荣的趋势。

1966年"文化大革命"开始后,集邮被说成是"封、资、修"的产物而遭到批判,《集邮》杂志也被迫停刊。粉碎"四人帮"后,集邮重新作为一种有益的文化活动而受到各方面重视。1978年1月,邮电部曾就邮票发行和扩大邮票出口问题向国务院作了专题报告,集邮业务也同年恢复。1979年8月意大利里乔内举行第三十一届国际邮票博览会时,中国邮票参加展出,并为此发行小型张纪念邮票。同年11月,在香港举办中华人民共和国邮票展览,也发行小型张纪念邮票。此后,中国还在美、日、意、法、西班牙、澳大利亚等10多个国家举办中国邮票展览或参加国际邮票展览,在美国和日本举办的中国邮票展览会还发行了纪念邮票。1980年1月,《集邮》杂志复刊。在此前后,国内各地陆续成立邮票公司,集邮协会、集邮小组等各种集邮组织也纷纷成立。1982年1月,正式成立中华全国集邮联合会,朱学范为名誉会长,成安玉为会长。1983年七八月,中华全国集邮联合会先后被国际集邮联合会和亚洲集邮联合会接纳为会员。1983年11月和1985年10月,全国集邮联合会与其他单位联合先后举办"中华全国集邮展览"和"中国人民革命战争时期邮票展览"两次大规模的邮票展览会,受到社会各界人士的重视,观众极多。国家主席李先念、中顾委副主任薄一波、人大常委会副委员长朱学范、周谷城等分别参观了这两次邮展,对开展集邮活动起了很大的鼓舞和推动作用。

在各省、自治区、直辖市的支持下,各地集邮组织也不断举办邮票展览会,有的还举办集邮讲座、集邮研讨会等,开展各种集邮活动,集邮事业在全国出现了前所未有的新局面。

为了进一步推动集邮活动的健康发展,1984年6月,邮电部与文化部、教育部等7个单位向全国所属单位发出《关于加强集邮工作的领导和管理的通知》。《通知》指出:集邮不仅是一项群众性的文化活动,也是社会主义精神文明建设的一个方面,通过集邮可以培养人民群众的爱国思想、美的心灵和高尚情操,增长人们的科学文化知识,而且还能够为国家积累资金,利国利民。《通知》要求各级邮电部门、文化部门、教育部门、工会、共青团和妇联等组织要重视、关心和支持群众的集邮活动,努力发展中国的集邮事业。

二、集邮业务

旧中国的集邮业务基本上由社会上的集邮商经营,邮政部门未设立专门的经营机构。新中国成立初期,苏联、捷克斯洛伐克、波兰、匈牙利等国即不断要求与中国交换邮票,印度等国也邀请中国前去举办邮票展览。邮电部一方面和苏、捷等国谈判交换邮票,一方面筹备成立专业公司经营集邮业务。1955年1月,中国集邮公司成立。该公司对外办理邮票的进出口贸易,并和苏、捷、波、匈、保、罗、朝、越、古等国进行邮票交换业务(换进的邮票在国内大、中城市出售);对内为集邮者供售新中国发行的各种邮票、集邮品以及1949年前发行的一部分邮票。中国集邮公司除直接办理门市销售业务外,还办理对全国各邮政机构所需集邮邮票的批发业务和对集邮者个人的函购业务。

中国对邮票的进出口业务,实行归口统一经营。1957年,邮电部与对外贸易部联合发出通知,规定邮票进出口贸易由中国集邮公司统一经营管理。各外贸公司和各地邮电局都不办理邮票进出口贸易。

1966年"文化大革命"开始,中国集邮公司停业,人员下放劳动,机构解散。随着联合国恢复中国的合法席位,中国与世界各国交往日益增多,各国人士纷纷要求购买中国邮票。1972年,北京市邮政局成立中国邮票出口公司,恢复办理邮票出口业务。公司设营业部,只对外国人营业,不办理国内集邮业务。1974年1月,中国邮票出口公司改归邮电部领导。

1978年6月,邮电部发出《关于恢复国内集邮业务问题的通知》,并决定将中国邮票出口公司改名为中国邮票公司(1979年8月改名中国邮票总公司)。自此,国内集邮业务在停顿了10多年后又逐步恢复起来,不少大中城市邮电局先后成立当地的邮票公司或门市部,较大的县局也成立了集邮门市部或集邮专业窗口。中国邮票总公司对各地邮票公司、集邮门市部等进行业务指导,后者只办国内集邮业务,邮票出口业务仍由中国邮票总公司统一经营。邮票总公司与国外11个邮票经销户建立合同,向80多个国家与地区销售中国邮票。外国邮票的进口业务则尚未恢复办理。

集邮业务恢复办理后，集邮爱好者大量增加，集邮邮票供不应求，邮政部门对集邮爱好者交换、转让邮票等缺乏管理，社会上一度出现了抢购、倒卖、哄抬票价等活动，集邮业务经营中也出现某些不正之风。为此，1982年4月邮电部决定改革集邮业务管理体制，加强对全国集邮业务的领导，建立中国邮票总公司、省邮票公司、市县邮票公司三级管理体制。到1986年年底，全国共有各种类型（公司、门市部、集邮专业窗口）的集邮业务机构2680多个，从业人员6300余人。这些机构分布在全国城市和部分县，一个全国性的集邮服务网已初步形成。不足的是，全国还有一半的县没有集邮服务网点，需继续增设。各地加强了对集邮业务的领导，配合地方政府对利用邮票进行投机倒把和伪造、走私邮票等违法行为进行打击；并对集邮爱好者关心的问题，如进口外国邮票、丰富专题集邮内容、开办邮票信托业务以调剂余缺、扩大函购业务，以及防止滥发集邮品等，逐步采取措施加以解决。经过整顿和改革，中国的集邮业务正沿着健康的道路向前发展。

第三编
电　信

第十二章
新中国电信概况

电信是工业化社会的产物。人类社会到了近代，由于工业和航海贸易的发展，人们的联系范围越来越广，已经超越地区和国家的界限遍及全世界，电报、电话等通信技术便应运而生。电报、电话等新的通信手段，提高了信息的传递速度，扩大了信息的传递范围，促进了社会生产的发展和人民生活水平的提高。

电信包括电报、电话、传真、图像、数据等各种通信业务。电信利用多种手段为国家和公众传递、处理信息。随着社会的发展，电信新技术不断涌现，社会对电信的依赖程度也越来越全面。

电信最显著的特点，就是能以最高的速度传递信息。"信息就是力量，时间就是胜利"。在当代，迅速、准确地传递、处理信息显得越来越迫切。信息是一种非常重要的资源，对信息的获取、传递和处理能力，标志着一个国家经济和社会发达的程度。因此，世界各国无不把发展电信事业放在优先地位。电信在现代社会中起着越来越重要的作用。

第一节 电信的作用

电信的重要作用，首先在于它具有特殊的效用。电信能为国民经济各部门和社会各方面提供优质高效的通信服务，并且超越地区和国家的界限，为人们的政治、经济、文化、科学活动提供信息，给人类的物质文化生活带来方便。随着科学的进步，各种尖端技术产物，如光导纤维、通信卫星、电子计算机等无不与电信有着密切的联系。数字技术、微电子学、软件技术、光子学、微波技术等已逐渐发展成为电信建设的最根本性的科学技术。电波传输信息的速度之高是当代其他现代化运载工具所无法比拟的。通过卫星和微波通信，人们可以不受时间、空间、气候、地理等条件的限制，坐在电视机旁看到世界各地发生的重大事件。人们也可以利用家庭终端通过电话线与计算机联通，进行各种情报资料的检索，了解市场信息、交通情况、旅馆情况、当天新闻和天气预报等。电信把古代"千里眼""顺风耳"的神话变为现实。

电信的重要作用，还在于它在传递信息过程中产生巨大的效益。国内外的实践证明，电信通过传递信息，把社会的生产、分配、交换、消费四个环节有机地联系起来，缩短时间和空间，对社会的政治、经济、科学、文化、军事、外交等方面都产生巨大的效益。这种效益有些可以用数字表达，有些不能用数字表达，有的甚至一时还不易为人们所觉察。苏联的研究结果是1卢布的电信投资可为国民经济节省3卢布。日本的统计表明，1日元的电信投资可为社会创造2.5日元的价值。中国参照国外计算方法推算，1元的电信投资可为社会创造3.5元的价值①。电信为社会创造价值的实例，比比皆是。上海金山石化总厂通信配套工程投资1400万元，促使该厂经济效益显著提高。1981年，该厂发生停电事故，由于通信畅通，靠电话及时处理，一次减少损失1000多万元，几乎相当于该厂全部通信设施的投资数。又如，1975年2月，辽宁海城地区发生强烈地震，由于话务员及时用电话通知，虎庄公社全社3万多人得于临震前安全转移。一个电话挽救了成千上万人的生命，这样的价值就无法用数字来计算了。

当代世界各国，大都把通信置于国民经济的先行地位，给予巨额投资，大力发展。中国过去长期处于封闭、半封闭状态，人们对通信的重要性认识不足。但随着时间的推移，社会的进步，人们深刻地认识到，没有发达的通信手段，就搞不好现代化生产，就没有现代化的军事指挥，也谈不上现代化的生活。开放城市吸引外资，电信设施已成为投资环境必备条件之一。这一

---

① 见1984年10月12日《邮电部向国务院汇报提纲》。

事实更促使人们觉察到，在发展电信的道路上不能不急起直追。

第二节 新中国电信的发展历程

40年代末期，中国电信的技术装备十分落后，主要的设备大都是从外国进口的。当时长途电信的传输手段主要是短波无线电路。有线线路，除华北、东北地区有日本侵华时期留下的一两条低频电缆外，绝大部分是架空明线。复用设备只有单路和3路载波电话机和少量的载波电报机。电报的终端设备，绝大部分是人工机。电传打字机还只开始应用。电报线路主要是单铁线和幻象线。市内电话除大城市有架空和地下电缆外，中小城市大都以明线线路为主。交换设备，在大城市有机电式的步进制和旋转制交换机，在中小城市只有共电式和磁石式的人工交换机。电信设备的程式很多，从各国进口的各种型号都有，人称"万国牌"。当时国内普遍开放的电信业务只有公众电报、市内电话和长途电话，少数地点之间开放真迹电报。国际通信主要靠短波无线电路开放公众电报和国际长途电话业务。

中华人民共和国成立以后，大力进行电信的恢复与扩建，30多年来取得了很大的成绩，其发展大致经历了三个阶段。

50年代初，面临解放全国、恢复生产、发展经济等紧迫而繁重的任务，恢复与发展有线通信已是刻不容缓。1950年至1952年间修复和建设架空明线线路18841杆公里，基本上形成了一个以北京为中心的辐射网路，全国各地区、各省市之间的电报、长途电话业务得以恢复并有所发展。随着大规模经济建设的开展，电信业务量不断上升，如何发挥明线线路潜力以提高通信能力，满足通信需要，已成为当时的重要课题。"T_1""T_2""88"和"新8"式交叉设计的先后问世，使大量增装复用设备成为可能。美国制J_2式载波机是中国最早安装的一套12路载波机。以后苏联、匈牙利制造的3路和12路载波机也大量安装使用，通信电路数有了较大的增长。在经过一段探索钻研之后，中国自己设计制造的312-4型12路载波机也于1961年投产使用。北京、乌鲁木齐等地大型无线电台的建成，使无线通信能力大大提高，既改善了国际通信状况，也为部分有线通信提供了备用路由，使国内通信更有保证。

1964 年，新中国电信发展进入了第二阶段。中国幅员辽阔，人口众多，地形及大气气候复杂，单靠架空明线维持通信，质量很难保证，也无法满足业务发展的要求。1957 年以后开始了对称电缆和微波技术的研究。1964 年，60 路对称电缆载波系统及 60 路微波中继系统相继投产，中国历史上第一次有了自己研制的电缆和微波通信设备，结束了通信设备完全依赖进口的局面。微波线路的建成投产，使黑白电视节目的传送成为可能。这一时期，除原有电报、电话及新增黑白电视节目传送的业务外，还较多地开通了传真电路。在有些城市之间，还进行了新闻报纸版面的传真试验。市内电话除引进民主德国的步进制自动交换机外，中国开始生产步进制、纵横制自动交换设备。60 路电缆载波和 60 路微波线路投产，虽使电路紧张局面稍有缓解，但对于全国，特别是主要干线通信需要来说，容量还远远不够。双 60 路系统，以后在省内线路上较多地使用，在主要干线上并未大力推广。

70 年代，1800 路中同轴电缆载波、960 路微波中继系统的投产和卫星通信技术的引进，使中国电信发展进入了第三阶段。在这一阶段内，通信能力大大提高，不仅黑白电视节目可以在各省市间传送，彩色电视节目也可以互传。新闻传真业务正式开放，而且传送的报纸种类和地点都有较大的增加。国内长途电话在北京及部分省会间实现了用户直拨通话，服务水平提高了一步。北京、上海卫星地球站的建立，标志着中国电信，特别是国际通信，进入了一个新时期。国际电报和电话电路成倍、成几十倍地增长，开放地点增多，服务水平也显著提高。国际电话原来一般要等待半小时甚至一小时才能接通，此时已基本上做到随叫随接。早在 50 年代末，北京就对莫斯科开放国际用户电报业务，但用户很少，业务也寥寥无几。进入 80 年代，国际用户电报业务增长很快。国内用户电报业务，一直发展较慢，但在外国客商大量进入中国，国内厂矿企业需要直接对外联系的情况下，也有上升趋势。数据通信业务已经开放。要求开放移动通信业务的呼声也很高，上海、北京等城市已开始试办。这一时期，还引进了一批程序控制数字电话设备，分装在福州、广州、北京、上海、天津等大中城市，使这些城市对国外和国内部分城市间实现了用户直拨通话，服务水平又提高一步。同时，中国还开发和引进了自动转报设备，使人工转报量大大压缩，既节省了报务人员，也减少了电报差错，通信质量和效率显著提高。

新中国成立37年来，电信的发展走了一条艰辛的、不平凡的道路。电信的传输手段，由架空明线和短波无线电发展到电缆、微波、卫星、光缆；复用设备从单路、3路、12路发展到960路、1800路；通信设备从全靠引进发展到自己制造；通信方式从模拟通信逐步向数字通信转化；电信业务从最基本的电报、电话开始，到1986年已开办公众电报、传真电报、新闻传真、用户电报、数据传输、长途电话、会议电话、市内电话、公用传呼电话、农村电话、无线寻呼、移动电话、广播及电视节目传送、特种通信（包括气象、水情、防震等专用通信）、出租电路或设备等近20种业务。

中国电信虽然有了很大的发展，取得了显著的成绩，但与发达国家比，与时代要求，都有较大差距。电信设施严重不足，无论市内、长途还是国际通信都十分紧张。市内电话数量太少，到1986年全国电话机普及率只有0.67%，远远低于全世界普及率的水平。长途电路少，而且长途线路还有80%以上是架空明线，传输质量差，抵御自然灾害的能力很弱。实行对外开放政策后，国际通信业务量猛增，常常不能满足用户需要，引起很多责难。农村电信则更为落后，不仅设备陈旧，而且网点稀少、服务水平很低。针对这种情况，邮电部门正在积极采取措施，争取在短期内扩展大中城市，特别是沿海开放城市的市内电话和长途电话的能力，提高话机普及率；在省会、开放城市及部分地、市以上城市实现长途电话自动拨号，并能开放国际长途电话直接拨号及用户电报、用户传真等业务，建立国内卫星通信系统，解决边远地区和专业通信急需；在较大地区范围内采用数字程控交换、光纤通信、数字微波等新技术手段，建立局部的数字通信网；建立若干个数据分组交换中心，发展数据通信业务。在此基础上再作进一步努力，预期可达到2000年实现通信能力比1980年翻三番的目标。

现代社会对电信业务提出了许多新的和多样化的要求，包括从话音到视觉、从固定到移动体之间、从双方到多方通信、从人与人到人与机和机与机之间的数据通信，以及各种复合通信。非电话业务将迅速增长，视频与图像通信将占重要地位。现代通信技术发展和重点将是微电子化、计算机化、光纤通信和卫星通信，而通信网将向综合业务数字网（ISDN）方向发展。新中国的电信也必须以此为努力争取达到的目标。

中国自实行对外开放、对内搞活的经济政策以来，对电信在国民经济中的作用，有了越来越深刻的认识。国家把通信提到与能源、交通和原材料工业同样重要的地位，并在《中华人民共和国国民经济和社会发展第七个五年计划》中明确提出了发展电信的具体内容。人们可以预见，中国的电信事业将会以更高的速度向前飞跃。

第十三章
电信业务

第一节 长途电话

一、长途电话业务的发展

1949年,全国长途电话电路只有2800多路,全年通话量为901.6万张。新中国成立37年来,长途电话业务发展迅速,到1986年长途电话电路达到44005路,为1950年的15.3倍,全年通话量为42303.1万张,为1950年的41.5倍。全国2000多个县、市中,除青海、西藏等省、自治区的边远地区和一些海岛上的100个县外,都已开放长途电话业务,长途电话业务量逐年增长(见表13)。

1949年至1952年期间,是国民经济的恢复阶段,长途电话的建设主要是修复和重建主要长途通信干线。到1952年年底,以北京为中心通达各个省会城市的有线通信网初步建成,除西藏和宁夏外,北京至各个省会城市均可经有线电路直接或转接通话。与此同时,长途电话的业务管理也大大加强,使中央与各省、自治区、直辖市之间的长途电话,以及外事、国防、抢险、救灾等重要长途电话得到保证。在此期间,长途电话电路数比1950年增加31%,长途电话业务量增加近60%。

1953年至1965年期间,随着国民经济的发展,各方面对长途电话的需要猛增,1956年长途电话电路数比1950年增加近1倍,而通话量却比1950年增加近3倍。为了提高电路利用率,在长途电话值机员中推广了先进的值机操作方法,使有限的电路能疏通更多的电话,通话紧张状况才有所缓解。1956年,邮电部提出了全国长途电话通信网路的基本要求和结构组织原则,

表13　全国长途电话业务量的增长情况

年份	1949	1950	1955	1960	1965	1970	1975	1980	1985
长途电话电路数（单位：路）		2881	4290	9044	9913	11696	15981	22011	37551
与前一阶段比较增减的百分数		+13.1%	+48.9%	+110.8%	+9.6%	+17.9%	+36.6%	+37.7%	+70.6%
长途电话业务量（单位：万张）	901.6	1019.3	2605.5	8041.8	8868.8	8569.8	15151.0	21403.5	38254.1
与前一阶段比较增减的百分数			+155.6%	+208.6%	+10.3%	+3.4%	+76.8%	+41.3%	+78.7%

确定全国建立省间中心、省中心、县间中心和县中心的四级中心制通信网路，制定统一的传输标准，根据此原则进行通信网路的建设并对已建的通信网路进行调整和改造。与此同时，又自上而下地建立与通信网路组织和业务管理相适应的长途电信业务指挥调度系统，负责全程全网的统一指挥调度。全国的通信指挥调度系统是以北京为全国业务领导局，并在网路系统中设立各级业务领导局。多年来，业务领导制度对保证全国各局之间和局内业务处理及设备维护单位之间的协作配合，确保全程全网通信畅通起到了重要作用。

在1957年至1966年的10年间，长途电话业务量增长较快，尤其是三年"大跃进"期间，长途电话业务量猛增。为了努力增加长途通信能力，克服业务紧张状况，邮电部门在1958年底提出了"电信以长途为纲"的口号，发动职工加速长途电路的建设，以后开展"一条龙"电路竞赛，加强全程全网的协作配合，因而较好地完成了当时各项重要通信任务。1958年，邮电部门在统一全国长途电话资费标准的同时，对整个长途电话资费标准作了调整，取消地区差价，简化长途电话分级基本价目，实行"按分计费"办法（人工接线3分钟起算），实行夜间和节假日减价，同时还适当地降低了边远地区远距离的长话收费标准。

"文化大革命"期间，全国工农业生产陷于瘫痪，文化教育、科学研究等工作无法正常进行，加之通信本身也遭受破坏，很难保证畅通，长途电话业务量也大幅度下降。

中共十一届三中全会后，全国工作重心转移，国家进行经济体制改革，实行对内搞活、对外开放的政策，全国各行各业经济活动日益频繁，长途电话业务量又大幅度增长。例如，1983年至1985年，长途电话业务量平均每年增长率在17%以上。1985年长途电话业务量为1976年的2倍多（见表14）。

长途电话业务的流量流向和服务对象也发生了明显的变化。过去以本系统本行业上下级单位之间的通话为主，80年代以来，横向、跨地区通话逐渐上升。过去党政领导机关通话占多数，1983年以后，国民经济各部

1979年以后长途电话业务量增长情况

表14

年 份	1979	1980	1981	1982	1983	1984	1985	1986
长途电话业务量（单位：万张）	20586.9	21403.5	22049.4	23573.5	26556.4	31501.3	38254.1	42303.1
与前一年相比较增加的百分数	10.8%	4.0%	3.0%	6.9%	12.7%	18.6%	21.4%	10.6%

门的通话量已渐占优势。长途电话业务量的迅猛增长又促使通信能力与业务需要不相适应的矛盾进一步激化。长途电话通信能力增长的速度远远落后于工业发展的速度。据1985年统计，全国工业总产值为1949年的63倍。长途电话业务量增长了42倍，而通信能力只增长了13倍。长途电话设施的落后，拖了国民经济发展的后腿。因此，努力推动技术进步，加速电信建设，提高通信能力，使长途电话更好地为国民经济建设服务，已是刻不容缓的迫切任务。

二、长途电话的网路组织

自1950年至1956年，邮电部门虽然建设了不少长途线路，但是许多线路的建设都是根据建设时的急需决定的，缺乏整体规划和长远打算。当时，绝大多数城市只能和有限的地点开通长途电话，而且有的要经过多次转接才能开通。例如，北京至成都通话要经过西安、重庆的二次转接，陕西省内西安至安康通话，要经过汉中、西乡、石泉的三次转接。许多省会局因转接次数太多而不能与本省内边远的县局通话，致使所建部分省际干线将实线（未开载波复用的明线称实线）开口（断开），留作县局间甚至市镇间的通话使用。这既造成浪费，又使长途网与农村网、省内网划分不清，传输衰耗亦无法分配。

由于以上原因，1956年邮电部在编制长远发展规划时确定了全国长途电话网由省间中心（大区中心）、省中心、县间中心（地区中心）、县中心四级组成，称为四级制电信网。为了进一步解决组网中发生的问题，1957年5月召开的全国长途电信工作会议，明确了组网的基本要求，确定各级中心，制定电路开放原则、传输衰耗分配以及明线载波端别方向等规定。基本要求是：

（1）长途电信网路组织应符合国家的政治、经济、文化、国防和广大人民对通信的需要；

（2）全国应有一个统一的长途电信通信网，包括有线和无线，并应符合邮电企业经营管理的原则；

（3）使全国任何两地的电话用户都能相互通话，并且声音清晰，能使用户满意；

（4）转接次数少，绝大部分的通话路由应直达或转接一两次即能接通，以减少用户等候时间；

（5）建设费用应最经济，并节省通信器材和维护费用；

（6）便于进一步采用新技术（如安装多路载波，采用立即接续制和自动拨号）。

各级中心的设置地点及辖区是：

（1）省间中心。设置在几个省、自治区、直辖市的政治、经济中心，或通信网路的集中地点。当时全国共设 6 个省间中心，即北京、上海、武汉、沈阳、兰州和重庆。以后改西安、成都为省间中心，兰州、重庆为辅助省间中心，并增设天津、南京为辅助省间中心。

（2）省中心。设置在各省、自治区、直辖市人民政府所在地。当时共设置省中心 31 个。

（3）县间中心。设置在几个县、自治县、市、旗通信网路的集中地点，或自治州人民政府所在地。当时共设县间中心 222 个。

（4）县中心。设置在县、自治县、市人民政府所在地。当时共设县中心 2218 个。

各级中心的辖区基本上与行政区域相同，也与邮电管理局、邮电局所管辖地区相同。省间中心、辅助省间中心的设置地点及其区域由邮电部规定；县间中心的设置地点及其区域由各省、区、市邮电管理局规定。

电路开放的原则是：

（1）省间中心的位置重要，集中接转一个大区内几个省之间的通信，以及大区之间的通信，业务量比较大。因此，规定各省间中心相互间都设置直达电路，构成网状结构的电信网。

（2）各级中心均与其所属的所有下一级中心之间用直达电路联通，各自构成星形网路。

（3）在任何两个中心之间，当有相当的业务量或有其他特殊原因时，也应开放直达电路，以减少接转次数。

综上所述，全国长途电话网是由省间中心一级的网状网，和省间中心以下各级的星形网为骨干，加上因业务需要而开放的直达电路联合组成，简称四级制电信网。

根据集中统一和分级管理的原则，对长途电话电路实行两级管理：

一级电路管理。北京至各省间中心、省中心的电路，省间中心、省中心相互之间的电路和邮电部指定的电路，统由邮电部管理。

二级电路管理。北京、省间中心、省中心至各县间中心、县中心的电路，县间中心、县中心相互之间的电路和省、自治区、直辖市邮电管理局指定的电路，统由各省、自治区、直辖市邮电管理局管理。

通信网路组织原则确定后，随着长途电话网路的改造与扩建，各城市能通达长途电话的地点愈来愈多。从1958年开始经过3年多的时间，到1961年左右全国四级骨干网路基本建成，长途电话就取消通达地点的限制，实行全面开放。以后随着国民经济的发展，各城市之间横向联系增多，彼此之间的长途电话业务也迅速发展，各城市之间的长途电话直达电路也陆续增多。

邮电部于1973年确定了全国电话编号制度、长途自动化信号方式、长途自动交换机主要技术性能要求等，为研制和生产长途自动交换机和实现长途自动化奠定了基础。要在全国全面实行长途自动化，必须把各地的市内电话和农村电话联合起来，组成一个统一的自动电话网。为此，邮电部于1985年12月制定和公布了《电话自动交换技术体制（试行）》。这项技术体制的内容，包括网路等级结构、全程全网的传输标准和分配、路由计划、接口标准、信号方式、编号计划、计费方式以及交换、传输和终端各种通信设备的进网要求等。

在网路结构方面，全国自动电话网采用五级交换中心，其中第一级至第四级为长途电话网，一级中心类似省间中心（亦称大区中心），二级中心类似省中心（见表15），三级中心类似县间中心（亦称地区中心），四级中心类似县中心，第五级为端局，它通过用户线与用户直接相连。

二级中心以上城市的长途电话区号编排表

表15

城市	编号	城市	编号	城市	编号
北京	01	石家庄	0311	长沙	0731
上海	021	太原	0351	南宁	0771
天津	022	郑州	0371	南昌	0791
沈阳	024	长春	0431	重庆	0811
南京	025	哈尔滨	0451	贵阳	0851
武汉	027	呼和浩特	0471	昆明	0871
成都	028	济南	0531	拉萨	0891
西安	029	合肥	0551	兰州	0931
广州	020	杭州	0571	银川	0951
		福州	0591	西宁	0971
				乌鲁木齐	0991

为了使自动化的网路组织更具有灵活性，节约号码资源，方便用户，有利于实行市管县的新的行政体制以后对电信的需要和发展，各地可以设置本地电话网。本地电话网的服务范围，根据需要确定，打破原有市话、郊话和农话的界限而统一编号、统一组网。但是，在同一个本地电话网内开通的电话业务，在计费方式和费率上仍然可以有市话、郊话和农话的区别。现有的人工通信网将继续向自动化方向发展，并由现在的模拟网逐步转向数字网。至于综合业务数字网（ISDN），许多通信发达国家尚在规划和建设阶段，中国也在着手规划中。

三、长途电话的通信指挥调度系统

电信是全程全网和多工种联合作业，24小时不间断地进行，在通信传递过程中，全国各局之间以及局内业务处理、设备维护各个单位之间的联系十分紧密，在任何时间内都要实行统一的指挥调度，以确保全程全网的畅通。但是电信企业单位历来是按照行政区划设置的，管辖区是块块型，而通信系统是条条型，这种按行政区划领导和管理的方式不能适用于通信系统的组织管理和指挥调度。

50年代初期，中国的通信网路还不健全，通信指挥调度系统也未形成，为了保证完成国际、国防、防汛救灾等重要通信任务，往往临时指定某一局、站负责某一项通信任务的指挥调度。随着全国电信网的建成和电信业务的发展，通信任务日益繁重，局与局之间、设备维护部门与业务管理部门之间互不协调的现象也时有发生，采取临时性措施已不能适应新的情况。因此必须根据通信特点，自上而下地建立统一的全程全网的通信组织管理和通信指挥调度体制，以保证全程全网协调一致。

1956年年初，邮电部指定北京长途电话局参照苏联经验，拟定长途电话的业务组织管理和指挥调度暂行办法。该局责成总工程师徐楡在干线电路上组织试行。其后，邮电部召开了全国大市局和省会局的业务专家和工程技术干部座谈会，对试行情况做了总结，制定了全国统一的长途电信组织管理和指挥调度办法。在此基础上，邮电部在建立四级网路中心的同时，制定了《长途电信业务领导制度》（以下简称《制度》）。《制度》根据通信网路组织，明确规定北京电信各局分别为全国各种电信业务的业务领导局，各级网路中心所在地的电信局为各级业务领导局，同时明确了各级业务领导局的业务领导区域、电路和局内各工种间的业务领导关系。业务领导局在部、省两级领导下负责通信指挥调度任务，并组织和协调电信业务和技术维护工作。

全国统一的电信组织指挥调度系统的基本要求和工作原则是：

（1）在通信生产过程中，全程全网多工种联合作业，各局之间和局内业务处理，设备维护各单位之间密切配合，协调一致，共同保证完成任务。

（2）根据通信网路组织，设置通信指挥调度机构，编设调度人员，在规定的职责范围内全权处理通信任务的指挥调度事项。

（3）各局和局内业务处理和设备维护部门都必须服从指挥调度，要有必要的通信联络手段和信息反馈，随时掌握通信网路运行和业务负荷情况，及时进行调度处理。

（4）通信调度机构有责任提出通信网路调整和扩充意见，作为制订计划的依据。

（5）通信调度机构要按照指挥调度系统组织开展电路竞赛、组巡、走访等活动，交流经验，统一步调，共同完成通信任务。

业务领导制度建立后，生产现场和全程全网有人负责管理，统一指挥调度，发生问题后能够及时处理，各局之间和局内各单位之间加强了协作配合，电路质量和服务质量稳步提高，对完成通信任务起了保证作用。

十年动乱期间，邮电部被撤销，业务领导制度也遭到严重破坏。1973年邮电部恢复后，即着手整顿通信秩序。1979年，根据通信网路发展的新情况，制订了《电信通信指挥调度制度》，重建通信指挥调度系统，建立部、省两级通信调度室和各级业务领导局，规定相应的工作制度。随着通信网路逐步向自动化发展，现行的通信指挥调度系统也将采用新技术以适应新的情况。

四、长途电话的人工接续和自动化

中国的长途电话长期以来基本上实行迟缓接续方式。用户挂号后要挂机等候，由话务员按照规定的接续顺序通报对方局找到受话人，再回叫用户接通电话。实行这种迟缓接续方式，用户等候时间长，服务质量低。在长途电路不能迅速增加的情况下，要提高长途电话的服务水平、缩短等候时间首先要提高长途话务员的值机操作技术，缩短话务员在接续操作中的占线处理时间，来提高电路利用率。1952年7月，邮电部门总结了天津电信局话务员郭秀云等人的先进操作方法，定名为郭秀云操作法。当时运用这套操作法可使接通每个电话的处理时间比以前缩短50%以上，电路有效利用率提高了23%。同年10月，在20个大中城市中同时推广，取得了很好的效果。

郭秀云操作法的基本特点是：（1）实行"预报、预占"；（2）密切配合对方局；(3) 有规律地组织交叉操作；(4) 以最短的时间，最快的动作经常反复监听。嗣后，天津市长途话务员周宏、上海市长途话务员田丽娟先后在1956年及1959年创造了电路利用率67%和83%的优秀成绩。30多年来，经过不断总结提高，长话值机操作法得到充实，已经形成一套比较完整的长途话务员值机操作法。为了执行操作法，原有的长途交换机，也作了相应的改动，使之具备"预报、预占"，"交叉操作"和"强拆"等性能。近年来，长途电话半自动接续的比重逐渐增加，邮电部已于1985年对操作法进行了修改和补充。

国外许多通信发达的国家，早在20世纪20至30年代便采用了立即接续制。用户挂拨长途电话时不必挂机，最多等待几分钟，便可将电话接通。中国也于1957年在北京至天津间将电路增加1倍，试行立即接续制。试行初期用户普遍表示满意。随之业务量大增，通信能力严重不足，不久便无法立即接通，用户只能挂机等待，仍恢复为原来的迟缓接续方式。上海市与江苏省、浙江省邻近城市之间，成都至重庆之间以及石家庄、大连等几个城市与邻近城市之间也实行过立即接续制，不久也大多停用。到80年代，许多国家随着新技术的开发和通信能力的增长，已经普遍开放用户直拨长途电话业务。中国部分城市已经装用国产的长途电话自动交换设备，部分城市已经或正在加速发展长途传输手段，增强长途通信能力，不少城市间已实现了长途电话由用户直接拨号，即"长途自动化"。

20世纪70年代中期，邮电部门开始使用国产的JT801编码纵横制长途电话自动交换机和一些半自动对端设备。随着长途电缆载波系统以及微波干线通信网的陆续建成投产，1976年8月在北京、天津、济南、合肥、南京、上海、杭州、石家庄8个城市之间首先开办了长途自动电话业务。这些城市里的用户可以利用市内电话直接拨叫对方城市的用户进行通话。以后，又有一些省会城市开办长途自动电话业务，有些省还开办了省内部分地、市的长途自动电话业务。到1986年年底，省会一级城市（拉萨、乌鲁木齐除外）都已开办了长途自动电话业务，省会以下的城市开办长途自动电话业务的有103个。据1985年统计，各省会城市已发展长途自动电话有权用户1.5万多户，业务量为629.1万张,占省会局长途电话总业务量的8.45%。1983年以后,许多省会城市陆续装用引进的数字程控长途电话自动交换设备和带有显示装置的半自动话务台。福州首先安装引进日本的数字程控长途电话自动交换设备,于1983年8月开通使用。北京的数字程控长途电话交换设备也已开通使用。但是全国长途自动电话交换网尚在建设阶段,还不健全,通信容量也小,到1985年接入自动网的长途电路数只占总数的9.7%,到1986年也只达到15%,市内电话普及率太低也影响到长途自动电话网的运用,长途自动电话网能够承担的业务量还不大。长途电话自动化是长途电话的发展方向,是发展通信的重要步骤,邮电部门正向这个方向努力。

五、会议电话业务的创办和发展

会议电话是利用长途电话电路将许多不同地点的用户连接在一起,通过电话举行会议的一种通信方式。开放会议电话时,任何一个地点的用户发言,参加会议的其他各地的用户都可以听到,犹如在同一会议室内开会。会议电话可以接扩音设备或将电路延伸到其他会场,使更多的人都能参加会议。利用会议电话通信手段,可以节约时间,节省会议和差旅费用,提高工作效率。

中国的会议电话业务是50年代创办的。1954年,气象部门为了加强灾害性天气预报、警报和预防工作,建立了灾害性天气紧急会商的制度。邮电部门为了满足紧急会商的通信需要,在中央气象台和各地气象台、站之间试办会议电话业务,收到较好的效果。此后不断改进会议电话汇接设备性能,健全会议电话汇接网,制定会议电话的业务管理、技术维护的规章制度和质量标准,加强管理,并于1956年正式开办会议电话业务。1956年2月28日,中华全国总工会首先在北京召开全国电话会议,听取上海、云南、成都、乌鲁木齐等10个省市工会负责人汇报开展社会主义劳动竞赛情况,通话清晰,得到与会人员的好评。从此以后,会议电话业务发展很快,成为各级领导机关迅速贯彻党和国家的方针政策,及时掌握基层情况和指挥调度生产的有力工具。1963年全国石油会战期间，石油部门利用会议电话，定时听取玉门等14个石油基地的汇报，布置工作，及时处理工作中的问题，保证了石油生产的调度。会议电话对加速石油工业的发展起了重要作用。1975年，第二机械工业部也多次召开电话会议，加强了对三线工厂的领导和管理。80年代，中央到省、地、县、甚至农村，都可以召开大型电话会议。各省、地区和农村也可以召开中小型电话会议。中央的重要指示，通过电话会议当天就能传达到全国各地，十分迅速方便。1985年全国共召开电话会议21.9万次，1986年召开19.7万次。

1980年，电信部门进一步把电话技术和电视技术结合起来试验"电视会议电话"系统，获得成功。召开电视电话会议时，各地之间不仅能听到讲话，同时也能在电视屏幕上看到各地会场情况。但由于电路不足，成本较高等原因，电视会议电话业务目前还不具备普遍开办的条件。预计不久的将来，这种新兴的业务将会在国内迅速发展起来。

第二节　市内电话

一、市内电话的发展

1949年10月，中华人民共和国成立时，全国市内电话交换机总容量仅有31万多门（包括侨商、私商和外商经营的在内），其中自动电话20多万门，人工电话10多万门。自动电话交换机大都集中在东北、北京、天津、上海以及东南沿海的几个大城市，内地的大部分中等城市只有人工电话。多数县城没有市内电话。据1950年统计，私营电话公司的设备容量为8万多门，约占当时全国市内电话设备容量的1/4。

新中国成立后，首先确立中央人民政府邮电部对各地市内电话的集中统一的领导。在1950年邮电部召开的第一次全国市内电话工作会议上，确定了市内电话的经营方针、服务方针和建设方针，制定了各种统一的规章制度13种，这在中国市内电话历史上还是第一次。当时确定的服务方针是：为中央和地方政府服务，为国防建设、经济建设、文化建设、社会治安和人民大众的通信服务。建设方针是："先行调剂而后扩充"，如将南京市暂时多余的自动电话设备拆移一部分装到武汉市使用等。经营方针是：争取多放号，扩大经营范围以增加收入，并方便人民大众使用。对私营电话公司则根据国家对资本主义工商业的政策以及邮电通信必须统一完整的特点，逐步收归国有，改造为社会主义企业，由国家经营管理。

30多年中，随着国民经济的发展，市内电话的建设也有所发展。在国民经济第一个五年计划期间，中国从捷克斯洛伐克和民主德国进口西门子式自动电话交换设备，以扩充市内电话容量。当时北京原有的市内电话设备陈旧，实装率已超过93%。新中国定都北京后，北京就成为市内电话建设的重点。自1952年4月到1954年底的2年8个月的时间内，北京增装西门子式自动电话交换机12000门，缓和了当时首都市内电话的紧张状况。兰州、西安、太原、乌鲁木齐、长沙、郑州等省会城市将人工电话设备改装为自动电话设备，并增加了设备容量。天津、武汉、沈阳、哈尔滨等城市则在原有自动电话设备基础上增装扩容。以后几年，市内电话建设的重点逐步转移到省会城市以及与经济建设、国防建设有关的城市和地区。但是总的来说，市内电话建设的进度很慢。1949年到1966年的17年间，全国市内电话总容量每年平均只增加5万余门，与国民经济的发展极不适应。北京在1954年到1965年的11年间，市内电话容量只增加18000门，每年平均增加仅1000多门，其他城市市话容量增加就更少了。

在十年动乱期间，市内电话建设更加缓慢。当时主管部门片面追求所谓技术上的"先进"，将不少中小城市的市话由人工改为自动，而实际上并没有增加容量。这就使本来就不多的建设投资不能集中用到急需扩充容量的大城市，以致大城市市话容量增长很少。1966年到1979年间，全国29个省会、自治区首府和直辖市的市内电话合计容量每年平均只增加1万多门，其中有许多省会城市的市内电话容量几年甚至十几年都没有增加，而各地每年要求安装市内电话的用户则有增无减。

全国大、中城市市内电话的供需矛盾一直紧张，各地"装不上、打不通、通不畅"的状况十分严重。北京的市内电话容量由新中国成立之初的2万多门增加至1986年的20万多门，加上部门所有的用户小交换机46.8万门，电话机普及率（按城区499.8万人口计）仅为8.11%，远远不能满足首都的电话通信需要。1986年，全国待装用户数已达27万多。有的用户甚至等待几年，还未装上电话。由于市内电话设备数量少，使用人数多，用户中机关、厂矿、企事业单位又占绝大多数，忙时呼叫次数极多，使电话局设备超负荷运转。因此，接通率普遍降低，虽经采取多种措施疏通业务，使情况有所缓和，但始终未能根本解决问题。

中共十一届三中全会以后，国民经济建设加快进行，各方面对市内电话的需求更为迫切，国家及时制定了一系列加速发展市内电话的方针政策，并采取了相应的措施，市内电话也进入了一个加速发展的新时期。

1979年，国务院指示："为加速发展邮电通信事业，尽快改变我国邮电通信的落后状况，必须充分发挥中央、地方和企业的积极性。市内电话要纳入各地城市建设规划，由中央和地方共同投资建设。"[①] 从此各省、自治区、直辖市的城市规划部门都把邮电通信专业规划纳入了城市的总体规划之内，并要求各城市在规划建设新的工业区、居民区、郊区城镇、新辟道路时，有关部门要紧密配合，同时建设相应的电信管路，新建大楼（包括高层住宅楼）时，要根据需要敷设电信管线等等，以保证电信的相应发展。1980年，国家对市内电话资费标准进行了合理调整，规定了电话月租费实行"包月制"和"计次制"两种收费办法。为了加快积累市内电话建设资金，经国家批准，自1980年6月开始对市内电话新装用户收取定额的初装费，作为国家建设市内电话的补充资金，用于市内电话线路扩充和设备的补缺配套。同时，邮电部还根据国家有关规定，制定《联合投资建设市内电话的暂行规定》，改变过去由国家独资建设的方针，允许地方、集体或个人集资建设市内电话，以加快市内电话的发展。国家还批准市内电话实行专业核算，将市内电话全部利润留给企业，作为发展市内电话的建设资金。这是国家为加快发展市内电话所采取的特殊政策。上述各项政策的实施，加速了市内电话建设的步伐。在

---

① 见1979年《国务院批转"邮电部关于调整邮电管理体制问题的请示报告"的通知》中的批语。

1976 年到 1980 年第五个五年经济计划期间，全国市内电话容量每年平均增长 10 多万门，而在 1981 年到 1985 年第六个五年经济计划期间，每年平均增长 20 多万门。其中，1985 年一年就增加了 445700 多门，比十年动乱期间增加的总数还多。

二、市内电话网路和设备

新中国成立后，市话网路总体规则问题被提到日程上来。早在 50 年代初期，邮电部就组织人员在一些省会和新兴工业城市调查用户对电话的需要，进行业务预测，积累资料。以后在编制市内电话建设规划时，都根据城市发展建设规划对市内电话的网路结构、局所位置、容量规模、设备制式、传输标准等进行合理的科学安排。这就使中国的市内电话建设逐步走上正轨。

市内电话网路在一个城市或地区只有一个电话局时，由电话局到用户的线路采用星状结构；有多个电话局时则将全市划分为若干个汇接区，每个汇接区内有若干个电话局，其中有一个为汇接局，各汇接局间线路采用网状结构。在许多城市中这两种网路结构是结合采用的。在市内电话网中每个电话局的交换营业区域都有一定的范围，这是根据市内电话模拟网的机械设备和线路设施的技术经济条件而确定的。一般规定：单局制市话网的服务半径最大为 5 公里，多局制市话网的服务半径最大为 15 公里。80 年代由于采用多路复用设备和数字传输技术，在一些大城市中有条件将市内电话营业范围扩大到包括远、近郊区。

随着市内电话建设的发展，交换设备的制式也有较大的变化。1949 年中华人民共和国成立时，各地人工电话大多数是磁石式交换机，自动电话则有英、美、日等国生产的西门子式、史端乔式的步进制和旋转制交换机。以后为了扩充容量，又加装一些国内生产的磁石和共电的人工交换机和少量进口的步进制自动交换机。

1952 年，国家机械工业部门会同邮电部邀请全国市内电话专家，在北京商讨国家自己生产市内自动电话交换设备问题，根据当时的技术和生产条件，确定生产西门子式步进制自动电话交换设备。中国第一座自动电话设备工厂（即北京有线电厂）引进苏联技术，于1957年建成投产。从此，中国开始有了本国制造的自动电话交换机。许多城市陆续安装了这种设备，另有不少城市用这种自动电话交换设备来代替原装的人工电话交换机。至1986年年底，全国有步进制自动电话交换机87万门，占全国市内电话交换机总容量380万门的22.9%。

1975年，中国自己研究、设计的纵横制自动电话交换设备在广州通过鉴定后，由几家工厂大量生产。纵横制设备在制造上机械加工少，适宜于大量生产。纵横接线器比步进制的滑动接线具有可靠性高、机械磨损小、杂音干扰小等优点，因而纵横制设备，维修工作量少，使用寿命长，而且通话质量好，可以开放数据、图像等新业务。纵横制交换机可以自动选择迂回路由使电话网更加安全、灵活、可靠，这对大型电话网尤为适合。因此从1980年起各地多安装纵横制自动电话交换设备。到1986年年底，全国的纵横制交换设备容量达179万门，已占全国自动电话总容量317万门的56%以上。

80年代初期起，各大城市陆续引进国外的数字程控电话交换设备。福州市首先引进日本的产品，于1983年5月开通市内电话使用。接着北京、广州、天津、厦门等地也陆续开通分别从瑞典和法、日等国引进的数字程控电话交换机。至1986年年底，全国已开通数字程控电话交换机达到27万多门。随着市内自动电话交换设备的大量装用，全国市内电话自动化的程度逐步提高。到1986年年底，全国市内自动电话交换设备容量已占市内电话总容量的83%。自动交换机中，95%以上是国产设备。全国省会以上城市的自动电话交换设备容量已占市内电话总容量的98.2%，几乎全部自动化了。

37年来，市内电话的线路设施也有很大的变化。大中城市的架空明线已逐步改建电缆，并逐步由架空改为地下。脉码调制（PCM）复用设备也已在局间线路上普遍采用。北京、上海、武汉、广州等地还在一部分电话分局间采用光缆传输，大大提高了传输能力。用户线路上的1+1用户环路载波设备①在全国

---

① 1+1用户环路载波设备：即在一对用户线上加装载波供两个用户同时使用。

范围内推广，不仅提高了用户线路的利用率，也使装电话难的问题，得到部分缓解。

三、用户交换机

用户交换机是专供集体用户内部互相通话的专用电话通信设备。它也可以利用市内电话中继线沟通市内电话网（亦称公众网），与网内其他用户互相通话。在市内电话网内正确地装设用户交换机不仅可以满足用户对电话通信的需要，有利于用户实现内部通信自动化，还可以节省市内电话网的用户线路费用，减轻市内电话局的话务负荷，因而用户交换机一直是市内电话网的一个重要组成部分。

旧中国装设用户交换机的单位很少，设备容量也不大。新中国成立之后，装设用户交换机的单位逐渐增多。1951年全国用户交换机总容量只占全国市内电话总容量的20%多，1961年上升为64.8%，1971年又上升为71.5%，到1981年达到113%，1986年全国用户交换机总容量已为全国市内电话总容量的119%。省会以上城市的情况更为突出。大多数省会的用户交换机总容量都已超过当地市内电话公众网的总容量，有的甚至高达2—3倍。以北京为例，1953年，用户交换机的容量低于公众网的容量，以后逐年增多，到1985年已增加为公众网容量的2倍多（见表16）。

为了保证用户交换机在整个市话网中正常运行，自50年代初期，邮电部就陆续制定了《军政机关、公营企业委托安装小交换机暂行办法》和《用户交换机管理办法》，加强了对用户交换机的管理。各地邮电部门还代用户维护设备，开办话务和机务培训班，以提高其设备维护质量和业务水平。1964年，邮电部门规定用户安装小交换机可以自行筹料、设计，经当地电信局审查同意后即可施工，但竣工后要由局方验收，合格后才可接通中继线；维护人员要经电信局考试合格后才可担任工作。

但是，多年来市内电话发展缓慢，而要求安装电话的机关、团体、企事业单位越来越多，公众网远远满足不了需要，他们就纷纷安装自用的小交换机，并要求进入公众网。这些交换机规格程式极为复杂，技术性能也参差不齐，进入公众网的中继线又很难配备充足。这就造成市内电话局设备超负荷

表16 全国市内电话交换机总容量和用户交换机总容量的比较

年份	1951	1961	1971	1981	1982	1983	1984	1985	1986
市内电话交换机总容量（单位：门）	346953	978102	1182658	2178951	2408590	2622068	2919615	3365370	3804917
用户交换机总容量（单位：门）		633591	846018	2460364	2764868	3051641	3400067	3931543	4529847
用户交换机总容量占市内电话交换机总容量的百分数		64.8%	71.5%	112.9%	114.7%	116.4%	116.5%	116.8%	119.1%

运行，呼叫损失增多，甚至影响全网的通话顺畅。

为了改变上述情况，使用户交换机与公众网保持适当比例，邮电部门对用户交换机的管理又曾一度偏严。但公众网发展过慢，满足不了各方面日益增长的装机要求，如果过多地限制用户交换机的发展，则用户通话将更加困难。经过一个时期的摸索，确定了"协调发展"的方针。邮电部门对用户交换机有严格的技术要求，不容降低，但又积极帮助用户选择设备程式型号，指导用户进行设计施工，协助用户培训维护力量，力求做到选型合适，设计合理，运转正常。在国民经济大发展的新形势下，采用"协调发展"的新方针，不但避免了公众网和专用网间的矛盾，还使公众网和专用网互为补充、互相促进、更迅速地向前发展。

四、公用电话

公用电话是城市公用事业的一个重要内容，是城市居民日常进行社会活动不可缺少的通信工具。在发达国家，公用电话已经相当普及。中国在解放前也已经有了公用电话，但数量很少。新中国成立后，自1951年起，即大力在大中城市开办公用电话业务。但是，公用电话只能叫出，不能叫入，对于没有装上私人住宅电话的群众来说，使用仍然不便，传呼公用电话业务便应运而生。开办城市传呼公用电话业务，要将全市划分成许多小区域，在每个小区的适中地点设置一两部公用电话。这些公用电话一般都设在街道的居民委员会或小商店里。每个公用电话点都有一定的服务区域，接受电信局的委托办理附近居民挂发电话、传呼和传话业务。传呼公用电话业务一经开办，立即受到人民群众的欢迎，发展很快。全国公用电话由1951年的3143部发展到1985年的27457部。大城市公用电话业务的发展尤为迅速。上海市区的公用电话数，从解放初期的439部，增加到1985年的7025部，形成了一个遍布全市的传呼公用电话网，每年为用户传呼电话1.5亿次。北京在1951年开始办理公用电话业务时，只有电话159部，至1985年年底已有3301部，城区内基本上没有空白点，每两三条胡同就有一部公用电话。公用电话初办时只限于呼叫市区内的居民，现在可以利用公用电话挂发国内长途电话，有的甚至可以挂发国际电话。各城市还设立了昼夜 24 小时服务的传呼公用电话。1978 年以后,不少大城市多在繁华街道、十字路口和人行道旁装设无人管理的投币式公用电话亭。这种电话亭发展也很快,1986 年,北京已有 310 处。各省会城市和一些中等城市以及旅游区和经济活跃的农村乡镇也陆续有了公用电话点。随着城乡经济的日益繁荣,生产的不断发展,公用电话业务必将继续增长。

五、市内电话特种服务

为提高市内电话的服务水平,协助用户更好地使用市内电话,全国各地的市内电话局开办全国统一编号的多种市内电话特种业务,供用户使用。

1. 查号电话(电话号码为 114)。在大城市里,电话设备容量大,已装用户有几万甚至几十万,需要打电话找人而又不知道对方电话号码的情况是很多的。因此,向市内电话局查询电话号码的电话,总是接连不断。像北京市市内电话局的人工查号台有几十个座席,每月的查号业务量高达百万次以上,查号话务员的劳动强度是很大的。80 年代,全国各大城市陆续采用了电脑控制的自动查号系统,提高了工作效率,减轻了劳动强度,不仅能够迅速准确地回答用户所查的电话号码,有的还能积极帮助用户解决疑难问题,因而获得用户称赞。

2. 报时电话(电话号码为 117)。在市内电话局内装设自动报时设备,用户只要拨叫报时号码,即可知道当时的标准时间。

3. 火、盗报警电话(电话号码分别为 119、110)。遇有火警拨"119",遇有盗警拨"110"。

4. 气象预报电话(电话号码为 121)。拨叫当地气象预报号码即可听到当天气象部门最近一次发布的"天气预报"录音。

5. 急救电话(电话号码为 120)。遇有危急病人需要抢救时,可以拨叫"120",请急救中心立即设法抢救。

此外,数字程控电话交换设备进入市内电话网后,市内电话又提供了很多新的服务项目,如缩位拨号、呼叫等待、热线服务、转移呼叫、遇忙回叫、遇忙记存呼叫、三方通话、闹钟服务、呼出限制、免打扰服务等 10 多种，这就大大方便了用户。

第三节 农村电话

在中国，农村电话网是指以县邮电局为中心，通达本县境内各区、乡、村的电话网。用户通过农村电话网可以和本县境内的其他电话用户通话，也可以通过县邮电局和县境外的用户通长途电话或电话传送电报。

1953 年以前，在农村只有供地方政府专用的电话，不对社会开放，由各地自行管理，叫"地方电信"。1953 年后，全国地方电信由邮电部门代管并开放营业，当时称为"县内电话"，直到 60 年代才改称"农村电话"。

1986 年，中国的农村电话网已遍及占全国总面积 90% 以上的农村地区，为占全国人口 80% 的农民服务。电话线路总长度近 133 万杆公里，约为全国长途电信干线线路的 8 倍；电话机近 161 万部，约占全国电话机总数的 23%。农村电话不限于农村内部通信，经由农村电话网挂发和接收的长途电话和电报数量也很大。1985 年，通过农村电话网接通的长途电话，占全部长途电话业务量的 17.2%，电报占 27%。农村电话在全国电信业务中占有重要地位。

农村电话通信为农村建设做出了很大贡献，农村电话的发展也经过了曲折过程。70 年代以前，中国农村长期处于半自给经济状态，商品经济不发达，农民生活水平低，因而很少使用电话，农村电话主要供党政机关传达政令、收集情况、调拨物资、安排生产之用。在历次重大政治或生产运动中，农村电话传递信息都发挥很大作用。例如，1960 年全国农村掀起大搞农田水利建设的群众运动，农村电话部门为水利建设工地架设了 7 万多公里电话线，安装了 3 万多部电话机，使工程的指挥调度灵活方便，对工程的顺利完工，做出了贡献。中共十一届三中全会以后，农村改革进展迅速，商品经济发展很快，农村电话在沟通商品信息、促进产销联系等方面起了显著作用，农村电话的服务有了新的开展。

一、网路发展

地方电信是抗日战争和解放战争时期,在敌后根据地建立起来的。1950年,有电话线路15万杆公里,电话机1.7万多部,交换机3万门。在以后土地改革和农村各项政治运动和生产建设中,又陆续架设了许多专用线路,增加了一定数量的交换机和话机。到1953年,地方电信的机、线设备,已较1950年增加了1倍多。

地方电信仅供地方政府专用,设备利用率低,其通信网又没有同全国电信网联通,因而作用有限。1953年冬,地方电信改由邮电部门代管,并开放营业。当时共有线路344926杆公里,电话交换机4649部(84254门),电话机46943部。这些机线设备大多因陋就简,陈旧残破,不符合技术规格标准。邮电部门代管以后,从1954年到1955年,发动各地对重点机线设备进行了整修,也增加了一些新设备,农村电话网的质量略有改善。到1955年年底,全国农村电话线路的长度达到428537杆公里,电话交换机117656门,电话机61130部,分别比开始代管时增加了24%、39%和30%。据1955年统计,全国各县的17000多个区中,有14000多个区通了电话,约占82%。全国20多万个乡中有将近32000个乡通了电话,约占15%。当时的农村电话网基本上是以县城为中心,连接绝大部分的区和少数的乡。一般均在县城设交换点,在区和乡只装电话机,网路结构比较简单。

从1956年到1960年,是中国农村电话迅速发展的时期(见表17)。1955年、1956年,在全国农村掀起了农业合作化高潮。中共中央在《1956年—1967年全国农业发展纲要(草案)》中提出了"从1956年开始,按照各地情况,分别在七年或者十二年内,建立乡和某些合作社的电话网"①的要求。邮电部于1955年12月召开全国乡村邮电工作会议,提出"在1960年左右基本完成乡和大型社的电话网"的计划,各省又层层加码,纷纷提出要在两三年内甚至一年之内完成。在这种形势下,1956年,全国农村电话网的建设迅速铺开。但因计划过于庞大,器材、资金和技术力量不足,到年底只完成原计

---

① 见中华人民共和国国务院公报1956年第5号第10页。

划的60%左右,而且由于盲目追求进度,工程质量很差。为了纠正这些缺点,邮电部提出"农村电话工作应以加强经营管理为中心,在网路发展上采取稳步发展"的方针,因而在1957年,农村电话网的建设降低了速度。

1956—1960年农村电话网主要设备量增长情况

表17

年份	线路长度（杆公里）		交换机容量（门）		电话机（部）	
	年末数	较上年增加	年末数	较上年增加	年末数	较上年增加
1955	428537		117656		61130	
1956	651741	52.1%	279438	137.5%	107208	75.4%
1957	698439	7.2%	326141	16.7%	185234	72.8%
1958	1237082	77.1%	704962	116.2%	498991	169.4%
1959	1586288	28.2%	1042923	47.9%	738805	48.1%
1960	1809598	14.1%	1393590	33.6%	974848	31.9%

1958年,全国农村掀起了声势浩大的人民公社化运动,1958年9月20日,邮电部发出《关于力争今年年底完成队队①通电话的通知》,不仅完成期限较1955年所提的要求又提前2年,而且又把"乡乡通电话"改成了"队队通电话",发文之日距离年底只有3个多月时间,这样不切实际的要求,是根本无法实现的。1958年到1960年3年中,农村电话的建设工作,在"大跃进"高指标的压力下加速进行。直到1960年年底,全国农村有99.1%的人民公社和86.9%的生产大队通了电话,还未能达到"队队通电话"的要求。

在农村电话迅猛发展的形势下,已通电话的24000多个农村人民公社中,有88%的公社装了电话交换机,都成为一级交换中心;已通电话的生产大队中,也有10%装了交换机;甚至生产队中,也有1200多个装了交换机。但由于缺乏全面规划,网路组织不够合理,交换点重叠设置,其中许多又与上一级中心无直达电路,因而出现接转次数过多、接通电话困难的现象。同时由于要求过急,许多工程未经勘测设计就盲目施工,以次料代用,因陋就简降低标准,挪用维护器材、资金等现象也比较普遍。结果不仅新增设备质量不

---

① 指生产大队。

高，原有设备也严重失修。

1962年，邮电部决定"今后三五年内，除非十分必要，农村电话一般不再发展，在整顿中贯彻保证重点，适当收缩的原则，压缩一部分不太急需的和维持不下去的农村电话"。因此，从1962年到1966年，农村电话网的规模经过调整逐步缩小，农话杆路由1961年的180多万公里减少为150多万公里（减少了17%）；电话机由1961年的96万余部减少到82万余部（减少了15%），减少的主要是公社以下部分。其中虽不免有收缩过紧、撤销过多的地方，但经过调整、巩固，农村电话网的质量大有提高，通话情况也得到改善。1963年，邮电部确定农村电话网"以县市为中心，按行政区划组织网路，一般采取一级接转，即由县、市辐射到社间中心，再由社间交换中心联接公社电话"。"对传输的要求，一般从保证县境以内通信质量要求考虑，标准不宜过高"。在当时网路组织混乱、传输质量低劣而地方人力、物力、财力又十分不足的情况下，上述网路组织原则及传输标准要求等规定，对于经济合理地调整网路结构、改善传输状况、提高通信质量起了极其重要的作用。"文化大革命"的十年动乱期间，管理体制变更，电信器材的供应渠道改变，原由邮电部门集中供应的农村电话专用器材，改由各县五金商店供应，数量既不能满足需要，品种规格也往往不合要求，农村电话常用的铁线、木杆、水泥更为缺乏。影响所及，不仅网路建设缓慢，原有设备也因缺少维修材料而严重失修，有的还遭到破坏。

1975年，周恩来总理在第四届全国人民代表大会上重申，在20世纪内要实现农业、工业、国防和科学技术的现代化。许多省提出了要尽快实现县到公社线路水泥杆化、电路载波化、会议电话对讲化、部分地区的线路电缆化的奋斗目标，一时形成了农村电话技术革新的高潮。到1977年，实现县到公社电路载波化的县市已有490个，约占总数的21.3%。湖北省有51%的公社装用了载波电话机。江苏省的公社以上农村电话线路已有80%使用了水泥电杆，其他省也做出了一些成绩。

1978年以后，全国进行农村改革，各地乡、村政府相继建立，兼管生产与行政的农村人民公社逐步撤销。一些商品生产不发达的地方为了节省经费，拆除了许多公社的电话交换机和大约 8 万部生产大队的电话机及一些线路。另外，乡镇企业和农村专业户发展较快，特别是农工商业比较发达的地区，增加的电话机更多。因此，从全国范围来看，1978 年到 1985 年间，农村电话的电话机还是增加了 10 万多部，总数接近 150 万部。交换机容量增加约 46 万门，达到 270 多万门。农村电话线路中，架空明线有所减少，电缆有所增加。1985 年，全国已有 94.8% 的乡和 45.4% 的行政村可通电话（见表 18）。

1953 年和 1986 年农村电话网主要设备增长对比表

表 18

年 份	架空明线线路（杆公里）	电缆线路（皮长公里）	交换机容量（门）	电话机（部）	载波机（部）
1953	344926	46.15	84254	46943	
1986	1331380	136106.9	2918638	1617703	44461
增长倍数	2.85	2949.22	33.64	33.46	

为了合理组织农村电信网路，1983 年，邮电部制定了《农村电信网技术体制》，规定农村电话的人工交换网采用以县局为中心的一级汇接或一、二级汇接相结合的结构，在县局、农村支局和农村端局设置交换台。鉴于农村地域广阔、经济发展不平衡等实际情况，规定采用两种传输标准。"一般广大农村采用农村标准，允许进入全国公用电信网，进网后的通话质量可适当降低，但应基本满足用户的要求""经济发达的农村和地处农村的较大型工矿企业采用干线标准，进网以后通话质量应满足全国公用电话标准""随着农村经济的发展与繁荣，采用农村标准的地区今后需要过渡到采用干线标准"。

80 年代以来，农村通信技术也有所发展。增量调制、环路载波、微波接力等设备已开始在一些地区采用。全国农村到 1985 年年底已装用的载波电话机有 4.5 万多部，通信电缆长达 13.1 万多皮长公里，自动电话交换机容量达到 7 万多门。1985 年，广东省南海县在全国首先实现了全县电话自动化。

农村电话网某些方面在数量上虽有较大增长，但技术上还非常落后。绝大部分农村电话线路是架空明线，线条基本上都是铁线，不能开通高频率的载波电话；电话交换机绝大多数是人工磁石式交换机，电话机普及率也很低。

乡以下的集体所有制农村电话设备更差。要彻底改变农村电话的落后面貌，还需长期不懈地努力。

二、经营管理

中国农村电话的经营管理体制与国营电信企业不同。农村电话有两种所有制：乡（社）以上的属全民所有制的地方国营农村电话，乡（社）以下的属集体所有制的农村电话。这是在农村电话迅速发展历史中形成的。

1953年以前的地方电信，它的一切经费均由地方政府开支，政府机关免费使用电话，这是战争时期的管理办法。地方电信系统，业务技术力量薄弱，经费短缺，无法对设备进行正常维修，机线设备大多处于年久失修状态。各地农村工商业逐步发展，需要使用电话，但当时的地方电信网又不与全国公用电话网相连，无法满足这些用户的要求。为了加强地方电信的维护、调整、扩建网路，扩大服务面，改进经营管理，提高服务水平，有关领导部门决定改变地方电信的管理体制。1952年10月13日，中央财经委员会发布《地方电信统一管理方案》，确定县以上的地方电信由邮电部统一接管，成为国营长途或市内电话；县以下的地方电信成为地方国营农村电话，对社会开放。

1953年第4季度开始，地方国营农村电话，采取地方政府与邮电部门双重领导的管理体制。地方政府掌管计划、财务工作，邮电部门掌管技术、业务工作。当时确定采取这种管理体制，主要是因为农村电话与地方政府关系密切，必须发挥地方的积极性，但农村电话网已是全国电信网的组成部分，技术、业务要求很高，在技术、业务管理上又必须发挥邮电部门管理的优势。各省、区、市的地方国营农村电话由省、区、市邮电管理局掌管，县邮电局经营，电话的收费标准则由各县政府自行规定，经营盈亏亦由地方政府自负。

地方国营农村电话对公社开放营业以后，经营管理有所改善，但许多地方政府误认为政府出钱办电话，机关就应该免费用电话。结果是免费电话数量大增，而且通话时间很长，使其他电话无法及时接通。电话虽很繁忙,营业收入却不多。据统计,1953年到1955年,全国农村电话每年亏损都在600万元以上,一直到1957年还有不少地方党政机关使用农村电话不收话费或减收话费。

1958年,全国农村实现人民公社化。许多省将县、市邮电局下放由地方政府领导,有的又将县以下的邮电机构下放归人民公社管理,成立公社邮电局。有的把农村电话网按公社的辖区分割,划归各公社管理。在"大跃进"的三年中,各地邮电局和农村人民公社,纷纷在农村架设电话,有的由地方政府投资,有的由人民公社筹款,还有的由人民公社出民工和木杆等器材与邮电局联合兴建。这些建设使农村电话的通信能力有所增强,通信范围有所扩大,但也造成管理上的困难,甚至全民所有与集体所有也无法分清了。

为了改变这种混乱局面,1962年9月,国务院根据邮电部的报告,决定将县以下的地方国营农村电话再作进一步的明确划分:县到人民公社之间的电话设备,划为全民所有,作为地方国营;公社以下的电话设备,划为人民公社集体所有,由人民公社自行负责维护使用,自负盈亏。农村电话划分两种所有制的工作,到1964年完成。

1979年,国务院批准全民所有的地方国营农村电话"由各省、区、市邮电管理局设立专门机构,加强管理,实行独立核算"。目的是将中央国营邮电企业与地方国营农村电话在经济上分清,以利于改进农村电话的经营管理,发挥地方政府建设发展农村电话的积极性。到1985年年底,地方国营农村电话实行独立核算的省、区、市已占总数的70%。实行独立核算后,业务收入较前均有增加。

1979年,邮电部制定了《农村电话业务规程》,在业务管理上作了较严密的规定。许多省根据规程的规定检查整顿了地方国营农村电话的业务管理工作,纠正了话费的错收、漏收现象,经营管理有很大改进。从1981年开始,全国地方国营农村电话的总收入大于总支出,并逐年有所增加(见表19)。

1980—1986 年全国地方国营农村电话盈亏情况表

表 19

年 份	收入（万元）	收支差额（万元）
1980	25800	−800（亏）
1981	28200	594
1982	30600	1416
1983	33800	2100
1984	39964	2010
1985	47398	4484
1986	63221	9100

归集体所有的农村电话直接联系基层用户，在农村电话网中也居重要地位，但其管理工作薄弱，人员技术、业务水平低，资金不足，不仅网路的改造和扩建难以单独举办，连经常维护也不能正常进行，长期以来，通信质量很差，是农村电话中的薄弱环节。为了加强管理，有些省对乡以下集体所有农村电话实行县办大集体或全县联营的办法，在不改变所有制的原则下，实行集中经营管理，效果较好。在 1983 年邮电部召开的全国农村邮电工作会议上，推广了这些经验。

1978 年以后，农村的乡镇企业和专业户大量涌现，如 1984 年山西全省有乡镇企业 7 万多个，农村专业户 170 多万户；广东省的专业户也达 80 多万户；其余各省情况也大体相同。他们的经济活动和业务联系日趋频繁，纷纷要求安装电话。1984 年，全国农村专业户私人户装电话的有 7705 户，到 1986 年增加到 36113 户，发展很快。但是，相形之下，农村电话的通信能力增长缓慢，远远不能满足需要。为了促进农村电话的发展，1984 年起，邮电部门确定了实行国家、地方、集体、个人一起上的方针。几年来，各地在这方面作了许多探索，采用电信企业与用户合资兴建、村镇自筹资金兴办、个人自办或承包交换点等多种方式，收到一定的效果。1985 年，乡镇办的、村办的、各种联营及私人经办的农村电话交换点，在全国有 2 万多处，占全国农村电话交换点的 44%，农村电话网路和业务的发展，大有方兴未艾之势。

第四节 公众电报

公众电报是人们快速传递文字信息使用最普遍的通信方式之一,也是电信部门的一项基本业务。新中国成立之初,通信设施落后,一些大、中城市间的电报主要靠定时会晤的短波无线电路传输。邻省间和省内也只有铁线或幻象线构成的电报电路,载波电报机不多。这些简陋的电报电路,遇有风雨雷暴,易被阻断,不能保证通信的畅通。电报局多数使用原始的莫尔斯人工机通报,有的甚至只能用电话传送。韦斯通快机只在少数干线电路上使用,电传打字机只有 200 多部。当时全国电信局所只有 1468 处,还有将近 1/3 的县城不通电报,广大农村就更谈不上通电报了。

一、电报业务的发展

新中国一成立,国家即不遗余力地恢复和发展通信事业,电报的发展极为迅速。1950 年除普通电报外,还开办了军政、新闻、气象、水情、疫情、公益等类电报。在农村大量设置电报营业服务点,开办了农村邮送(邮局递送)、专送(派人递送)电报的业务。以后为了满足江轮、海轮乘客和船员的紧急通信需要,又陆续开办了国内、国际船舶电报业务。在国内还曾开办过书信电报业务,按普通电报价目减半收费,但到达时限放宽到 24 小时。这种业务的开办,对于经常拍发电文较长的电报而又不要求紧急投送的单位或个人,实际是很大的优惠。随着国民经济的发展、科学技术的进步和人民生活水平的提高,公众电报的种类也有所增加,但变化不大。截至 1986 年,公众电报共有天气、水情、公益、政务、新闻、普通、汇款等几种业务。农村邮送、专送电报和国内、国际船舶无线电报也在继续办理。

公众电报业务量的升降与国家的政治形势和国民经济的发展变动息息相关。1950 年至 1957 年为国民经济三年恢复时期和国家进行第一个五年计划建设时期,在此期间政权日趋巩固,经济稳步发展,电报业务量增长也比较平稳。1957 年全国电报业务量为 1533.3 万份,与 8 年前的 1949

年相比，业务量增长了35.8%，这是第一阶段。1958年至1960年为第二阶段，这一时期，长途电话业务量增长较快，已对通信能力形成压力，而电报的潜力还有待发挥。1958年，国务院批准调整电报资费，不分省内、省际分别从每字0.095元和0.135元，降至每字0.03元。主管部门原想通过电报资费调整把猛增的长途电话业务吸引到电报方面来，以减轻长途电话的压力，但在"大跃进"高潮中，电报的降价只是促成电报业务量的急剧增长，而长话的压力却丝毫未能减轻。1960年电报业务量达到9200多万份，与1957年比，3年就增长了5倍。

1961年年初，中共中央提出了"调整、巩固、充实、提高"的八字方针，全国进入三年调整时期，国民经济发展较缓，不少机关、单位开展增产节约运动而限制使用电报、电话。在这期间，尽管电报资费极低，而业务量仍呈下降趋势。1963年至1969年，全国电报业务量始终在5000万份左右徘徊。1971年，中国恢复了在联合国的合法席位，对外经济交往开始增加。1972年国民经济也有些恢复发展。这时业务量才恢复到接近1960年时的水平。以后随着国内外政治、经济形势的发展，电报业务量又呈上升的趋势。这是第三阶段。1979年后，特别是对外开放、对内搞活的经济改革政策贯彻实行以后，城乡经济活跃，进出口贸易兴旺，社会对电报的需求也迅速增长，电报业务量以平均8.4%的速度逐年递增。其中，除1984年资费由每字3分调到每字7分略受影响外，历年均呈持续上升趋势，至1986年全国电报业务量已达21000多万份，这一数字比1949年的1100多万份增长了18倍。这是业务量发展的第四阶段。从这四个阶段看，电报业务量随着政治经济形势的变化而升降，电报业务量是国家政治、经济发展的晴雨表的特点表现得非常突出。

多年来，电报通信能力和服务网点也在不断增长。1950年邮电部实行"邮电合一"后，不少邮政局所改为邮电局或邮电所，兼办公众电报业务。这样，1986年比1949年，办理电报业务的局所增加了14.9倍，电报电路增加了2.4倍。各种电报通信设备也有较大的增长，电传打字机增加了129倍，载波电报机增加了83.5倍（见表20）。

全国电报业务量、电路、局所和设备增长统计表

表20

项 目	单 位	1949年	1957年	1972年	1980年	1986年
电报业务量	万份	1128.6	1533.3	9130.9	14662.9	21108.9
电报电路	路	3007*	4964	7078	8803	10150
办理电报业务的局、所	处	1992	8394	—	31695	31807
电传打字机	部	219	1172	6089	15021	28523
载波电报机	部	76	202	1323	3732	6425

注：*系1950年数字。

二、电报网路发展和电报接转自动化

（一）电报网路。

新中国成立后长途线路得到恢复和发展。50年代后期，在全国已经组成了公众电报省间中心、省中心、县间中心、县中心四级辐射的通信网。随着业务增长的需要，逐步在线路上大量装用国产载波电报机，以增加电报电路。

自70年代后期起，邮电部门即分期在电报通信网上进行电报流量、流向调查，根据业务需要，逐步增开了有关省会局之间的横向直达电路。截至1986年年底，全国省会以上局除有对上、下级中心局的直达电路外，与邻省省中心开通横向直达电报电路210余条；与他省、区内的地市开通直达电路80余条。至此，除北京、上海已对全国各省会以上局基本建立了直达电路外，各省会局之间开通20条以上横向直达电路的有6个局，开通10条以上横向直达电路的有15个局。这样就为减少电报转接次数、加快电报传递速度、节约人力物力创造了有利条件。但由于农村经济的蓬勃发展，使电报量急剧增加，全国的转报交换量仍在逐年增长。

（二）电报通信设备的演变。

新中国成立初期，公众电报大多使用比较原始的莫尔斯人工机和一部分韦斯通快机通报，电传打字机只有219部。引进的民主德国生产的51型电传打字机，国产55型电传打字机，自1957年起才逐步在各地电报电路上装用。

由于经济建设迅速发展，电报业务不断增长，各地原有电报机房和设备都出现紧张状况，亟待扩充。许多大中城市电信局纷纷制定规划，积极建设新机房，安装新设备。1958年，全国第一个电报大楼——北京电报大楼建成投产。在大楼的设计过程中，关于采用什么样的设备的问题，有两种不同意见。一种主张引进联邦德国的68型纸条式电传机，另一种则主张采用国产的55型纸页式电传机，以减少报务员操作手续。经过详细分析比较，最后决定，采用国产55型机。实践证明，这一决定是完全正确的。它不仅使电传机的维修零配件得到保证，而且大大促进了国产电传机的生产。截至1959年年底，全国已有98%的省会以上电路和60%的省会以下电路使用国产电传打字机通报，实现了公众电报通信终端设备的技术更新。

1956年，邮电部门废除了电报业务操作的复述复校制度以后，电报差错增多，引起用户不满。1960年，上海电报局为了减少电报差错，提出改变电传打字机原用的国际第二号电码，使10个代表数字的码，都选用3个有电、2个空号的组合排列的电码，叫作数字保护电码的方案。当代表数字的码在传输中受到干扰时，就会变成代表字母的码，极易检出。这种方法确实有可取之处。经试验，采用数字保护电码，因电传变字而产生的差错有85%可以得到纠正，通信质量有所提高。但是，采用这种电码，有的电传机要改电码条，有的要做新钢字轮，还要另行研制自动变码器。因此有人认为，当今世界各国普遍采用国际电信联盟建议的国际第二号电码，中国也不宜更改，可以恢复"复述复校"制度或采用其他纠错办法来减少电报的差错。这种意见未得到应有的重视。领导部门对不同的看法未展开认真的讨论就决定采用数字保护电码的方案，于1967年1月1日起在国内实行。改码后，对检出电报中的数字差错有一定效果，但国际电报、用户电报以及新华通讯社、气象局等用户均仍采用国际标准电码，因而增加了电传机的品种和接口的复杂性。以后，为了进一步提高电报质量，70年代末开始在电报电路上推广自动纠错设备。

在国产电传机大量推广使用的同时，由上海电报局研制的双机头五单位自动发报机也逐步投入使用。它可以使用凿孔纸条连续发报,既提高了传递时效,又减轻了报务员的劳动。1969年起,比较繁忙的电信局陆续装用了中文电报译码机,使收到的中文四码电报自动译成汉字并印在电报纸上直接送给收报人。1984年,国产汉字终端设备问世,逐步取代中文译码机。此外,1981年还在部分干线电路上装用了电子电传打字机。

(三)转报的自动化。

1959年,全国基本实现电传打字机通报,在各转报局也全面使用电传机收报部分的复凿机,实行撕断复凿纸条的半自动转报。这样就省去将转报收下后再用电传机拍发给收报局的手续,极大地减少了转报的加工处理时间,提高了电报时效,减少了传递差错。70年代后期,电报业务量迅速增长,这种转报方式对省中心局,特别是北京、上海、广州等业务量集中的转报局,仍不能根本解决问题,必须采用先进的自动转报设备,以改变长期以来人工转报的落后局面。1981年,广州引进了日本的自动转报设备,首先实现了电报接转自动化。上海电报局与复旦大学、上海计算机厂等单位协作采用国产DJS－131电子计算机,于1980年研制成64线程序控制自动转报系统,1984年又继续研制成256线自动转报设备,每日可处理电报20万份。这种转报设备陆续在省会以上城市安装使用,效率大大提高。截至1986年年底,全国已有16个省会以上城市装用了国产的程序控制自动转报系统。这是电报接转方式的重大革新。

凡装用自动转报设备的省间中心局、省中心局,都根据需要增开至其他有关省间中心局、省中心局的直达电路,并尽量开通至省、区内各县中心局的直达电路。这就更减少了转报的接转次数,缩短了转报历时。待省中心以上局普遍装用自动转报系统后,全国公众电报通信网即可由过去的四级改为只由省中心和县中心两级汇接的组织方式,这将使中国的电报通信状况发生根本的变化。

根据已使用自动转报设备的18个局1986年的统计,经自动转报系统接转的电报交换量,占这些局总转报量的86%左右,占全国省会以上局总转报量的69%。每份电报经自动转报系统一次接转只需2—3分钟,比人工接转缩短 20—30 分钟。自动转报系统的装用提高了电报传递速度，还节省了 50%—60% 的报务员，节约了大量的终端设备和材料，提高了公众电报的服务质量，使电报通信达到一个新的水平。

三、提高电报通信质量和服务水平

新中国成立以来，提高电报通信质量的努力，一直没有停止过。电报的拍发与接收，过去主要靠人工操作，因此，如何提高报务员的思想素质和技术水平，便成为提高通信质量的关键。早在 50 年代，培养电报业务、技术人才的中等学校就在北京、上海、河北、江苏等省市先后建立。各邮电局自办的报务人员训练班，更如雨后春笋。全国各地报务员的先进操作经验，不断地在全国总结推广。1956 年，在北京召开的全国邮电先进生产者先进集体代表会议总结推广了以武汉电信局杨伟良为代表的键盘凿孔操作经验，以济南电信局高祀田为代表的人工电报机操作经验和北京、天津电信局送报员操作经验。这些经验从收到发报人交发电文后的凿孔、电报的拍发抄收、到向收报人投送，包括整个通信流程，形成了一整套操作规范，一经推广，在减少差错、提高效率方面，就立见成效。杨伟良就曾在 1951 年至 1955 年间，连续 42 个月没有发生差错。高祀田从 1952 年至 1954 年间收发电报 80 多万字未发生差错。

1959 年，在全国邮电局所较普遍地装用 55 型电传打字机的新形势下，又及时地总结推广了广州电信局潘祖镛的值守电传打字机收发电报的经验。潘祖镛还参加了当年 10 月在北京召开的第一次全国"群英会"① 以后又总结推广了"国产 55 型电传打字机拆装调整工具模具化"的经验和"国产 55 型电传打字机每日预检操作法"等，把总结推广先进经验的工作扩大到技术维护的领域。

任何一项通信任务都涉及全程全网，绝非一个人、一个局所能单独完成，要把通信工作做好，离不开全程全网的协调一致。四川成都的电信职

---

① 即全国工交、基建、财贸系统社会主义先进集体、先进生产者代表大会。

工，自1959年起开展了长途电话和电报工作中的"一条龙"竞赛，由电路两端的值机、处理、维护人员组成电路小组，定期商订竞赛条件，提出保证措施，共同协调配合把通信工作做好。组织"一条龙"竞赛的经验，当年在全国推广后，竞赛活动除了在十年动乱期间曾一度中断外，一直在连续开展，对于搞好全程全网的协作配合、提高通信质量和服务水平，起了显著的作用。

为了保证通信任务的完成，电报业务管理工作也不断改进和加强。在"迅速、准确、安全、方便"服务方针的指导下，邮电部门制定了一系列的规章制度，对于严守机密、避免差错、提高速度等都有严格的要求。随着技术的改进，人们对时间观念的增强，对电报传递时限的要求越来越严格。例如，原来规定普通电报全程时限为12小时，加急电报为6小时，到1985年改为普通电报6小时，加急电报4小时，水情和特急电报1.5小时，天气电报0.5小时。

为了更好地贯彻民族政策，方便少数民族群众使用电报，有的自治区邮电部门开办了少数民族文字电报。

1951年4月，新疆维吾尔自治区在乌鲁木齐与伊宁间试办了维吾尔文电报，1956年推广到全自治区81个县，1958年8月又开办了哈萨克文电报。1985年维吾尔文电报服务点已发展到383个，遍布全自治区。截至1985年，新疆维吾尔自治区的全部电报业务量中，少数民族文字电报占20%。

1964年9月，内蒙古自治区在呼和浩特与锡林浩特之间，由22个机关、单位在电路上互相试传蒙文电报。1966年8月起，在自治区内26个邮电局对外试办蒙文电报业务，经用户使用，反映良好。这项业务因受"文化大革命"的冲击而未能正式开放。70年代后期，为适应自治区各级党政机关的需要，在自治区首府、盟市、旗县间建立了用户传真通信网，各级党政机关往来的蒙文文件，均可利用传真设备直接传递。1967年至1968年间，内蒙古自治区邮电部门在上海邮电器材一厂协助下研制蒙文电传打字机获得成功。

西藏自治区于1984年6月在拉萨、昌都、日喀则、山南、那曲等城市间试办了藏文电报，一个月即收发电报532份，受到藏族人民的欢迎。

 当代中国的邮电事业

四、在电报业务中推行汉语拼音和简化汉字

1958年2月11日,全国人民代表大会公布了《汉语拼音方案》。邮电部立即组织编辑了《汉语拼音电信局名簿》,制定了《开办国内汉语拼音电报办法》,并于当年10月1日在全国试行。1978年9月,国务院批转了关于改用《汉语拼音方案》作为中国人名、地名罗马字母拼写法的统一规范的文件后,邮电部编印了《中国电报局名簿》,寄送国际电信联盟,要求通知世界各国、各地区,自1979年6月1日起,在与中国往来的国际电报中,对中国的地名、局名统一改按汉语拼音方案拼写。国际电信联盟将这份资料正式编印在《国际电报局名簿》第24版及以后各版内,分发世界各国和各地区使用。中国自1881年开始经营公众电报业务以来,国内电信局名一直沿用威妥玛式拼译法,既不符合中国普通话读音,也缺乏严格的科学性。按照《汉语拼音方案》拼写局名,是中国电报通信上的一项重大改革。

由于《汉语拼音方案》尚未解决区分同音字的问题,汉语拼音电报在公众中未得到广泛使用。但新华通讯社驻国外分社的记者,为了提高新闻稿件的时效,使用汉语拼音编写新闻电报发回国内,收到较好的效果。自60年代后,经常有20多个驻外分社使用汉语拼音拍发新闻电报,其中亚丁、萨那、贝鲁特、巴格达、安卡拉、科威特、斯德哥尔摩7个分社完全或主要用汉语拼音向国内拍发电报。据新华社1983年统计,国外有18个分社曾在一个月内用汉语拼音发回新闻电报近100份。

为了配合国家推行简化汉字,便利群众使用简化字拍发电报,1958年,邮电部根据国务院公布的《简化汉字表》在电码本上增补了繁体与简化汉字电码对照表。1974年又组织人力进行调查研究,根据国家颁发的《印刷通用汉字字形表》《简化字总表》《第一批异体字整理表》等资料,修订了《标准电码本》,以不变动汉字原附电码为原则,删除了异体字,取消了生僻字,整理归并同音字,按简化偏旁修改了部首索引。1983年,《标准电码本(修订本)》出版问世。修订本以简化汉字为主,分上下两编,上编以电码为顺序,下编以汉语拼音音序为顺序,共收集汉字7080个,连同字母、数码、符号等共7294个,比原电码本减少汉字2236个。为了照顾台湾、港澳同胞和海外

侨胞使用繁体字的习惯，在下编中附有部分繁体字，供译电时对照查用。

第五节　用户电报

用户电报是在用户办公地点或住所装设电传打字机，通过电报网路与国内外另一个装有电传打字机的用户直接通报的一种业务。每个用户的电传打字机都有自己的号码，像电话号码一样。用户需要通报时，可以自己拨叫，或通过电报局的交换机值机人员接通对方用户。电路接通后，双方即可互相发报、交换信息，当场解决问题。用户电报发报不需要将电文送到电报局拍发给对方，再由对方电报局投递给收报人。因此，对用户来说，用户电报比公众电报更加方便、迅速。

用户电报在一些发达国家发展很快，已有取代公众电报的趋势，但在中国由于汉字传递的复杂，用户不易自己掌握，故发展较晚。

一、用户电报的开办和发展

中国开办用户电报业务是 1959 年应苏联要求在北京与莫斯科之间开始的。最初只有两条人工电路，用户也只有两三户。1972 年，北京安装 50 门用户电报交换机。1973 年，北京通过卫星电路已可与日本（东京）、美国（纽约）、法国（巴黎）、加拿大（蒙特利尔）、澳大利亚（悉尼）等国和中国香港地区开放用户电报。1974 年，北京、上海、广州三城市均安装了 100 门用户电报交换机。这三个城市间虽也开放了用户电报业务，但当时主要还是与外国及中国香港地区的用户通报。1974 年，北京开通了对联邦德国（法兰克福）、奥地利（维也纳）、希腊（雅典）、意大利（罗马）、瑞士（伯尔尼）、英国（伦敦）、马来西亚（吉隆坡）的用户电报电路。同年，广州作为地区出口局开通了至香港的用户电报电路。1975 年至 1980 年间，北京又陆续增开了对亚洲和东欧一些国家的用户电报电路，上海也增加了对一些国家的电路。1982 年，又有青岛、大连、南京、杭州、天津等 15 个城市安装了用户电报交换机，国内各地用户总数增加到 1000 多户。1983 年以后，用户电报发展更快。原有的人工交换机逐步更换为自动交换机。沿海经济开放城市也陆续安装了用户电报交换设备。1984年8月1日，正式开办国内用户电报业务。到1985年，除少数边远地区的省会城市外，所有省会城市都已开办。到1986年年底，国内开放用户电报的城市已达53个，用户总数达到5391户，为1981年的7.4倍；通报业务量达到685.6万次，为1981年的6.8倍。1981年至1986年的6年间用户数的年平均递增率是45%；业务量年平均递增率是40%，这在各项电信业务的发展中是很突出的（见表21）。

全国用户电报装机户数与通报业务量递增对比表

表21

年 份	用户数（户）		通报业务量（万次）	
	（户数）	实际递增%	（万次）	实际递增%
1981	727	—	100.94	
1982	1021	40.44	134.31	33.06
1983	1373	34.47	189.40	41.02
1984	2062	50.18	283.05	49.45
1985	3691	79	482.4	70.45
1986	5391	46.05	685.6	42.12

用户电报业务中，国际业务占总业务量的80%—90%左右，但随着国民经济的发展，国内业务也有大量增长的趋势。

二、用户电报网的组织与发展

1982年，全国省会以上及沿海开放城市陆续开办用户电报业务后，到1986年年底，全国安装用户电报交换机或集中器的城市增加到53个。交换机总容量达到14245门；中继电路达到1372条，是1981年的3.3倍；其中国内中继电路573条、国际中继电路799条，分别是1981年的7.4倍和2.4倍。北京、上海、广州、太原、长沙等几个城市使用引进或自行研制的1000门以上的用户电报交换机，其余各省间中心、省中心城市的交换机容量都比较小，一般采用140门布控交换机。郑州、贵阳只装了28线集中器，传输手段也比较单一，绝大部分为频分制16路载波电报系统，整个用户电报网横向电路少、转报次数多，传输质量也不高。这样的网路还有待进一步扩充与完善。

第六节 传真、数据及其他通信业务

一、传真通信

传真通信是通过电路按原样传送相片、图表、合同或文件的一种业务。只有黑白二色的为真迹传真，包含有中间影调和彩色的为相片传真。

传真通信在20世纪20年代传入中国。中华人民共和国成立前，只有上海至南京一条真迹传真电路和上海至美国旧金山间一条相片传真电路。新中国成立后，传真通信在技术上和业务上都有很大的发展。50年代初期，从国外引进一批相片传真设备，分别安装在北京、上海、沈阳、武汉、天津、广州、乌鲁木齐、西安、重庆、昆明、大连等城市。自1956年起，陆续在北京与上海间以及北京、上海与其他城市间，开办了相片传真业务。1975年，中国自己研制的相片传真机，逐步在各地装用。截至1986年年底，全国已有31个城市开办了相片传真业务，共安装了相片、报纸和真迹传真机1341部。同时，北京与57个国家和地区、上海与29个国家和地区开办了国际相片传真业务。新华通讯社在编发新闻稿件时，经常利用相片传真配发与新闻内容有关的相片，以便与新闻文字同时见报，得到更佳的效果。邮电部门从50年代末开办真迹传真业务，1973年引进英制单路真迹传真机，在北京、上海、武汉、重庆、西安、广州、沈阳7个城市安装使用。1975年，中国自己研制成功单路真迹传真机，首先在京广微波干线上的石家庄、郑州、武汉、长沙、广州5个省会城市开通使用。1976年，京—沪—杭中同轴电缆载波沿线的8个城市（包括市内支局）建成真迹传真电报网，开通了业务。1978年，成都、重庆、西安、乌鲁木齐、呼和浩特、沈阳、福州、西宁等城市又先后开通业务。真迹传真业务原拟在全国普遍开放，但由于传真终端设备质量差、通报速度低、电路成本高等原因并未得到发展，1980年将各城市市内支局的该项业务停开。此后，中国开始发展三类传真机，以提高传真的速度和质量，并迅速在全国推广。江苏省于1985年年底，采用三类机在省内11个地市开办了公众真迹传真业务，随着又有山西等5个省在省内开办。截至1986年年底，全国已有18个省会城市开办了省际真迹传真业务。

国际真迹传真业务是1982年北京首先对日本开办的。开办以来，业务量增长很快，1984年比1983年增加1倍，1985年又比1984年增加了40%。以后又开放对新加坡和香港地区的真迹传真业务，仅北京局年交换量就达12.8万多份。上海和广州也相继开放此项业务，先对日本一国，后又增加了新加坡和中国香港地区。由于中国还没有形成完整的真迹传真通信网，国际真迹传真业务还无法向国内延伸。

国内外许多厂矿企业、科研、医疗等单位用户，经常需要使用相片传真和真迹传真，要在自己办公地点安装传真设备，随时与国内外其他地点装有传真设备的用户通报，这种通信业务称为用户传真，一般即利用电话电路传输。这项业务目前还比较少，但它是传真电报的发展方向。

《人民日报》《解放军报》等中央报纸，原都在北京印刷向各地发行。为了让各地及时看到中央报纸，各报社曾由飞机运送报纸版型，再由各地印刷、发行。1969年改为占用3个明线话路，使用报纸传真机试传报纸版面，但因线路干扰，效果不理想。随后，在微波电路上，改用60路报纸传真机试传获得成功。传送1版报纸约用6分钟左右，传送《人民日报》（8版），一般在1小时左右，比用飞机运送纸版，缩短几小时至十几小时，且不受天气变化的影响，使中央级报纸能在当天或第二天与外省广大读者见面，受到读者的欢迎。1974年11月1日起，正式开办了北京至成都传递《人民日报》《解放军报》《参考消息》3种报纸传真业务。1976年至1979年，又先后开办了北京至广州、南宁、昆明、兰州、乌鲁木齐、武汉、南昌、重庆、福州等地传送上述3种报纸版面的传真业务。1980年后，又陆续开办了北京至南京、杭州、长沙、贵阳、西安的报纸传真业务，并增加了《工人日报》《光明日报》《中国青年报》《经济日报》《经济参考》5种报纸。随着国家对外开放、对内搞活政策的实施，各地报纸也相继提出向北京或其他城市传送版面的要求。1986年1月1日起，上海《文汇报》通过报纸传真电路向北京传送版面，是北京发行传真版的第一家。

二、数据通信

自从 40 年代电子计算机问世以来，世界各国已逐渐将它应用到社会生产、生活各个方面，数据通信就是将电子计算机运算处理的数字、字母和符号（简称数据）与电信网路联接起来，按照一定的协议将这些数据迅速传给另一方的通信方式。用户可以利用数据通信网与国内外的数据库、档案库、图书资料库等相联通，随时收集、检索所需要的情报资料。这是电信为社会政治、经济、文化各部门服务的新手段之一。中国从 60 年代中期开始研究和发展数据通信，首先用于人造地球卫星的数据收集和处理。1970 年中国第一颗人造地球卫星的发射成功，标志着数据通信已经进入实用阶段。1980 年，国家计划委员会和冶金部，为了及时掌握全国计划和钢铁生产进度等情况，在中央、省、自治区、直辖市计委和大中型钢铁企业间使用数据通信，及时收集资料。1977 年，邮电部数据通信技术研究所设计制造了数据交换设备，初步组成了国家计划委员会电子计算机中心与各省级计划委员会以及全国 30 多个大中型钢铁企业联通的专用低速数据（50b/s）①通信网。1984 年开办国内用户电报业务时，国家计委租用的这套低速数据专用网并入了用户电报低速数据公用网。

1982 年，在全国第三次人口普查时，联合国人口发展组织为中国提供了大中型电子计算机 20 台，分别安装在 20 个省、自治区、直辖市的人口普查办公室，专供及时对各种数据进行汇总统计和分析之用。邮电部门利用市内和长途通信电路，将上海、天津、济南、石家庄、太原、合肥、南京、杭州、南昌、福州、广州、南宁、长沙、西安、兰州、成都、贵阳、西宁、银川、乌鲁木齐 20 个城市的计算机与北京国家计划委员会计算机中心联接起来，为全国人口普查工作提供了中速数据通信(1200b/s)服务。这个临时组成的中速数据网经过几年的运行，顺利完成任务，取得良好效果，为今后用户利用长途电信网进行中速数据通信打下了基础。

---

① b/s 即每秒波特数，系信息量的度量单位。

根据中国旅游、民航、电力、外贸、银行等部门的需要，已有数十家用户利用专线电路和自建电路，通过数据复用设备，联通国外数据库。1983年8月开放的中国意大利数据情报检索业务，有4条300b/s电路自用户接到北京电报大楼复用器，再由一条9600b/s电路经国际通信卫星接到意大利数据网的分组交换机，由此接到欧洲空间组织ESA的数据库。从1984年起，可经意大利数据网转接到美国DIALOG和ORBIT数据库。广州与福州等地的科教情报所则经香港大东电报局的分组交换节点机经国际通信卫星接至美国的DIALOG和ORBIT数据库。

中国数据通信业务虽有发展，但目前业务量不大，单独建网也不经济。因此，邮电部决定低速数据通信使用用户电报网，这样可以短期内在全国范围内实现50b/s和300b/s兼容的用户电报及数据通信合一的公用交换网。

随着电子计算机应用的普及和数据通信的发展，更灵活和经济的分组交换网应运而生。数据通信用户可以利用分组交换数据通信网与国内外的电子计算机或数据库联接，随时进行资料检索、数据收集等工作，实现信息共享。银行、贸易部门也可利用数据通信与计算机联网，实现异地结算。中国计划建设以北京、上海、广州为节点的国内分组交换公用数据通信网，以实现计算机中心数据库联网运行。该网在国内与电话网、用户电报网相连，在国外将接入欧洲、美洲及日本等国的数据网，数据通信将有更广泛的发展。

三、新闻广播与电视节目的传送

在现代社会中，广播和电视昼夜与广大公众的生活密切相关。它在播发节目和接收过程中往往需要由电信部门提供传输手段。早在1949年年初，新华通讯社即利用北京的平房短波无线电发射台和黄村收信台分别发送和接收国际、国内的文字新闻广播。50年代中后期，中国新闻社也利用电信局的短波无线电发射机发送对台湾同胞和东南亚侨胞的口语广播节目。

从 70 年代开始，广播事业局就用微波干线电路传送模写①新闻至 27 个省、自治区、直辖市。此外，还利用微波的超群频带传送高质量的广播节目，其中有宽带广播和立体声广播节目。先是传送到西安、昆明，后来发展到传送十几个省会。为了增加传送点，电信部门又采取了技术措施，使节目不仅可以由终端站接收再对当地广播，而且可以在中继站接收再对外广播。到 1986 年年底，利用微波线路传送节目而开放广播的点已有 34 个，分布在 25 个省市。

利用微波接力系统传输电视节目，始于 60 年代初。当时利用刚建立的北京—天津和北京—太原的 60 路微波接力系统，试传黑白电视节目。1966 年，在北京—天津和北京—太原间用 600 路微波接力系统传送中央电视台的黑白电视节目。1975 年开始传送彩色电视节目。到 1981 年，全国除内蒙古、新疆、西藏外，其他各省省会、自治区首府和直辖市均已通达微波，可以开通双向电视通道，传送和转播国内、国际重大新闻及文艺体育等电视节目。例如，1984 年的洛杉矶奥运会和 1986 年的墨西哥世界杯足球赛等都是由卫星地球站接收再通过国内微波线路向全国转播的。

1984 年 4 月，中国发射了通信实验卫星。到 1986 年年底，呼和浩特、乌鲁木齐、拉萨都已建设了卫星地球站，从此全国各省会、自治区首府和直辖市都可利用卫星或微波信道传送电视节目。

四、无线寻呼

1980 年以来，随着对外开放、对内搞活经济政策的实施，在一些开放城市，工商、旅游、服务等行业迅速发展，不少用户提出了开展无线寻呼业务的要求。无线寻呼是一种新型的通信手段，利用甚高频电磁波进行通信。用户只需携带一个寻呼器，即可随时接受对他发出的呼叫，再用电话或当面与呼叫人联系处理问题，极为方便。此项业务，先是由上海在 1984 年 1 月开

---

① 模写是一种利用窄带移频调制和海尔印字技术传递中文文字的通信方式，适用于传递低质量（可识别）的文字，但抗干扰性强，设备简单。

办,以后各地也陆续兴办。到 1986 年年底,全国已有 20 个城市开办,用户达 35000 多户。

五、移动通信

移动电话,是用无线特高频通信手段,专为多种移动体提供服务的一种业务。只要在移动电话网的服务区内,用户就可以用电话机在任何时间、任何地点,甚至在行驶的汽车、轮船、飞机里随时与另一静止或移动状态中的用户进行通话。这种通信方式出现的历史虽然不长,但发展极为迅速。移动通信在石油、水利、铁道、公交、地质、建筑、公安等部门有广阔的发展前途。他们在运行调度、紧急抢险、运输安排等方面,对移动通信的需要更为迫切。石油、水电、铁道、交通等部门的基层单位,正大量使用着无线调度电话和对讲机,城市公共交通系统也开始使用了调度用的移动通信设备。但比起发达国家来,中国的移动通信设施还处于起步阶段。与市内电话、长途电话甚至国际电话相联接的公用移动通信网,技术上较为复杂,许多发达国家都已建成了一个地区或全国的移动通信网,并且发展很快。中国的公用移动通信网的建设则刚刚开始。到 1985 年,邮电部门自行研制生产了 150 兆赫和 400 兆赫的移动通信设备,已在上海、广州两市开办了移动通信业务。随着经济改革的深入开展,移动通信业务必有较快的发展。

第七节 特种业务

为社会公益事业服务的特殊通信是电信的一项重要业务。有关气象预报、水情测报、防汛抢险、地震预报、人畜疫情、植物保护等内容的电话、电报、传真通信均作为特种业务优先接续、传递,并保证不发生差错、稽延。电信部门为社会公益事业的发展作了很多努力。

一、气象通信

气象事业与国家的现代化建设和人民生命财产安全关系异常密切。邮电部门一直把气象通信作为重要任务给予保证。第一,为全国气象通信枢纽、各大区气象中心、省中心之间提供气象通信专用网,为气象广播、气象传真广播网优先提供传输质量良好的电路和无线通信设备。第二,为国内各气象台站的气象电报、电话规定特别业务种类,优先传递、接续。气象电报的传递顺序列为一级,从气象台站交发到传给收报气象中心的全程最大时限为30分钟,为一般电报传递时限的1/12。据国家气象局抽查,气象电报的实际传递时间远较规定时限为短。第三,为国家气象局提供电报电路,与苏联、朝鲜、蒙古、越南、日本、联邦德国等国家和中国香港地区的气象部门联通,作为国际气象通信专用电路,以便相互交换气象情报或转发第三国气象情报;提供短波无线发信设备,以便向国外进行中国的气象情报广播和气象图表传真广播。中国气象情报时效高、缺报率低,在国际上享有较高的声誉。

二、水情通信

每年的防汛、抗旱工作,是关系到国民经济各部门生产发展和人民群众生命财产安全的大事。自50年代起,国家对水情、冰情、旱情、台风等情报的传递,就有专门的规定和措施。第一,每年各个水系防汛、防凌、沿海防台风期间,根据水利部门的需要,各级电信企业派出报务员、机务员,临时设置小型无线电台,组织通信网,专为水情通信服务。第二,为各级防汛指挥机构、基层水情观测台站架设、维护通信专线。第三,水情电话提前接续,水情电报的传递顺序列为二级报,从水情台站交发到传给中央各省、区、市和各水系防汛水利机构的全程最大时限为90分钟;各地防汛机构在防汛期间紧急调度防汛物资、报告水情、指挥工作的电话列为三类紧急调度电话,遇有决口抢险等电话,则列为二类特种电话,随挂随接。

由于采取以上措施,每年防洪、防汛期间,全国各个水系的水文台站,每天清晨测量的水情、雨情数据,于上午9时左右即可传送到各级领导机关和防汛指挥部门,为有关部门采取正确决策提供可靠依据,在历年防汛、抗旱、防台风斗争中起到了重要作用。

三、地震震情监测通信

地震给国民经济和人民生命财产安全带来极大的危害。1966年邢台地区地震后,国家在几条有活动的地震带上建立了一批地震观测站,电信部门组成了地震情报网,这些网点都设有通信设施,配备了有线、无线通信设备,常年服务于地震科研和震情预报工作。

第十四章
国际电信及港澳地区通信

中国长期处于半殖民地半封建的社会，因而国际电信事业也长期被外国公司所控制。国民党政府 1930 年 11 月在上海建立国际电台之后，才有部分电信业务由中国人自己经营。以后，国际通信虽有一定发展，但无论从联系范围、通信规模或服务水平来说，都不能适应客观需要。新中国就是在这样的基础上，按照独立自主的原则，建立和发展对外电信联系的。

第一节　国际电信

在北平已经解放，中华人民共和国中央人民政府即将成立之时，国际电信的主要任务是首先与社会主义国家建立直接的联系，与资本主义国家尽量保持原有的通信联系，以待发展。1949 年 10 月 1 日以后，中国与各国逐步正式建立双边或多边通信关系，国际电信迈开了新的步伐，经历了起伏变化的发展过程。

一、保持与 27 家外国电信机构的通信联系

国民党政府以上海为国际电信枢纽，在上海设立国际无线电台，办理国际电报、电话、相片电报、新闻口语等业务。1949 年 5 月，上海解放时，上海与 27 家外国电信机构[①]之间有直达短波无线电路，仍保持电信联系。5 月

[①] 这 27 家外国电信机构是：印度、印度尼西亚、日本、泰国、朝鲜（汉城）、越南、比利时、法国、英国、意大利、挪威、瑞典、瑞士、捷克斯洛伐克、澳大利亚、阿根廷、巴西、秘鲁的 18 个电信机构，苏联的莫斯科和伊尔库茨克 2 个电信机构，马尼拉的美国交通公司、美国马凯公司、美国环球公司 3 个公司，旧金山的美国电话电报公司，洛杉矶的美国新闻无线电报公司，香港的英国大东电报公司和澳门的大北电报公司。

28日，中国人民解放军进驻上海国际电台，实行军事管制。在北平先期成立的军委电信总局，经中共中央批准，于6月初立即指示上海国际电台以电台负责人名义向27家外国电信机构发出建议，表示愿在维持原状的基础上和他们继续保持通信联系。中国建议发出后，很快得到除朝鲜（汉城）、秘鲁以外的25个外国电信机构表示同意的答复。这25个外国电信机构的所在地点分别是印度的新德里、印度尼西亚的雅加达、日本的大阪、菲律宾的马尼拉（同时有三家美国公司各通一条电报电路，另一家美国公司通一条电话电路）、泰国的曼谷、越南的西贡、澳大利亚的悉尼、比利时的布鲁塞尔、法国的巴黎、英国的伦敦、意大利的罗马、挪威的奥斯陆、瑞典的斯德哥尔摩、瑞士的日内瓦、捷克斯洛伐克的布拉格、苏联的莫斯科和伊尔库茨克、阿根廷的布宜诺斯艾利斯、巴西的里约热内卢、美国的旧金山（三家公司各通一条电报电路）和洛杉矶（另一家公司通一条报路），还有中国香港和中国澳门。上海对这些地点绝大部分开放电报业务，对马尼拉、伦敦、旧金山、中国香港和中国澳门还有电话业务，对旧金山还有相片传真和新闻（口语）节目传递业务。这样，上海就和21个国家和地区的23个城市继续保持电信联系，其中绝大部分属于资本主义国家。通过这些城市还可以经转其他国家的报、话通信业务。1950年11月，中国政府代表团去纽约出席联合国大会期间，代表团与国内的通信及大量新闻报道，就是通过上述渠道完成的。1954年4月，由周恩来总理率领的代表团参加了讨论和平解决朝鲜问题和恢复印度支那和平问题的日内瓦会议。在会议期间，利用上海至日内瓦的电路，建立了由北京至日内瓦供代表团专用的国际线路，对保证代表团与国内的通信联系做出了出色的贡献。1962年11月15日，周恩来总理就中印边界问题真相（指从1959年9月至1962年10月的中印边境冲突），写信给亚非国家领导人，呼吁亚非国家主持公道促进中印边界问题公平合理的解决。这封信，是用电报直接发给亚非各国领导人的。对当时尚未同中国建交的部分亚非国家的电报，也是通过上述渠道发出的。

为了加强与社会主义国家的通信联系，除了保持上海对布拉格、莫斯科和伊尔库茨克的短波无线电报电路外，1949年六七月又先后开通了北平至布拉格和莫斯科的短波无线电报电路,这就开始了北平的直接对外通信联系。

二、重点发展与社会主义国家的通信

从1949年10月到1960年7月,是中国和社会主义国家电信业务大发展的时期。1949年10月1日,中华人民共和国宣告成立。10月,开通了北京至乌兰巴托的短波电报电路。11月,又开通了北京至莫斯科的短波无线电话电路。12月,开通北京至平壤的无线电报电路。1950年7月至11月,北京至华沙的直达无线电报、电话电路开通。1951年1月和6月,北京国际收信台和发信台先后建成投产。从1950年至1957年,北京至柏林、布加勒斯特、布达佩斯、索非亚、贝尔格莱德、地拉那等欧洲社会主义国家首都的无线电报电路和北京至柏林的无线电话电路也先后开通。

短波无线电通信易受干扰,很难满足当时国际形势发展对通信的需要。在北京虽然建立了国际电台,装备了大功率发射机和高灵敏度收信机,采用了单边带通信和双路移频电报等新技术,但当时所开电路数量既少,功率也小,有些只能定时开放,电路极不稳定,报话通信很难保持通畅。

为了适应国际形势发展,改善国际通信状况,1958年9月在新疆乌鲁木齐建成较大规模的国际收、发信台,接转国际电报、电话通信,并转播对国外的新闻文字和口语广播。这样,中国对欧洲、非洲的短波通信和新闻广播质量有了明显的提高。

在此期间,中国除加强对社会主义国家的短波无线电通信外,还大力发展建设有线通信。1949年12月,开通了北京—海参崴的第一条国际有线电报电路。1950年12月,北京—满洲里的有线干线建成,北京—莫斯科12000公里的直达有线载波电路开通,随即开放电报、电话业务。同年内,北京—平壤的有线线路建成,开通了报、话电路。1951年11月,由北京经西安、兰州、乌鲁木齐到苏联边境的第二条中国—苏联国际有线干线也竣工投产。由北京经二连浩特到乌兰巴托的中国—蒙古有线干线,也相继建成。1956年7月,开通了北京经南宁至河内的中国—越南的有线电报、电话电路。

此外,在1953年至1960年期间,北京还与亚洲的巴基斯坦、印度、缅甸、柬埔寨和日本等国首都开办了有、无线电报和电话业务。上海至莫斯科、斯德哥尔摩、巴黎,北京至莫斯科、柏林、华沙、新德里、东京等地还开通了相片传真电报。1959年1月,北京和莫斯科间开放了用户电报业务。

经过这一阶段的建设,中国已形成了北京、上海两个国际通信出口局,北京居于更重要地位。由于中苏间有线电路的沟通,不仅中苏间的通信质量得到提高,中国与东欧各国间的通信状况也因由有线接转而大为改善。中国除建立对西方国家的电信电路外,还通过香港疏通部分国际电信业务,保持多方的国际通信联系。根据社会主义国家间签订的协定,除双方开办电信业务外,还相互经转与第三国来往的国际电报。在较长的时期内,中国承担了朝鲜民主主义人民共和国、蒙古人民共和国和越南社会主义共和国与西方国家或地区之间电报的经转业务。由于往来的业务量差额较大,中国政府为此还支付了一定数额的西方国际货币。

三、国际通信转入低潮

1960年7月,苏联政府片面撕毁合同、撤走专家,使中苏关系受到严重影响,也给中国通信造成一定困难。中国与苏联、蒙古和东欧各国间,虽仍保持一般的通信联系,但业务量锐减,甚至通信电路也发生时断时续现象,不能保证畅通。中国与社会主义国家间的电信联系,除1962年开通了上海—哈瓦那的国际无线电报电路外,几乎处于停滞状态。

60年代起,中国加强了与第三世界各国的友好合作,与亚、欧、非各国的通信联系也相应增加。1960年,上海先后开通了至缅甸仰光和柬埔寨金边的无线电话电路。1963年、1965年,北京先后开通了至叙利亚大马士革的公众电报、电话电路和对巴基斯坦卡拉奇的电话电路。对欧洲,1960年3月,上海开通了芬兰赫尔辛基的公众电报电路。1965年,北京至罗马尼亚布加勒斯特开通了电话电路,上海对罗马、伦敦、布鲁塞尔开通了相片传真电路。对非洲,1963年9月,中国与苏丹开通了上海至喀土穆的公众电报电路。1964年,与埃及、阿尔及利亚先后开通了上海—开罗的相片传真和北京—阿尔及尔的电话电路。1965年,北京又与阿尔及利亚开通了公众电报相片传真电路。

"文化大革命"期间,中国的对外通信联系显著减少,只在1970年开通北京—维也纳的国际无线电报电路,1971年开通北京—伦敦、北京—苏黎世、北京—罗马的国际无线电话和北京—渥太华的国际无线电报电路,业务也比较清闲。

从1960年至1971年的11年间,中国的国际电信处于低潮,可以说是中国国际通信史上的"淡季"。

四、国际通信的大发展

1971年10月25日,联合国大会第二十六届会议通过决议,恢复中国在联合国的一切合法权利。1972年2月,美国总统尼克松访问中国。1972年9月,日本首相田中角荣访华。随后,中国与日本、美国建立了外交关系。这一系列的事件,带来了中国国际通信的高潮。早在1971年的9月,为了准备尼克松访华的通信联系,中美之间就开通了直达无线电报、电话和传真电路。在尼克松访华期间,周恩来总理批准在北京和上海租用美方卫星通信地球站,开通中美间卫星电路。1973年7月和8月,北京、上海卫星地球站先后建成交付使用。此后,中国与数十个国家和地区建立了卫星通信渠道,开放了电报、电话、广播节目和电视节目传送等业务。中国的国际通信从以短波无线电通信为主,进入了以卫星通信为主的新时期。

在70年代里,许多以前与中国没有建立外交关系但保持通信联系的国家,随着国家关系的正常化,纷纷建立正式通信关系,往来业务也大有增加。这一时期,中国先后与科威特、泰国、马来西亚、新加坡、菲律宾、斯里兰卡、伊朗、英国、法国、意大利、瑞士、联邦德国、希腊、西班牙、荷兰、南斯拉夫、加拿大、美国、澳大利亚、赞比亚20个国家新开了直达公众电报、电话和用户电报电路。此外,与原有直达报、话电路的日本、朝鲜民主主义人民共和国、印度、奥地利、罗马尼亚、阿尔及利亚等国也增开了用户电报电路。中国的国际电信业务增长很快,特别是用户电报,发展速度尤为突出。到70年代末,中国与各国开通的直达用户电报电路就达30条。此外,

1976年，中国还和日本合作，共同敷设了一条从上海到日本熊本县的海底电缆，全长473海里（合872公里），容量480条电话电路，但建成后屡次发生阻断，以致较长时间未能发挥应有的作用。

1978年后，中国与世界各国间政府首脑互访、经济往来、文化科学技术交流、旅游观光等活动更趋频繁，国际电信发展的势头空前高涨。自80年代起，邮电部门比较大量地引进了国外的先进技术和装备。由于通信能力的加强和技术的进步，通信质量和服务水平也有较大提高。

国际长途电话的接续方式，在70年代已逐步由人工转到半自动。到了80年代，由于电路的增加和程控自动交换机的投产，有不少城市开放了用户自动拨号业务。大部分电话用户也能通过半自动接续叫通国际电话，大大缩短了等待时间。1985年年底，北京、上海对国外电话电路的90%以上，实行了半自动接续，上海的国际去话已采用立即接续制。1983年，福州引进程控自动交换机投产，首先开放了国际用户直拨电话业务。随后几年，天津、广州也相继开放了对部分国家和地区的用户直拨电话业务。1986年，北京、上海也开放了直拨业务。国际电话业务量大增，这一年全国的通话总分钟数为1978年的25倍。

1985年至1986年，北京、上海两个国际电报转报量最大的出口局，先后实现了国际公众电报的自动转报，大大加快了电报的接转速度，提高了通信质量。国际用户电报，在70年代初期，还用人工接续，由于国产和引进自动交换机的投产，上海和北京先后于1982年和1983年实现了用户电报接续的自动化。1986年前后，在14个沿海对外开放城市安装了用户电报交换机，使这些城市可与世界各地开通用户电报。到1986年年底，中国已有53个城市分别安装了用户电报自动交换机或集中器，可以开放国际用户电报业务，用户达5391户。从1979年到1986年，公众电报和用户电报的业务量，也有较大增长，如1986年国际公众电报总业务量达151.9万份，为1978年的3.1倍。国际用户电报增长更快，1986年去报业务量达685.6万次，为1978年的51.2倍。

30多年来，国际电信业务虽在发展过程中有起有伏，有疾有缓，但总的形势是好的，特别是1978年以后，国际电信业务呈现了欣欣向荣的景象。到1986年年底，国际电信已开办了公众电报、用户电报、相片电报、快速传真电报、长途电话、电视和广播节目传送、出租电路、数据检索、海事卫星通信等多项业务。中国已与五大洲41个国家①建立了直达电报电路59条、用户电报电路755条、电话电路1287条，并可通过这些电路与其他国家进行通信联系。随着形势发展与技术进步，中国的国际电信事业将取得新的进展。

第二节　香港、澳门地区的通信

清朝末年，在不平等条约的规定下，中国的香港、澳门成为英国、葡萄牙的租借地，其通信机构分别由英、葡两国管理。内地与港澳地区的电信联系由来已久，但长期由外商经营。到1930年前后，上海国际电台才与港澳建立直达无线电路经营电报业务。在抗日战争期间，成都国际电台先与香港建立了直达无线电路，迁到重庆后仍继续与香港保持通信联系。抗日战争胜利后，上海国际电台恢复。1945年10月，上海与香港、澳门间也恢复了通信联系。广州与香港大东电报公司，早就建立了直达电路，传递内地与香港往来的电报、电话。广州与澳门间也有直达通信联系，但业务量远较香港与内地之间的业务量为少。

新中国成立以后，国际通信业务的发展很快，内地与港澳之间的电信业务也迅速上升。为了适应形势发展的需要，邮电部门又指定广州为国际通信地区出口局，接转港澳地区的电信业务。香港地区在国际政治、经济上的地位比较重要，对外通信设施比较先进，通信水平也比较高，因此，香港地区在配合中国内地沟通国际通信渠道接转部分电信业务等方面起了积极的作用。1973年2月，北京与香港间开通了直达无线电报、电话电路，当年8月改为

---

① 截至1986年年底，与中国建立直达通信电路的国家有：缅甸、印度、日本、朝鲜民主主义人民共和国、科威特、马来西亚、蒙古、巴基斯坦、菲律宾、新加坡、斯里兰卡、叙利亚、泰国、越南、孟加拉、阿尔巴尼亚、奥地利、比利时、保加利亚、捷克斯洛伐克、民主德国、联邦德国、法国、希腊、匈牙利、意大利、荷兰、波兰、罗马尼亚、西班牙、瑞典、瑞士、英国、苏联、南斯拉夫、加拿大、古巴、美国、阿尔及利亚、埃及、澳大利亚共41国。

卫星电路，并增开了直达用户电报电路。1974年，广州与香港之间敷设了一条容量为300路的小同轴电缆，全长181公里。从此，广州—香港的公众电报、电话和用户电报，都用有线电路传输。同年，深圳也和香港开通了电话电路。

进入80年代后，内地与港、澳间的电信业务发展更快。1980年，广州—澳门利用电缆开通了有线电报、电话电路。同时，中山、江门、佛山、东莞与香港间，佛山、中山、珠海与澳门间，也用电缆电路开通了电话业务。1983年，广州—香港又建成了一条容量为2700路的微波接力系统，大大增强了内地与港澳地区的通信能力。由于设备的改进和电路的增加，内地与港澳地区通信服务水平也不断提高。广州与香港间的电话，自1980年起即由人工接续改为半自动接续。北京、上海对港澳地区电话，自1981年起改为半自动接续。1983年9月，福州首先与香港开放了用户直拨电话业务。1985年上半年，天津、广州也相继开放。1981年至1986年间，广州、上海、北京与香港间，先后实现了程控自动转报。在中国分别与英、葡两国签订关于中国收回香港、澳门，恢复行使主权的协议以后，内地与港澳地区的电信业务，除公众电报已逐渐为用户电报所代替，业务量呈下降趋势外，长途电话和用户电报的业务量都急剧上升。香港的长途电话，1985年比1984年增加了78%，1986年又比1985年增加了50%。澳门的长途电话1985年比1984年增加了34%，1986年又比1985年增加了96%。去香港的用户电报，1985年比1984年增加了90%，1986年又比1985年增加了46%；去澳门的用户电报，1985年比1984年增加了266%，1986年比1985年又增加66%。随着国际形势的发展和中国改革与开放政策的不断取得成功，内地与香港、澳门间的电信业务还将加速发展。

第十五章
电信传输网

中国的电信传输网，是随着时代对电信的需要与科学技术的进步而相应发展起来的。远自清朝于1877年在台湾创建中国第一条电报线以来，经历100来年不断演变，几经沧桑，直到新中国成立后，电信传输网才逐步得以形成。它具有有线、无线多种传输手段，覆盖全国，适用于电报、电话、数据、传真等各项信息的传送，并能通达100多个国家和地区，成为世界电信网的一个组成部分。

中国电信传输网是由长途、市区（市内）、农村几个传输系统组成，其主体为国家经营管理的公众网。另外还有与公众网并存的，有关部门自行建设自行管理的专用网，它是公众网的补充。

中国电信传输网路基础较差，除部分地区有少量低频电缆外，长期以来几乎只有架空明线。60年代初期才开始敷设对称电缆，70年代初开始使用中同轴电缆及960路微波接力系统，并发展了卫星通信，使传输网逐步完善起来，但仍存在技术落后、数量不足等问题。1978年以后，传输网与国家经济发展不相适应的矛盾就突出起来，与世界工业、技术发达国家相比，落后更加明显。中共十一届三中全会以后，举国上下对通信的重要性有了进一步的认识，传输网的建设也有了新的发展。

第一节　长途架空明线及载波系统

1949年新中国成立时，长途电信传输网路仅存架空明线杆路7万多公里，线对14万多公里。除东北地区外，北京与各省会间以及各省会相互间的通信联络主要靠短波无线电路维持，仅能利用有线电路疏通部分区间通信。短波无线电通信易受干扰，北京与各省及各省相互间迫切需要建立有线通信联系。在当时的技术经济条件下，只能加速发展架空明线线路。

一、恢复与建设

1949年7月，军委电信总局在北平召开的华北电信会议决定，首先恢复北平至华北各省会间的干线线路和载波系统，并开通北平至沈阳的载波系统，联通沈阳—哈尔滨、沈阳—丹东干线，同时恢复华北区各城市的市内电话和电报业务。这项计划自1949年8月开始实施，经过半年时间圆满完成，通过电信将华北与东北区联成一片。

1950年3月，邮电部召开全国长途电信工务会议，确定建设以北京为中心的电信线路并向全国延伸以构成传输网。建设项目包括京沪、京汉、陇海、西北、华东地区等干线明线和部分沿海线以及各省内的二级干线，还有从北京经沈阳、长春、哈尔滨到满洲里的国际干线国内段。这一包括较多项目的工程是中国电信建设史上的空前壮举，也是需要各方面团结协作克服无数困难才能完成的工程。为了完成施工任务，邮电部集中各地电信技术人员和工人，组成8个工程队同时施工，筹集木杆20余万根、铜线2600余吨及载波机等各项设备和器材，供统一调拨使用。在施工过程中，各个工程队从上到下团结一致，互相之间开展劳动竞赛，情绪高昂，战胜了无数艰难险阻，从开工到1950年年底，只8个月的时间就新建线路8154公里、整修线路4027公里、安装载波机120多部，线路和装机工程分别超过计划10%和95%。此项工程完成后，首都至各大区都开通了直达载波电路，为进一步建设传输网打下了基础。从北京至满洲里长约2400公里线路工程的投产，使北京至莫斯科全长近12000公里的有线直达报、话电路得以开通，加强了国际通信的能力。

1950年年底，邮电部召开了第二次全国长途电信工务会议，总结前一阶段的工作，进一步部署传输网的发展建设任务。1951年和1952年的主要任务是继续充实、改善北京至各大区的电信线路，恢复建设北京至各省省会的电信线路，包括在京汉、汉广、陇海、津浦、西兰等干线立杆架线3600多公里；由陕西潼关经西安、兰州、迪化（今乌鲁木齐）至新疆边境城市霍尔果斯新建一条杆程2300多公里的线路，两端分别与中国及苏联境内原有线路相连，以沟通北京至莫斯科的第二条国际线路——西北国际线路。这条新建的线路也是新疆通往内地各省的主要干线和新疆境内连接东疆和北疆的重要线路。上列工程如期在1952年年内完成。至1952年年底，除西藏、宁夏外，首都与各省省会、直辖市之间均有明线联通。与此同时，各省也建设了一些省内明线线路。至此，中国基本上建成了以明线为主的电信传输网。

经过三年恢复和建设，全国明线线路长度增加了24%。为了充分发挥线路的作用，增加其复用度，技术专家们做了大量的工作。工程师汪德成把旧"T"式交叉改为"T_1"及"T_2"式。这样，在一个杆路上，最多可装四线木担四道，总共8对线可开放6个（或7个）3路载波系统。工程师侯德原设计了"88"式交叉，使一个杆上六道八线担上的24对线可以全部开放3路载波系统。50年代中期，大量装用12路载波机。当时采用苏式标准交叉程式，同杆可以开放6个12路载波系统。工程师白其章等研究设计出"新8"式交叉，使同杆可开放12个12路载波系统。

在线路交叉制式不断改进的同时，多路载波机也大量装用。国民党政府购进未装的一套J_2型12路载波电话机，于1952年安装在北京与石家庄之间，这是中国开通使用的第一套12路载波电话系统。以后又继续装备了分别由苏联和匈牙利引进的多路载波机。这一时期在明线传输网上普遍装备了单路、3路、12路等各式载波机，通信能力有所提高。

二、扩建与改造

1950年3月，第一次全国长途电信工务会议确定了"有线为主、无线为辅"的长途电信建设方针，并决定进一步沟通有线通信，保证北京至各省市、重要港口、重要工矿区的通信畅通；还要沟通省至县的有线通信，在边远地区根据需要配以小型无线电台。

尽管明线传输网存在着抗自然灾害能力差、维修工作量大、传输能力低等缺点，但由于当时技术经济条件的限制，在中国还不可能大量采用电缆，因而不论是新建或扩建有线线路仍是以架空明线为主,这是符合当时国情国力的。

经过1953年到1957年这5年的建设,长途电信杆路长度增加了31%,杆上线路长度增加了67%,普遍装设了载波电话机,从而基本上实现了架空明线传输网的载波化。

1958年,邮电部门为了缓和"大跃进"期间业务量猛增与通信能力不足的矛盾,发动了"大造载波机"的群众运动。由于准备不足,所造的载波机质量较差,有些使用效率很低,造成了不小损失。但是,群众经过实践,破除了对技术的神秘感,特别是在纠正"大跃进"的浮夸风之后,严格按科学规律办事,广大技术人员怀着强烈的革新愿望,自己动手设计、试制,终于在1960年研制成符合国际技术标准的12路载波机。

在1961年到1965年的这5年中,国家对通信建设虽然投资不多,但对通信网路仍作了重点扩建。成都—拉萨的川藏线路建设是这一时期最大的工程,线路全长2000余公里,沿线地形复杂、交通不便、空气稀薄、气候恶劣,施工十分困难。施工队伍由军民联合组成,军方出动了19个连队,地方19个省和有关部门的邮电职工共600多人参加施工。工程于1963年10月完成,沿线安装了3路载波机。在此期间,还建设了青海省的西宁至大柴旦、冷湖至甘肃省敦煌等线路,沟通了石油矿区和边远地区的通信,并为内地通达西藏和新疆分别建立第二路由作了准备。

为了增强传输网的可靠性和灵活性,1966年开始了干线迂回路由的建设。原计划要建十大干线,但建设完成的只有:北京经山西、陕西、宁夏至兰州;兰州经陕西、湖北至合肥;北京经山西、河南、湖北至邵阳;成都至昆明;福州经广东、广西至昆明5条。这些线路的建设,完全执行了"山、散、洞"的错误方针,盲目追求所谓"安全、隐蔽",不考虑经济效果和使用价值。线路的路由多选择在深山密林之中,施工和维修都极其困难。沿线的载波站和增音站有90多个装在山洞里,洞内空气稀薄潮湿,不但设备容易受霉损坏,连维护人员也难在洞中久待。有些载波站的地点选择不当,又人为地造成网路组织上的不合理。因此,这些线路,在1970年交工后,除北京—邵阳线在重要通信中还能发挥作用、北京—兰州线在几段区间可以利用外，其余均难以全线开通。

第二节　长途干线电缆

50年代末，长途电信线路只有京、津之间和沈阳至丹东、沈阳经长春至哈尔滨之间各有一段日本侵华时期留下的无负荷电缆，其余都是架空明线。由明线构成的传输网易受自然环境影响和外力破坏，通信质量无法保证，因此发展地下电缆势在必行。

一、建设对称电缆和60路载波系统

1959年，邮电部门研制成对称电缆60路载波系统。从1960年到1964年，在北京—石家庄间敷设完成第一条国产长途电缆线路，容量为840条话路。70年代，敷设了北京经秦皇岛到沈阳的长途对称电缆，与旧有的沈阳—长春—哈尔滨之间的低频电缆连接，但因工程质量存在问题，沈阳—哈尔滨电缆又是低频电缆，所以全线开出电路不多。北京—秦皇岛—沈阳对称电缆后经整修达到设计标准。1983、1984两年，对沈阳—长春—哈尔滨电缆进行技术改造后，也能开放60路载波系统，使通信能力增加10倍。这样，北京—秦皇岛—沈阳—长春—哈尔滨就形成了华北与东北地区间的电缆干线，大大缓解了电路紧张的状况。80年代中期，上海—杭州、杭州—宁波、郑州—新乡、石家庄—太原、乌鲁木齐—奎屯、西安—兰州、福州—厦门间的对称电缆先后投入使用。对称电缆已成为省内及邻省之间的重要电信传输手段。

二、建设中同轴电缆和大容量载波系统

早在1958年，邮电部门就已经开始中同轴电缆及载波系统的研究工作。1970年，邮电部门研制出4管中同轴电缆和1800路晶体管载波机，并于1974年通过国家鉴定。

1976年3月，北京—上海—杭州中同轴电缆载波系统全线开通。1976年7月，北京陆续开通了与沿线4个省会及天津、上海2个直辖市之间的长途电

话自动和半自动接续，并试通了传真和数据通信。北京—上海—杭州中同轴电缆纵贯北京、天津、河北、山东、安徽、江苏、上海、浙江8个省市，全长1700多公里。电缆含有4个同轴管，可以开通两套1800路载波系统。这个系统的建成开通，为改善华北与华东地区之间的通信状况提供了物质基础。但是，工程建设正在十年动乱期间，受"山、散、洞"方针的影响，在选择路由时尽量避开铁路、公路，甚至避开许多中等城市，交通极为不便，不但增加了建设投资，也使沿线的中等城市不能利用，还造成维护工作的困难。特别是在研制和施工过程中对质量要求不够严格，留下不少设备性能或元器件质量的问题，以后屡经检修才达到合格。

北京—汉口—广州中同轴电缆载波系统于1985年建成。电缆全长2700多公里，穿越北京、河北、河南、湖北、湖南、广东6个省市。这项纵贯南北的电缆干线工程是中国邮电建设史上规模最大，投资最多，距离最长的电缆建设项目。北京、汉口间敷设8管电缆，汉口、广州间敷设4管电缆，构成连接华北地区与中南地区的一条通信大动脉。

1986年，郑州—西安4管1800路中同轴电缆载波系统建成。西安—兰州对称电缆60路载波系统也计划于1987年建成。这样，西北地区的通信网路可与北京—武汉—广州电缆载波系统连接沟通。成都至重庆间也于1985年建成了中同轴电缆线路。

至此，北京至各大区除西南地区外，都已有了长途地下电缆主干传输线路。

除上述各大区之间的中同轴干线电缆外，各省省内和相邻省间也建设了一些300或960路小同轴电缆。1986年年底以前建成的有：上海—南京、杭州—福州、济南—青岛、沈阳—大连、太原—大同、北京—呼和浩特、汕头—厦门、贵阳—水城等线。这些线路对于疏通省内及相邻省间的电信业务，也起了很大作用。

据统计，至1986年年底全国长途电缆线路总长度达2万多公里，为明线杆路的12%。

第三节 短波电台

一、国际电台

新中国成立以后,国际无线电通信中心由上海移到北京。一直到 70 年代初,北京的国际通信手段仍以短波无线电路为主。因此,在较长一段时间内,短波通信设备有较大扩充。三年恢复时期,引进苏联生产的设备和自己制造的国产设备,在北京新建发射台和收信台。上海国际电台继续使用。

1958 年 9 月,在新疆建设了较大功率的新闻转播台和第二国际电台,加强了外事通信和新闻、气象转播,并在第二个五年计划期间进行了扩建,安装新式报话机和大型天线,在国际通信中发挥了重要的作用。

二、国内电台

新中国成立时,首都北京仅有无线电话可通上海、广州等 12 个城市。无线通信设备,主要是国民党政府遗留下来的短波无线电报和少量双边带无线电话设备。当时国内各省、市之间的报、话通信,也以短波无线电路为主要传输手段。50 年代,西藏拉萨电台进行了扩建,各省省会配备了中型 1000 瓦以上的发射机,部分省会以下的重点或边境城市则配备了 100 至 400 瓦的中型台,县城或县以下重点地带普遍配备了国产 15 瓦的小型固定台或移动台。这些电台的建立,形成全国的无线短波通信网。到 1986 年年底,全国共有短波发信机 9472 部,其中 15 瓦的有 7275 部。此外,还配置了固定战备电台和移动通信车。这些电台有的担负日常通信任务,有的定时或定期与对方会晤,有的作为备用储存,遇有紧急情况,随时可以开出,保持通信联系。1976 年唐山地震,1981 年四川洪水,短波电台都为抢险救灾,做出卓越的贡献。至于每年的防洪、防汛,短波电台更是不可缺少的通信手段。1985 年 2 月,中国南极考察队在南极建立长城站,短波电台在远洋通信极为艰难的条件下,对沟通北京与南极长城站之间的通信联系发挥了重大的作用。

第四节 微波线路

20世纪50年代,微波通信已在发达国家广泛应用。微波通信属于无线接力通信,它比短波通信可靠性强、传输容量大、方向性强,比明线通信安全、受自然灾害影响小,比电缆通信投资少、建设速度快,发展微波线路是必然趋势。因此,1957年,国家提出"有线无线综合利用"的方针后,微波线路的建设和技术的研究开发工作即着手进行。

1959年开始,在北京—天津间建立一条2千兆赫频段的60路电子管微波试验系统。同时,引进民主德国和匈牙利的小容量微波接力设备,在北京—保定、汉口—长沙、汉口—洪湖及呼和浩特—集宁间安装,开通12路或24路载波电话,以验证微波接力系统的使用效果。北京—天津的60路微波试验系统,于1964年试传黑白电视成功。这是中国第一条用自己研制的设备建成的微波接力线路。

1966年年初,4千兆赫频段的600路电子管微波通信设备通过鉴定,并装设在北京—天津和北京—太原进行试验。1969年,将北京—太原600路微波线路延伸到西安。1971年以后,用新研制的晶体管设备,陆续建成北京—上海—杭州、汉口—西安、北京—沈阳—哈尔滨960路微波线路,但由于设备质量不过关,通信不稳定,不得不于1973年开始逐一进行整治,大部分设备回厂整修。到1975年,除北京—沈阳—哈尔滨微波线路仍不能开通外,其他均已整治完毕开通使用。同年,经国家电视、广播和邮电等部门测试,肯定了600路和960路微波设备不仅可以传送黑白电视节目,也可以传送彩色电视节目。从1975年起,又陆续建设了汉口—南昌—福州、西安—兰州—西宁、兰州—银川、广州—南宁、石家庄—济南等960路微波线路。到1978年,全国已建成了沟通26个省会的微波干线网,可以开通电报、电话、报纸传真、双向传送彩色电视节目和广播节目等业务。1977年,960路"Ⅱ"型机又研制成功,并通过国家鉴定,质量大大高于"Ⅰ"型机。1978年1月,武汉等13个城市用960路"Ⅱ"型机正式开通长途电话业务。

在干线微波建设的同时,省内微波线路也有发展。广东自实行对外开放政策以来，为了适应通信需要，陆续兴建了广州—深圳—香港2700路微波线路、深圳—珠海960路微波线路和广州—湛江1800路微波线路，还有广州—中山微波线路等，加强了省内传输网和对港、澳的通信联络。在其他省市分别建有哈尔滨—牡丹江、哈尔滨—大庆、天津—秦皇岛等微波线路。到1986年，全国微波线路总长度达到18900多公里。此外，一些政府部门还自建了专用微波线路。

国内虽已建成较多的微波干线，且具有较大容量，但因为对"保密"的认识不统一，微波线路主要只用于传输电视、广播节目及少量电报、电话业务，没有充分发挥它的作用。

第五节　卫星通信

卫星通信是60年代迅速发展起来的新型通信手段。它的特点是，通达距离远，不受地理条件限制，能进行国内通信，也能进行越洋、跨洲通信；通信容量大，又不受大气层骚动的影响，因而通信质量很高；地面设施建设周期短、投资少、见效快，中国自70年代开始发展卫星通信，它已成为国际通信的主要手段。

中国在1972年引进设备，先后建立了北京地球站和上海地球站，租用国际卫星信道，分别利用印度洋上空、太平洋上空的卫星开通国际通信。卫星通信技术研究开发工作，也于1974年开始。至80年代初期，中国已能自行制造全套地球站设备。

1984年4月，中国成功地发射了第一颗通信实验卫星。1985年，建成拉萨、乌鲁木齐、呼和浩特三处卫星地球站。在国内通信卫星正式开放使用前，暂时通过租用印度洋国际通信卫星转发器，开出北京与上述三个城市间的电路，使这些边远城市与首都之间的电信联络更为方便可靠。按照建设规划，还将建设更多的卫星地球站，以改善国内边远地区的通信状况。卫星通信网也将成为国内长途电信传输网的一个重要组成部分。

第六节　市内电话传输

市内电话线路担负着传输市内电话、长途电话和其他电信业务的任务。采用什么样的市内电话传输手段，对整个电信网的关系很大。中国的市内电话传输线路，经历了一个从架空明线、音频电缆、高频电缆、同轴电缆、复用载波电路、脉码调制系统以至光纤电缆的发展过程。

中国从兴办市内电话之日起，即以架空明线为传输手段。它的材料来源较多，投资较省，又比较易于建设，所以一直为一般城镇及用户线所沿用。在60年代以前，架空线路普遍采用木杆。70年代，开始采用水泥电杆。1949年全国市话明线长度为35778对公里，1965年为182857对公里，至1980年市话交换机总容量增加了1倍，而明线增加极少，可见架空明线已基本停止发展。

大、中型市内电话局由于线对较多，一直使用电缆传输。70年代以前，大都使用铅包纸隔大对数铜芯电缆，线径从0.4毫米至0.7毫米不等，有架空的，有放入地下管道的，也有用油麻和钢带、钢丝铠装埋设在地下的。70年代后，开始使用国产塑料护套电缆，线对间隔也采用塑料代替纸隔。小型市话局使用的明线也逐渐为电缆所替代，正逐步向电缆化过渡。

随着市话业务的发展，市话网不断向远郊延伸，交换区域不断扩大，距离越远就越难保证传输质量。为了改善市话通信状况，电信部门曾采取过换用大线径芯线电缆、加装加感线圈和装用负阻抗增音机等措施。

为了增加市内电话传输能力，提高通信质量，70年代后期，曾有不少地方在局间中继线上加装载波机或脉冲编码设备，还生产了专用的载波机。脉码设备在国内定型生产后也得到较普遍的应用。

光纤通信是60年代发展起来的新兴通信技术。它利用很细的光导纤维作为信息传输媒介，具有通信容量大、中继（放大）段长、抗干扰性能好、保密性强和节省有色金属等优点。中国于70年代初，开始进行光纤通信的研究工作。北京和上海在1979年，各建立了市话分局之间的光纤通信试验段。1980年，国家科委和邮电部组织了武汉市市话中继二次群（120路）实用化光缆通信系统的研究，建立跨武汉三镇，联接汉口和武昌的试验段。1982年开始试用。1983年通过鉴定，认为已达到实用化水平。它标志着中国已开始掌握了市内电话中继线路应用光纤通信的新技术。以后，广州、石家庄等地市话局相继推广应用。1983年又开发了三次群（480路）数字光纤系统，1985年通过鉴定，市话传输技术又向现代化迈进了一步。接着南京、天津等市也进行了试验。光纤通信正逐步推广应用到各级传输网。

第七节　农村电话传输

农村电话是由抗日战争和解放战争时期的地方电信发展而来的。当时物资奇缺，劳动力也比较紧张，农村电话线路都是利用作战中缴获的器材架设的。线条绝大部分是直径2.0毫米以下的细铁线，接头也很少加焊，不但接触电阻很大而且很易断线。电杆大多采用细小的杂木杆，有些地方甚至以竹竿代用，一遇风雨则倒杆断线故障接连不断。加之，农村电话大都采用单线传输，有时一条话线又搭挂多部话机，因而声音小、干扰大、通话十分困难。

为了增加农村电话线路强度，提高通信的可靠性，自1953年邮电部门代管地方电信以来，就在多次整修和扩建线路工程中，逐步采用水泥杆以代替木杆。据不完全统计，1963年已有广东、上海、江苏、湖北、湖南5个省市在农话线路上采用水泥杆2.3万余根。当时的水泥杆有工字型和方型，杆长有5.5米、6米、6.5米、7米等几种，有的省制造了钢模离心式的圆杆，上海还制造了预应力水泥杆。到1974年，全国农村电话网上，水泥杆线路已有171140杆公里。到1986年已达647380杆公里，占杆路总长度的48.62%，农村中继杆路已大部分水泥杆化了。

在农村电话网上采用塑料电缆的试验，早在1958年就已开始。当时河北省徐水到遂城人民公社间敷设了一条2毫米×1.4毫米铝芯聚氯乙烯电缆长11.59公里，测得电气性能较好，可通3路载波电话，但以后修筑公路时被破坏未能使用。1964年河北、广东、四川、辽宁、上海5个省市分别选择了平原、丘陵、水网、盐碱地区，多石或多鼠地区试用塑料电缆。所用电缆有4毫米×1.2毫米聚乙烯绝缘、聚氯乙烯护套铝芯电缆及2毫米×1.6毫米聚氯乙烯铝芯电缆等多种。埋设电缆的施工方法也逐步由人工发展到使用敷设机。河北、辽宁、广东、四川等省都研制了电缆障碍探测器,在施工及维护中发挥了很大作用。5省市的试验段共埋设电缆367公里,使用情况良好。1965年,邮电部召开会议,决定在全国农村推广使用。到1974年,全国各地已敷设了2万多公里。一条单四芯组塑料电缆不仅可开通单路、3路载波,还可以开通12路载波电路。1975年9月,邮电部召开了技术经验交流会。会上确定的农话塑料电缆结构选型标准和电缆的技术条件,对农话塑料电缆的推广应用起到了促进作用。1977年至1980年,塑料电缆的发展尤为迅速,每年约增加1万皮长公里,到1985年,全国农村敷设塑料电缆已达11.3万公里。

1959至1960年间,广大农村也掀起了"大搞载波机"的高潮,制造了6千多部载波机,但绝大部分因质量不合格而逐步被淘汰。1965年后,各省市邮电科研单位开始提供专为农村使用的正规产品。截至1986年,农村电话共装用单路载波机31110部、3路载波机11778部、12路及12路以上载波机1573部。云南省为农村生产的3路、6路、9路、10路、12路等环路载波机,于1983年开始在各地装用,到1986年已装主机859部,分机4392部。

农村通信具有点稀面广、距离远、业务量较少等特点,使用无线电设备比较经济合理,但过去由于对保密认识不统一,无线电通信一直未得到相应发展。浙江是较早利用无线电设备的一个省,它在50年代就装用美制TRC4路特高频设备,60年代就有了本省制造的特高频产品。四川省于1977年在南溪县和李庄间开通了4路特高频电路。青海省于1980年在海西州到尕海间开通3路特高频电路用两路通话。1982年,邮电部明文规定,可以在农村通信中使用小容量微波和特高频设备。此种设备发展较快,到1986年年底,全国已有20多个省、自治区装用农话特高频设备363套。

北京、杭州、西安等地邮电工厂生产的1.5千兆赫60路微带微波设备、8千兆赫数模兼容的小容量微波设备于1980年、1984年先后安装试用,反映较好。到1986年年底,全国共装微波收发信机90部,其中江苏、贵州、浙江、陕西等省农村装用较多。

农村电话网路由于换用水泥杆、敷设塑料电缆、建设特高频及微波线路、加装高频复用设备等措施使通信能力大大增加，传输质量逐步提高，有力地促进农村通信的发展。但是，农村通信网还存在一些问题。《一九五六年至一九六七年全国农业发展纲要（草案）》颁布后，农村迫切需要开放有线广播。1956年，广播事业局与邮电部协商，利用县内电话线路（即指农村电话线路）同杆同线、定期定时开放有线广播，并联合颁发了《利用县内电话线路建立农村有线广播网暂行规则》。随着农村政治经济形势的发展，有线广播网迅速扩大，沿线广播喇叭越装越多，这就给使用电话造成困难。原规定广播馈送电压不得超过240伏，但因为喇叭增多，为了保证音量不得不提高信号电压，有时高达360伏、480伏不等，个别的甚至高达1000伏，曾造成维护人员伤亡和通信设备损毁的事故。另外，有线广播时间逐渐延长，开始每天播放2小时，以后增到五六小时，最长达到10小时。这就严重影响了通话，曾多次发生延误重要电话的事故。80年代以来，广播部门开始自建农村有线广播网，同时采取技术措施将仍利用电话线路传输的广播节目，改用低电平信号输出，上述矛盾已有所缓和，可望在发展中逐步解决。

第八节　专用网与公用网的关系

中国电信网以国家公用网为主体。根据各部门、各单位本身的需要，国家允许建立专用电信网，包括三种类型：一种是在一个地区范围内供单位内部的生产指挥调度，生产过程监督检查、生产汇报、资料检索、安全警报等专用的通信系统，它与公用电信网不相通；一种是租用部分公用网的设施或电路组成其专用通信系统，可与公用网连通或不相连；还有一种是完全自建、自用的通信系统，也可与公用网连通或不相通。

从整个电信网的通信能力而言，组建专用网既能解决部门或单位内部的特殊需要，也是公用网的补充，应该得到支持，但专用网不得办理公众通信业务。

专用网可以由国家给以支援由本单位自建，也可联合建设按互惠条件共同使用。专用电信网需要进入国家公用电信网时，其建设技术标准和与公用网连接方式必须符合公用电信网的有关规定,以保证全网的正常通信。

城市区域内的专用网,不论其容量与规模及连接方式如何,与公众市话网的关系仍是属于用户性质的范畴。专用电话网与公众市话网的连接方式:(1)双方联合投资,统一建设,由国家统一管理;(2)用户自行组成通信网,通过接口局与公众市话网相连;(3)在个别特殊情况下,在城市区域内划出一个区域,由用户自行建设,自行经营管理,用户的中心电话站与公众市话网相连。

就全国通信范围而言,公众市话网是全国长途网的终端网,因而市话网内各终端设备必须具有能进入长途网的技术条件。全国多数城市已经可以进行长途电话自动接续,而有些地方的专用网却因设备条件和技术标准达不到要求,无法通过当地市话网进入国内长途网。中国电信除邮电部门经营管理的公用网和军队、铁道部门各自建立的独立通信系统外,还有广播、新闻、电力、石油、水利、交通、民航、气象、水产和政府其他部门专用的通信系统。由于国家计划体制长期以来以条条为主,按部门管理,造成了某些网路建设重复的不合理现象,今后在公用网和专用网的发展建设上必须根据"联合建设,合理分配,互惠互利"的原则来进行,以充分发挥通信能力,为国家节约资金和创造更大的社会效益和经济效益。

第十六章
设备维护工作

中国的公用电信网,是由总长度187万余公里的线路、总容量800多万门的交换设备和大量的载波机、微波机和电话机、电报机以及无线电台等设施所组成。保持电信网的大量设备经常处于良好的运行状态,保证通信畅通,一直是邮电部门的一项重要任务。全国近13万名设备维护人员,在各自的岗位上认真地进行维护工作,各级领导机关适时地制定规章制度,总结推广先进经验,在群众与领导共同努力下,维护工作不断有所改进,电信设备的质量得到提高,障碍率逐步下降,为保证通信畅通,提供了良好的物质条件。

第一节 设备维护工作的演变

中国电信事业的历史较短、基础较差,设备的维护工作在旧中国未得到足够的重视,一般采取事后维护的方式,等障碍发生后才进行修理,因而很难保证设备经常处于良好状态。

1949年7月,军委电信总局召开华北电信会议,讨论通过了《工务维护暂行办法》,提出"电信设备维护工作应以预防为主"的办法。1956年,邮电部颁发各项电信设备维护规程,在规程中进一步明确把"预防为主"作为电信设备维护工作的方针。在这一方针指导下,维护工作开始实行预检预修。30多年来,电信设备维护规程几经修订,预检预修的具体工作项目、工作周期和达到的标准,随着新技术设备的采用和其他条件的变化也有所改动,但"预防为主"的方针未变。

各项设备的维护规程都明确规定了各项测试维护工作的测试周期、测试方法和技术标准,这就为维护人员有计划地安排工作提供了依据。在推行预检预修维护方式以后不久,就有一些维护单位开始组织维护人员制订个人的每月维护工作作业计划,按照计划进行维修工作。它改变了过去不分轻重缓急、看到什么就做什么的状态,大大提高了维护工作的质量和效率,同时也为领导的督促检查提供了方便。按作业计划进行设备维修的办法很快就在全国推广,这也是维护工作的一大进步。

实行计划检修,要求维护人员按月制订作业计划,首先必须分清每个维护人员的维护范围和工作职责。1950年,在全国推行包机包线责任制,所有电信设备都划分给各个维护人员负责维护,每个维护人员工作成绩的评定,也以所包设备的质量优劣为依据。经过试行,证明包机包线责任制具有责任段落分明、技术标准明确等优点,有利于提高维护人员的工作积极性和主动性。凡推行包机包线责任制的单位,机、线设备的技术状况都不断改进,障碍明显减少。在两三年内,包机包线责任制即在全国普遍发展为包机包线包电路责任制。

随着包机包线责任制的实行,各种形式的劳动竞赛很快开展起来,先进经验大批涌现,从而又不断充实包机包线责任制的内容,使之更加深入人心。

在正常情况下,通过计划预检预修,都能保持通信设备经常处于良好状态,但是遇到特殊情况,也不得不对机线设备进行突击检修,以保证通信畅通。在新中国的历史上就有两次动员较大人力物力的突击检修。一次发生在"大跃进"以后,另一次发生在十年动乱后期。

1958年以后的一段时间内,邮电系统的大批维护人员、维护资金和器材转移到基本建设和技术革新方面。同时,在"大破陈规陋习"口号的影响下,很多行之有效的规章制度被废止,正常生产秩序遭到破坏,维护工作不能按期进行,导致了全国范围的电信设备情况严重恶化。据当时的估计,全国有1/3的长途电信线路和1/4的市内电话电缆已经严重失修,全国的载波电话机,大多处于失调、失控状态,有19个省的电信电源设备中的油机发电机,一半以上不能正常运转,通信电路质量低劣,引起用户极大不满。为了迅速改变这种被动局面,邮电部于1961年派出工作组到武汉,组织京汉、汉穗、沪汉、汉渝四大干线的维护力量，对四条干线的通信情况进行全面检查。在整顿通信秩序、建立健全责任制度和维修制度的同时，进行设备大检修，要求在一个半月至两个月内取得显著效果。上述四大干线沿线的 11 个省市邮电管理局的电信处长和 5 个市电信局的局长、总工程师以及沿线各机务站、线务站的站长、段长，都亲自参加了检查组，分别到沿线的所有机务站、增音站和线务站，检查机线设备，解决技术问题，同时还和当地职工一起研究恢复和健全必要的规章制度，要求他们贯彻执行，恢复日常工作秩序。检查中发现因材料或时间限制来不及当场解决的技术问题，则由当地站列入检修计划限期解决。经过检查和突击检修，四大干线的通信情况很快好转。此后，邮电部又组织了 10 条长途电信干线、9 条干线电报电路和北京、天津、上海、乌鲁木齐 4 个地区无线电台的检查整顿和突击检修工作。到 1966 年，全国电信设备的失修情况基本消除，电信设备的维护工作秩序也恢复了正常。

1969 年前后，在全国"文化大革命"动乱中，邮电管理体制改变，人、财、物管理权又下放，正常维修工作几乎无人过问，因而造成第二次机线设备严重失修的局面，特别是线路失修更为严重。1969 年到 1972 年的冬季，在北京周围和西北、华东、中南、西南许多地区出现了几次大范围的冰凌。不少地方的架空明线线路由于长期失修，木杆腐烂、线条锈蚀以致倒杆断线，曾造成通信阻断。为了保证通信，国务院拨款 1 亿元作为整修干线专款。从 1972 年开始到 1976 年，整修了一级干线 8000 多公里，大部分工作量是以水泥杆代替木杆。以后又继续检修，直到 1982 年，全部一级干线的检修工程竣工，使线路强度大为改善，传输质量也有所提高。

到了 80 年代，由于业务的发展和技术的进步，通信网已经采用了大量新设备，大容量的同轴电缆载波系统和微波线路已成为干线通信的主要传输手段。原有的国际通信电路几乎完全为卫星电路所代替，交换设备已逐步采用存储程序控制交换机。此外，电子电传机、三类传真机、光缆和数据传输系统等新的通信技术装备也陆续投入使用。这就形成了新老设备、数字与模拟设备并存的局面。对于旧设备来说，预防维护、计划检修的维护方法仍然行之有效，但对于新的技术设备来说，由于容量的大大增加，稳定性和可靠性的显著提高，预检预修的方法已不完全适应。因此，对于新老设备的维护，必须针对不同情况，采取区别对待的方针。例如，对于大容量载波系统减少了测试频次，对于长距离转接段多的电路只测试全程特性，不再测试分段特性，或者利用设备本身的自动监测设备监视传输电平的稳定情况，发现不稳再进行停机调测，等等。为了实现测试自动化，各种自动测试仪正在研究开发中。所有程控交换设备都具有自动监测功能，能显示并打印出设备运行的有关数据，利用诊断程序还可以定期对硬件、软件进行检查，发现故障可以打印出故障机盘的名称，维护人员就据以更换机盘。装有程控交换机的市内电话局，已普遍试行受控性维护①。装有机电制交换设备的市话局，也在陆续加装自动监测设备，监测随机情况，为逐步向受控性维护过渡做好准备。原来实行的包机包线制度，由于不易划清个人的责任段落，对新设备的维护有改为集体承包的趋势，现正在进一步探索发展中。

第二节　保持全程全网的协调一致

电信设备维护的管理机构是按行政区域设置的。每个省、区、直辖市的邮电管理局都有专设的维护处或科，负责指导全省、区、市的设备维护工作。各个城市的电信设备由当地的邮电局或电信局负责维护。长途电信线路也曾经分成若干段分别划归所经地区的邮电局维护。这些地区的邮电局除分别由所在省、区、市管理局领导外，互相间不是领导和被领导关系。这些局往往各按自己的需要或按行政上级指示来安排工作，易发生互不协调的情况，但是任何一个通信任务的完成，总离不开通信网上各局的通力合作；任何一个薄弱环节的存在，都要影响通信的畅通。在电信设备的维护工作中，同样要求全程全网的协调一致；没有统一的计划，电路的定期测试就无法进行；没有统一的指挥，电路的灵活调度也难以实现。因此，从保证通信出发，单有行政的领导系统是难以保证全程全网畅通的。为了弥补行政领导系统的不足，

---

① 受控性维护（controlled maintenance）方式是系统地应用分析技术，采取集中连续监视或（和）抽样测试、数理统计等方法，以指导某一部分维护活动。它的优点是既能避免预防性维护的一部分无效劳动和操作过多引起的故障，也能减少纠正性维护的被动局面，使维护行动更加科学化。

邮电部门建立了通信上的业务领导制度，维护工作上的指挥调度，也包括在业务领导制度之内。

早在1949年7月，华北电信会议就确定：凡是载波电路都应指定其一端的机务站为电路控制站，负责在测试、调整和调度电路等方面协调沿线各站的工作。当时虽没有把它称为业务领导制度，实际上它已具有后来建立的业务领导制度的雏形。1949年11月邮电部成立后，继续沿用这一规定。1956年，邮电部制定了《长途电信业务领导制度》，按照电信网的组织原则指定北京为全国电信业务领导局，以下按省间中心、省中心、县间中心、县中心的次序依次指定全国电信网的各级业务领导局。此外，还在全国建立电路工程师制度，每条载波电路、每个电路群均分别由有关业务领导局的电路工程师负责，以加强电路工作中的技术领导。在指定各级业务领导局的同时，对业务领导与行政领导的相互关系及职责权限划分，也作了明确规定。业务领导制度建立后，在电路测试、调整等方面效果比较明显。

50年代初期，有许多规模较小的邮电局未设电信机线维护人员，遇有机线故障很难立即排除，往往要等附近较大的邮电局派人去帮助检修，这就很难适应通信的需要。为了改变这种状况，后来实行由较大城市的邮电局定期派维修人员到附近各小局检修设备，叫作巡修。1956年以后，12路载波电话系统大量装用，但大多数增音站的技术力量比较薄弱，维修工具、仪表和零配件也配备不全，业务领导局便经常组织人员到沿线各站去协助检修，同时传授技术和交流经验。这种活动当时称为组巡。它的开展对加强沿线各站的协作配合、提高电路质量，起到很好的作用。电路组巡逐渐形成制度，定期实行，一直沿袭下来。

长途线路的维护工作，起初分段划归各邮电局领导，全线的维修计划难以统一安排，线路各段的维护工作，由各段自行其是，全线质量没有保证。1956年，在全国设立了80个长途电信线路中心站，使线路维护管理的辖区扩大，在一定程度上加强了线路维护工作的集中管理，效果很明显。"大跃进"期间，由于管理体制改变，中心站纷纷被撤销，线路质量又明显下降。三年调整时期，为了加强线路的维护管理，在全国各省设立了线务总站，统管全省长途电信线路的维护工作,线路质量随之也有明显的提高。十年动乱时期,线务总站又被撤销。1973年邮电部恢复后,又在各省陆续恢复线务总站。实践证明,长途线路的维护工作,必须在集中统一的领导下实行分级负责、分段承包任务的方法,线路质量才有保证,通信才能畅通。

第三节 为维护工作奉献的人们

维护工作是一项十分平凡的工作。它不像科学研究或基本建设那样,完成一项任务便取得一项看得见、摸得着的成果。维护工作1年365天,天天进行着看来似乎是单调的、重复性的劳动,天天调整、检修,却看不见机线设备有什么大的变化。维护工作又是一项十分艰巨的工作。维护人员必须争分夺秒地去排除故障、恢复通信,又必须兢兢业业地去研究分析一大堆测试数据,采取措施提高设备性能。他们的工作是紧张的、繁重的,他们的生活条件,在有些地方是很艰苦的。他们无私地献出自己的智慧和力量,默默地维护着复杂的机线设备,保证通信畅通。正是这样一支近13万人的维护大军,在平凡的岗位上做出了不平凡的成绩。

沈阳电信局机械股的职工,在50年代初期,针对市内电话设备障碍多、接通率低的问题,通过对设备机件动作的观测,对各种忙、闲用户设备的调查,积聚了30多万个数据,进行分析研究,提出对策,决定用平衡话务负荷、消除障碍、调整机键标准等办法来改变设备的落后面貌,提高通话质量。沈阳电信局实行了这一套办法,1951年下半年市内电话障碍率即明显下降,接通率由50.6%提高到80.7%。沈阳机械股工作法在全国推广后,效果显著。全国23个省市自动电话局的接通率,从1953年9月到1954年3月,提高了63.8%。

中国的电信线路,一直以架空明线为主,到1986年年底,虽已建设了不少对称电缆、同轴电缆和微波线路,架空明线仍然占长途线路总长度的80%以上。要保证线路经常处于良好状态,绝不是轻而易举的事。架空明线有的矗立在公路两侧,有的跨越铁道、河流,有的横穿沙漠地区,有的盘旋于崎岖山路,环境极为复杂。线路维护人员,在沿线定点驻段。他们经常在维护段内做计划维修工作，遇到线路发生障碍，还免不了要顶风冒雪，披星戴月去抢修。单身的线务员，平时白天出去工作一天，晚上回到巡房，自己生火，做好当晚和明天的饭食，第二天一早又带着工具和饭盒上路了。当地群众形容他们的生活是"进门一把火（烧饭），出门一把锁"。他们过着清苦的生活，付出辛勤的劳动。他们出色的工作保证了线路的质量。1950年，长途电信线路每月平均每百对公里障碍为2次左右，到80年代中期已降至0.15次左右，减少了90%多。许兴柱就是千千万万线路维护人员中的一个。他原是北京至沈阳的长途电信干线锦州段包段线务员。1954年召开推广会议之前，他所维护的线路已连线两年半未发生障碍。他观察季节变化对线路的影响，摸清了规律，有计划按周期地安排线路的各项检修工作，以保持设备经常处于良好状态。他的工作方法的要点于1956年纳入邮电部制定的《长途电信线路技术维护规程》，成为全国长途线路包线员必须执行的维护工作方法。

先进维护工作方法推广以后，各地在不同专业中又总结并推广了许多先进的维护工作经验，涌现出许多先进维护工作人员。

1956年，邮电部召开了全国邮电先进生产者、先进集体代表会议；1959年又召开了全国长途话务、长途线路维护和市内自动电话机械维护先进经验推广和交流会议；1960年召开了全国邮电技术表演比赛大会。在这几次会议上都介绍和推广了许多电信设备先进维护工作经验。

微波中继站大都建在高山上，交通不便，生活很艰苦。有些站必须用毛驴驮水、自己种菜，才能解决吃水吃菜问题。一到冬天大雪封山，生活上的困难就更难想象了。山上不仅没有学校、商店，就连村舍也没有。维护人员有的带着家属，但孩子上学无法解决。就在这样鲜为人知的艰苦条件下，他们在平凡岗位上勤奋学习，努力工作，作出自我牺牲，取得了显著成绩。

70年代后期，同轴电缆、微波和通信卫星等现代通信设备在中国逐步增多，维护人员一面学习，一面实践，逐步掌握了这些设备的性能和特点，把维护工作做得很出色。上海卫星地球站，1979年到1986年间曾经7次被国际卫星通信组织评定达到通信质量第一流水平。天津的长途电缆包线员于云程，负责维护北京—上海—杭州中同轴电缆中的一段，多年来未发生障碍。

新疆星星峡是个人迹罕见、野兽出没、四周荒山连戈壁、方圆百里无人烟的地方。这里没有市电，附近连电力线也没有。可是北京至乌鲁木齐连通苏联的通信电路要经过这里，根据技术要求，必须在这里设一个增音站。这里四季多风，常常刮得天昏地暗，冬季气温常达零下三四十度；夏季整个戈壁像个大火炉。星星峡载波机务站就是在这样的环境中，于1964年建设起来的。这里常年缺菜，夏天从哈密送来一点鲜菜，经过路上颠簸和热风烘烤，就已坏了大半，冬天存放一些也吃不了多长时间。大家只好去挖一种叫"沙葱"的野菜吃。职工大部分时间是啃干馍、喝开水，而这里的水又苦又涩，喝了肚子发胀，时间长了，身上起红斑点。星星峡站的职工们喝着苦水不叫苦，整整喝了十多年，1974年8月，上级给机务站调拨一辆专车送水，才算结束了喝苦水的历史。这里的文化生活也非常单调，晚上只能看天数星星，没有电视机，收音机在这里也变成了"哑巴"，就是报纸也要在半月后才能看上。他们生活在这样艰苦的环境里，却做出了不平凡的成绩。到1984年年底，油机发电机组已安全运转了20年，没有发生过断电事故。所有载波机、增音机都达到规定的技术指标。类似这样的事例，在其他地方还有很多。

这一支通信技术维护力量，是一支久经考验的队伍，他们不为名不为利，不管高山平原，不论严寒酷暑，指到哪里就战斗在哪里，月月年年默默地工作着。为了电信畅通，任务再繁重，他们也要奋力完成，生活再艰苦，他们也能忍受。在实现通信现代化的征途中，他们正在孜孜不倦地学文化、学科学技术，充实自己，提高自己，准备迎接更加光荣、艰巨的新任务。

第四编
邮电科学技术、教育和出版工作

第十七章
邮电科学技术

当代邮电科学技术综合了信息科学、电子科学、经济管理科学、计算机技术、激光技术和其他先进的科学技术成就,是最富有活力和发展最迅速的科学技术之一。新中国成立37年来,中国的邮电科技事业,取得了巨大成就,成为邮电事业发展的技术物质基础。

第一节 邮电科学技术的发展历程

人民邮电科学技术研究工作,是在毛泽东主席"向科学进军"的号召下诞生,在"自力更生、奋发图强"的方针指引下前进,在解决中国通信建设科技问题的实践中发展起来的。邮电科学技术的发展,经历了起步、曲折和大发展三个阶段。

一、在"一穷二白"的基础上起步

旧中国的邮电通信技术基础很差。邮政除了邮件运输使用少量现代交通运输工具外,其他作业主要依靠手工操作。电信技术设备除少数工厂能生产人工交换机和电话机外,主要设备均从国外购入,电话交换设备只有部分大城市使用机电式(旋转制、步进制)自动交换机,中、小城市大部分使用人工交换机。长途通信传输手段,虽然北京、天津和东北地区已有少量可开通3路、5路载波机的日式无负荷电缆,但全国绝大部分地区依靠架空明线和短波无线电通信。明线线路上的复用设备,全部是单路和3路载波机,全国仅有的一套12路载波机,还因两端分属两个部门而无法安装使用。

为了改变邮电通信的落后面貌，1950 年 9 月，邮电部就在北京组建了电信科学研究所，由李强兼任所长，吴朔平任副所长，下设无线、天线、收信、终端、有线等研究组，开始了电信科学技术的研究开发工作。

1952 年 10 月，为了服从国防科研的需要，邮电部撤销了电信科学研究所，将其副所长及全体工程技术干部 200 多人调给中国人民革命军事委员会通信部电信科学研究所，担负国家科研任务。这些人员后来为中国的航天事业和国防事业做出了重要贡献。

新中国成立的头三年，面临着迅速恢复通信和建设全国统一通信网的任务。但是帝国主义国家对中国封锁禁运，通信设备和技术资料极为缺乏，要迅速提高通信能力，在电信方面只有加速建设架空明线，并设法提高其复用程度，以应急需。T 式和 88 式线路交叉设计的完成并付诸应用，对建国初期恢复和建设长途通信网，以及在增加大量载波电路、节约器材和建设费用等方面，起到了非常重要的作用。上海、北京等邮电单位研制成 60 千瓦大功率短波发射机、移频电报通信设备，对恢复通信和创建国际电台也有突出贡献。1954 年，邮电部门试制成功中国第一台中文汉字电传机，其后邮电部、通信兵部等单位共同研制的 II 型汉字电传机，为中国汉字译码机的研究提供了技术基础。

1956 年，国务院成立了科学规划委员会，组织编制了《一九五六年至一九六七年科学技术发展远景规划纲要（草案）》，其中对邮电科学研究提出的任务是：1. 迅速掌握世界上最新的技术设备，配合经济建设，实行邮电的技术改造；2. 进行有计划有目的的探索性研究，以创造和发展新的邮电技术工具；3. 有重点地研究解决邮电通信在技术和经济方面存在的重大问题。

同年，邮电部设立技术处，主管邮电科学技术工作，林爽任处长。1958 年 1 月，技术处改为技术司，由李荫苍任司长。1957 年，北京成立了邮电部邮电科学研究院，卢宗澄任院长。同年，在上海成立了邮电部上海电信科学研究所。随后，北京邮政局、上海邮电管理局各自成立了邮政科研所，广东、四川、辽宁、江苏、浙江、河北等 23 个省、自治区、直辖市邮电管理局也相继成立了邮电科研所。从而，全国邮电部门又有了专业科学研究机构。

1958年，邮电部门在"大搞通信设备制造"的群众运动中，曾研制出一些元器件和多种实验样机。但是，由于忽视科学规律，所造设备多未能达到技术标准，难以发挥作用。1960年，邮电部组织邮电科研、工业生产和使用单位参加的三结合攻关小组，继续研制通信设备。经一年多的努力，该小组于1961年12月制造出符合国际技术标准的312-4型明线12路载波机。邮电科学研究院在邮电部设计院等单位的协作下，设计了新8式交叉，把明线高频复用技术的水平提高了一大步。

第一个五年计划时期，中国得到了苏联和其他友好国家的支援，引进了自动电话机生产线和一些先进的通信技术设备。1957年，中国邮电科学研究院与苏联中央邮电科学研究院、无线电科学研究院、市话科学研究院分别签订了科技合作协议。同时，还派出科技人员到苏联和其他友好国家访问、进修，聘请少数专家来华讲学，协助通信建设和科研工作，对发展中国邮电科学技术，起到了有益的作用。

1957年以后，邮电部组织科研、邮电工业、建设、使用等单位的科技力量，进行了60路对称电缆载波、60路微波通信系统的研究建设。1964年，中间试验电路建成，圆满地取得了60路对称电缆载波、60路微波的科技成果。

1962年年底，邮电部制定了《一九六三年至一九七二年邮电通信科学技术发展规划》，确定十年内邮电科学技术发展采取以下的方针：

1. 邮政以发展邮运工具和减轻体力劳动为重点，积极提高邮政操作的机械化程度。

2. 长途电信采取多种通信方式综合运用的原则，传输手段以明线载波为主，积极发展电缆和微波技术；大力发展短波单边带通信技术；电报以电传电报为主，相应地发展传真技术，普及撕断纸条半自动转报方式，研究全自动转报方式；长途电话以迟缓接续制为主，有重点地发展立接制，并试用长途电话半自动接续设备，接续技术以纵横制为发展方向。

3. 市内电话以高质量、低投资，节约有色金属，并以与长途通信相适应为目标。以继电器控制的纵横制作为自动电话的发展方向；并积极研究电子交换技术。

1964年，经薄一波副总理批准，在国家经委、计委、科委以及第四机械工业部等各部门的大力支持下，邮电部组织了"6401"工程大会战，成立了"6401"工程总指挥部，由副部长钟夫翔任总指挥。"6401"工程是国家组织会战的34项重点项目的一部分，它包括要研制出4千兆赫600路微波、600路载波终端设备、纵横制长途自动交换设备、报纸传真设备、数据传输设备、电子自动转报设备等项重要通信技术设备。四机部王诤部长亲自主持安排电子器件的优先供应和专用电子器件的研制，有力地配合了"6401"工程会战的胜利进行。1966年研制了600路微波机、600路载波终端机、CB1型编码纵横制长途自动交换设备、114型电子自动转报机、有线1200/2400毕/秒数据传输机、3路报纸传真机等通信设备，为邮电科技发展奠定了初步基础。其中数据传输机为国家当时发射人造地球卫星提供了可靠的数据通信系统。

在"6401"工程会战期间，有关邮电科研、生产、使用单位，对市内电话交换技术、邮政技术等也开展了许多研究工作，发展了纵横制自动交换技术，初步掌握了邮政营业出售机械化设备和自动化包裹分拣技术。

到1966年，中国初步形成了以邮电专业科研机构为主体的包括邮电工业、院校和邮电企事业单位附属研究机构的邮电科学技术体系，培养锻炼了一支能独立进行科研工作的邮电科技队伍，其中如钱家治、张颂波、林厚康、卢成俊在载波技术，钟允若、黄志成、杨朝津、姚永炀在微波技术，沈德柽在传真技术，徐乃英在电缆技术，蔡文法在邮政机械技术，汪永年在短波技术等方面的研究工作中，都做出了很大的贡献，起了学科带头人的作用。

二、"文化大革命"时期的科技工作

"文化大革命"中，各邮电科研单位的技术人员和工人同样遭受迫害，大批下放到"五七"干校进行"劳动改造"，科研机构被拆散，许多科研项目被迫下马，多年积聚的科技资料流散丢失，邮电科研事业蒙受了惨重的损失。1970年邮电部撤销后，邮电科学研究院改为电信总局电信科学研究院，各研究所也被撤销，有的改为工厂，有的与工厂合并，实际上是取消了科研工作。各省、区、市邮电企业的科研机构也都陷于瘫痪。

1969年，国家下达了研制1800路中同轴电缆载波和960路微波通信系统的重点任务。在原有科研体系被破坏的情况下，为了组织1800路中同轴电缆载波通信系统的研制和中间试验工程，邮电部设立了"210-9"工程办公室，由梁健等负责进行具体的组织工作。1970年，从"五七"干校调原邮电部技术司司长李荫苍到载波会战的主战场四川眉山五〇五厂，加强1800路载波设备研制工作的现场组织领导。当时，50多岁的李荫苍已身患重病，但他为发展邮电科技事业的雄心仍在，一下火车，就自己挑着行李进厂，住进了科研试制车间与广大科技人员、干部和工人一起日夜奋战。"210-9"工程在北京至天津间建立了中同轴电缆中间试验段。1974年，国家鉴定委员会对该段进行了鉴定，认为这套大容量载波通信系统作为国家干线通信网建设的主要设备之一，可以投入生产。

4千兆赫960路微波通信设备的研究，同样是在"文化大革命"的干扰下进行的。最初研制的Ⅰ型机故障率高，工程建设上也存在不少问题，不得不进行多年的整治，造成很大的浪费。1974年又进行了Ⅱ型机的研制和电路试验，并于1977年通过了国家鉴定。Ⅱ型机在设备的稳定性、可靠性和配套上有很大提高，为微波通信建设提供了技术、物质基础。

1970年至1974年，邮电部门研制成1千瓦和7千瓦单边带自动调谐无线发信机和全晶体管化的自动调谐单边带收信机、自动接收天线交换架等，建立了集中控制的无线收信台和发信台。

1975年4月，由邮电部门研制的终局容量为6000线至12000线的JT801型长途电话编码纵横制自动交换机，在京、津等十几个大城市开通使用。1973年至1975年，HJ921型1000门至10000门纵横制市话交换机，通过鉴定后，在全国大量装用。1976年至1977年邮电部门集中研究设计了终局容量可达20000门的HJ941型纵横制市话交换机。

1968年至1976年间，在电报、数据、传真技术方面，具有中国特色的汉字译码机、60路报纸传真机、各种速率的数传机等设备先后制成，其电气性能已达到60年代国际水平。邮政科研单位研制出托盘包裹分拣机、自动包裹收寄机和各类自动出售及收寄机,并在生产中使用。

这个时期,中国邮电科研虽有一定进展,也取得了某些成果,但国际上通信技术发展迅速,中国与国外技术差距还是拉大了。

三、新时期科技工作大发展

1978年至1986年是邮电科技发展的第三阶段。

在1978年召开的全国科学大会上宣布的1978年至1985年全国科学技术发展规划,把光纤通信、卫星通信、采用电子计算机的程控自动电话交换技术、建立计算机网路和数据库等项目,列为重大新兴技术和带头学科,明确了发展邮电通信新技术的重点。

1979年年初,邮电部按照中共中央指示精神,决定把工作重点转移到以通信为中心,为社会主义现代化建设服务上来,极大地调动了全国广大邮电科技人员的积极性,邮电科技工作阔步前进,邮电科学技术取得了较大发展。主要表现在以下几个方面。

(一)认真贯彻国家科技发展的战略方针,更紧密地为邮电通信发展和经济建设服务。

1981年,国家提出了"经济建设必须依靠科学技术,科学技术必须面向经济建设"的战略方针后,邮电部门明确提出,研究课题要密切结合通信的需要,对邮电通信当前急需解决的科技问题,在科研工作中,作为"短、平、快"项目,优先安排。

邮政科研为了配合各地建立邮政枢纽局和减轻邮政工作笨重体力劳动的需要,先后研制出一批先进的邮政机械化、自动化专用设备,如识读手写体和条形码邮政编码的自动信函分拣机、自动信函分类理信盖销机、计算机控制的多席位包裹或印刷品分拣机、推挂式邮袋分拣机以及程控取包机和无人驾驶自动搬运车等,为中国邮政技术的进一步发展奠定了技术基础。

为了适应国家建立干线电缆网的需要,并考虑对已建的1800路中同轴电缆载波系统进行扩容改造的要求,邮电部门进一步研制成功了4380路中同轴电缆载波通信系统，全固态化 6 千兆赫 1800 路微波通信系统，包括无人值守中继站技术；还研制成功了小同轴电缆 300 路、960 路载波通信系统。

各省邮电科研也取得了大量的成果。四川省邮电科研所与邮电部属科研所合作，研制成功了单管全铝中同轴电缆 300 路载波通信系统，以及带有无人站可以上下话路的 360 路单管中同轴电缆载波通信系统。四川省邮电科研所王方矶等研究成功明线高 12 路载波设备，在不改变原有明线交叉制式的条件下，一般有 50% 的线对能开通高 12 路载波，可供 500—600 公里以下的区间电路使用。在线路上加装高 12 路载波设备是挖掘现有明线潜力，增加通信能力的有效措施。四川省邮电科研所又继续研制成功明线超 24 路载波机，并开通运行。江苏省邮电科研所与部属研究所合作研制成功中容量半电子市话交换机；云南省邮电科研所研制成功适用于广大城乡的用户环路载波机等，均已投产使用。

（二）努力发展邮电通信新技术。

根据邮电部编制的中长期发展规划，参照国际上通信新技术的发展趋向，邮电科研单位着重开展了"程控交换""卫星通信""光纤通信""数字通信""信函自动分拣"等邮电通信新技术的研究工作，已研制出用微机分散控制的 2000 门程控数字电话交换机样机。256 路程控自动转报设备、1024/2048 线用户电报和低速数据程控交换机正在推广应用。微机控制的程控汉字译码机和在计算机通信中应用的汉字终端系统已经研制成功。120 路微同轴脉码调制数字通信设备和 120 路、480 路数字微波通信设备已经鉴定投产。邮电部、航天工业部、电子工业部的广大科技工作者已经研制成功卫星通信地球站全套设备，并已掌握了通信卫星全套技术。1984 年 4 月，中国首次发射试验通信卫星成功，为建立国家卫星通信网奠定了技术基础。

以邮电部武汉邮电科学研究院为主，由邮电部其他科研单位和工厂参加研制的 8 兆毕/秒（120 路）短波长市内局间中继光通信系统，34 兆毕/秒（480 路）长、短波长市内局间中断光通信系统都已试验成功，并分别在武汉、广州、石家庄、哈尔滨等地市内电话局推广使用。140 兆毕/秒（1920 路）光通信系统和多模梯度光纤、单模光纤、6 芯、12 芯、24 芯光缆、脉码调制一、二、三、四次群设备，也分别通过了鉴定。140兆毕/秒波分复用实验系统及400兆毕/秒光纤传输系统样机的研制成功，为实现长距离大容量光纤通信建设打下了技术基础。

（三）加强软科学研究，促进管理决策科学化。

在新技术的研究开发中，技术体制、技术标准、技术决策等软科学的研究必须走在设备研制的前面。1978年以来，邮电部门先后研究制定了电话自动交换网、公用电报网等9项通信网技术体制和82项国家技术标准，对邮电通信网的建设起了促进作用。

邮电技术经济和管理科学是软科学的重要内容。积极开展邮电技术经济管理的科学研究对实现通信现代化和经营管理科学化有着十分重要的意义。早在1956年，北京邮电学院就成立了工程经济系，培养邮电经济技术管理的高级人才。1957年，邮电科学研究院刚建院，就成立了网路体系和邮电经济两个研究室，进行通信网路组织、网路技术体制、企业产品成本核算、企业产品计量方法等方面的研究工作。

1980年，邮电部成立了由各方面的科技专家和领导干部参加的科学技术委员会，对邮电重大科技问题进行审议并提出建议，在制定技术政策和编制邮电发展规划中发挥了重要作用。

1981年，邮电科学研究院成立了技术经济与管理现代化研究室，1985年扩建为技术经济研究部。1986年，邮电部还决定成立经济技术发展研究中心，进行邮电行业发展中具有全局性或战略性的重大课题的研究，以促进管理决策科学化。

（四）加强技术开发，大力推广通信实用技术。

1981年以来，邮电科技部门加强了技术开发和技术咨询服务工作。各邮电研究院、所都建立了技术开发部门，积极为邮电通信企业和社会各部门提供科技服务。

邮电部数据通信技术研究所（以下简称数据所）为国家计委建立了全国低速数据专用网，连通全国20多个点，已使用多年。该所还协助许多地方和单位建立了专用数据处理和传输系统。邮电科学研究院正在北京进行程控数字交换和光缆通信系统联合试验。这是为改善国务院和国家计委等单位内部通信而进行的工业性试验项目,其中三次群光缆通信(采用四芯光缆)系统已经完成,500门程控数字交换机已经安装。1982年,邮电部第三研究所还为上海环保部门建立了环境保护监测数据通信系统。

邮电部第一研究所会同上海有关工厂共同研制成功150兆赫小容量移动电话系统,在80年代接入上海市电话网开通业务。1984年,该所还为广东省研制一套400兆赫移动电话通信系统,接入广州市话网使用。

邮电科研部门还积极把已经取得的研究成果推广到国民经济各部门使用。邮政部门使用的YK–83型液压捆扎机、YK–85型微机控制捆扎机、SK–3型机械式捆扎机的技术,已分别转让浙江、北京、河北等地,为工商业有关部门推广使用。北京邮政所在1983年为北京市畜牧局种鸡场育种配料建立了计算机处理系统,获得北京市科技进步二等奖,1986年又为市自来水公司建立了区域性数据处理机和传输系统。

各省、市、自治区邮电科研所和邮电企业积极研究开发和推广适用全国各地城乡的通信实用技术。江苏、广东、广西、湖南、黑龙江等省、自治区先后研制了中小容量的半电子交换机、新型农话塑料电缆、20和100户用户环路集中器、电路容量可变的16/24/32路增量调制通信系统等。以上这些新型通信设备的推广使用,改善了省内和农村通信面貌。

到1986年年底,邮电部门已逐步形成了专业门类比较齐全配套的研究开发机构,拥有一支经过实践锻炼的科技队伍。

邮电部有直属的2个邮电科学研究院,13个邮电科学研究所、1个通信计量中心和1个经济技术发展研究中心,分别负责邮电通信软科学(包括邮电经济技术、邮电通信网技术体制、技术标准)、通信基础理论与基本技术、邮电通信重大科学技术的探索研究和现代化邮电通信网所需要的通信设备、新型测试仪表、计量标准、工业标准化和关键元器件的研制任务。

各省、自治区、直辖市邮电管理局设有20个邮电科学技术研究所,主要从事省内邮电通信技术以及特殊地区通信技术的科学研究、技术改造和技术推广工作。部分研究所还承担了一些全国性的重点科研项目。地处亚热带的广东省邮电科研所设有通信设备防护研究室，负责通信设备防潮、防霉、防腐蚀及防雷的研究，并作为邮电部广州通信设备防护研究试验中心，承担全国邮电工业产品各项环境试验。浙江省邮电科研所承担了传真通信技术等项目的研究。江苏、广西、湖南等省、自治区邮电科研所与部属研究所合作，承担了半电子自动电话交换机的研究。北京、上海市邮政科研所和黑龙江、广东、浙江、四川、河北、湖南等省邮电科研所承担了各种邮政通信设备的研制任务。

在邮电工业企业中，大多数工厂进行新产品的研制和技术开发工作。许多工厂与各专业研究所合作，进行邮电通信设备、测试仪表和关键元器件的研制。6个邮电工厂设有专门的设计、研究所，承担邮电新产品的设计、研制任务。

在邮电部所属的北京、南京、重庆、长春邮电学院中，还设有独立于系、教研室的研究开发机构13个，与专职研究、开发人员和教学第一线的广大教师一起，积极开展通信基础理论和应用技术的研究，并承担了邮电部和其他单位委托的科研项目。

在邮电通信企业和基建部门，许多较大的单位设有不同规模的技术开发机构和生产试验室，结合邮电通信服务和建设的需要，开展技术开发、技术改造、技术革新以及合理化建议活动，对推动企业的技术进步发挥了重要作用。特别在邮政技术设备的研制中，许多邮政企业取得了不少成果。

邮电部设计院设有从事科研工作的设计研究所，组织广大设计人员进行邮电通信工程中有关技术体制、技术标准、电磁兼容问题、微波电波传播、电缆防护和通信电源技术等项目的研究，并进行邮电勘测仪表和邮电基建工程配套设备的设计、研究工作。

以上各个方面，都是发展邮电科学技术的重要力量，是整个邮电科学技术体系的组成部分。到1986年年底，邮电部直属邮电科研机构有17个，职工总数约1万人；省、自治区、直辖市邮电管理局所属邮电科研所20个，职工总数2000余人。

从1949年到1985年年底，据不完全统计，全国邮电系统共取得科学技术成果约3000项，其中，在1981年至1985年期间有1752项。全国邮电部门共进行科学研究、技术开发的主要项目有475项，制定发布了邮电通信技术体制与国家标准82项。在1978年召开的全国科学大会上，邮电部门有197个单位，共233项科技成果，得到了全国科学大会奖。这些项目都得到了广泛的推广应用，对邮电通信建设起到了重大的作用。1985年10月，国家科学技术进步奖评审委员会评定4380路中同轴电缆载波通信系统得一等奖；6千兆赫1800路电话/彩色电视微波通信系统及34兆毕/秒（1.3微米）光纤通信市内局间中继系统等两个项目都获得二等奖。此外，北京邮电学院彭道儒教授发明的DJB－823电接触固体薄膜保护剂，获1986年国家发明二等奖，并列入国家"七五"期间重大推广项目。

第二节 邮政科研成果

邮政通信技术装备，按业务功能大致可分为营业收寄、出售，内部作业处理，搬运、装卸和运输投递三大部分。长期以来，邮政作业的机械化、自动化程度不高，笨重体力劳动和手工操作占相当大的比重，改变技术装备的落后面貌，实现机械化、自动化，就成为邮政科技工作的首要任务。

中国邮政科学技术研究工作，是50年代初期首先从几个大城市邮局的技术革新开始的。经过专业科研单位和广大邮政企业多年来的共同努力，邮政科研已在邮件分拣自动化、报刊发行机械化以及汇兑稽核计算机处理等方面，取得了较大的进展。

一、信函自动分拣技术

信函传递是邮政通信的基本业务，信函与人民生活和国民经济各方面密切相关。信函的传递速度是衡量一个国家邮政服务质量与水平的重要标志。分拣是邮件传递过程中的一个重要环节，实现自动或半自动分拣，不仅可以减轻或解除分拣人员的体力劳动，减少分拣差错，还可以大大压缩分拣处理时间，提高邮件的传递速度。因此信函分拣自动化是长期以来邮政科研的主攻方向之一。

早在1954年，北京和上海邮局即从事于信函分拣技术的研究，1956年先后做出过中国第一台多席位信函分拣传递机和单席位按键式信函分拣机，但由于在技术上没有真正过关，投产使用两年后就相继停用。

1974年，邮电部第三研究所与中国科学院北京自动化所、四机部1413所协作，开始了全自动信函分拣机的研究，把"光学字符识别技术"（OCR）应用于信函分拣，并根据中国实际情况，决定采用直接识别手写体邮政编码的技术制式，实现"自动识别"与"人工标码"相兼容的标码技术体制。1978年，邮电部成立了电子信函自动分拣系统会战领导小组，除第三研究所外，又组织北京邮电学院、广东省邮电科研所、邮电部邮政研究所和北京邮票厂等单位分别承担自动信函分类、理信盖销机、自动捆信机和磷光邮票等配套项目的研究任务。1981年，全套设备研制成功，通过了部级鉴定，其中自动信函分拣机的性能指标，如分拣效率（21600件/小时）、识别率（90%以上）、误识率（1%—2%）、分辨率（0.4毫米）、卡塞率（1/1000以下），以及多台微机并行处理技术等已接近70年代末期国际先进水平。

推行邮政编码是实现邮政处理机械化、自动化的必要前提。中国自1980年起就进行了邮政编码的试点工作，但因要求过急，对公众的宣传不够，走了一段弯路。1985年，邮电部重新制订加快推行邮政编码工作和在重点大城市使用自动信函分拣机的计划，并已积极贯彻实施。

二、包裹、印刷品和邮袋分拣技术

包裹、印刷品和邮袋分拣是邮局内部一项十分笨重的作业。中国大城市每天处理的包裹、印刷品从几万到二三十万件，处理邮袋两三万到五六万袋。工作人员在处理包裹、印刷品和邮袋过程中付出的体力劳动极为繁重。1956年，天津市邮局曾研制出中国第一台直线型带式包裹分拣机，向减轻邮政作业中笨重体力劳动迈出了重要的一步。北京和上海邮局，1964年分别研制出中国第一台直线型托盘式印刷品分拣机（后改作包裹分拣用）和环型托盘式包裹分拣机。这两种分拣设备，主要解决了同步跟踪控制电路和托盘按址翻张技术，从而达到包裹半自动分拣要求。这两种分拣机在生产使用中经不断改进、完善后，现已成为中国大中城市邮局普遍使用的定型包裹分拣设备。

1979年前后，上海邮电管理局、杭州市邮局和邮电部邮政科学研究所也先后研制出水平较高的包裹和印刷品分拣机。这些设备的特点是增加了分拣席位和分拣格口，设有自动供包、上包装置，并首先使用了小型计算机和微机进行实时控制，具有设备自检、故障诊断、停电保护以及统计打印数据处理等功能。分拣机小时效率达3600—5400件，较前期研制的分拣机处理能力大为提高。

在邮袋分拣设备的研制中，1975年广州市邮局和北京邮电学院合作，研制出一种独特的推挂式邮袋分拣系统，其结构简单，使用方便，造价低廉。该设备几经改进，已使用微机控制，具有卸袋输送、分拣、贮存以及自动记数、自动封轨、多路自动出袋等功能，小时效率为900—1200袋。这种设备已在全国大城市邮局及邮政枢纽局中推广使用。此外，邮电部邮政研究所于1983年又先后研制出激光条形码阅读器和手持扫描器（光笔），为以后包裹、印刷品和邮袋的自动分拣提供了技术手段。

三、报刊要数数据处理系统及报刊分发机械化设备

中国每年经由邮局发行的报纸和期刊多达数千种，定销报纸上百亿份、期刊也有几十亿份。报刊封发网点遍布城乡各地。各省市邮局要逐日、逐月将所属企业收订的各类报刊的数量、起止期限、款额等汇总，并将订阅的报刊种类和数量（邮政术语称"要数"）通知报刊出版部门。这项工作非常烦琐，时限要求很紧，占用人力很多。1980年，河北省邮电管理局首先用小型计算机作为报刊要数数据处理的技术手段，配备相应的外部设备完成数据输入及分类统计、款额核算和打印报表等工作。1983年，安徽、河南、宁夏等省、自治区邮电管理局相继用微处理机开发了类似的数据处理系统并已安装使用，工作效率一般可提高3至7倍。

报刊分发是一项十分繁重的体力劳动，分发工人每天每班需要处理报刊达几千到几万份，迫切要求实现机械化。1974年，广州市邮局首先研制出一条报纸分发作业流水线，安装在广州南方日报社使用，大大减轻了体力劳动。

1980年,长沙、济南等邮局在上述基础上,采用液压、程控技术,使包布供应、印数制签、报捆传送、捆扎等实现了自动化。1978年至1983年,邮政研究单位研制的机械式和液压式自动捆扎机比较成功,其中液压式自动捆扎机更具独创性,其构造大大简化,使用的零件数量比机械式减少30%,捆扎速度高达900捆/小时。这两种设备不仅邮电部门使用,在其他行业也大量推广。他们研制的手持扎袋器,使用方便,捆袋效率比全人工捆扎提高一倍,已于1985年在国内14个省市邮局内推广使用。

四、汇兑稽核计算机处理系统

全国邮局每年开发汇票达1亿张以上。据统计1985年,开发的汇票达到15000万张左右。为了避免差错、堵塞漏洞和进行全国各省市邮局之间汇兑资金的结算,邮局对每一张开出和兑付的汇票款额都要逐张检查、核销。这项汇兑稽核工作十分繁重,但长期是手工作业,工作效率低,稽核质量也很难保证。1974年,黑龙江省邮电管理局在该省电子技术研究所和哈尔滨工业大学的协助下,首先研制出中国第一台处理汇兑稽核的小型专用计算机系统。该系统采用人工按键,纸带穿孔输入方式,每日可稽核汇票10万张或审核票根30万张。过去一个月的工作量可在几十个小时内完成(不包括人工按键时间),显著地提高了汇票稽核效率。但这套汇兑稽核处理系统采用的专用计算机内存容量较小,运算速度太低,尚待进一步研究改进。

1979年,邮电部门利用改进的ACOS-500型计算机开发了一个计算机处理汇票稽核的应用软件系统,使用方便,效果比较显著,并已于1980年在北京市邮局投产试用。1985年,北京市邮局和山西省邮电管理局还成功地进行了计算机联通试验,为今后大区汇兑稽核建立计算机网络提供了经验。

为了配合汇兑稽核工作的需要,河北省邮电管理局和邮电部第三研究所于1982年还先后研制出具有汇票排号、分局名、分字头和统计打印等功能的自动汇票排号机。该机已在一些大城市邮局推广使用。

第三节 电信传输技术的研究成果

一、载波通信系统

载波通信系统是电信传输的主要技术手段之一，1957年4月，邮电部门就开始了载波技术的研究开发工作。30多年来邮电科研单位已在架空明线、对称电缆、同轴电缆载波系统等方面取得一系列的科研成果，对中国电信事业的发展做出了贡献。

（一）明线12路载波机。

1958年，全国邮电部门开展了大搞设备制造的群众运动。各省、自治区、直辖市都致力于载波机的试制工作。上海市邮电管理局、北京长途电信局、山东省邮电管理局等单位试制的载波机都曾在线路上装用。上海邮电器材厂也开始试制312型中距离12路明线载波机。这些载波机尚未完全达到技术标准，但研制载波机由此起步。1960年，邮电部组织了技术攻关小组研制出符合国际技术标准的国产312-4型载波机，作为定型产品，成批生产，在全国通信线路上广泛使用。

（二）60路对称电缆载波通信系统。

60路载波通信系统是各种大容量载波通信系统的基础。早在1957年，邮电部门就开始了60路对称电缆载波通信系统的研究工作。当时由邮电科学研究院与沈阳电缆厂合作，试制复用到252千赫的7组和4组纸绳绝缘高频对称电缆，由邮电科学研究院与上海邮电器材厂负责研制60路电缆载波机。

60路载波系统是构成多路载波设备的标准"超群"。搞好60路系统的研制，确定各项技术标准和要求，对今后发展各种大容量载波系统关系极大。在进行总体制式设计时，关于通信距离原拟参照苏联K-60型载波系统定为每个音频转接段最大1200公里，但根据中国幅员辽阔的特点增加至1500公里。本系统采用了预斜度为1.8奈的最佳发送电平，平均增音段长度为18公里，设计有人站之间的距离在100—130公里，与国内中等城市之间的距离相近，与明线12路载波的增音段距离也相差无几。这就使站址选择、电源配置、维护管理等问题都比较容易解决。为了实现无人站的正常工作和维护，本系统研究设计了远供、遥控、遥信（远距离供电、远距离控制、远距离信号的"三遥"）以及业务通信系统。导频自动调节系统，经过多种方案的反复研究试验比较，最后选用了热敏电阻直流控制方式，经过1200公里导频系统试验，达到指标要求，性能稳定，而且生产较易，维护亦较方便。这种控制方式是中国自行研究开发的新技术，具有一定的独创性。

到1959年，载波机和电缆的研究试制工作都已取得初步成果。在自己研制了热敏电阻、高频铁氧体、晶体等专用电子器件，并攻克了无源网络、放大器、主振器、载供系统、三遥系统、导频系统等技术难关之后，Ⅰ型60路载波机问世。在电缆平衡上由于采取了集中平衡等技术措施，使电缆平衡的各项指标达到或超过了苏联的水平。接着在北京和石家庄间建立了试验段，并先后研制了Ⅱ型机、Ⅲ型机，反复进行电路试验。经过5年多的改进、提高，60路对称电缆载波系统于1965年通过国家鉴定投入使用。

（三）600路载波终端设备。

1964年，邮电部组织了4千兆赫频段600路电子管微波通信系统的600路载波终端设备的研制工作，由邮电科学研究院和上海邮电器材厂负责研制。在电路设计方面，确定了50个研究课题、30个设计课题、15个关键技术问题，在大量的实验基础上，进行技术攻关。例如，在主振器的研制中，由于稳定度要求高，技术难度大，组织了攻关小组，充分发扬技术民主，较快地解决了电路的寄生振荡、恒温槽的热接触和热分配等技术难题，使主振器的稳定度达到了设计要求。600路载波终端设备于1966年年初通过鉴定。

（四）1800路中同轴电缆载波通信系统。

1800路中同轴电缆全晶体管化载波系统的研究和试验开始于1969年。这项研究试验采取了大会战的方式。会战设了一个主战场和研制元器件、仪表、电源、配套设备及中间试验段等几个分战场，有科研、生产、设计、施工和使用等20多个单位参加。1800路载波通信系统包括6种1800路载波端机、4种增音设备和远程供电设备。1800路载波机由朱高峰担任总体设计。在整个研制过程中，参战人员经过努力解决了不少难度较大的技术关键问题。例如，由蒋荣福设计的宽频带线路放大器，频带宽达312千赫至8.428兆赫，一致性和稳定性的要求也很高。研究人员对元件、电路、结构进行了精心设计，做了大量的试验，才使它达到指标要求。又如，导频调节系统，必须能对大通路的传输质量进行监测并自动调节电平，还要向维护人员发出可见、可闻信号，要求准确可靠，技术比较复杂。研究人员先后试验成功了多孔和单孔记忆磁芯导频控制器，不但具有记忆性能，而且可靠性高、调节速度均匀，使用元件较少，又便于故障处理。会战中的勘查设计人员，经过反复实践摸索，总结出一套无人站预测定点办法，为中同轴电缆无人站土建工程提前施工创造了条件，对大规模进行电缆建设具有重要意义。参加单位还研究试制了通路特性自动测试机，能在不停机、不中断通信的条件下自动测试、显示并记录结果，解决了维护大容量载波设备的自动测试问题。

与此同时，有关厂、所还研制了大量的配套测试仪表和元器件，其中突出的有30兆赫传输测试组、通路特性自动测试仪、脉冲反射仪和功率放大器、高频大中小功率晶体三极管、高频高稳定度晶体、高频铁氧体以及屏蔽线等。

1800路载波系统中间试验段建立在北京至天津间，试验所需4管中同轴电缆由上海电缆厂提供。试验段全长126公里，设有两个端站、20个无人增音站。在试验段上，进行了电缆和载波设备的机线配合、增音系统传输、载波机性能、全程联通、开通主要通信业务等各种试验，测得了150多万个数据，并对整个设备进行了实际运转考验。

本系统能在一对2.6/9.4毫米的中同轴管上同时传输1800路电话，最长通信距离可达7500公里。这一系统于1974年通过了国家鉴定。它的研制成功对改变中国通信的落后状况和加速全国干线通信建设具有重要意义。

（五）4380路中同轴电缆载波通信系统。

4380路中同轴电缆载波系统是中国继1800路中同轴载波系统之后于80年代研制的新一代更大容量的载波系统。

本系统是为了满足电信业务量迅速增长和80年代新建或对老系统扩容改造的需要而研制的。为了使4380路载波系统能方便地改造原有1800路载波系统，其最长增音段距离确定为3.1公里，正好是1800路载波系统增音段距离6.2公里的一半。以元件、部件经过努力可以达到的水平为依据,经反复计算,其容量确定为4380路,即称之为Z-4380路系统。国外3公里增音段系统的容量都是3600路,中国没有采用3600路系统,而是从国内实际情况出发,在满足或稍优于国际电报电话咨询委员会(CCITT)建议的3微微瓦/公里杂音值的前提下,尽量扩大系统的容量,降低每话路公里的成本,然后在可能的情况下,尽量减小系统的每公里杂音值。

本系统的最高信息频率21.644兆赫是1800路载波系统最高信息频率8.428兆赫的2.57倍,话路容量是1800路载波系统的2.43倍,增音段距离是1800路载波系统的1/2,因而增音设备的数量在同样距离上,就要比1800路载波系统多一倍。这些都给总体设计和单机、部件的研制带来更大的困难。

在进行总体和系统设计时,科研人员参阅大量国外技术资料,吸取1800路载波系统成功经验,提出了几十个方案来进行反复推敲、比较和设计计算,最后确定3公里系统的容量为4380路,有人站距离为144公里,最大不经转接的传输距离为1000公里,杂音设计为3.5微微瓦/公里。

在部件技术攻关方面,科研人员也是广泛收集国内外有关电路、技术资料,进行综合比较,精心选择方案,并积极寻找国内新开发的各种元、器件和材料,以满足高频电路的需要,保证部件的可靠性。例如,2.5兆赫主振器采用超精密2.5兆赫石英晶体并在双层恒温槽振荡电路设计中采取了有效措施,使频率稳定度(优于$1\times10^{-8}/3$个月)达到当时国内最高水平。卢成俊对系统中的核心部件——晶体管宽频带深负反馈线路放大器,在理论上作了深入研究,精心设计了调节增音机中的线路放大器和均衡网路,其主要技术指标均达到国际上同类部件水平。在研制高频大功率低噪声晶体管的过程中,研究人员根据要求,经过探索试验,采取措施,提高了晶体管的耐冲击能力。

4380路载波系统在1981年进行了单机质量检查。1982年在经扩容改造后的北京—上海—杭州中同轴电缆1800路载波干线杭州至湖州段进行中间试验,以检验系统的各项性能和机线配合情况,并进行实际运转考验。中间试验段包括2个终端站、33个无人站,4管电缆循环可组成实长400公里的4个有人段单向电路。1983年进行了系统鉴定。

通过试验证明1800路中同轴电缆载波系统改造扩容为4380路是可行的。现有各类的新老中同轴电缆，无论是4管或8管均可用于4380路系统的传输。4380路载波系统经济效益较高，其话路公里造价仅为1800路载波系统的50%左右。

二、微波通信系统

（一）微波通信技术的起步。

1956年，邮电部筹建邮电科学研究院期间，组建了微波研究室，从引进和消化国外的微波先进技术开始，进而从事独立研究开发工作。当时虽然引进民主德国的24路RVG-903D微波设备和苏联P-60微波设备的整套技术资料，但关键的微波元器件、微波仪表、微波振荡管、放大器等都一无所有，连微波波导管都要自行拉制，研究工作几乎是从零开始。科研人员要亲自研制波导管拉伸机，精心研磨制作波导管法兰盘以防止微波泄漏，还要自制微波测量线等。就在这样的条件下，1958年，邮电部组织力量在邮电器材厂开展了60路微波通信设备的研制工作，并在北京、天津间进行试验，取得了成果，1960年通过国家鉴定。

（二）600路微波通信系统。

1964年，邮电部组织了"6401"工程会战。研制600路电子管微波通信设备是会战的重点项目之一。参照苏联P-600系统设计，该设备工作于3400—3900兆赫频段，在此频段内配置了6个高频业务波道和1个公务波道。每个业务波道可提供600个话路或传输1路电视节目及其伴音，公务波道可同时传输3个公务通话及遥控遥测信号。全系统还具有波道自动倒换设备，可把发生故障波道倒换到热备份波道。电话、电视传输质量均可满足2500公里参考电路中有关各项国际无线电咨询委员会建议的要求。

这个系统包括高频收发信机、电话调制解调机、电视调制解调机、波导分路设备、馈电波导设备、备用波导控制机和天线设备、备用电源设备等。在研制过程中，很多部委、科研单位和大专院校都积极提供技术或物资的支援，充分体现了大力协同的精神，如四机部帮助解决了110项关键器材；冶金部苏家屯厂配合拉制出合格的波导管；清华大学、中国科学院电子所和四机部十二所等单位派出专家帮助解决行波管试制中的问题；上海电子仪器厂帮助解决制作软波导的技术关键等，都有力地促进了研究工作的顺利完成。

600路微波通信系统于1966年年初通过邮电部鉴定后，装设在北京—天津间进行试验。从1968年至70年代初，中国共建了微波电路约5000公里，担负着电话和电视传输的业务。

（三）960路微波通信系统。

1969年，邮电部门开展了960路全固态化微波通信系统（除保留行波管外）的研制工作，70年代初，曾试制出一批设备安装在北京—沈阳及北京—上海—杭州线路上。当时正值十年动乱，这批设备在研制过程中未经严格科学试验，安装时又缺乏严密的勘察设计，以致电路虽勉强开通但无法开放通信业务。1974年，在邮电部的统一组织下，进行了960路微波设备Ⅱ型机的研制和试验。该设备工作于3400—4200兆赫频段，分高低两段，高段为3800—4200兆赫，低段为3400—3800兆赫，各安排6个业务波道和2个公务波道，除1个业务波道作备用外，其余5个波道均可传送960路电话或1路带伴音的彩色电视节目。各项传输质量均满足国际无线电咨询委员会2500公里参考电路有关建议的要求。

（四）1800路微波通信系统。

1974年，邮电部第四研究所开展了大容量的6千兆赫1800路模拟微波通信系统的研究和试验工作。1980年，这一系统又作为开发性研究项目，与国家科委签订了合同。该系统占用5925—6425兆赫频段，共有8个双向射频波道（包括备用波道），每一射频波道均可传输1800路电话，或传输1路彩色电视加4路伴音。电话波道还可以通过二次复用设备传输电报、可视电话、广播、传真和数据等多种业务。整个系统由微波收发信机、中频调制机、中频解调机、伴音调制解调机、天线馈线分波道系统、波道倒换机、远程监控机（台）、中频电视节目交换盘、站用电源等设备组成。

这一系统采用了锁相固态源，微带混合集成收发信混频器、殷钢六腔可调膜片切比雪夫滤波器、23千赫变换器和行波管高效率电源、中频系统低功耗放大、次基带公务通信等70年代微波新技术，因此系统性能稳定可靠，质量良好，辅助设备齐全，中继站能实现无人值守，有不少指标如整机时延<1毫微秒/±10兆赫，接收机噪声系数<9.5分贝等均达到国际上70年代同类模拟微波系统的水平。

（五）数字微波通信技术。

数字微波通信是国际上发展迅速的一种新兴通信方式。它与模拟微波通信相比，具有抗干扰性强、噪声不积累，便于组成综合数字网等优点。

70年代初，中国开始数字微波技术的研究工作。1978年，邮电部门研制成码速为8.448兆毕的二相相移键控中频调相的120路数字微波设备，供专业通信网使用。

70年代中，开始研制2、4、6、7千兆赫系列的数模兼容全固态化微波通信设备，每一波道可传输480路数字电话或960路模拟电话。数字电话系采用四相相移键控方式，其特点是采用砷化镓场效应大功率放大器和低噪声放大器，甩掉了易出故障的行波管高压电源，从而大大提高了设备的可靠性，实现了整机的低功耗。机架采用条形结构，大大节省了占地面积。收发信设备实现单元化，便于装配、调测和维护，与微机监控系统配套使用，可以实现中继站无人值守。这一系列数模兼容固态化微波通信设备为全国通信建设提供了灵活方便的新型传输工具。

三、卫星通信系统

（一）建立卫星通信试验地球站。

1971年，中国引进了10米天线的卫星通信移动地球站装在上海虹桥机场，后因临时需要，将其部分设备移作他用。1974年，邮电部第一研究所接受了对虹桥10米天线卫星移动地球站进行配套建立卫星通信试验地球站的任务。该所在修复10米天线馈线系统、30°制冷参数放大器、上下变频器的同时，研制出100°K常温参数放大器、上下行变频器、基带单元放大器、调制器、解调器、中频滤波器、3千瓦行波管前置功率放大器、3千瓦五腔速调管、3千瓦高频功率放大器、6千兆赫同轴转换开关、4千兆赫波导转换开关、卫星通信地球监测控制台等科研样机和样管，并将上述设备和天线馈线系统进行了联测、环试、转向（从指向太平洋区域转向印度洋上空的"交响乐"一号卫星）和调测。对虹桥卫星通信试验地球站整个系统设备的安装、联测、环试和稳定开机等试验工作，于1978年5月完成。虹桥卫星通信试验地球站具有收、发电视和电话信号的能力。对其他调制方式的信号，可经中频接口联接到试验站的发射和接收系统。

（二）"交响乐"卫星通信试验。

根据中国和联邦德国之间的协议，中国有关从事卫星通信的科研单位，自1978年5月开始，利用联邦德国和法国联合研制的"交响乐"通信试验卫星进行通信传输试验。上海虹桥卫星通信试验地球站决定参加这次试验。

1978年5月，虹桥卫星通信试验站除进行了卫星转发器测试、电视传输试验和电话会议外，还同中国科学院上海和陕西天文台等单位合作，分别进行了时间同步传输试验、脉码调制/移频键控/单路单载频（PCM/FSK/SCPC）传输试验、60路报纸传真试验、60路频分复用/调频电话试验、数据传输试验以及120路脉码调制/移频键控电话试验等多种试验，测试了各种指标并取得各种测试数据，对卫星传输电话、电报、电视、传真等通信业务有了较深入的了解，研究了对卫星转发器的测试方法，为今后管理国内卫星通信取得了一定的经验。此外，还进行了单路单载频按需分配制（SPADE）时间同步等技术试验。同时，对地球站天线处于低仰角下卫星通信电波传播情况也做了相应的研究，这对促进中国卫星通信事业的发展很有参考价值。由于虹桥试验站对"交响乐"一号卫星进行的各项通信试验是在卫星饱和等效各向同性辐射功率（EIRP）约为32分贝瓦的条件下进行的，这和中国建立国内通信卫星波束边缘地区条件接近，因此，试验中所获得的各项结论，可供设计国内卫星通信系统时参考。这次试验表明了虹桥卫星通信试验地球站设备已进入实用阶段。地球站各单机性能指标和上下行线系统联测指标均满足国际无线电咨询委员会的建议和国际卫星通信组织的技术规范要求。

（三）研究开发国内卫星通信系统。

1979年，邮电部门开展了国内卫星通信系统的研究，先后研制出80°K场效应放大器、6千兆赫1千瓦功率放大器、卫星电视接收机、电视发信基带宽带调制器等地球站通信设备和终端设备。对天线伺服系统的跟踪接收机、天线轴角编码器的研究也取得初步成果，具备了建立国内通信卫星试验的条件。

为了验证建立国内卫星通信系统的可行性以及考验中国自行设计研制的卫星通信地球站设备的技术性能和稳定可靠性，1981年6月至11月，中国利用国际卫星通信组织免费提供的IV－A卫星和V号卫星转发器的东半球波束，进行了电视全程参变数、多种业务二次复用等实验。通过实验证明了中国自行制订的租星系统方案的可行性和自行研制的地球站的可用性。这不仅为中国建立国内卫星通信系统确定体制标准提供了技术、物质装备，还取得了运行管理和发展国内卫星的经验，这是一次成功的试验。

1985年，6米天线卫星通信地球站研制成功，经国际卫星组织（IN-TELSAT/IOC）入网验证测试，表明该系统设备的技术性能符合中国国内卫星通信的技术要求和国际卫星组织的技术规范。6米和4米天线卫星电视单收站，也分别研制成功，各项技术性能符合国际卫星通信组织的技术规范。

在建立国内卫星通信网的过程中，邮电部第一研究所卫星通信研究室主任杨美霄，为消除机器隐患，努力攻关，解决了由于温升引起的故障，使设备经过长途运输后，开箱完好率达100%。

四、光纤通信系统

（一）对光纤通信技术的探索。

70年代，国外光纤通信的研究还处于萌芽阶段，1972年才研制出损耗为每公里5分贝的光纤。中国于1974年将激光通信的研究方向由大气激光通信转移到光纤通信上来。武汉邮电科学研究院开始集中力量对光纤通信技术进行探索，首先是低损耗光纤维的研制。当时国外研制光纤的途径较多，但成熟的制造方法很少公开发表。武汉邮电科学研究院的科技人员，查阅大量资料，走访玻璃制造行业，经过反复分析比较，选定了化学气相沉积法（MCVD），设计和制作了光纤预制棒熔炼车床和拉丝机，探索前进。最初研制出来的光纤，损耗值每公里达几百分贝，长度也只有十几米，根本不能在通信上实用。总工程师赵梓森和攻关科技人员一同制订技术方案，反复进行试验，发现除了原材料四氯化硅需要高纯度外，机床系统的进气管路也必须无杂质、无污染，用作载运气体的工业氧也必须经过过滤才能应用。经过改进，拉出的光纤损耗才由每公里几百分贝逐步降到十几分贝，再经过在工艺上减少预制棒的气泡后，于1977年终于打开光纤的短波长低损耗的窗口，每公里损耗达到3至5分贝。熔炼用的主体原材料四氯化硅的提纯也在移植武汉大学技术的基础上，采用蒸馏加吸附法，改进了提纯工艺，使其纯度提高到八个"9"。

在取得短波长0.85微米阶跃型多模光纤低损耗的成果后，武汉邮电科学研究院于1979年年初开始探索梯度型光纤的研制，应用毛细管控制流量的原理，研制出气体微流量控制器，并从国外引进了一台光纤折射率剖面测试仪，能测出光纤折射率分布真实情况，因而缩短了研制的周期，梯度型光纤只用了3个月时间即研制成功。

这时，国际上出现长波长光纤的研究动向，武汉邮电科学研究院开始探索打开长波长低损耗窗口，经过理论分析影响长波长窗口损耗降低的原因，采用了改变光纤掺杂的措施，通过不断试制，于1979年10月在国内首先实现长波长1.30和1.55微米处的损耗降低到每公里1分贝以下。至1980年4月，长波长光纤最低损耗达到每公里0.29分贝，是当时国内最好的水平。

在光纤通信所用的端机和系统的研究方面，从1975年起探索了光调制器、光接收机等技术，其中包括光纤与光源和光纤与接收检测器的耦合技术。1976年，研制成异步脉位——光强度调制传输电视图像信号的试验系统，完成了10多米的光纤电视传输。这是当时国内首次光纤传输电视的实验。

（二）市内电话中继光纤通信系统的研究和试验。

1980年，国家科委和邮电部下达了武汉市市话中继光纤通信二次群（8.448兆毕/秒）120路实用化系统项目的试验任务，由武汉邮电科学研究院牵头，邮电部门的有关科学研究、工业生产、设计施工单位和通信企业参加。试验线路全长 13.3 公里，经过武汉长江大桥和汉水桥，跨越武汉三镇，连通汉口和武昌，传输 120 路电话。在研制光纤过程中，科研人员经过努力解决了不少难题，如光纤预制棒的理论设计和操作工艺、将松套的工艺改为较复杂的紧套工艺等，从而使光纤的几何尺寸符合国际电信联盟的建议，并使其温度特性大为改善。在经过大量的反复试验后，他们逐步掌握了熔炼、拉丝和套塑的成套工艺，使光纤各项指标达到设计要求，并具有较高的成品率。这一系统于 1982 年进入市话网试用，1983 年通过邮电部鉴定，这标志着中国已开始掌握了市内电话中继线路应用光纤通信的新技术。

1983 年年初，国家科委和邮电部又决定在武昌至汉口间 13.3 公里的线路上再加建三次群（480 话路）长波长光纤系统。利用长波长光纤和光电器件构成的这一系统是当时国内最长的无中继光纤传输系统。在武昌至汉阳的 6 公里间又加开短波长（0.85 微米）三次群（480 话路）系统。这两个系统均在 1985 年通过鉴定并试制了生产样机。

此外，各省市也在市内电话中继光纤通信系统的研究试验方面做了很多工作，并取得了一定的成果。例如，上海市于 1979 年在四川路分局与海宁路分局之间的 1.8 公里建立了一个二次群 8.44 兆毕/秒（120 话路）的试验段。南京市于 1981 年在三至四分局间进行了 120 路的光纤系统的试验。北京、天津等城市也都进行了光缆通信试验，北京的 81 局至 86 局间光纤通信系统一直在作局间中继使用。

（三）向长距离大容量长波长单模光纤通信技术进军。

单模光纤的芯径非常细，只有多模光纤的 1/5 以下，而且还有接近于零的色散参数要求。要掌握长距离大容量光纤通信技术，必须突破长波长单模光纤制作难关。武汉邮电科学研究院经过积极努力，1984 年对光纤损耗值取得较大突破，在 1985 年 12 月鉴定时测定：在 1.3 微米波长处的损耗值为 0.48 分贝/公里，在 1.55 微米处为 0.3 分贝/公里，在 1.3 微米处色散为 2 微微秒/公里·毫微米，处于国内领先水平。

长距离大容量光纤通信传输所用四次群 140 兆毕/秒（1920 话路）光

端机是从1981年开始研制的。1982年，用短波长激光器作光源，完成了9公里的传输试验。

1984年，进行四次群140兆毕/秒（1920路）长波长单模光纤30.8公里的连通试验，对无人中继站可进行遥信、遥控和遥测。这对中国大容量长途干线光缆通信将起重要作用。

到1986年年底，邮电部门已研制完成2、8、34、140兆毕/秒的4种光纤通信系统（见表22）。

4种光纤通信系统技术性能表

表22

名　称	通话路数	中继距离（公里）	光接收机灵敏度
2兆毕/秒	30	多模8	优于—59dBm
8兆毕/秒	120	多模15	优于—56dBm
34兆毕/秒	480	多模24.6	优于—40dBm
140兆毕/秒	1920	多模23 单模31	优于—36dBm

关于光缆的成缆研制工作，邮电部门于1984年9月开始了12芯市内通信用铝塑粘结护套光缆和12芯市内通信用光缆护套接续技术的研究，1985年1月通过了技术鉴定。鉴定表明12芯光缆附加衰耗小，高低温性能稳定，透潮率优于技术标准，光缆结构是合理的，成缆工艺是成功的。邮电部门还于1985年10月完成北京程控光纤工程的8.7公里光缆任务。

邮电部北京仪表研究所等单位研制的二、三、四次群误码率测试仪和微机控制的一、二、三、四次群相位抖动仪，标志着中国通信仪表研制进入了智能化阶段。1986年研制成功的微机控制的脉码调制（PCM）综合测试仪，采用了微处理机和数字合成等先进技术，设备的自动化程度较高，测试功能多，速度快，并有显示仪和打印机配套，便于观察和记录，对于推动脉码调制设备的研制起了很大作用。1986年年底，武汉邮电科学研究院和北方交通大学合作研制的1.3微米、1.55微米 InGaAsP/InP 双有源层双沟道平面掩埋异质结动态单纵模激光器，具有动态单纵模特性，主次模抑制比优于10分贝。该器件对中国发展高速率大容量长距离光纤通信技术，将起重要的促进作用。

第四节 电话自动交换技术的研究成果

一、纵横制电话自动交换设备

邮电部门对电话自动交换技术的研究从纵横制交换机起步。1956年，邮电科学研究院试制出了 10×10×3 的线簧纵横接线器。用这种接线器组成了100门的卫星交换局，1958年4月，接入了北京市内电话网。这是中国最早研制成的实验性的纵横制电话交换设备。1959年，该院与北京有线电厂协作，试制出 10×20×5 的纵横接线器和分级控制的纵横制骨干样机。上海市电信研究所、上海电话设备厂和上海市内电话局共同合作，试制出1000门纵横制交换机于1960年元旦安装在上海吴淞分局。这是中国最早实用的纵横制交换机。以后，邮电部第一研究所又研制出SD1型和解放型纵横制交换机。

1973年至1975年，上海电话设备厂在解放型纵横制交换机的基础上开发出HJ921型1000门至10000门纵横制市话交换机系列产品，成为目前中国生产和使用数量最多、质量也较为稳定的一种纵横制市话交换机。

1976年至1977年，天津电话设备厂、上海电话设备厂、邮电部设计院等单位研究设计了采用可卸式机盘结构的终局容量可达20000门的HJ941型纵横制市话交换机，并试制了2000门在北京安装试用。

1983年，HJ921纵横制交换机又出现了改进型，其适用范围较前扩大，技术经济指标也有提高，并以微机处理复式计费、障碍记录和话务统计。

邮电部第十研究所采用编码纵横接线器，开发出长市农合一的HJ09型交换机，其终局容量可达20000门，并具有国际直拨性能，于1984年在珠海特区投入使用。

在中小城市中，还使用着一种半电子自动电话交换机，它是由笛簧管作为接续元件，用电子电路控制的一种交换机。从1973年在江苏连云港开通第一个半电子交换局开始，目前已有了终局容量可达8000门的机型，并在江苏常州开通了试验局。

长途电话自动交换设备的研制从1958年开始。1960年，北京、天津两地曾试用过40线的纵横制长途电话交换机。1966年研制成的CB1型编码纵横制长途电话自动交换设备，在京、津两地经过长时间的试验和试用后，1974年通过了鉴定。1975年，邮电部第十研究所研制的终局容量为6000至12000线的JT801型长途电话自动交换设备，陆续安装在北京、天津、南京、沈阳等大城市，为中国的长途电话自动拨号业务的发展提供了条件。此外，邮电部和其他工业部门，还研制了各种型号的纵横制用户交换机。

中国纵横制电话交换机经30年的发展历程，已定型生产，形成系列。它具有自己的特点：在控制方式上采取了分级标志器联合控制，局内采用多线信号，局间采用多频互控信号，质量稳定，接续快；在电路中采用了全三线交换，可以提高接线器利用率，减少有色金属用量；还解决了与中国原有各种电话交换制式的配合问题。到1986年为止，中国装用的纵横制电话交换机数量已占全国交换机总数的40%以上。

二、程控电话自动交换设备

70年代初，随着电子计算机和通信相结合，电话交换技术发生了新的飞跃，出现了存储程序控制的交换机。到70年代末，采用空分原理的程控交换机又迅速发展为时分的数字式程控交换机。这种交换机完全摒弃了纵横制采用的大量金属器件，设备体积很小，占用机房面积极省；具有许多便利用户使用的新功能和新的服务项目；维护管理和故障诊断在很大程度上实现了自动化，可以大量节省维护人员；因此自问世以来，各国都争相采用。中国也确定要发展程控数字交换技术并采取以下决策：一是直接少量引进一部分国外设备以应急需；二是引进生产线；三是组织力量，自行研制。邮电部第一研究所与北京邮电学院合作，于1986年制出了中国的2000门程控数字电话交换机的样机，定型号为DS2000。经过一段时间的试运转，1986年9月组织各方面专家、教授进行了技术检查，证明该机符合设计要求。DS2000 程控数字电话交换机的诞生，标志着中国在程控电话交换技术方面已取得了重大突破。邮电部门对 1024 线程控数字长途电话交换设备的研制工作，也已经取得阶段性的成果。

第五节 电报、数据和传真技术的研究成果

一、电报通信技术

（一）从汉字电传机到汉字译码机。

中国汉字不是拼音文字，在使用电传机通报时，不能直接通过电传机传送而是要将汉字逐个用阿拉伯4位数码编成电码。发报时先要将汉字译成电码然后发出，在收报后又要从电码译回汉字。用人工译电不仅速度低，还有可能造成差错，因此汉字译电问题是中国电报通信中一个特殊重要的问题。

1954 年，邮电部组建汉字电传机研制小组在上海试制了第一台汉字电传机。它能处理 4096 个汉字，分收和发两部分，发报采用大字坐标定位选字；收报印字机采用字模滚筒式，通过旋转，横位定位打印，但由于设备的体积和噪声都比较大，未能付诸实用。

1957 年，邮电科学研究院与通信兵部等单位联合研制汉字电传机。在总体设计中着重解决克服收报印字机滚筒字模库选择定位时的运动惯量、减少噪声、缩小体积等技术问题。1958 年，完成了该机的收发报机全部技术设计和加工图纸，并定名为"58 型中文电传机"。1959 年冬，在北京至上海载波电报电路上，进行了通报试验。1963 年，进行改进设计，改变汉字代码，增加滚筒汉字代码，试制生产后，作为低速电报译码机曾在北京电报局试用，但终因机械设备复杂，译电效率不高而未能推广应用。

1964 年，邮电科学研究院开始研制电子式汉字译码机，由工程师王济东等承担攻关任务。电子式汉字译码机的技术关键是如何将电码本上近万个汉字变成电子信号。当时曾考虑采用光电扫描方式，但由于条件不具备未能试验成功，最后决定采用计算机信息储存技术，将汉字按 20×20

的点阵进行码化,转变成有 400 个点的汉字信号,存入磁心存储器,形成汉字库。磁心存储技术当时在国内虽具备一定的条件,但也存在着穿磁心板的精密度高和工作量大的难题。在科研人员的努力下,于 1968 年做出了电子式汉字译码机样机,并在上海电报局试用。用这台电子式汉字译码机译出的电报,报面字体清晰、整齐,比人工译电效率提高了 75 倍,减轻了报务员的劳动。这是汉字电报通信上的一次重大技术改革,深受译电人员的欢迎。这种电子式汉字译码机,1969 年安装在北京电报大楼使用,并迅速推广,在邮电、铁道、石油、新华通讯社等部门发挥了很大的作用。

随着大规模集成电路、微电子计算机和微电子技术的迅猛发展,汉字译码机也不断更新换代。1981 年,邮电部门成立了程控中文汉字系统研究小组,经过三年多的努力,做出了样机。程控汉字译码机采用了拼形方式的可擦型可编程只读存储器(EPROM)固化字库。这种存储器使用十分方便,可反复擦写,其容量为 9444 个汉字,包括新标准电码本全部的汉字和字符,并保留旧码本中 2125 个繁异体汉字,以适应翻译繁体汉字电报的需要。汉字点阵为 24×20,字符点阵为 15×19。该机字迹清晰、打印速度高,除纸条译电外,还可以在线工作,速度为 50、75、100、200、300、600 波特任选,并配有键盘可与转报机人工对话。该机体积小、使用方便,符合电报通信要求。程控汉字译码机样机在北京电报大楼试用后,于 1984 年通过了鉴定,并陆续在北京、南京、天津、杭州等 20 多个省、市中心局推广应用,效果良好。

此外,1983 年,浙江省邮电科研所也开始研制 BY－85 型程控汉字译码机,并于 1985 年通过鉴定。该机具有速度高、报面整齐、字迹清晰端正、功能比较齐全和适应范围广等优点,特别是在各种报文格式的处理方面,考虑比较完善。这种程控汉字译码机还能译出邮电部规定的汉语拼音局名,不仅大大提高了译电速度,而且提高了译电质量,避免了人工译电的差错。

(二)电子自动转报设备。

中国幅员辽阔,电报接转次数多,转报量占全部交换量的 70% 左右。因此,如何实现转报自动化,减少转报占用时间,是加快电报传递的重要技术课题之一。

1958年开始，全国各地在传递电报过程中先后从人工转报改为撕断纸条半自动接转，时效提高一倍。但在业务量不断增长的情况下，这种转报方式仍不能彻底解决问题。

1964年，由邮电科学研究院负责，四机部第十五研究所、中国科学院数学所、北京邮电器材厂、北京长途电信局参加，开始研究电子自动转报设备。这是在中国通信领域中首先引用计算机技术的一次尝试，但由于"文化大革命"的干扰而中途夭折。

1974年开始研制全双工转报系统ZB80机。1976年完成工程设计后，进行生产和装配并完成软件设计，到1983年完成了实验室阶段的试验，1985年4月在西安电信局正式承担转报业务。当时国产专用计算机的元器件尚在试验阶段，质量较差，ZB80机的工作很不稳定，后又因软件出现故障而停止使用。

1975年起，上海电报局与上海电子计算机厂及复旦大学协作，采用国产DJS-131小型通用计算机，研制了64路程控自动转报系统。整个研制过程是从4路模拟电路起，逐步发展到1979年使用的32路双机系统，以至1980年的64路转报系统。1981年，上海与石家庄、成都联成三地自动转报网，工作稳定，1982年在杭州、武汉等电信局推广使用。自动转报设备的研制成功和推广使用，是中国电报通信技术上的又一重大突破。为了进一步扩大容量，适应省中心局和大区中心局的全部公众电报业务转接的要求，上海市电报局又于1985年研制成256路程控自动转报系统。其性能达到国际上同类产品水平。

邮电部第十研究所与福建省邮电管理局合作于1986年研制成BJC128/256微机转报系统，它可接外线256条，传输速率自50、75、100、300直到9600毕/秒任选。1986年12月在福州投入使用。该系统软硬件均采用模块化设计，技术先进，使用灵活，设备稳定可靠，是电报通信技术的又一可喜成果。

二、数据通信技术

（一）建立配合人造地球卫星发射的数据传输系统。

1964年，为了配合国家发射人造地球卫星数据通信的需要，邮电科学研究院、北京邮电学院等单位,在国内首先研制出能通过8个话路音频转接段的有线1200/2400毕/秒的调制解调器、人工均衡器以及相应的差错控制设备。不久,又研制出有线4800毕/秒调制解调器、自动均衡器和相应的具有前向纠错的差错控制设备、无线短波150毕/秒、600/1200毕/秒、1200/2400毕/秒调制解调器和相应的具有纠错结合性能的差错控制设备。这些设备与中国科学院计算所、清华大学、电子工业部有关工厂等单位的有关设备构成了一个遍及全国的数据收集处理传输系统,用以跟踪和控制发射的人造地球卫星。在发射人造地球卫星过程中,设备始终运转正常,为卫星的发射成功做出了贡献。

(二)数据通信调制解调器。

为了在现有的模拟电话网上传输数据信号,必须在发送端将数字形式的数据信号变换为模拟信号,而在接收端还原为数据信号,这就需要研制传输数据用的调制解调器。邮电部数据所在1983年前,已研制了3种类型的调制解调器:第一类是在实线传输数据的基带数传机,具有同步和异步接口;第二类是音频话路调制解调器,其中有用于普通电路交换网的300毕/秒、600/1200毕/秒的低速调制解调器,有用于4线租用线的1200/2400毕/秒的中速调制解调器;第三类是宽带调制解调器,在一个基群传输64千毕/秒或在一个超群传输704千毕/秒,后者采用部分响应技术。这些早期设备都采用分立元件和小规模集成电路,在当时军用和民用数据通信中都起了很大作用。以后,逐步制定了调制解调器的国家标准,基本上等效于国际电报电话咨询委员会(CCITT)V系列建议,积极采用超大规模集成电路、微处理器以及数字信号处理技术,研制成功了体积小、功能强的新一代设备。为了适应中国音频转接段多、通信线路多样等情况,这些设备大多数具有自适应均衡器,对信道适应功能强。另外还开发了多种传输控制器和自动呼叫应答器,应用电话网建立了点对点、点对多点的联机数据传输系统。与此同时,邮电部南京通信设备厂也研制生产有300/1200毕/秒和1200/2400毕/秒集成电路的调制解调器。

(三)用户电报和低速数据通信系统。

按照中国现行的通信技术政策,用户电报和低速数据共用一个通信网。1976年,周复榆首先提出运用信号跳变沿抽样的时分多路技术,研制布控128

线电子时分用户电报和低速数据交换机的设计,由邮电部数据所开发成功。南京通信设备厂生产了具有自动回询纠错(ARQ)功能的50波特数传机,利用现有报路构成了通达全国28个省、市的低速数据系统,在国内首次实现了远程计算机在线数据传输,供国家计委和冶金部使用。1982年,邮电部数据所又研制成140线布控交换机和28线集中器并批量生产,在全国许多城市装用,初步构成全国范围的用户电报和低速数据网。

随着微电子计算机技术的发展,1984年以来,邮电部门又先后研制程控148线、256线和2048/4096线用户电报和低速数据交换机。其中STC-02型4096线用户电报和低速数据交换机采用软硬件模块化设计,时分多址交换总线技术和多微处理机分布式控制技术,并使用高级语言编制程序,交换机内任一条线均可由程序置成为50波特或300波特的用户线或中继线,从而可兼容50/300波特的两种速率。该机具有运用灵活、体积小、耗电省、安装方便的特点,在系统设计和基本功能方面达到了较先进的水平。

此外,邮电部门还于1984年开始分别研制和生产了R101时分多路复用器,在四线制电话电路上可通46路50波特电报,或若干50、75、100、200、300波特报路的低速数据,集合速率为2400毕/秒。

(四)汉字终端输入方式。

邮电部数据所在开发汉字终端的同时还致力于汉字输入方式的研究。继1980年研究成功"声韵部形"(UYBX)编码方案之后,数据所与天津计算机应用研究所合作研制成功"声韵声声"(UYUU)编码方案。"声韵声声"编码方案是解决计算机和微机系统汉字输入的一种方式。它是以音为主,利用字形切分部分的声母区分同音字的编码方法。为了提高编码效率和输入速度,该方案采用了缩位编码,将使用频次最高的26个汉字用一位码表示;使用频次较高的395个汉字用二位码表示;为了减少记忆,这些汉字和其他汉字一样均可用"声韵声声"四位码表示,平均码长为2.71位。这个方案规则简单、易学、易记、易用,对非专职人员尤为适合,已在邮电通信、工业生产、教学、科研、军事指挥和文化出版等部门广泛应用。

（五）计算机技术和信息处理技术的开发应用。

在研究建立邮电部管理信息系统的过程中，邮电部数据所利用模块化和远程控制技术制成了通信处理机，把 OM–NINET 局部网和远程（数千公里）计算机联结起来，构成远程多路数据通信系统。它同时可与 4—8 台计算机通信，速率为 300—9600 毕/秒。1986 年鉴定后，已在邮电部和国家机械委员会等部门推广使用，对实行科学管理，提高工作效率，起到了良好的作用。

1986 年，邮电部数据所研究成功了天气雷达图像数字传输和彩色显示系统。采用微处理机技术使该系统与多种天气雷达相接后构成的数字化天气雷达系统，已广泛应用于气象台站、航空、航运、仓库、盐场等部门。

1984 年以来，邮电部门还为社会各方面开发多种类型的远程联机系统，包括大、中、小型主机与远程终端联机系统，局部网与远程终端联机系统，微机远距离联机系统和国际联机情报检索系统，并已投入使用。

1986 年，邮电部数据所还研制成功用无线电短波进行传输的联机数据链系统，填补了国内一项空白。

三、传真通信技术

传真通信可以快速长距离传送各种文件、报纸、照片、图表的原样。中国是使用汉字和多民族文字的国家，发展传真通信更有其特殊意义。

为了解决新闻报纸发行不及时问题，邮电部门从 1958 年开始研制 3 路报纸传真机。该机用 3 个话路传送新闻报纸版面，采用电子管电路、滚筒扫描、光电拾取、底片记录，接收机具有自动电平调节性能，能适应明线电路的电平变化。1961 年完成 I 型科研样机，1963 年完成 II 型机，并在北京、广州电路进行现场试验。1968 年由上海有线电厂生产，在北京—广州、北京—乌鲁木齐电路开通使用。但该机分辨力低（14 线/毫米），文字踪迹有畸变；图片模糊，因而未能进一步推广。

为了提高新闻报纸传真质量，1970年在由电信总局、通信兵部、人民日报社和国家科委组成的新闻传真领导小组的领导下，电信科学研究院（原邮电科学研究院）研制成BC301/60路（超群）报纸传真机。该机通过载波或微波60路超群频谱通路（312—552千赫）能将整版报纸的全部内容和形式由发行中心传送到远方的发行点。该机的发送机可发同文报，一发多收，并具有自动对相，自动电平调节、自动横移、自动倒相性能。接收机接收每版报纸只需5分钟，采用感光底片记录，经暗室处理后即可制版印刷，适用于轮转铅印和胶印等印刷方式。邮电部门生产了这种机器，先后在微波电路上开通14个印报点，加速了全国各地报纸的发行。

从1975年开始，邮电部电信传输研究所等单位开展了关于60路（超群）报纸传真系统技术体制的研究与编制工作，经过对电路的大量测试调查，研制相关的配套设备以及多次系统现场试验，于1980年年底制定超群报纸传真系统技术方案，1981年开始试行。按照该方案的技术要求，由有关工厂生产的60路（超群）报纸传真系统，于1984年通过鉴定，认为工作稳定，传输质量能够满足用户的制版要求，整个系统已达到较好的实用水平。

第六节　邮电通信软科学的研究成果

邮电通信依靠通信网传递信息，具有全程全网联合作业的特点，是一个庞大的有机的系统工程。为了使通信既能向用户提供满意的服务，又能做到经济合理，就必须制定通信网的技术体制与技术标准，并进行邮电经济技术和管理现代化等软科学的研究。

一、通信网技术体制与技术标准

1957年，邮电部在技术司下设技术发展处，在邮电科学研究院设网路体系研究室，分别担任邮电技术体制与技术标准等方面的管理和研究工作。此后，他们开展了一些调查研究，参照国际的经验曾提出过有关全国干线、省内和农村通信网技术体制和传输标准的研究报告。但由于当时国内尚无自己生产的通信设备,这些研究报告对于通信网路的组织与发展只能起参考作用,未能取得应有的成效,也得不到领导机关的重视,甚至在1960年精减机构时,网路体系研究室也被撤销,有关网路体系方面的软科学研究走了一段弯路。1959年、1964年,邮电部曾先后制定和公布了载波机质量等级标准和电话传输标准、串杂音、频率特性、电报畸变、无线电信杂比等14项邮电基础技术标准,对于统一质量标准,指导网路的组织和建设、保证通信质量,起到很大作用。

为了加强标准化工作,1972年、1973年邮电部先后成立了电信传输研究所和邮电工业标准化研究所,分别负责通信网技术体制以及通信设备技术标准和生产工艺标准的研究、管理工作。

1972年、1973年、1975年,邮电部先后在上海、扬州和广州召开会议,探讨发展电话交换设备技术体制和政策,制定有关电话自动交换技术体制和标准的全国电话统一编号制度、长话交换设备系列、市内电话设备系列、纵横制市内自动电话交换设备的主要技术性能、长途交换设备的主要技术性能、长途自动化对市话设备的性能要求、长途自动化信号方式、长途自动局传输指标8项规定,通过了1000至10000门纵横制自动电话交换设备总体技术要求。这些技术体制标准经邮电部于1975年发布后又上升为国家标准,对于纵横制自动电话的发展和长途自动拨号的实现起了积极的作用。1975年通过的关于中国数字通信一次群设备采用30/32路标准体制的决定,对中国数字通信技术的发展也有所促进。

1979年,国务院发布了《中华人民共和国标准化管理条例》后,邮电部制定并发布了邮电技术标准的管理办法,明确了邮电技术标准的任务、分工、要求等一系列重要原则,大大地推动了邮电技术体制与技术标准的工作。从1980年开始,邮电部门制定的国家标准每年以20%的速度递增,有力地配合国家通信网的建设与新技术的发展。到1986年年底止,已研究、确定与发布的重要的邮电通信网技术体制有:电话自动交换网技术体制、农村通信网技术体制、程控电话局及国际自动交换业务进网的有关技术体制、公用电报网技术体制、用户电报及低速数据通信网技术体制、移动通信网技术体制、国内卫星通信技术体制、在电话网上开放数据业务技术体制、光缆通信系统进网要求和邮政通信技术体制10种。

从80年代初，中国加速研究确定与发布了一批通信网的技术标准，保证了通信网的全程通信质量。经国家标准局发布的国家标准有82项，其中主要的有"邮电通信基础标准""各专业设备间接口标准""电话参考当量系统和测量方法""传真测试样张""彩色电视图像传输标准""国家通信网自动电话编号和信号方式""电话网中引进程控数字交换设备采用七号信号方式""数据通信基本型控制规程""高级链路制（HDLC－平衡型）数据通信规程""县局自动电话交换设备总体技术要求""电信线路遭受强电线路危险影响的允许值"等。由邮电部发布的有邮电工程建设的部标准13项和邮电工业产品的部标准266项。邮电部电信传输研究所研制的"电话参考当量系统和测量方法"是一项通信基础性标准，是根据中国语言的特点进行了大量的测试、评定和研究工作之后制定的。电信传输研究所的整个检测系统符合国际电报电话咨询委员会的有关建议，1980年国家标准局批准该所为中国电话参考当量检测中心。

国家标准中的"传真测试样张"和"彩色电视图像传输标准"都是根据中国特点经过长时间的研究试验而制定的，已分别被国际电报电话咨询委员会和国际无线电咨询委员会接受列入相关的国际建议。这两项标准是第一次被列入国际建议的具有中国特点的技术标准。

二、邮电技术经济和管理

1981年，邮电部门成立邮电技术经济和管理现代化研究室。到1986年，邮电技术经济和管理的研究已取得了一批成果，主要有：《通信社会经济效益定量分析》《通信替代交通的初步研究》《我国社会信息化指数的初步分析》《程控市话资费研究》《市话投资经济效果分析》《中同轴电缆载波系统投资效果分析》《长途电话交换方式的技术经济分析》《利用小交换机发展住宅电话》《用户电报资费标准》《科技进步成果评价指标体系及方法》《电话营业计算机管理系统》等报告和论文，对国家制定通信业务、技术、经营管理政策起了重要作用。1986年，受中国科技促进发展研究中心的委托，邮电部经济技术发展研究中心对通信服务和信息技术进步的经济效用进行评估，提出了《通信与信息技术进步的经济评价》的研究总报告。报告着重论述了通信与信息技术在社会中产生的深远影响，通过经济效益论述了通信技术的重要作用。报告中提出的节约的价值数据，附加功能效用，量化的分析，评估通信投资采取流通与生产、营利和非营利综合评价的方法等都颇有新意。研究报告还揭示了中国由信息密集资本取代能源密集资本的趋势与规律。这项科研成果受到国家科委、经委、计委等有关部门的重视，获得较高的评价。

在邮电经济的研究方面，邮政研究所的邮政经济研究室，先后提出了《邮政业务和财务活动分析》《邮政业务成本核算》《邮政报刊发行成本及费率的研究》《国内邮政包裹资费调整方案的研究》《邮政包裹封发网路体系》等研究报告和论文，对改善邮政通信的经营管理，起到了良好的作用。

根据中共中央和国务院关于研究长远发展战略问题的部署，中国通信学会发动广大科技专家进行了"二〇〇〇年中国通信"的探讨，出版了《新的技术革命与中国通信》一书。邮电部规划研究所对2000年邮电通信事业的发展，进行了预测研究，拟定了到20世纪末全国邮电通信发展的目标。该所还开展了邮政网和电信网优化的研究；对电信网建设发展中采用小同轴电缆的技术经济问题进行了调查研究和分析论证，写出了专题报告，受到了有关部门的重视。邮电科学研究院研究生部开展了系统工程、网路优化、电磁兼容、语声和图像信息处理等基础理论的研究也取得了一些科技成果。

三、邮电科技情报

邮电科技情报工作，是邮电科学研究工作的一个组成部分。邮电科学研究院从建院开始就建立了科学情报室，1963年又扩大为科学技术情报研究所。各省、自治区、直辖市的邮电企业，也陆续设立了相应的科技情报机构或科技情报人员。邮电科技情报研究所在1961年和1962年编写了《现代邮电通信技术国际水平与发展趋势》包括长途电话网的自动化、多路载波、多路微波、电报、市内电话等系列专业技术分册，由邮电部技术司正式出版发行，为领导机关制定长远规划和技术政策以及科技人员开展研究工作、了解国际水平与动向，提供了重要的情报资料。1973年至1975年间出版的系列丛书《国外电信技术概况》，既是对国外各项电信专业技术发展现状综述性的情报研究成果，也对国内电信各专业的科学研究工作提供了资料和借鉴。邮电部情报所在进行脉码调制通信情报研究中，首先提出了中国应改用A律30/32路为基群制式的建议，对促进中国数字通信的发展起了很好的作用。该所提出的专题报告如《现代邮电通信技术的发展》《九国电信技术特点及对科技合作与技术引进的初步意见》《关于国外程控交换机的分析与引进交换机的建议》，为对外技术合作与引进工作提供了主要参考资料。1980年以后完成的《邮电通信在国民经济中的地位和作用》《国外邮电科研体制分析》《国外邮电管理体制与我国邮电管理体制改革的初步探讨》《论证我国二〇〇〇年通信事业发展目标的背景材料》《通信网发展的研究》《八十年代数据通信网路技术》等综合述评研究报告，为中国进行邮电体制改革、制定发展规划提供了必要情报。《用户环路技术》《通信服务质量与服务水平》《用户线路集中器的发展》等专题研究报告，对于邮电事业的发展和挖潜革新都有所促进。邮电部邮政研究所的情报研究室也先后编写了《微机在邮政中的应用》《国外邮件分拣中心局分析研究》《包裹分拣技术体制》《国外邮政技术概况》《国外邮政技术发展趋势》等研究报告或书籍。

在邮电科技情报手段现代化的研究方面，邮电科学技术情报研究所在70年代完成了"TQ16型计算机情报检索""电子计算机情报检索系统"和"微机中文图书检索管理系统"的研究和试验并付诸实用；在80年代进行了"计算机情报检索、英汉翻译及自动排版系统"的研究。该系统将计算机情报检索、机器翻译及自动编辑出版三项技术结合为一体，从而构成英文科技情报处理自动化流程，是国内第一个可提供实用的系统。该系统的研制成功，对中国更有效地利用现代化手段，加快科技情报的研究与传递，具有重要意义，同时也取得良好的社会效益和经济效益。

邮电科技情报部门，已收藏了相当丰富的国内外邮电通信科技文献，并积极开展科技情报服务工作。自1980年开始，邮电科技情报电子计算机检索系统的定题、追溯和联机检索服务以来，取得了显著的社会效益，先后建立定题和追溯检索用的文献库119个，为全国20个省市300个单位5700余课题，提供文献220万条。该系统提问方式简单，数据库容量大，选题全面，报道迅速，命中率高，已成为国内面向全国服务的电子计算机检索系统之一。

进行邮电科技情报交流是邮电情报工作的重要环节。多年来邮电科技情报研究单位除经常编写专题科技情报资料互相交流外，还采用编辑出版情报刊物和组织情报网等方式开展了大量的情报交流活动。

四、通信计量标准

邮电通信涉及全程全网，为了保证通信网的正常运行，必须实现计量标准在全程及时的传递和量值在全网的统一。没有先进的科学计量手段和完整的计量系统，邮电通信、科研和生产都不能正常进行。因此，开展通信计量的研究工作具有十分重要的意义。1963年邮电科学研究院成立了计量组，1974年改为计量室，1981年正式成立了邮电部通信计量中心，负责通信计量标准的研究和建立、标准量值传递及邮电通信计量的管理等工作。

1985年3月，邮电部召开了第一次全国邮电通信计量工作会议，通过了邮电计量管理办法，并决定组织全国邮电通信计量网。全网由1个一级站（即通信计量中心）、7个二级站（分设于北京、上海、武汉、成都、西安、沈阳、广州）和各省三级站组成。到1986年年底，全国通信计量网已建成6个大区二级站（华北地区由在北京的通信计量中心兼代、华东地区—上海、华中地区—武汉、西北地区—西安、西南地区—成都、东北地区—沈阳）及16个省级三级站。

1986年7月1日,《中华人民共和国计量法》开始实施,对通信计量工作是一个很大促进,计量工作得到了较大发展。为了配合《计量法》的实施,邮电部通信计量中心为全国各地区各单位组织了7个通信参数的12期培训班,培训通信计量人员600余人次。

邮电部通信计量工作,自1974年以来,先后完成了高频中电压、高频小电压、载频衰减、高频衰减、低频平衡型衰减、4.5厘米微波小功率、3/4/5/7.5厘米微波热噪声、中频群时延、频偏等11套通信计量标准,其中高频电压、衰减等项检定系统已接近和达到国际先进水平。低频平衡型衰减检定系统,经过广大科研人员的努力,1986年7月通过了鉴定,认为该标准装置原理正确,方案可行,较好地解决了系统的平衡度,并采用了微处理机进行自动数据处理,改善了标准装置的噪声性能,使可测量程达80分贝,技术上达到了国际先进水平,填补了国内1兆赫以下低频平衡衰减标准装置的空白。

邮电部通信计量中心建有频率标准和一套较完善的校频系统,建立了通信专用的电平检定系统以及电报、杂音计、示波器和失真度仪检定系统等,还研制了中频群时延、微波波导热噪声和载频电平3种传递标准装置,已基本上能满足模拟通信对计量测试的需要。1985年后,通信计量中心进一步研究确定数字通信和光通信相应参量标准,以适应新通信手段对计量工作的要求。

根据《中华人民共和国计量法》的规定,经国家计量局审核,并于1986年7月1日,授权邮电部通信计量中心承担邮电部专用计量器具新产品的国家定型鉴定任务。

第十八章
邮电教育

第一节　邮电教育的发展

中国邮电教育是伴随着近代邮电事业的出现而产生和发展的。邮电通信技术的发展经验证明，通信事业的建设依靠科学技术的进步，而科技的进步又有赖于专业人才的培养。邮电部门办专业教育，是行业的需要，也是历史赋予的任务。

中华人民共和国成立后，邮电教育进入一个新的历史发展阶段。邮电行业，是个技术性很强的部门。邮电部成立初期召开的第一次全国邮政会议和第一次全国电信会议，都把办好邮电教育列入了工作计划。

中华人民共和国的邮电教育是国家教育事业的组成部分，是为国家通信发展建设服务的。它是由高等教育、职业技术教育及职工教育三个方面形成的一个比较完整的教育系统，担负着培养博士和硕士研究生、本科生、专科生、中专生和技术工人的任务，并对在职职工进行教育和继续教育。

邮电教育始终坚持院校教育与职工教育并重的方针。邮电院校部门，以老解放区的邮电学校和解放初期大量举办的政治、业务、技术训练班为基础，于1953年正式开办中等专业学校。1955年，在全国高等院校院系调整过程中，经国务院批准，成立了北京邮电学院。由副部长钟夫翔兼任院长，1957年孟贵民任院长。同时，在职工教育方面，也以脱产、半脱产、业余学习和在职训练等形式办起了各种职工学校和训练班，培训职工的教育网也逐步健全。至1986年年底，邮电教育系统拥有邮电学院5所、高等专科学校1所、邮电研究院研究生部2处、中等专业学校31所、技工学校55所、邮电学院函授分院1所、各学校函授部5处、函授科29处、邮电企业中设置的高等和中专函授站660个、管理干部学院1所、干部学校2所、职工大学6所、职工中专11所、各种职工培训基地61个。教育设施也有了较大的增加,全国邮电高等院校和中等专业学校校舍面积约有120万平方米。

为了适应邮电通信事业的发展,邮电系统按照统筹规划、合理布局的要求,在北京、南京、长春、重庆、西安设立了邮电学院,在石家庄设立了邮电专科学校。各省、自治区、直辖市邮电部门普遍建立中等专业学校和技工学校。地区以上的邮电部门也设置了职工教育组织。邮电教育实行分级管理的原则:高等教育、高等函授、高层次管理干部教育由邮电部领导;职业技术教育和职工教育在邮电部指导下,由各省、自治区、直辖市邮电部门管理。这种管理体制,既适应邮电局所设置分散的特点,又能充分发挥各级企业办学的积极性,从而促进邮电教育的发展。经过37年的建设,邮电部门已初步建成了与全国邮电企业管理结构和技术结构相适应的多层次、多规格、多途径的邮电教育网,担负着培养和提高邮电职工素质的重要任务。

人才的培养,决定于师资的数量和水平。国家十分重视师资队伍的建设。到1986年年底,专职从事邮电教育的教师达6700余人,另外还有2000余人的兼职教师队伍。在专职教师中,有正副教授345名,讲师1200余名,具有中级以上职称的教师约占专职教师总数中的23%。邮电教育的师资队伍,是一支奋发有为又红又专的队伍。在这支队伍中,有中国科学院学部委员1人,国务院学位委员会学科评议组成员3人,中国通信学会理事7人,中国电子学会理事3人,中国科学技术普及创作协会理事1人。高等学校和中等专业学校教职工被授予省、市级以上劳动模范或先进工作者等称号的历年累计有86人次。他们对于邮电工程技术和管理人才的培养、科学研究和学术活动的开展以及社会活动,做出了重大的贡献。

邮电教育战线有一批学术功底深、能够站在邮电通信和电子学科发展前沿的教授、学者。几十年来，他们把全部精力投入邮电教育事业，对邮电院校的建设、学术发展、师资培养起了十分重要的作用，如中国科学院学部委员、北京邮电学院名誉院长叶培大教授，重庆市科协副主席、重庆邮电学院顾问刘宜伦教授，中国电子学会常务理事蔡长年教授，中国通信学会常务理事周炯槃教授，等等。他们在电磁场理论、微波技术、光纤通信、网络理论、信息论、通信网理论等领域都很有造诣。他们治学严谨、知识渊博、热爱学生、诲人不倦。在他们和其他老教师的指导下，学术梯队逐年成长，学术带头人的队伍日趋壮大。

从事邮电教育的教师，热爱邮电教育事业，勤于进取，精于业务，几十年如一日把自己全部心血奉献给自己所从事的事业。例如，担任过石家庄邮电学校副校长的林福民副教授，长期从事邮电中等专业教育工作，在中专教材建设方面做出了显著的成绩。全国邮电系统劳动模范北京邮电学院沈树雍教授，以他的严于律己、教书育人的表率作用和呕心沥血、不计名利的"铺路石"精神，引导青年教师和学生在政治、业务上健康成长，得到全院师生的赞扬。从事职工教育的教师，在课程跨度大、学员水平参差不齐的情况下，满腔热情，因材施教，出色地完成了职工文化补课、职工业务技术培训、干部培训以及高等函授、职工大学、职工中专等多方面的教学工作，提高了学员的专业技术水平，赢得了各地邮电部门的赞誉。

思想政治教育，是邮电院校教育的重要组成部分。教育学生成为有理想、有道德、有文化、有纪律，热爱祖国和社会主义事业，有献身精神和科学精神，遵守邮电职业道德的一代新人，是一项伟大而又艰巨的任务。在思想政治教育实践的过程中，各邮电院校不断探索客观规律，理论联系实际，通过多种渠道、多种形式，取得了很大的成效。在思想政治工作队伍中涌现了一批先进单位和先进个人，先后总结了"点燃学生心灵之火""做一个合格的学生政工干部"等先进经验。黑龙江省邮电学校由于各方面工作都做得比较好，省人民政府于1980年发布嘉奖令，授予先进单位称号。学校党委也被省直属机关党委授予先进单位称号。

从 1977 年至 1985 年，据不完全统计，各邮电院校学生中，有全国新长征突击手 1 名，全国"三好"（身体好、学习好、工作好，下同）学生 4 名，省、市级"三好"学生 156 名，获省、市级以上表扬的先进班集体 22 个。至于各院校的"三好"学生、优秀团员、先进集体、优秀干部、优秀毕业生更是不胜枚举。他们的表率作用激励着广大同学不断进步。1984 年和 1985 年，各邮电高等院校共有 400 余名学生、各中等专业学校共有 190 余名学生加入中国共产党。在长期的教育实践中，各邮电院校正在逐渐形成各自的校风，成为社会主义精神文明建设的基地。

37 年来，邮电教育系统为国家培养和输送了大批各种层次的毕业生。到 1986 年年底，邮电高等院校和科学研究机构累计毕业的研究生有 360 余人，本科生 20000 余人，专科生 5900 余人，并接受了欧、亚、非 16 个国家培养留学生的任务；中等专业学校毕业生 63000 余人，技工学校毕业生（1966 年至 1986 年）21170 余人；邮电高等函授毕业生 6500 余人，中等函授毕业生 3400 余人。第六个五年计划期间，职工大学、职工中专、职工学校的毕业生 4500 余人。全国邮电系统工程技术人员大部分是由邮电院校和职工教育部门培养的。职工教育每年都办有各种脱产或者不脱产的培训班。在第六个五年计划期间，全邮电系统参加各级各类学习的职工约有 149 万人次。少数民族管理干部、科技人员和技术工人的培养也有较大的发展。早在 1952 年，新疆地区就开办了民族干部班；邮电高等和中等院校对培养民族邮电干部都十分重视，1986 年有 11 所邮电高等和中等专业学校承担着培养少数民族学生的任务。

邮电教育系统所培养的各级各类人才，充实到各种通信工作岗位，为实现"工业、农业、国防和科学技术现代化"而兢兢业业地工作。有不少人把祖国的需要当作个人的志愿，忠心耿耿、默默无闻地坚守在祖国边远偏僻地区的通信岗位上，为保证全国通信网的畅通做出了不平凡的贡献。也有不少人刻苦钻研，努力攀登高峰，为邮电通信现代化做出了显著成绩。有的高等函授毕业生的设计，获得了全国科学大会奖；有的怀着改变通信落后面貌的强烈愿望，研制成功了新的通信设备；也有的被誉为

"铁人式"的工程技术人员。在这些人员中,还涌现了一批在社会主义精神文明建设中表现突出的典型人物。此外,邮电院校还培养了一大批管理干部,他们之中有国务院有关部委的副部长、各级邮电局局长、邮电学院和学校的院长、校长、党委书记、工厂厂长、研究所所长、总工程师、主任工程师等。他们在社会主义建设事业中发挥着积极的作用。

1985年12月,邮电部召开了全国教育工作会议。会议结合邮电部门教育工作的实际状况,进一步讨论了中共中央《关于教育体制改革的决定》,提出了邮电部贯彻《中共中央关于教育体制改革的决定》的实施意见和加强职工教育的意见。会议确定,第七个五年计划期间要大力发展邮电职业技术教育,改革和加强邮电高等教育,特别注重搞好职工在职教育,积极推动邮电教育体制改革。

第二节 邮电高等教育

邮电高等院校有北京、南京、长春、重庆、西安邮电学院和石家庄邮电专科学校(武汉邮电学院在"文化大革命"中被撤销,至今未恢复)。其中北京邮电学院为全国重点院校,南京邮电学院为部属重点院校。

一、规模、层次与专业设置

邮电高等院校培养对象包括研究生、大学本科生、专科生,1986年在校学生共达8900余人。

高等教育在邮电教育中居主导地位。它是培养邮电部门高级管理和技术人才以及高等学校师资的基地,其最高层次为研究生教育。1955年北京邮电学院成立后,天津大学电信系研究生转入北京邮电学院学习,同年北京邮电学院也招收了一批研究生。到1966年,共有47名研究生毕业,以后停止招收研究生。1977年国家恢复研究生教育后,1978年北京邮电学院重新招收研究生。同时,南京邮电学院和北京、武汉邮电科学研究院也开始招收研究生。1981年国家学位制度颁行后,经国务院学位委员会批准,邮电高等院校和科学研究机关有4个单位、8个学科专业可授予硕士学位。4个单位是：北京、南京邮电学院和北京、武汉邮电科学研究院。8个学科专业是：通信与电子系统，电磁场与微波技术，信号、电路与系统，半导体物理与器件，应用数学，机械制造，工业管理工程，计算机应用。1986年统计，邮电院校有硕士研究生导师200余人，在校硕士研究生670多人（包括研究生班）。

1981年后，国务院学位委员会先后批准北京邮电学院叶培大、蔡长年、周炯槃等6位教授在电磁场与微波技术，通信与电子系统，信号、电路与系统3个专业招收博士研究生。1986年在校博士生19名。

邮电高等院校的本科各专业，在50年代开始建校时是借鉴苏联通信院校的专业设置，设有电话电报通信、无线电通信与广播、邮电通信经济与组织3个专业，适应了当时邮电建设与企业管理的需要。随着邮电通信生产与通信科学技术的发展，专业设置也几经调整。1985年，为了与邮电通信现代化相适应，又对原有的专业作了调整，进一步拓宽了专业面，使老专业得到了改造和提高，适当补充了缺门专业，建设了少量新兴专业。各邮电学院共设置了18个专业，其中邮电通信工科类专业13个、管理类专业2个、文科类专业1个、应用理科类专业2个，并第一次开设了邮政通信管理本科专业。专业结构的调整，使邮电高等院校逐步成为以邮电通信工科专业为主干，兼有管理学科、应用理科和文科相结合的专业学院。

50年代的邮电高等院校曾办过高等专修科，如长途电话、无线电通信、国际营业、国际邮电通信、管理干部专修科等。为了适应邮电通信对各层次专门人才的客观要求，使人才结构的整体更加合理，1979年专门成立了以培养邮政人才为主的石家庄邮电专科学校，其他院校也先后兴办了管理干部、邮政管理、财务会计、微波通信、程控交换等专修科，使本科教育和专科教育的比例趋向合理，以满足邮电部门对各层次人才的多样化需求。

二、教学计划与教材建设

教学计划是实施教育方针的具体体现。邮电高等教育的各个层次都订有详细的教学计划或培养方案。

博士生主要培养有关通信学科的高级科学技术人才，学习年限为2至3年，除用半年时间学习课程外，约2年时间进行科学研究和博士论文的撰写。

硕士研究生培养有关通信、计算机、数理、机械、管理等各学科、专业的高级专门人才，学习年限为2年至3年，其中约有一年半左右时间进行硕士学位课程学习，并完成教学实践，另有1年左右时间进行学术研究工作和论文撰写。不授予硕士学位的研究生班，学习年限规定为2年，其中一年半用于课程学习，半年进行教学实践或企业实践。

邮电高等教育本科教学计划的制订，经历了一个不断发展逐步完善的过程。1955年，在苏联专家的帮助下，参考苏联的五年制教学计划，制订了以工程师为培养目标的五年制教学计划，这个教学计划在统一中国高级邮电人才的培养规格标准方面，起了积极作用。1958年在"大跃进"中，广大师生力图探索中国社会主义教育事业的发展道路，但由于"左"的指导思想的影响，在贯彻教育与生产劳动相结合的方针的过程中，出现了一些过火做法和违反教育规律的现象，降低了教学质量。1962年，根据教育部《直属高等学校暂行工作条例（草案）》精神，在总结1958年以来教学改革经验的基础上，又制订了以完成工程师基本训练为要求的5年制电话电报通信和无线电通信与广播两个专业的指导性教学计划，并据此制订其他专业的教学计划。在"文化大革命"中，不以文化水平为招生条件，而以工、农、兵为招生对象，学员文化程度参差不齐，违背了教学规律，破坏了原有专业设置，教学质量严重下降。1977年，国家恢复高考制度后，学制改为四年。1980年，再次制订了以获得工程师基本训练为目标的电信工程、无线电工程两个专业参考性教学计划，并供其他专业参考，它再次强调以邮电教育的实践为基础，汲取国外的有益经验，注意统一性与灵活性的结合。1981年后，部分院校在教学管理上以改革的精神，制订了"学分制"的教学计划。1985年对学分制教学计划又有新的发展。

教学计划的主要组成是课程结构和教学形式（教学环节）。由于电子技术与通信技术的发展，邮电高等教育的课程结构也在不断更新。在课程结构中，加重了与通信类专业密切相关的基础课程和技术基础课程，尤其是高等数学和工程数学的分量。新技术学科的课程比重也在上升。同时，对所有专业的主干课程都渗入了计算机技术。由于教学用计算机的增多，学生上机作业时数也有所增加，提高了学生的计算机使用能力。外语教学也普遍得到了加强，它已经成为各邮电高等院校的一种基本能力的训练，并逐步走向教学过程"不断线"。

邮电高教本科教育的教学形式（教学环节）有理论教学、教学实验、生产实习、公益劳动、军训、毕业设计（论文）等。教学计划注重理论联系实际。实验、课程设计、生产实习、毕业设计等实践性环节在教学计划中占有重要的位置，重在培养学生独立工作的能力。在提高学生思想政治觉悟和道德品质、增强学生身体素质等方面，教学计划中也都有具体的安排。

教材是学校进行教学活动的基本工具之一。50年代，邮电高等教育的教材大多是借鉴国外的教学用书，有的直接采用苏联教材的译本。与此同时，广大教师编写了大量讲义，及时介绍国外通信科学的新技术，如半导体、信息论、微波技术等。经过多年的教学实践，讲义逐渐成熟。1961年，邮电部成立了教材编审委员会，制定了教材编审出版规划，组织邮电高等院校有造诣、有经验的教师集中研究各门课程的教学大纲，共同编审邮电高等院校的教材，至1966年，共审定了各类教材和教学参考用书32种。这是一批立足于国内、结合中国实际编写出来的教材，它填补了中国邮电高等教育教材的空白，初步形成了通信类专业的教材序列，如《电信网络》《电路基础及量计》《电子器件及放大器》《电话学》《电报学》《长途电信学》《无线电接收设备》《无线电发送设备》《天线及电波传播》《电信线路设备》《微波中继通信》《广播与电声工程》等，尤其是《电磁场理论及微波技术基础》《信息论》《网络综合理论》《电视学》等几本教材，受到了各方面的重视。在当时的历史条件下，不少教材在中国较早地向读者介绍了新的通信理论和通信技术。1976年后，又陆续编写了一批教材，包括中年教师所撰写的不少教材，如《信息理论基础》《载波通信原理》《微波技术基础》《脉冲数字电路》《电声技术基础》等。其中有的被评为邮电高等学校优秀教材，还有的被选为电子、通信类全国通用教材，有的被评为世界通信年全国优秀科技图书。为了加强教材建设，加速教材的编写工作，1984年邮电部成立了邮电高等教材编审委员会领导小组，下设通信技术基础、电信技术、无线电技术、电磁场与微波技术（含光通信）、计算机通信与应用、微电子与光电子学、邮电机械、邮电管理8个教材编审委员会、具体负责各类教材的编审工作。据不完全统计，从1977年到1985年，邮电高等院校的教师所编写的各种教材和专著共180余种，为高等学校增添了不同风格的教学用书，补充了新的教学内容。

三、高校的科学研究与学术活动

邮电高等院校肩负着繁重的教学任务，同时还积极开展科学研究，其中北京、南京两所邮电学院取得了较多的科学研究成果。北京邮电学院十分注重教学与科研相结合，1958年5月，首先试制成功半导体3路载波机实验样机，6月又成功地试制了国内第一套教学实验用黑白电视发射系统。南京邮电学院也于1960年2月试制成功全套黑白电视发射系统，后移装至江苏省电视台，同年5月1日正式播出节目，成为该省使用的第一套电视发射系统。

邮电高等院校于50年代末至70年代，和相关单位协同或单独承担了国家通信技术的科研项目，在波导通信、数据通信、图像通信以及大容量载波与微波通信、对流层散射通信等方面，做了大量的研究工作。1977年以后，又有新的发展。1978年，在全国科学大会上有30项荣获奖励。此外，从1977年至1985年，科学研究和学术成果获全国和部、省、市级奖励的共有80余项。

第六个五年计划期间，邮电高等院校承担国家的攻关课题有光纤、通信系统、陆地卫星数据处理系统、程控交换4项，部级的课题有17项。同时，对于通信基础理论，如信息论、电路理论、电磁场理论、现代科学管理理论以及应用研究，都进行了大量的工作。院校科学研究工作的开展，对教师掌握最新的通信技术，丰富教学内容，加强科研基地建设，促进科研队伍的成长，研究生的培养，本科学生毕业设计的选题，教材建设，学术水平的提高和邮电通信建设都起到了重要的作用。

在应用研究方面，彭道儒教授研制的荣获1982年国家发明二等奖的"BY-2电接触固体薄膜润滑剂"，以及获1984年邮电部科技成果特等奖的"DJB-823电接触固体薄膜保护剂"，对提高军用、民用电子设备的可靠性以及机械加工方面都有重大的作用。1985年荣获国家科学技术进步奖的"光缆电视传输系统"，其主要技术指标符合中国广播电视传输国家标准规定，具有国内先进水平，已在全国推广使用。这些科研成果，对于推动科学技术进步，提高经济效益起了十分重要的作用。

1977年以后，邮电高等院校的学术活动日益增加。据不完全统计，从1977年到1985年，邮电高等院校的教师在国际会议和国外杂志上发表的论文有110余篇；在国内一、二级杂志和国内学术会议上发表的论文有1200余篇，其中不少论文获得省、市级的优秀学术成果奖。研究生所撰写的论文也多有创见，据统计有13篇论文在国际学术会议和国外杂志上发表，有16篇论文在国内一级杂志刊登，有3篇论文获奖，其中2篇还被评为世界通信年中国优秀作品。

改革和开放使邮电高等院校的学术交流活动更加活跃，邮电院校、科研单位、邮电企业、工厂之间的横向联系日益密切。各院校教师和干部积极参加了各有关学科学会的活动。与此同时，国际学术交往也日益频繁，北京邮电学院与法国高等电信学校建立了校际合作关系。北京、南京两院都聘有国外著名学者为名誉教授。从1978年至1985年，国外专家、学者和外籍教师在邮电高等院校任教、讲学、访问、座谈交流、参观等达800余人次。各邮电高等院校领导干部、学者、教师出国进修、学习、讲学、访问考察、参加国际会议达160余人次，陆续送往国外进修一年以上者有90余人。通过这些交往，交流了信息，开阔了眼界，对于培养人才和提高学术水平都起了积极作用。

四、北京邮电学院

北京邮电学院是以天津大学电信工程系"电话电报通信"和"无线电通信与广播"两个专业及重庆大学"电话电报通信"专业为基础，于1955年在北京成立的中国第一所邮电高等学府，是以培养邮电工程技术和管理人才为主的多科性理工科高等院校。

1955年北京邮电学院成立时，设"有线电通信""无线电通信""工程经济"3个系，本科学制5年，并开始招收研究生。1956年增设函授部，开展了全国邮电系统的高等函授教育。1960年被列为全国重点院校之一。60年代前后，设置过11个专业。"文化大革命"开始后被迫停办。1970年，由于领导体制改变，北京邮电学院易名为北京电信工程学院，1973年恢复原名。中共十一届三中全会以后，学院又有了新的发展。1986年，全院设有3个分院，10个系（部），3个研究所。有3个博士学位学科专业点，8个硕士学位学科专业点，17个本科专业。

北京邮电学院历来重视教育质量。在其31年的岁月中，共为国家培养和输送了近2万名毕业生，其中研究生220余名，本科生14600余名，专科生1000余名，其他各类毕业生3500余名。许多毕业生取得了卓越的成就，成为中国邮电部门以及其他部门的骨干力量。有的已经成为中央部委的领导干部和企业的专家。

北京邮电学院肩负着教学和科学研究的双重任务。经过多年的建设，它已经逐步形成了以电子学与通信技术为主体的科学技术储备和与之配套的实验基地。1986年，全院设有基础学科和专业实验室23个，还设有计算中心和实验工厂等。

在众多的学科中，电磁场与微波技术，通信与电子系统，信号、电路与系统等是北京邮电学院的传统学科，也是获得博士学位授予权的学科，在国内处于重要的地位。该院在电磁场与微波技术学科中，对于光纤通信及相关的基础光波技术、光波复用技术、高速光纤通信的调制与解调、环境电磁学、信息光学等方面，从1981年至1986年，进行了15个项目的研究，其中有6项获邮电部科技进步奖和北京市学术成果奖。通信与电子系统学科，在通信理论与通信网、信息系统与语声处理、通信系统软件、光纤通信系统等方面都有突出的进展。1981年至1986年，这个学科获得国家级和部委级奖的科研成果有8项，在国内一级学术刊物上发表的论文有40余篇。信号、电路与系统学科对于网络理论及信号处理，数字信号处理及其应用，电路理论及集成电路计算机辅助设计等方面的研究，也都有自己的特色。

第三节 邮电职业技术教育

邮电职业技术教育包括邮电中等专业和邮电技工教育以及邮电各种职业培训等。它是一个以中等职业教育为重点，以邮电中等专业学校为骨干，行业配套的多样化的邮电职业教育结构。邮电中等专业学校创建较早，具有一定的基础，他们除担负培养中等专业人才外，还承担省、自治区、直辖市范围内邮电高等函授和中等函授的管理辅导和其他各种培训任务。部分邮电中等专业学校已经成为省、自治区、直辖市范围内邮电教育的基地。其中广东、湖南、河南、四川、内蒙古、新疆、江苏、黑龙江 8 所邮电学校是全国重点中等专业学校。邮电技工学校担负着为邮电部门培养中级技术工人的任务，它是把科学技术变成生产力最直接、最迅速的教育层次，是邮电生产发展的重要条件。同时，各省、地、市邮电部门还办有培训（教育）中心，许多城市邮电部门还和普通中学合作，开办了邮电职业高中班。

一、中等专业教育

1953 年，邮电部门开始设立邮电中等专业学校。当时仅有 4 所邮电中等专业学校，在校学生 1796 人，到 1986 年年底，发展到 31 所中专学校，在校学生达 15400 余人，毕业的学生遍及全国各地，已成为邮电企业的技术基础力量和基层企业领导力量。1953 年，邮电中等专业学校仅有长途电信、市话通信、电信线路、电报机械、无线电通信 5 个电信技术专业。随着通信技术的发展、通信手段的扩大和邮电业务的不断增长，邮电中等专业学校的专业设置也不断调整补充。30 多年来，邮电部先后三次颁行了中等专业教育的专业目录。1985 年，新制定的邮电中等专业目录规定设 20 个专业，其中通信技术类 10 个、邮电业务管理类 6 个、邮电工业类 4 个。为适应现代通信的需要，新增设了光通信、计算机与通信等专业，原电话交换专业增加了程控交换专业，无线电通信专业以微波为主，兼顾卫星通信。邮政通信和邮电业务管理类专业得到了加强并增加了培养人数。这就初步形成了能够适应邮电通信生产现实和近期需要的专业设置。

为了使各中等专业学校集中优势办出特色，根据分工和条件，一般一个学校开设 3 至 5 个专业。为了保证各地邮电部门各种不同专业人才的培训需要，建立了各校间的协作关系。从 1977 年在中南地区开始，到 1980 年中等专业学校校际的专业分工协作便全面开展，中南、西南、东北、华北、西北、华东各地区范围内，各省市中等专业学校间也都相互代培不同专业的学生，全国重点中等专业学校还承担了跨地区的少数专业培训任务，每年互相代培学生近1000人。第六个五年计划期间，专业协作培养了4200余人，基本满足了各省、自治区、直辖市邮电部门对各类人才培养的需求，初步解决了各省、区、市需要专业门类多而办学能力又有限的矛盾，避免了办学小而全，专业设置不稳定，以及国家投资分散，社会经济效益不高等情况，同时又起到了学校之间相互学习、相互促进的作用。

邮电中等专业学校学制为初中毕业生入校学习3至4年，高中毕业生入校学习2年。在教学计划的编排上，除普通课、技术基础和专业课外，尤其注重教学内容的实用性和实践性教学。在教学计划中安排了生产实习、课程设计、毕业设计等环节。同时，普遍重视实验课程，全国邮电中等专业学校的实验室有30多种，此外还有外语、制图、电化教育等专用教室，以及校办工厂等。各校都装备了载波机等通信设备，大部分学校还设有电子计算机、微机实验室，实验开出率均在80%以上。有的学校还利用实习时间承包工程项目，使实习和生产相结合，既培养了学生的劳动观点，又提高了学生分析问题和解决问题的能力。

30多年来，邮电中等专业教材的建设，大体经历了从借用翻译国外教材，到试用自编教材，进而全面修订教材以及建设配套4个阶段。60年代，共编写了《电工原理》《无线电基础》等34种、42册教材，适应了当时中等专业人才培养的需要。1978年以后，教材建设的步伐加快，邮电部组织了200余人的编审力量集中编审，至1985年年底，又编写了《纵横制电话交换机》《载波通信原理》等教材40种、54册。在种类和数量上是编写中等专业教材较多的部门之一。这些教材不仅基本上满足了邮电中等专业学校的需要，还为其他中等专业学校的相关专业提供了教学用书。有些教材，如《电工基础》《电子电路》已被社会广泛使用。同时，各学校还按照新设专业和知识更新的需要，自行编写了大量讲义，以补充教材的不足。

邮电中等专业学校以培养邮电通信人才为目标，从专业设置、教学计划到教材建设、实验实习等，无一不和邮电通信生产紧密相联，尤其在第六个五年计划期间，对加速培养邮电通信短缺的如邮政通信、经济管理等专业人才方面，发挥了十分重要的作用。各学校除抓紧专业培训外，都十分重视学生的德育和体育，目前已形成了一支以兼职为主、专兼结合的政治工作队伍，除政治理论教育外，普遍实行了班主任制度，增设了德育课程，思想政治工作不断改善。体育活动也取得了成效，黑龙江省邮电学校于1978年被国家体委、教育部、卫生部、团中央授予"体育卫生先进集体"的光荣称号。

二、技工学校与职业培训

邮电技工学校与职业培训机构承担着培养邮电部门中级和初级工人的"职前"教育任务。培养任务繁重，工种门类很多。1986年，技工学校在校学生有9300余人。

职业培训有直接沟通教育和职业的作用。新中国成立后，邮电部门即举办了大量训练班或训练所，抽调企业人员并招收部分青年学生，进行政治教育和各种业务技术训练，以应生产技术部门的急需。50年代初，邮电部指定了有条件的省、市邮电部门设置的训练班以"代部培训"的形式，培养各种机务、线务、话务、营业等人员，由部统一分配。同时，邮电部在旅大、西安、成都等地开办了机务、报务学校。1956年，邮电部决定各种机务、报务等人员的培训由各省、自治区、直辖市邮电部门自行负责。1964年，全国有邮电技工和职业学校31所。1979年，邮电部根据国家劳动总局制定的《技工学校工作条例（试行）》，结合邮电企业的实际，确定技工学校是培养中级邮电工人的教育基地，兼办在职技工培训。初级工人的培养由各地培训（教育）中心或职工学校负责。

邮电技工与职业培训的教学工作在曲折的发展中逐步提高，逐步完善。1954年，邮电部根据国家过渡时期的总任务，编制了第一套邮电技工学校和训练班机务员等培训教学计划。1955年，又编制了各类机务员和长途线务员等17个教学计划。计划规定招收初中毕业生，学制一年。1964年，再次编制了邮政业务、县局机线等9个教学计划，除话务员等个别专业学制为1年外，其他专业学制均为 2 年。1979 年，技工学校确定培养目标为中级工人，并重新制订了机务、业务、机械加工、设备装配、汽车驾驶等 13 个专业的教学计划。学制定为初中毕业学习 3 年，高中毕业学习 2 年。技工教育强调生产教学课和实习、实验操作课，其理论课程学时约占总学时的 44%—56%。课程结构也有所更新，添设了现代通信技术与外语等课程，为邮电通信的现代化做多方面的准备。

邮电技工学校和职业训练班以及职工教育所使用的教材都十分注重理论与实用的统一。早在 1954 年，邮电部门就开始为技工学校训练班编写各种教学用书。从 1954 年至 1985 年，前后共编印了初级工教材 52 种，中级工教材 11 种，并根据邮电部制定的《邮电生产人员技术等级标准》，编写了 70 多种职工教育教材，同时也适用于技工教育，适时地保证了教学用书。

邮电技工学校和邮电职业训练十分注重质量，强调毕业时必须达到规定的"应知应会标准"。早在 1955 年，邮电部曾发出对《技工训练班提高教学质量的指示》和《加强对训练班学生思想教育的指示》，并且颁发了《技工训练班考试委员会暂行办法》。1984 年，邮电部专门召开了邮电技工教育会议，制定了《邮电技工学校工作条例》《邮电技工学校学籍管理办法》《邮电技工学校学生守则》等，使毕业生的质量逐步得到保证，提高了职工的素质。

邮电技工和邮电职业训练的形式是多样的，途径是多种的。有各省、地、市邮电部门自办的培训（教育）中心，也有委托当地劳动部门办的培训班，在国家中等教育结构改革中，许多城市还创办了职业高中班。毕业分配采取择优录用的办法，学生质量也得到了保证。

第四节　邮电职工教育

邮电部门比较重视职工教育，把它作为提高职工素质和培养人才的重要途径。1981 年，邮电部提出了把抓紧全员培训，不断提高职工队伍的政治素质和业务素质，作为邮电建设发展的一条重要方针，要求各单位遵循成人教育的原则，对在岗位上的职工不断进行思想、文化、专业知识和技能的教育。从此，一个以邮电院校为依托，以已设的培训基地为基础，由邮电部门各级主管教育工作的单位和邮电院校相结合的包括岗位培训、继续教育、系统的邮电专业教育等多种类型、多层次、多专业的职工教育全员培训网逐步形成。

一、函授教育

邮电函授教育在全国各院校中是办得比较早的，也是独具特色的。它不仅以印刷教材为媒体，而且还利用邮电通信手段，如短波、微波以及录音、录像等进行教育，保证了教学质量的逐步提高。

1956 年，北京邮电学院和西安邮政学校开始设立函授部，后来合并为北京邮电学院函授部，分高等函授和中专函授两种，以不脱产自学为主。高等函授设电报电话通信、无线电通信、邮电通信经济与组织 3 个专业，学制 5 年。中专函授设邮政通信、邮电通信组织与计划、市内电话、长途电话、电报通信、无线电通信等专业，学制 4 年。60 年代前期毕业的函授生，绝大多数成了企业的行政领导骨干和技术管理骨干。"文化大革命"开始后，邮电函授也被迫停办。1973 年恢复北京邮电学院函授部，开办了微波技术讲座，1975 年又陆续开设"12 路载波电话"等 9 门课程。1979 年高等函授教育恢复招生，1980 年设电信工程（1982 年级分为载波通信、微波通信、电话交换、线路传输、无线电技术 5 个专业组）、邮政自动化、邮电机械、邮电经济管理等专业，但学制分 5 年、6 年两种。中专函授从 1981 年起恢复招生，设置载波通信、市话通信、综合电信、通信线路、经济管理等专业。1984 年，为了使函授教育更加灵活多样，在教学管理上实施了学分制，学生可以累积学分取得全科成绩，也可以取得单科成绩。

1959 年，邮电部在天津召开的邮电函授教育工作会议，制定了《邮电函授教育工作暂行办法》，决定实施"统一领导、分级负责"的体制，强调了企业、院校共同办学的原则。各邮电高等院校设函授部，各省、市邮电部门和省市邮电学校设函授科或函授站，有条件的地区邮电局也可设函授站，形成比较健全的全国邮电函授教育网。1986 年，函授学员人数 14200 余人，其中高等函授 8000 余人，中专函授 6000 余人。函授院校除选用各邮电院校教学用书外，并自编部分高等和中专函授教材。仅1979年至1985年，就编写高等函授教材30余种、中专函授教材7种，还编写了各类辅导讲义和学习指导书。邮电函授自学丛书已逐渐配套形成系列。

邮电函授于1958年利用短波通信设备进行"远距离教学"，1975年又运用微波电路实行电视辅导，使函授学员如亲临课堂，提高了学习效果。1981年，录像教学中心成立，制作了几十门课程的总复习录像磁带及专业课辅导系列片，在100多个函授点配置了录放设备，弥补了各地师资辅导力量的不足，深受各地函授师生的欢迎。由于教学方式的改进，教学管理的加强，函授教育质量显著提高，达到了培养目标的要求。第六个五年计划期间的函授毕业生中，不少人对邮电企业技术改造、通信技术的引进、消化、开发做出了贡献。

二、政治、文化、技术业务教育

邮电职工政治文化技术业务教育是邮电教育的重要组成部分，有广泛的群众性和鲜明的职业性。中华人民共和国建立初期，各省、自治区、直辖市邮电部门举办了很多政治轮训班，对邮电职工进行社会发展史的教育，开展扫除文盲、提高文化等教育活动，并结合企业的实际，大量地举办了推广先进生产技能、业务、技术训练等方面的训练班。

1955年，邮电部总结了邮电职工教育工作的经验，以苏联《邮电工作人员技术等级手册》为参考，结合中国实际，决定采取"做什么，学什么""缺什么，补什么"的方针，对文化不足者提高文化，对业务技术水平低者提高技术业务水平。1956年，全国邮电部门自办各种业余文化学校约130所，参加文化学习的约45000人，大体占全国邮电职工的1/4。在业务技术学习方面还组织了1700多个学习班组，参加学习的约19500余人。各省、自治区、直辖市邮电部门还输送了近3000名干部脱产到各院校和省办干部培训班学习，对培养企业骨干，提高职工素质起了很大的作用。

1958年到1960年，职工教育也出现了"高指标"——速成班，不按循序渐进的学习规律办学等情况，一度影响了教育质量。1961年经过调整，1962

年制定了《邮电职工教育工作纲要》，压缩了职工教育的规模，注重质量的提高，各种自办的业余学校调整为 330 余所，参加业余文化学习的人数约为 59000 人，参加各种业务技术学习的有 115000 人次。1963 年，又制定了 18 个工种的基本功训练标准，并以此作为业务技术训练的基本要求，推动了邮电企业大练基本功活动。

"文化大革命"时期，教育战线遭到严重摧残，邮电职工教育全部停顿，对新进局的职工没有文化程度的要求，不进行"职前"培训，技术工人青黄不接，邮电职工队伍素质严重下降，通信质量降到了新中国成立以来的最低点。1973 年后，由于新的通信设备增加，亟待补充技术维护力量，又陆续举办了载波、微波、纵横制交换设备、脉冲编码调制设备等技术短训班，参加学习的约有 10 万余人次。

1977 年，经常的职工教育得到了恢复。1979 年，再次制定了《邮电通信企业部分工种练基本功标准》和《考核办法》。1981 年，中共中央、国务院颁布《关于加强职工教育工作的决定》后，职工教育得到了加强。一个包括职工大学、电视大学、职工中专、电视中专、职工培训中心、高中、初中以及各种短期业务技术培训班等组成的多样化、正规化的职工全员培训网正在发展和健全。邮电职工教育坚持了按需施教，学以致用，面向生产，面向企业，以提高社会经济效益为中心，为物质文明和精神文明建设服务的教学方针。第六个五年计划期间，全国邮电系统参加成人高等教育学习的有 75000 余人，已毕（结）业 9200 余人。参加成人中专教育学习的 34000 余人，已毕业了 9300 余人。接受文化补课及技术业务补课教育的 26 万职工，已按计划完成。为了做好邮电职工的培训，邮电部统一制订了 28 个主要工种的教学计划，编写了 70 多门课程的教学大纲和 70 多种教材，基本上做到了全行业配套。

邮电职工教育的先进集体、先进个人不断涌现。据不完全统计，1983 年邮电部门受到省、区、直辖市表扬的职工教育先进集体有 55 个、先进个人有 114 人。

三、干部教育

（一）政治、文化、业务教育。

邮电部门的干部培训，在历史上各个时期有不同的教育重点。新中国成立初期，侧重于提高工农干部的文化水平，相当数量的干部被选送到各种院校（包括邮电院校）和各种文化补习学校学习文化。随着国家经济建设的发展，1954年开始，邮电部抽调了百余名科处级以上干部在北京邮电学院筹备处干部专修科进修，前后共办6期，学制1至3年，主要学习政治理论和邮电业务技术管理方面的知识，培养了150余人。

（二）企业管理教育。

60年代初，为了提高基层领导干部的素质，各省、自治区、直辖市邮电部门对县邮电局长进行了轮训，并举办了各种政治训练班。1979年，邮电部门实现了向以通信为中心和为现代化建设服务的转移后，即着力于造就一批革命化、年轻化、知识化、专业化的干部队伍。到1982年，邮电部已先后抽调了地区局以上企业的领导干部1000余人进行培训，学习邮电企业管理知识；各省、区、直辖市邮电教育部门也先后轮训了县局长和科级干部6000余人。至此，全国地区局以上企业的领导干部及县局长和科级干部已基本轮流学习一遍。为了加强对各级领导干部及其后备干部的培训，从1982年开始，各邮电学院大多设置了各类管理干部专修科，招收邮电部门在职干部，学制2年。至1986年，邮电高等院校干部专修科毕业生已经达到450余人。1984年，邮电部专门成立了管理干部学院。根据国务院对厂长、经理的统考要求，自1983年起，邮电部开始举行局（厂）长培训，至1985年邮电通信行业共培训了1000余人。参加考试的干部中，绝大多数达到了要求。

（三）知识更新教育。

各邮电院校对在职工程技术、科研、教学、科技管理干部的知识更新教育，也很重视。由于电子与通信科学的迅猛发展和经营管理复杂性的不断提高，对在职工程技术人员和管理干部进行继续教育的要求非常迫切，根据邮电部门和社会的实际需要，各邮电院校办了大量的新技术和管理科学培训班，如高级工程师研讨班，程控、微机、计算机软件、光纤、经济核算、外语等培训班,还在北京邮电学院和石家庄邮电专科学校内筹建了两个培训中心。据1980年至1985年统计,参加各学院培训学习的约有4000余人次。

三十几年邮电教育发展的历史证明,邮电通信事业的发展决定着邮电教育的发展,邮电教育的发展促进了邮电通信事业的进步。由于国家和各级邮电部门领导的重视以及邮电教育工作者的艰辛劳动,邮电教育取得的成绩是显著的,邮电院校和职工教育为国家的通信事业,为邮电系统各部门,培养了通信、科技、建设、工业、管理和师资等各类人才,为国家通信事业的发展建设做出了积极的贡献。邮电教育事业适应了国家通信事业的发展,符合中国邮电实际,在教学手段上发挥了邮电通信的优势,取得了良好的效果。

邮电部虽在新中国成立初期就把教育工作列入规划,但在落实方面时紧时松,时办时停,不免贻误了时机;特别是对中高级邮政专业人才的培养,长期认识不足,重视不够,致使高级邮政人才后继乏人,中级人才严重不足,这是教育方针的失误。随着社会主义事业的发展,邮电技术的日新月异,邮电教育改革也要不断深化,使教育系统扩大规模,健全教育结构,改进教学方法,向层次合理、培养人才配套的方向发展,以适应邮电通信现代化的需要。

邮电教育必须遵循教学规律,从体制入手进行改革。1985年12月,邮电部制定了《贯彻"中共中央关于教育体制改革的决定"的实施意见》《加强职工教育的意见》,确定以"邮电教育必须为邮电现代化服务,邮电通信现代化必须依靠邮电教育"作为根本指导思想。邮电部门必须大力发展职工教育,加强职业技术教育,扩大院校的办学自主权,加强薄弱环节,坚持院校教育与职工教育并重,德智体全面发展的方针,开创邮电教育工作的新局面,充分发挥邮电教育对社会主义物质文明和精神文明建设的巨大作用,不断提高邮电职工队伍的思想道德和科学文化素质,为实现20世纪末邮电发展的目标做出积极贡献。

第十九章
邮电报纸与书刊出版工作

报纸与书刊是宣传政策、指导工作、沟通信息、传播知识、教育群众的重要工具。报纸、书刊的出版工作，既是社会主义精神文明建设的重要方面，又是物质文明建设的组成部分和必要条件。

邮电报纸与书刊出版工作，为全国邮电职工提供精神食粮，对传播通信科学技术知识、提高职工政治、业务和文化科学技术水平，具有极大的意义。邮电出版工作在鼓舞和帮助人们努力改变中国邮电落后面貌、推动中国邮电事业的发展、实现中国邮电通信现代化方面发挥着特殊的作用。

第一节 报纸出版工作

早在抗日战争期间，各解放区交通邮政和军队通讯部门出版过一些报刊。中华人民共和国成立后，邮电部和各省（市）级邮电管理部门先后出版邮电专业性报纸。1986年年底，全国邮电部门出版的专业报纸有20种，每期发行总数约42万份。全国性的邮电专业报是《人民邮电》，发行数为18.2万份。各省（市）级邮电专业报有《北京邮政报》《北京电信报》，山东、福建、江西、云南、四川、河南、贵州、江苏、浙江、湖北、上海、安徽、山西、广东、陕西等省市的邮电报以及湖南省《绿衣使者》报共18种，发行数为22万份。邮电系统共有从事新闻专业的编辑、记者200人。

一、《人民邮电》报的发展历史

《人民邮电》报的前身是《邮电工人》报。《邮电工人》报是根据1950年3

月，中国邮电工会第一届全国代表大会通过的议案而办的。中国邮电工会全国委员会第一任主席刘寅在论及《邮电工人》的性质任务时指出：一、《邮电工人》是邮电工会全委会的机关报，首要任务是宣传党对邮电工会工作、邮电工作的方针政策；同时，它又是邮电工人乃至邮电工人家属自己的报纸，为工人讲话。它是邮电部门的专业报纸，离开邮电专业，它就失去存在价值，它是为邮电产业的发展建设服务的。二、工会的任务就是报纸的任务，当前工会的任务是恢复和发展生产，在发展生产的基础上改善职工生活、维护职工权益，加强对工人的共产主义教育、提高主人翁的责任感。刘寅的这次讲话被中国邮电工会全委会认可，作为办报的宗旨。

1952年5月，《邮电工人》报改名为《中国邮电工人》报，由周刊改为半月刊。办报宗旨未变，邮电工会全委会对报纸又提出了大众化、通俗化，能使职工喜看乐读、生动活泼的要求。

1959年9月，中共邮电部党组决定自10月起，将《中国邮电工人》报和人民邮电出版社办的《人民邮电》杂志合并，出版《人民邮电》报，用1948年12月毛泽东主席题写的"人民邮电"四字作为报头，由邮电部主办。中共邮电部党组为《人民邮电》报确定的宗旨是：报纸是中共邮电部党组的喉舌，是邮电部的机关报，是邮电部门全国性的行业专业报；它又是社会的一种新闻舆论工具。它担负着邮电部门向全社会宣传邮电事业发展建设、经营管理的方针政策；宣传邮电工作计划和措施；总结报道邮电行业中的好人好事和先进经验；它又是邮电部门与社会广大用户之间传播信息、沟通情况的桥梁，要宣传通信科学技术知识和业务知识，其内容要生动活泼，要办成邮电职工和社会人士欢迎的报纸。

1966年10月，《人民邮电》报因"文化大革命"停刊。1979年4月《人民邮电》报复刊，每周出版一期，1981年改为周双刊，在国内外公开发行。它是全国各行业专业报纸中历史较久，发行量较多的一份。

二、《人民邮电》报的主要成绩

1950年到1966年的16年里，《人民邮电》报主要宣传报道邮电部门各个时期的中心工作。50年代初期，邮电系统就全面开展了以生产为中心的劳动竞赛，报纸对沈阳电信局机械股维护市内电话机械的工作法、北京邮局罗淑珍的投递工作经验、天津电信局长途台郭秀云工作法、辽宁省许兴柱长途线路维护工作法等及时大量的宣传报道，对通信起了极大的促进作用。邮电报纸在这方面的报道，在全国各行业中也是较早的。侯德原设计的88式交叉在电信明线杆线上应用，是有历史功绩的。这一交叉制式，由于邮电专业报纸及时报道，推广到邮电以外的通信部门，得到全国通信业的公认。50年代初，邮电部门就对邮电通信的性质、地位、作用等作了充分的阐述和规定，并提出了"迅速、准确、安全、方便"的八字方针。邮电部门还一再强调必须确保中共中央、国务院和国防通信。这些方针、政策和指导思想，经邮电专业报纸反复宣传报道，深深扎根在广大职工思想中。此外，《人民邮电》报对通信管理、指挥调度、通信运行、发明创造、合理化建议等的进展情况和经验，也及时充分地加以报道，对推动邮电部门各方面工作起了积极的作用。在这方面，《人民邮电》报也成了邮电部门各级领导人员的参谋、助手。

《人民邮电》报1979年复刊以后，仍为邮电部的机关报。为了彻底清除"文化大革命"对邮电性质、任务和服务方针进行歪曲宣传的影响，本着坚持四项基本原则，为邮电通信建设服务的精神，专门开辟了讨论专栏，开展了以"如何实现以通信为中心"和"如何实现邮电通信现代化"的全国性专题讨论，先后持续达半年之久；与此同时，报纸发表了《以搞好邮电通信为中心，广泛深入地开展增产节约运动》的社论，随后还继续发表了8篇评论员的文章，深入评论邮电部门开展增产节约运动中各方面的实际问题。

在"改革、开放、搞活"的方针指引下，报纸充分宣传报道了依靠社会力量办邮电、引进国外先进通信技术、改革邮电干部制度和用工制度、克服分配中的平均主义弊端等重大改革措施及其成效，特别是中国邮电通信建设的巨大成就。例如，中国第一艘海运邮轮"鸿雁一号"于1980年8月在大连、烟台之间首航成功；中国第一台自动信函分拣机于1981年由邮电部第三研究所研制成功；在1983年中，中国引进的第一个万门程控市内电话交换系统在福州市投入使用；在1984年中，中国自制第一个万门以上大容量纵横制电话自动交换系统工程在天津市投产；256路自动转报系统在上海市电报局制成投产；在1985年中，全长2702公里，连接5省市的18个城市的北京—汉口—广州1800路中同轴电缆载波通信干线工程全线完工并开通使用等重要建设项目，在邮电报纸上都作了详尽的报道。这些报道，显示了中国邮电通信建设在"改革、开放、搞活"方针指引下所取得的可喜进展，显示了中国通信科学技术人员和职工在中国共产党领导下自力更生、努力攀登科学高峰奋发有为的精神，极大地增强了广大邮电职工改变中国邮电通信落后面貌和实现通信现代化的信心和斗志。

邮电专业报纸以其发行遍及全国各地邮电局、所、台、站的有利条件，及时地把上级管理部门的意图、方针、措施、要求等，直接传播给分散在全国各地的90多万邮电职工，同时也通过报纸的采访报道，把基层的真实情况与存在问题，不断地反馈到各级邮电管理部门。通过这些传播媒介，形成了有利于推动工作和改善工作的舆论环境。邮电专业报的重点新闻报道，经常由中央人民广播电台、中央电视台以及各省、市级的电台进行转播，在促进全社会了解邮电通信、支持邮电通信工作方面也发挥着有益的宣传作用。

第二节 书刊出版工作

一、出版概况

邮电部门十分重视通信书刊的出版工作。自1950年起，即在北京和上海两地先后编辑出版了《人民邮政》《人民电信》等刊物和一批急需的通信科技图书。1953年10月，邮电部成立了人民邮电出版社。30多年来，人民邮电出版社在宣传国家通信政策、介绍国内外通信技术和管理科学、交流通信工作先进经验、普及通信科技知识等方面出版了大量书刊，为邮电教育、科技、通信生产、基建设计施工、企业管理等提供了较全面和较系统的学习、参考资料，对促进通信事业的发展，培养邮电专业人才，做出了应有的贡献。

到1986年，人民邮电出版社已发展成为拥有16个图书期刊编辑部（组）的出版机构，团结和组织了一批包括国内外知名学者、工程技术专家在内的作者群，锻炼和造就了一支具有百多人的专业编辑队伍，其中有副编审以上职称的22人，有编辑职称的61人。30多年来，该社共编辑出版邮电期刊13种、1311期，发行2亿多份；编辑出版了通信经营管理、通信科学技术、无线电电子技术和集邮等图书3000多种，5亿多字，发行约1亿册。自1980年到1986年，有24种邮电图书在全国优秀图书评比中获奖，如《半导体集成电路》《怎样用万用表测试晶体管》分别获得中国科普协会颁发的"新长征优秀科普作品"二、三等奖。1982年起，中国出版协会每年评选全国优秀科技图书，《晶体管电视接收机原理设计》被评为优秀科技图书，《数字信号处理的理论与应用》获得了一等奖，《图论及其应用》《电磁场工程》《集成电路应用实例集锦》获得二等奖，《农村电话简易检修》获得全国农村读物评选一等奖，其他在世界通信年中国委员会、中国电源学会等单位举办的优秀通信科技图书评选中，还有《电声技术基础》《计算机网络软件基础》《话务理论基础》等16种图书获奖。

为了了解和借鉴国外相关出版部门的情况和经验，早在50年代，人民邮电出版社就曾经和苏联的通信、无线电方面的书刊出版社建立过直接联系，交换书刊资料。1979年以后，该社又恢复和发展对外交流活动，已经和日本、美国、英国、联邦德国、瑞典、荷兰等国家的出版单位建立了刊物资料交换关系，并多次组织邮电书刊参加世界各地的国际书刊博览会。除了出版《中国邮政》《中国集邮》两种英文期刊对国外发行外，并积极配合国际书店开拓通信书刊的国际市场。从1984年开始，还承担着国际电信联盟的电报电话咨询委员会和无线电咨询委员会建议书和万国邮政联盟邮政研究丛书的翻译出版任务。

在通信事业发展的不同历史阶段，人民邮电出版社曾先后编辑出版过19种刊物。这些刊物分为5种类型。宣传邮电方针政策，交流管理经验，作为通信主管机关的指导性刊物有《人民邮政》《人民电信》《人民邮电》3种。介绍国内外通信科学技术理论和成果的高级技术刊物有《电信科学》和《通信学报》2种。报道通信技术发展动向、交流通信设备使用维护经验的中级实用技术刊物有《电信建设》《电信技术》《邮政技术》《电子技术》和《中国邮政》5种。科普刊物有《无线电》《现代通信》《农村电信技术》《摩托车》和《电信建设》（初级版）5种。有关集邮的刊物有《集邮》《中国集邮》《少年集邮》《集邮研究》4种。获得最佳杂志称号的《无线电》杂志于1955年1月创刊，是新中国成立后创办最早的一份电子技术普及刊物，也是发行量最大的科普期刊之一，它在报道国内外电子科技的新发展，介绍各种无线电电子设备的装置、使用、维修技术，普及无线电知识等方面做了大量工作，为电子技术在各个生产领域的应用起到了积极的推动作用；它的理论联系实际、着重培养实际操作能力的一贯风格，对青少年读者尤有吸引力，大批青少年受了《无线电》的启蒙教育，不断钻研，以后成为各行各业的技术革新能手；它引导一代又一代年轻人走上了热爱电子与通信科学的道路，是一本在社会上很有影响、受到读者广泛赞扬的杂志。

二、出版工作为邮电通信建设服务

由于历史原因，1949年以前邮电通信设备基本上依赖进口，邮电图书也很少有中文版本，这一情况严重妨碍了中国通信技术的发展。邮电出版社成立初期，针对国家通信建设的需要，首先翻译出版苏联在邮电通信技术和管理方面的部分著作，有二三百种。其中，如《苏联邮政通信组织》《电信回路交叉》《长途电信工程》《无线电发射中心》《无线电接收中心》《苏联电子管手册》等，当时许多通信技术人员和大专院校师生曾将它们作为重要的学习资料和参考书。1956年，中共中央发出向科学进军的号召，该社及时组织出版了《网络分析和负反馈放大器的设计》《近代无线电中的场与波》《天线理论与实用》《电磁波与辐射系统》《电子学与无线电原理》《晶体管电子学》等一批当时国际知名的学术著作。这些书籍的出版，对邮电通信技术的发展起到了积极作用。

50年代后期，人民邮电出版社除继续出版一部分翻译书外，主要是组织国内专家、学者和科技人员编写、出版自编著作。其中，有密切配合通信建设的普及读物，如《自动电话局》《市内电话局设计资料汇编》《初级线路》丛书等；理论与实践结合，总结自己的经验和研究成果的著作，如《载波机晶体管电路计算原理》《超高频电子管》《超高频技术》《网络综合理论》《激光通信与雷达技术》《信息论》《单边带无线电通信》等，这部分图书是国内较早出版并具有相当水平的通信技术著作。

1961年，人民邮电出版社按照中央关于教材工作的统一部署，为配合全国邮电院校教学，集中力量出版教材。到1965年，共计出版教材92种，其中高等教育教材40余种，这是国内自己编写的第一批邮电高等教育教材。1979年，邮电出版社成立教材编辑室，加强教材出版工作。到1986年，共出版各种教材和教学参考书200多种，基本上满足了各邮电院校教学和邮电职工自学用书的需要。

随着电子和通信科学领域里的新技术、新设备不断出现，70年代后期，邮电出版部门对新技术、新设备以及引进国外技术有关书籍的出版更加重视，陆续出版了有关大容量载波和微波技术、电子交换和程序控制电话交换技术、传真和图像通信、卫星通信、数字和数据通信、光纤通信、电子计算机和微处理机应用技术，以及大规模集成电路技术等方面的书籍达300余种。

在通信业务与管理方面，例如各种邮电业务规程、邮电生产的组织与管理和邮电业务基本知识等，人民邮电出版社在"文化大革命"以前曾出版200余种。从1973年至1986年，出版了70多种。其中《邮电通信企业管理概述》《邮电服务与职业道德》《二〇〇〇年邮电发展目标专辑》等，对推动科学管理，增强经营观念起到了积极的作用。

三、为科学普及服务

邮电出版工作在坚持为通信建设服务的同时，还面向社会，出版了大量的通信和电子科学普及读物。50年代初期，翻译出版了苏联《大众无线电》丛书。1956年，组织编写了《电子管收音机》丛书。1973年以后，为适应广大读者的需要，再次编写出版了电子科普读物，其中《怎样修理晶体管收音机》已再版12次，发行400多万册，并译成朝鲜文出版；《晶体管黑白电视机的原理与调试》再版10次，发行140多万册；1979年，该社与中国电子学会合作，共同出版的《无线电爱好者》丛书，至1986年已出版了30多种。这些图书多数是社会影响深远的科普读物。此外，为普及电信新技术知识而编写的《电信技术普及》丛书和为配合推广邮电新技术而编写的《通信科普》丛书,都收到了明显的社会效益。出版各种通信和电子科普读物,不仅是邮电职工的需要,也是整个社会的需要。当代电子技术已经渗透到国民经济各个部门和人民大众的家庭生活中,不断地向人们传播先进的电子科学技术,引起人们从事无线电活动的兴趣,普及通信与电子科学知识,已成为邮电书刊出版工作的重要职责。

30多年来,为适应广大邮电科技人员的需要,人民邮电出版社还出版了一些工具书,如《俄华电信辞典》《英汉电信辞典》《英汉计算机辞典》等,由于辞汇丰富,质量较好,受到通信科技人员和科技界的好评。

第五编
邮电工业和基本建设

第二十章
邮电工业

第一节 邮电工业的成长及其特点

邮电工业是随着中华人民共和国的诞生而创建起来的。当时邮电通信事业亟待恢复和发展，但是，国内不能生产所需的通信器材和通信设备，西方国家对中国实行封锁，邮电部门根据"自力更生，奋发图强，艰苦奋斗，勤俭建国"的方针，继承和发扬延安通信部门"发展创造力"[①]的光荣传统，将国民党邮电部门遗留下来的几个修配厂、散处在上海等地的邮电修机室以及从老解放区迁来的小厂，合并组建形成最初的邮电工业。广大工人、工程技术人员和干部在技术条件和生活条件都十分困难的情况下，在杂草丛生、荆棘遍地的环境中建立简易厂房，使用简陋的设备进行生产。随着通信事业的发展，邮电工业又陆续新建和扩建了一批工厂。经过37年的发展、调整、提高，邮电工业生气勃勃地走上了健康发展的轨道，为邮电通信事业的发展，做出了重要的贡献（见表23）。

一、从修配起步到修造并举

各修配厂的第一批任务是对接收下来的呆滞通信器材进行修旧利废，加工成零配件，组装整机设备。据不完全统计，从1950年到1955年，共生产了各种通信设备的维护零配件近2000万件，还将一大批残破的通信设备整修和组装成能用的短波收发信机、电话机、电话交换机、载波机和手摇

[①] 毛泽东1942年参观延安通信材料厂的题词"发展创造力，任何困难可以克服，通讯材料的自制就是证明"。

1986年邮电工业概况表

表23

项　目	单　位	合　计	其　中	
			邮电部直属工厂	省邮电管理局所属工厂
工厂数	个	127	27	100
职工总数	万人	7.23	4.17	3.06
固定资产金额	亿元	8.34	5.38	2.96
工业总产值	亿元	11.63	7.07	4.56
全员劳动生产率	万元/人	1.65	1.71	1.56
上缴税利	亿元	2.35	1.39	0.96

发电机等设备，解决了国民经济恢复时期和第一个五年计划初期通信的急需。在这一基础上开始研制通信产品，从电话塞头塞绳到电话机和分线配线器材，从发报电键、电报继电器到克利特键盘凿孔机和莫尔斯收发报机，等等，在技术资料、协作条件、元器件都十分缺乏的情况下，先搞仿制，通过核校计算、修改定型，然后研制出产品。

邮电通信事业的发展，需要新的通信技术设备，而制造这些产品，首先必须要有相应的精密元器件和测量仪表，当时在国内不能全部保证供应。上海、北京、长春等邮电器材厂的广大工程技术人员和工人，经过反复试验、摸索、研制生产出镍锌铁氧体、锰锌铁氧体、银云母电容器、氧化铜调幅器、石英晶体谐振器、2英寸表头、热敏电阻、扁形继电器、极化继电器、多层多档波段开关等多种元器件，以及150千赫、300千赫载波传输测试器等多种仪表，其中有些品种在国内是首先研制成功并成批生产的。有了这些元器件和测量仪表后，一大批通信设备如高级收信机、60千瓦发信机、人工长途电话交换设备和明线多路载波通信设备等便相继问世，并投入使用。

在第一个五年计划的后期，新建了一批工厂，生产了通信发展需要的通信设备和器材。随着国民经济的调整，邮电工厂也相应地进行了调整，形成了修配和制造两个网：省级邮电管理局设修配厂，专区（市、县）邮电局设修机室（或班组），组成省内邮电通信设备修配网点；邮电部直属工厂同各省、区、市邮电管理局所属部分工厂组成邮电通信设备制造网点，按专业化分工协作，制造邮电通信设备和器材。

各个工厂除生产通信设备整机外，同时也生产相应的维护零配件。例如，生产电传机的工厂在第一批产品交付通信部门使用了一定时间后，根据维护定额，安排相应的维护零配件生产任务。其他工厂也都根据通信设备维护的需要，生产相应的零配件。仅以1985年和1986年为例，共生产邮政机械、载波通信设备、微波通信设备、电报通信设备、电话通信设备的各类维护零配件近1000万件，保证了全国的邮电通信部门正常通信的需要。

二、从通信企业大办工厂到邮电工业体系的形成

1958年到1960年，在全国什么都搞"大办"的形势下，各地邮电部门也大办工厂制造通信设备。这一时期全国邮电工厂共达280个，职工36000多人，能生产邮政、载波、电报、长市话交换等140余种设备和器材，解决了当时通信发展的部分需要。1960年4月，国家计委曾把邮电部列入小机械工业部的行列，可以设厂生产邮电通信设备。在这一时期，工业系统大厂和骨干厂同科研部门合作，成功地生产了60路电缆和60路微波的通信系统，以及纵横制市内电话自动交换设备等。但新发展的工厂绝大多数设备不足，水平不高，产品不良，且布局混乱，产品重复，浪费很大，亟待整顿。

1961年到1963年，在贯彻"调整、巩固、充实、提高"八字方针的过程中调整压缩了通信企业办的工厂，巩固充实了邮电工业系统的工厂，规定了提高质量措施。按照机与线配套、整机与专用元器件配套、主机与附属设备配套的要求，保留了19个技术条件较好的骨干工厂，由邮电部直接管理；保留了20多个省属工厂，省以下基层企业办的工厂，都调整为修机室。调整后保留下来的邮电工厂，努力提高产品质量，降低成本，同时还与科研、使用部门相结合，开发新产品。1966年又研制成功600路微波通信系统设备，成批生产，交付使用，装备了通信干线，提高了通信技术水平。

从1966年到1976年这段时间内，邮电工业的广大工人、工程技术人员和干部，抵制"文化大革命"的干扰，先后研制和生产了1800路中同轴电缆载波通信系统、960路微波通信系统和大型纵横制市话自动交换机等重要通信

设备，适应了干线通信和城市电话发展的需要，使邮电通信技术发展到新的水平。

从1977年到1986年这段时间内，邮电工业经过调整和初步改革，逐步走上健康发展的轨道，陆续生产出电子电传机、电子（准电子）电话交换机、高速传真机、脉冲编码调制（PCM）通信设备、数字微波通信设备、光纤通信设备等更新换代的产品，为实现通信现代化，创造了较好的基础。

三、健全邮电工业生产体系

在通信网中，每个地方的任何一部单机都不可能单独完成通信任务。为适应这一特点，邮电通信设备的生产，必须成套进行，即不仅有主机，也要有辅助设备及测试设备，以及相应的线路器材。50年代的明线载波通信工程，就包括终端机、增音机、引入设备、测试设备、电源设备、载波附件、线路铁件、木担、低压瓷绝缘子等。以后对称电缆载波通信工程和同轴电缆载波通信工程所包括的成套设备品种就更多了，如增音机分为有人站和无人站，测试方面增加了遥测、遥控设备，电源方面增加了远供设备，还增加了土温调节系统的有关设备，以及对称电缆或同轴电缆。60年代和以后的各种微波通信工程的成套设备，包括终端设备、中继设备、电话调制解调设备、电视调制解调设备、波导管及波道转换设备、调线转接设备、终端载波设备、电源设备、测试设备、天线和铁塔等。对各个载波通信工程和微波通信工程，还要以长途电话交换设备、市内电话交换设备、电报设备、传真设备等相互沟通衔接起来，才能构成电信通信网。37年来，邮电工业都按照不同通信网路工程的不同要求，成系统地提供所需的成套通信设备和器材，以适应构成通信网的要求。

中国邮电工业从无到有，从小到大，从修配到制造，从仿制到自行设计，从通信器材到通信设备，已形成拥有主机、配套设备、专用仪表和专用元器件的成套生产能力。邮电工业产品从一开始就实行低价政策。多年来，一些主要通信产品的价格，不仅低于国外同类产品，也低于国内同类产品。邮电工业不但为邮电通信提供了大量的设备和器材，同时也向国民经济各部门，如电力、石油、交通、冶金、煤炭、广播电视、气象、体育、国防、科学研究等部门，提供了一定数量的通信设备，为国家通信事业的发展做出了贡献。

第二节 通信产品的发展

邮电通信采取各种不同的通信手段，组织综合邮电通信网，多种通信手段需要采用多种的技术装备，因而形成了邮电工业产品的多样性。到1986年年底，邮电工业产品已发展成为邮政车辆、邮政机械、邮政器材、通信电缆、通信线路器材、载波通信设备、微波通信设备、短波通信设备、电报通信设备、传真机、数字通信设备、数据传输设备、电话机、交换设备、通信电源、电信测量仪表、专用设备、元器件、维护零配件19大类，主要产品有1300多个品种。各项主要通信设备和器材，都经历了从低到高、更新换代的发展过程。

一、邮政通信器材和设备

中华人民共和国成立后，邮电部门改建和新建了一批工厂，开始生产邮政通信器材和设备。

（一）邮票厂与邮票。

北京邮票厂于1954年筹建，1959年建成，以后又几次扩建，先后从国外引进单色和彩色的邮票印刷机和照相制版设备，其他配套设备和辅助设备等在国内制造。到1986年年底，该厂共印制了各种邮票550.8亿枚。其中，各种普通邮票414.1亿枚，纪念邮票和特种邮票136.7亿枚。

（二）邮件分拣和处理设备。

为减轻劳动强度，改善劳动条件，邮电工业在使用部门的合作下，由天津、明水（山东）、贵阳、桂林等通信机械厂，上海、北京、辽宁、浙江等邮政机械厂，分别生产了邮袋开拆除尘机、空袋除尘机、邮袋清洗机、邮袋升降机、装车皮带机、链板机、推式悬挂装置、邮袋滑槽、供包机、包裹分拣机、期刊印刷品分拣机等成套的包裹分拣设备和刊刷分拣设备，其中，有的包裹分拣设备还采用了微机控制系统。到1986年年底，共向34个大中城市邮局提供了不同组合的成套设备。

邮电工业还生产邮政通信必不可少的邮袋、邮政日戳、邮政信筒、信箱、邮政业务单册、窗口营业设备以及摩托车等，并承担改装邮政车辆的任务。

二、明线载波通信设备

50年代中期，邮电工业研制并生产了多种载波通信设备，为通信发展提供了必要的物质条件。

1955年，上海邮电器材厂开始研制载波通信设备时，有些载波通信理论和有关的数学问题尚未解决，一些元器件和测量仪表国内还不能提供，设计人员对设备结构和部件从未设计过。该厂的广大工程技术人员、工人和干部，首先请上海交通大学张煦教授讲授载波通信理论和有关的设计计算问题，然后再动手设计部件和整机，研制所需元器件和测量仪表，解决组装结构等问题。1956年仿制3路载波机。1958年自行设计试制出短程叠加式3路载波机，同年试制出12路载波机，从此结束了中国通信发展中载波机依赖进口的历史。

（一）研制载波元器件。

载波元器件是载波机的基础。载波机的主要元器件锰锌铁氧体、石英晶体谐振器、热敏电阻、极化继电器、银云母电容器、氧化铜调幅器和多种插接件等，50年代在国内大多没有生产，有的虽有生产，或不合载波技术要求，或不能保证供应。上海邮电器材厂不得不自行研制并成批生产了10余种元器件。

1. 锰锌铁氧体。这是一种新型导磁材料，进入50年代，国外载波机才开始采用。根据当时国外的有关资料，只能了解其化学分子式等概况。该厂在铁道科学研究院的协作配合下，反复试验原材料配比和掺杂效果，反复摸索烧结温度和有关工艺，终于掌握了配方、球磨、成型、烧结、研磨、老化、测试等工艺流程，于1955年试出产品，建立起国内第一条铁氧体生产线。以后又进一步改进和提高质量，不断发展更高级的品种，适应了多种载波通信设备的需要。

2. 石英晶体谐振器。按一定条件切割的石英晶体片在交变磁场中会不断伸缩振荡,其频率是恒定的。这种特性正好符合载波机中主振器和狭带滤波器的需要,但在50年代中期,国内还没有产品。该厂的技术人员一面钻研石英晶体技术理论,一面自制简易切割研磨设备,经过不断摸索,终于掌握了石英晶体X、Y、Z三轴的性质和关系,掌握了切割、研磨工艺,并解决了在石英晶体片上焊接引线的技术,试制出一系列频率的石英晶体片,为高精度的载波振荡器和滤波器提供了关键器件。

3. 热敏电阻。载波机输出的载有信息的高频信号,在长途线路上传输到一定距离后,就会衰减下去,需要有一个自动调节增益系统来增强信号。调节方式有机电式和热电式两种。当时,国外已采用热电式,即用热敏电阻来控制自动调节增益系统。热敏电阻是一种新型电阻,其阻值能比较灵敏地随着温度的变化而变化,但国内没有这种产品。该厂技术人员参照了国外有关论著,通过多次试验,筛选出合用的原材料,摸索烧结、电极成型等工艺,以后又解决了控制灵敏度的有关问题,在1956年年底试制出国内第一只直热式热敏电阻,以后又试制出旁热式热敏电阻,并派生出多种型号规格,除适应了多种载波机的需要外,还能满足其他电子通信设备和科研、工业生产等方面多种温控设备的需要。

(二)结构设计和结构件。

上海邮电器材厂主任工程师何球在机架结构设计上有所创新。以前,从国外进口的各种载波机都是平面布置结构,因而机架数量多,占用机房面积大。他将其改为立体布置结构,机架数量显著减少,如12路载波机每端只有一个机架,比同期进口的同类载波机,大大节省了占用机房面积。为使这种结构更趋完善,该厂又试制出16线插头、插座等结构件。以后,这种结构又经不断改进并在载波机中推广应用。

(三)测量仪表。

50年代初期,对载波设备进行测试所需的仪表,如载波振荡器、选频电平表、衰耗器等都需要从国外进口。工程师赵行九等参考了进口仪表,自行设计,从1955年到1961年先后在国内首先研制成功150千赫、300千赫、

620千赫成套传输测试仪器，以及5位、6位电子计数频率计数器等十四五种仪表，为多种载波通信设备的生产和维护提供了必不可少的装备。

中国气候环境复杂，南北间跨越4个气候带，东西间的温湿度差别很大。在长距离的载波通信中，针对这种复杂的气候条件，有三个关键性的技术问题需要解决，这就是载供稳定度、电平调节灵敏度和方向线路滤波器串音防卫度。1961年，邮电部组织所属科研、工业、使用部门共同攻关，并在上海到杭州电路上实地试验，终于解决了这几个复杂的技术问题。同时，上海邮电器材厂加强了对载波元器件老化问题的改进措施，和对合格元器件再进行分档次管理的措施，改进和加强了重点工序、重点元器件和零部件的质量检验。改进后的12路载波机，于1961年12月通过鉴定，定为312-4型，成为邮电部门早期明线载波通信设备的主要机型，其价格只有同期进口的同类设备的1/8左右，为国家节约了大量的外汇和资金。

1965年，开始研究载波通信设备的晶体管化和小型化。1968年，上海邮电器材厂研制成晶体管12路载波机，四川眉山通信设备厂又加以改进并成批生产。为挖掘原有明线线路的潜力，提高线路复用系数，1979年，四川省邮电管理局科研所研制成功高12路载波机，并由眉山通信设备厂承担改进和成批生产任务。

三、"两个60路"通信设备

对称电缆60路载波通信设备和2千兆赫60路微波通信设备。这两套设备的研制和实验，是从1958年开始的，研制工作开始不久，苏联政府撕毁合同，撤走专家。面对这种形势，参加研制和生产的广大技术人员、工人和干部坚持"自力更生，奋发图强"的方针，经过各方面的共同努力，在1959年取得了研制成果，将60路载波设备安装在北京到石家庄试验段，60路微波设备安装在北京到天津试验段进行电路试验。

（一）对称电缆60路载波通信设备。

载波技术从12路发展到60路，这是跨越到一个新的阶段。12路载波是用架空明线传输的，而60路载波是用对称电缆传输的。对称电缆60路载波通信设备中有不少分系统，如三导频系统、有人和无人增音机系统、"遥测和遥信"系统、远距离供电系统终端及分路设备和电缆平衡系统等，通过上海邮电器材厂全体职工的努力，出色地完成了研制和生产任务。

1. 三导频系统。电缆60路载波的线路载波频率为12—252千赫，比明线12路载波的频带要宽，因此，要设置3个不同频率的导频系统，分别控制从低频到高频的信号自动调节补偿。在解决了3种不同导频协调工作的电路和石英晶体器件后，三导频系统得以实现。

2. 有人、无人增音机系统。按照对称电缆的传输衰耗特性，每隔16公里就要设增音机，如果全部都设专人长期值守，则机房建筑和其他配套设施的费用将很大。因此，在研究系统制式时即确定大部分为无人增音站，设无人增音机；每经过6个无人增音机后，设一个有人增音机。无人增音机由有人增音站进行遥测、遥控和远供，并定期巡视维护。1968年，全套设备实现晶体管化后，无人站就改为地下人孔式建筑。

3. 遥测、遥信系统。所谓遥测、遥信系统，就是从有人站能通过电缆测试出两侧所属无人站设备的有关技术指标，以掌握其工作情况，而无人站门户的开闭、温湿度到达临界点等情况，都通过电缆送达有人站。这样，有人站可以随时监测无人站的情况并采取相应的措施。

4. 远距离供电系统。无人站所有设备的工作电源是由有人站供给的，每个有人站经由对称电缆中附加的电源线，对其两侧各3个无人站供应直流电源。因距离有远有近，电压有高低，采取了调压的措施。

5. 电缆平衡系统。对称电缆中有7个（或4个）四芯组，在敷设过程中每隔一段距离就需要用一些平衡元器件对该段电缆的频率特性进行平衡，以保证全部四芯组都达到设计规定的技术要求。北京电信工程公司的工程技术人员在实践中，创造出了简单易行而又有效的平衡方法。以后，平衡元器件由设备生产厂在相应的设备中做成专用的机盘。

（二）60路微波通信设备。

1958年8月，邮电部组织所属科研、设计等5个单位在北京邮电器材厂共同研制2千兆赫60路微波通信设备。当时的情况是微波传输的技术理论问题还有待于探索，微波原材料、元器件和测量仪表还有待于开发。实际具有的技术资料只是一张谐振腔示意图和一些照片。在清华大学的协助配合下，研制组克服了微波理论和计算方面的困难，由杨朝津、周春泉、张农、何耀坤等组成技术攻关组，经过反复试验，攻克了技术难关。例如，高频谐振腔的问题，经过反复试验，掌握了腔体缝隙和谐振频率的关系，终于研制出合格的高频谐振腔。整个研究项目在高频部件的设计和调测、中频系统的调测等方面，共有10多项具有开创性的研究成果。

60路载波和60路微波这两套通信设备，在各自的试验段上，经过通信试验，1965年5月，同时通过国家鉴定。

四、"两个600路"通信设备

两个600路通信设备是4千兆赫600路微波通信设备及其配套终端600路载波设备。在两个60路通信设备研制成功的基础上，邮电部组织所属科研、工业、设计和使用等部门共同研制双600路的设备。600路微波通信设备由西安邮电器材厂研制；行波管由北京邮电器材厂制造；抛物面天线和铁塔由天津邮电器材厂制造；配套的终端600路载波设备由上海邮电器材厂参加研制和提供。全套600路微波通信设备7种机架和终端载波设备等，1965年起陆续完成，1966年4月通过部级鉴定并在京津间安装试验。在此基础上，又先后研制固态化晶体管960路微波的Ⅰ型机和Ⅱ型机，经过国家鉴定后，被作为微波通信的主要设备。

五、1800路中同轴电缆载波通信设备

1969年4月，邮电部组织所属有关单位研究并提出了中同轴电缆载波通信设备研制工作方案，经国务院和中央军委批准，于9月开始性能样机的研制工作，由邮电系统内外14个单位参加，集中到邮电505厂（现名眉山通信设备厂）研制。首先研究并提出了系统制式和总体技术要求，经邮电部批准后，据以确定出各个分系统的功能和技术指标。

1800路中同轴电缆载波通信设备是一项复杂的技术系统工程，根据系统

制式，各项设备的配备有：

1. 终端设备机架品种多达 12 种。

2. 增音机系统。由于线路载波频率高达 90 兆赫，信号在同轴电缆中传输，衰减也较快，因此，每隔 6 公里就要设一个地温调节增音机，每经过 6 个地温增音机后，设一个单导频无人增音机，每经过 3 个单导频无人增音机后，设中间三导频有人增音机。再加上终端增音机和业务通信增音机，共有 5 种机型。

3. 调线转接和分路设备。由于通路增多，为了能更灵活方便地组织通信网路，要求能将基群（12 路）或超群（300 路）成群地调动转接到不同的去向，因而增加了调线转接设备 5 种和 600 路等 4 种分路设备。

在全套设备的研制过程中，解决了下列技术问题：

1. 主振器频率稳定度。主振器是 1800 路载波设备的心脏，其频率稳定度要求达到 3 个月内振荡频率与标准频率偏差 $\leq 2 \times 10^{-8}$，要达到这一高精度的要求，一是要提高石英晶体切割研磨精度，二是要使石英振荡晶体在恒温条件下工作。为此，采用了电子控制加热法，使主振器周围小气候的温度维持在恒定范围。同时，还研制出高精度微调电容器，提高了调谐精度。

2. 线路放大器。1800 路中同轴电缆载波通信设备是全晶体管化的。起初，线路放大器曾出现稳定性一致性不好，达不到可靠性的要求。经攻关小组的努力，改进了电路设计，严格筛选元器件，提高加工调测工艺的精度，邮电部半导体研究所研制和提供了所需高频大功率晶体管，邮电 508 厂（现名北京通信元件厂）研制和提供了所需小功率低噪声的晶体管，使问题得到圆满的解决。

3. 均衡和调节网络的设计。中同轴电缆的传输特性完全不同于明线或平衡电缆，通信设备的调制方式与过去的载波机也有所不同，在性能样机中初步设计了几种均衡器，根据在试验段试验验证所取得的实测数据，再设计新的均衡器，使全系统均衡网络得以比较切合实际。

4. 高频元器件。由于设备的线路频率已高达 90 兆赫，考虑到谐波影响问题，对很多元器件的频率要求就更高了。当时，四机部部长王诤指示所属单位"打开仓库",让邮电部挑选了一大批元器件,但仍然有不少元器件没有着落,如高频石英晶体、高频晶体管、高 $\mu\theta$ 铁氧体、同轴接插件、地温传感器件、气闭接头等,经邮电 505 厂、508 厂、519 厂(现名上海通信设备厂)、成都电缆厂、邮电半导体研究所等单位的努力,分别研制出所需的元器件。

5. 高频仪表。邮电 505 厂设计试制了 30 兆赫载波传输测试仪表,在 1800 路中同轴电缆载波通信设备投入使用后,又试制了 100 兆赫传输测试仪表,供成批生产和维护使用。武汉通信仪表厂研制了微机控制的通路自动测试仪,可以自动对 1800 个通路进行测试。

1969 年年初,经国家批准,将邮电 519 厂一部分人员和设备及邮电科学研究院载波研究室内迁,建立了第六研究所,在邮电 505 厂统一领导下,全面开展了 1800 路中同轴电缆载波通信系统的研制工作。

1970 年 9 月,研制出 12 种 63 架样机,并在厂内进行了联试。1971 年 8 月,继续完成了全部配套设备,样机陆续安装在北京、天津试验段,于 1973 年开通试验,证明总体方案可行,取得了大量实际数据。根据试验结果,同年开始试制生产样机,9 月以新机换装了试验的全部无人增音机,1974 年完成终端机 9 种、18 架,并在试验段试验,经测试全系统技术指标达到了设计要求,1974 年 11 月通过国家鉴定。北京—上海—杭州的 1800 路中同轴电缆载波通信设备,1976 年 3 月全线开通,但由于受"文化大革命"的干扰,全线均衡偏差较大,影响全系统的稳定。1977 年 5 月,邮电部组织科研、生产、施工和维护部门共同整治,改进了干线均衡的设计方案,提高了设备系统的稳定性、可靠性,才使全程电路达到了设计要求的水平。

1975 年,为适应更大容量电路的需要,邮电 505 厂和 519 厂共同试制 8 管中同轴电缆系统设备,邮电 502 厂(现名侯马电缆厂)试制 8 管中同轴电缆。在经过中间试验后,1980 年 10 月,8 管中同轴高架设备和圆形机箱 8 管无人增音机通过部级鉴定,并开始装备北京—武汉—广州的电缆通信工程。

六、960 路微波通信设备和数字微波通信设备

1969 年 10 月,邮电部组织北京邮电器材厂、西安邮电器材厂同邮电部第

四研究所合作，共同研制4千兆赫960路微波通信设备，于1971年制出试验样机，安装在北京到武汉的电路上试用。但该设备技术性能不稳定，在电路上只能勉强使用。于是根据试用中收集的资料数据，继续研制960路微波Ⅱ型机。1975年7月，全套Ⅱ型样机研制成功，并在京津试验段进行中间试验，1977年2月通过国家鉴定。

微波通信设备的行波管由邮电506厂（现名北京通信设备厂）提供。早在1960年，该厂即在四机部第12研究所的协作下，筹建电真空生产线，技术人员李哲志等在1964年先后试制成功ED001型等速调管和BY－7型、EY－501型等一系列供微波和卫星通信地面设施用的行波管。到1986年，行波管的生产效率和质量已达国内先进水平，平均寿命为1.2万到2.2万小时，为无人值守站微波通信设备提供了可靠的器件。

邮电503厂（现名西安微波设备厂）和506厂的有关人员，还分别研制出一系列微波测量仪表，主要包括2千兆赫、4千兆赫、6千兆赫、8千兆赫等各个频段的微波信号发生器，固态源测试器，串杂音测试器，中频扫描仪，噪声测试器，功率计，波长表等成套测试仪表。

数字电路是微波通信技术的发展方向。为早日实现通信技术现代化，西安微波设备厂和北京通信设备厂分别研制了120路和480路数字电路微波通信设备，其中120路数字微波通信设备已于1983年通过部级鉴定，并于1984年投入使用。480路数字微波通信设备也在1986年通过部级鉴定。

微波电路上配套的专用终端载波设备，是由杭州、广州等通信设备厂生产的。广州通信设备厂杨精明等研制了脉冲编码调制数字终端设备，在国内首先采用单路编译码的先进设计，并首创基群分路系统设计，接口又比较齐全，便于通信使用。

七、电话设备

（一）市内电话设备。

第一个五年计划后期，国内已能生产47式步进制自动电话交换机。1958年，上海电信研究所、上海电话设备厂和上海市内电话局共同研制纵横制自动电话交换设备，总体及电路由上海电信研究所赵养廉、顾重威、严宣哲等设计，10×20×5线簧式接线器由上海电信研究所郭大伟设计，全机制造工艺及生产组装等由上海电话设备厂总工程师张宏谋负责。该机采用了当时在国外还没有的分级联合控制方式。1959年8月，中国第一套纵横制电话交换机研制成功，定名为SAA型，在上海市吴淞电话分局安装了1000门，于1960年元旦开通使用。经过几年的实用考验和多次改进后，SAA型成为60年代到70年代中期的重要机型。70年代中期以后，上海电话设备厂又陆续研制成功HJ921型、HJ921J型，天津电话设备厂研制成功HJ941型等多种纵横制市话交换设备。（见表24）

纵横制市话交换设备主要性能表

表24

项目		SAA及其改进型	HJ921及其改进型	HJ921J型	HJ941型
单局制或多局制		单	单	多	多
局向数		10	19	36	40
出线数		100 200（改进型）	600 900（改进型）	1200	1340
适应汇接网情况		支局	分局中小网（改进型）	大型汇接网	大型汇接网
适应新型电话业务的情况	音频拨号电话	不能	不能	能	能
	书写电话	不能	不能	能	能
	单路传真	不能	不能	能	能
	低速数据传输	不能	不能	能	能
适应长途电话自动拨号情况		不能	不能	能	能

从表24可以看出，初期的SAA型设备的局向少，出线数少，不适用于多局制市话网。70年代初，上海电话设备厂设计的HJ921型纵横制市话交换机，局向数和出线数有所增加，1974年安装在广州市话八分局试用，1975年6月通过部级鉴定，以后又改型使出线数增加到900条，以适应中型市话汇接网的要求。但在多局制的大城市中使用，在技术制式上仍然有一定问题，对后来发展起来的一些新型电话业务要求，也不能适应。因此，从1979年起，以

该机为基础，有 15 个单位参加，由邮电部工业局总工程师金寿观领导，采用集中设计方式，研制出 HJ921J 型纵横制市话交换机，局向数增加到 36 个，出线增加到 1200 条，从而能够适应大城市中市话汇接网和新型电话业务的要求。

随着城市建设的日益发展，迫切需要有万门以上的市话交换设备。1976 年 4 月，邮电部组织邮电系统内外共 8 个单位，在邮电 512 厂（现名天津电话设备厂）采用集中设计的方式共同研制 HJ941 型纵横制万门市话交换设备，由北京市电信局总工程师楼彦厘和邮电工业标准化研究所所长王振基等领导，邮电部设计院王民望、邮电 512 厂杨连山、邮电 537 厂（现名洛阳电话设备厂）魏宗宏等负责电路设计，邮电 512 厂副总工程师聂跃南等负责结构及工艺设计，1977 年做出性能样机，经两年实验验证，1979 年研制出生产型样机，1980 年在北京市话局 34 分局安装开通，1981 年 1 月通过部级鉴定。该机是按多局制大型汇接网路要求和一些新型电话业务要求设计的，已在北京、天津、广州、沈阳、武汉等大城市市话部门使用。

60 年代后期，一些省邮电管理局开始研制电子式（准电子式）自动电话交换机，其中江苏省电信器材一厂研制的准电子自动电话交换机，在 1979 年 10 月通过部级鉴定，从 1980 年到 1986 年共生产了 4 万多门，均已投入使用。

在生产城市用自动电话交换设备的同时，邮电工业系统还生产用户自动电话交换设备，为社会需要服务。

（二）长途电话交换设备。

1953 年，长春邮电器材厂自制扁形继电器等元器件，试制成功人工长途电话交换设备，以后又多次改进和改型。1964 年，邮电部设计院等单位到该厂共同研制无绳台和机械编码式长途电话自动交换设备，1966 年研制出样机，安装在北京、天津两市的电信局试验，"文化大革命"期间停止试验。1975 年，邮电部第十研究所在上述样机的基础上研制并生产了 JT801 型长途电话自动交换设备，陆续安装在京、津、沪等十几个大、中城市使用。与此同时，上海电信设备二厂研制成功 DD14 长途电话半自动对端设备，1979 年 11 月通过部级鉴定，已成批生产并投入使用。

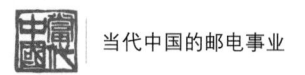

（三）市内电话中继和终端设备。

60年代以前，市内电话局间中继设备为机电式。1975年，邮电第九研究所和邮电515厂（现名重庆通信设备厂）共同研制成功32路脉冲编码调制（PCM）中继设备，安装在武汉、北京等地市话局试用，使市话中继设备开始有了电子式。1979年，519厂同武汉邮电科学研究院合作研制成功32路和120路光纤通信设备，经上海市话局实用两年多，于1982年经邮电部和上海市政府联合鉴定通过。以后，上海通信设备厂又研制成功480路光纤通信设备，于1986年10月通过部级鉴定。这些设备使市话中继设备向现代化技术又迈进了一步。

市话配线设备一直沿用三四十年代的大型结构。1983年，景德镇通信设备厂研制和生产了大容量小型化总配线架，在相同容量下，占用机房面积只有老式的1/3，节约铜材70％多。

电话机的品种也不断发展，到1986年，邮电工业系统除生产拨号盘式的电话机外，已发展音频按键式电话机、脉冲按键式电话机、扬声电话机、投币式公用电话机等多个品种。

八、电报设备

（一）电传机从机械式到电子式。

1949年5月上海解放后，华东邮电器材厂一分厂技术员王忠民、老工人管哲民等在简陋的设备上，制造出克利特键盘凿孔机的全部零配件，在此基础上，装配出整机，并做了核算和修改，然后成批生产。以后，王忠民、罗镇元等又仿制成功莫尔斯发报机和波纹收报机。1953年，该厂同上海、杭州、南京等地的邮电修机室合并组建成上海邮电器材厂。1954年，该厂在厂长许日奎参加下，技术人员吴慕亚、顾曾惕等试制机械式电传机，克服了设计计算、工艺加工和精密测量等方面的重重困难，试制出多种小模数齿轮，解决了多种异形凸轮和异形零件的加工方法问题，试制出分马力串激式交直流电动机，终于在1956年试制成功第一部55型电传机。以后，该厂老工人蔡金龙等为电传机的异形零件和异形凸轮，制造出多种精密冲模、仿形模和压铸模，使成批生产得以实现，55 型电传机成为中国电报通信上的主要装备。

电子电传机的研制工作，从 60 年代起就着手进行，但中间停顿了 10 年。1977 年以后，上海邮电器材厂重新开始研制电子电传机。中、小规模专用 MOS 集成电路由邮电 508 厂研制并提供，步进式电动机由邮电 525 厂（现名贵阳通信设备厂）研制并提供。1977 年年底，性能样机试制成功，经过试用和改进，1980 年通过鉴定后成批生产。1983 年，上海邮电器材厂引进国外 PACT220 型电子电传机组装线，生产新型的电子电传机。

（二）微机控制的汉字电传机。

1979 年，邮电 524 厂（现名广州通信设备厂）从国外引进了微机控制的电子电传机样机，通过引进—吸收—创新的路子，研制出一系列的汉字处理软件和汉字库硬件，于 1984 年研制出 BHC-83 型汉字电传机。经过多次改进后，该机不仅具有自动汉字译电等多种功能，而且机内有大容量存储的汉字库，汉字的字形点阵和电码完全符合国家标准。汉字电传机在全国邮电、银行、海关、铁道、航运等部门和部队使用，效果良好。

（三）自动转报设备。

50 年代，转发电报由人工进行。60 年代，上海邮电器材厂等单位试制和生产了机械式单双机头自动发报机，可以通过电报作孔纸条自动转报。80 年代，邮电 525 厂将该机改为电子式。1976 年，上海电报局在复旦大学和上海计算机厂协作下，开始研制用国产 DJS-131 型通用计算机控制的 64 路程控自动转报系统。1979 年开始实地试用，1982 年通过部级鉴定，1986 年又研制出 256 路程控自动转报系统。

九、其他各种通信设备和器材

（一）通信线路器材。

1. 长途通信电缆。60 年代邮电部成都电缆厂生产平衡电缆，70 年代，邮电 502 厂生产中同轴电缆。1981 年，该厂助理工程师张贵有等研制出连续注片机，使同轴电缆质量达到国内先进水平。

2. 市话电缆。70 年代以前，成都电缆厂、上海电信设备一厂、大连通信电缆厂、安徽省通信电缆厂等也生产各种规格和芯线对数的市话电缆。80 年代初，成都电缆厂开始生产纸绝缘 1200 对和 2400 对芯线的大容量市话电缆。1982 年，该厂从美国 ESSEX 公司引进全塑市话电缆生产线技术，1984 年 11 月建成生产线，可以生产从 3 对至 6000 对各种规格品种的全塑市话电缆，产品质量达到同期的世界先进水平。1986 年，该产品获国家优质产品金质奖。

3. 光缆。1978 年，邮电部侯马电缆厂开始试制光缆，以后陆续生产出 6 芯、8 芯、12 芯的直埋、架空、管道 3 种型式的光缆，已分别使用于武汉、石家庄、太原、广州等地。

此外，邮电工业系统还生产线路木担、铁件、水泥电杆、低压瓷绝缘子、微波天线、铁塔等线路器材。

（二）数据传输设备。

1968 年，邮电系统科研、教学等 6 个单位，在北京邮电器材厂共同研制成功低速数据传输设备和有关的测试仪表。70 年代，邮电 518 厂（现名南京通信设备厂）承接上述科研成果，按照国家计委对数据通信的需要，生产了低速数据传输设备。1985 年，该厂试制出采用超大规模集成电路的 2400 比特/秒调制解调器，主要技术指标达到国内先进水平。

（三）传真通信设备。

根据通信发展需要，上海邮电器材厂于 60 年代试制和生产了相片传真发送和接收设备，后转给邮电 532 厂（在广西，现名兴安通信设备厂）。1975 年，532 厂承接邮电第七研究所的研究成果，开始生产单路真迹传真机、12 路电信传真机，1980 年后又先后生产气象传真收片机和文字传真机。

从 70 年代起，邮电 522 厂（现名杭州通信设备厂）在邮电第 7 研究所科研成果的基础上，改进和生产了 60 路报纸传真机，可以传送整版报纸，使边远省会城市可以收到当天《人民日报》传真版。1982 年，该厂与研究所合作，又共同研制了新型报纸传真机。

（四）短波和特高频通信设备。

从 50 年代到 70 年代初期，短波通信设备在中国的通信事业中占有比较重要的位置。1952 年，上海邮电器材厂仿制成功 14 灯高级收信机。1954 年，该厂工程师陈仁慕和老工人汪世龙等通力合作，试制成功通信急需的60千瓦发信机。该机在国内首先采用链耦合和输出级采用电动机半自动调节，使全机达到当时国内先进水平。1956年，短波通信设备转北京邮电器材厂生产后，在品种上又增加了移频收信机、无线终端机、天线共用器、4路单边带收发信机等多种设备，还多次为国内外无线电台工程生产了天线开关、控制台等配套设备。在短波设备生产中，该厂建立并逐步改进了振动、冲击、运输、温湿度等理化试验，使通信产品质量检测手段日益完善。

1955年，邮电522厂龚济澄等试制出中国第一部4路特高频收发信机。该厂在1980年实现特高频通信设备晶体管化，1982年试制出24路特高频收发信机。

（五）通信电源。

邮电通信需要不停顿的电源，各类通信设备所要求的电源又不尽相同，这对通信电源提出了较高的技术要求。50年代后期，邮电部设计院同武汉通信电源厂合作研制出载波、微波、市话、长途交换等方面所需的多种电源设备，包括可控硅整流器、远供电源、直流变换设备、直流和交流配电设备和无人值守微波站电源设备等。自1973年起，邮电532厂开始生产直流稳压电源、硅整流器和配电设备等。

从以上各类通信设备的发展过程中，可以看出邮电通信产品是经历由低到高，由常规产品到现代化产品的发展过程，而且也可以看出，邮电工业是按照通信工程的需要，成套、成系统地发展新产品的。30多年来，邮电工业为邮电通信和社会需要做出了贡献。

第三节 邮电工业的经营管理

一、邮电工厂的分类和管理

邮电工业各工厂按照行政隶属关系，划分为邮电部直属工厂、省（自治区、直辖市）邮电管理局所属工厂和其他邮电工厂三类。其他邮电工厂，包括邮电科研部门、邮电院校和邮电工程设计施工部门所属的实验工厂，这些工厂主要是为科研、教学和施工服务的，同时也生产一些通信需要的器材和设备。

各工厂的"人、财、物、产、供、销"等均由其上级主管部门归口管理。在1979年以前，邮电部除直接经营管理直属工厂外，对邮电工业主要管理以下几项工作：

1. 组织编制邮电工业长远规划，对各邮电工厂提出产品方向供其直接上级主管决定。

2. 颁发全国统一的邮电通信产品技术标准和工艺标准，并组织新产品、新工艺等开发和鉴定工作。

3. 制定和颁发一些需要在邮电工业系统内统一的规章制度，如产品质量检验制度和产品价格管理制度等。

4. 安排由国家或邮电部统一分配的产品生产任务，组织跨省、跨行业、跨部门的技术协作和生产协作配套。

二、经营管理上的改进

1979年以前，各邮电工厂都是生产型企业，在生产经营上只是执行上级下达的各项指令性生产计划。1979年以后，邮电工业管理开始进行改革，以适应社会主义有计划的商品经济的发展，满足市场需要，如产品从统购包销改为按合同购销，允许和鼓励工厂根据市场需要自行确定新产品开发项目，在财务上实行利润分成、盈亏包干等，使邮电工业开始转轨变型，由生产型转变为经营管理型。

（一）实行以销定产和横向联合。

1980年4月，邮电部成立了中国邮电工业总公司，经营管理原来由邮电部直接经营管理的直属工厂。各省邮电管理局，有的成立省邮电工业公司，有的成立省邮电工业总厂，以实现企业化经营管理。

中国邮电工业总公司成立后，即着手进行了一系列的改革，在经营上实行以产定销转变为以销定产；在保证邮电通信需要的前提下，积极进入和扩大国内外两个市场。

为实现以上的要求，邮电部向中国邮电工业总公司及直属工厂放权，使他们在"人、财、物、产、供、销"等方面有较大的自主经营权。工厂之间打破行政与行业界限，开展了横向联合，组织起不同形式的专业集团，努力为用户服务和扩大市场。到1986年年底，这种横向联合已有微波、电话设备、插接件、邮政机械、光纤等9个专业集团。这些专业集团在经营上努力改革，增强了企业活力，发展了生产，扩大了积累，收到了显著成效。

1979年，为了进一步扩大微波通信产品市场，中国邮电工业总公司组织成立了微波通信设备技术服务部，将生产微波通信设备的工厂（包括直属厂和非直属厂）组织起来，从协调产销关系、扩大市场入手，把产品开发、电路设计、设备和配套件生产、安装开通、培训维护人员等项工作统筹安排，并同工程设计和物资供应部门联合承包微波通信工程，为石油、广播电视、电力等部门提供专用通信网的设计和成套通信设备。例如，为大庆油田设计了专用的电话通信网，以微波中继传输系统为主，结合明线载波通信设备和音频电缆组成，通话效果良好，这在国内还是首创。以后，在承包华北、胜利等油田通信网工程中，又进一步完善了市话接口设备，使纵横制、步进制、旋转制、磁石式和共电式等多种电话交换设备能同网共存，更便于各类不同情况的工程采用。在上述基础上，微波专业集团于1985年组成，共有直属工厂、非直属工厂、非邮电系统的工厂和物资供应部门等11个单位参加，整个集团在"六五"期间工业总产值年平均增长18%，利润年平均增长11%。

1981年4月，中国邮电工业总公司在上海成立了中国电话设备公司，开始有6个工厂参加（直属工厂3个，非直属工厂3个），到1986年参加的工厂已增加到24个（直属工厂8个，非直属工厂11个，非邮电系统工厂5个）。这个横向联系的生产电话设备的专业集团，各成员厂的行政隶属关系和利润上缴渠道均不变更，由中国电话设备公司组织集中设计，按统一图纸生产，提高了产品标准化程度；同时按专业化原则组织生产，使有的成员厂按照分工逐步从"小而全"过渡为专业化生产，提高了生产效率。1986年，这个电话生产集团工业总产值比初成立时增加了2倍多，主要产品产量增加了1.5倍。

1981年4月，杭州插接件经理部成立，组织有关的邮电工厂共同生产出口的电气装置件，同时积极开发国内市场。1982年4月，经理部组织有关工厂会同北京建筑设计院共同开发了鸿雁牌86系列电气装置件。1983年4月，由全国各大区、各省市和有关部委及部队的建筑设计部门，以及机械工业部广州家用电器研究所等74个单位共同进行鉴定，并颁发了部级鉴定证书。1985年4月，经理部又扩大为鸿雁电器公司，形成插接件专业集团，有7个单位参加，产品包括通信插接件、民用与工业电气装置件等共14类250多个品种规格，已行销于全国，并销往亚、欧、非洲等地区。

此外，各邮电工厂还加强了市场开发和销售服务工作，如按用户要求专门设计产品，建立用户质量信息反馈联络网，在一些大中城市设置检修网点，并陆续为用户培训了成千上万名维护人员。

（二）加强质量管理，提高产品质量。

通信产品的质量直接关系到邮电通信质量。1962年，邮电部颁发了《邮电工业技术检查工作条例》。1963年，邮电工业工艺研究室成立，后来又扩大为工艺研究所，组织各厂研究和确定了表面处理、热处理、冷冲模具、包装等8项基本工艺标准，还组织有关厂试验电火花加工、冷挤压等新工艺，以提高工艺水平。1965年5月，国家鉴定委员会在鉴定对称电缆60路载波通信设备和60路微波通信设备时，认为该两种设备"电气性能稳定，电话、电报质量优良，电视图像清晰，各项技术指标达到了标准"。

1966年到1976年，由于"文化大革命"的干扰和破坏，质量管理和工艺规程等被当作"管、卡、压"而受到冲击，原来行之有效的科学管理制度被废除，以致产品质量下降，产品出厂后由于质量问题而回厂返修的事情时有发生，有的通信工程由于产品质量不好和其他一些原因，不能开通投产，工厂不得不派人到施工现场整治，或将产品运回工厂整修。

1979年以后，工厂加强了质量管理，除重申推行过去行之有效的质量管理制度外，还制定了工艺工作管理办法和加强工艺纪律等一系列制度和办法。对重大通信工程实行由使用部门派驻厂员进入工厂监造的办法，以确保质量。有的工厂，如天津、洛阳电话设备厂等，还同使用部门签订了产品质量承包合同。各工厂在推行全面质量管理时，将QC小组活动和开展"无差错"竞赛活动结合起来。"无差错"竞赛活动是按照通信产品的特点开展起来的,很多通信产品都有成千上万个焊接点,其中只要有一两个焊接点质量不好,就会影响全程全网的通信质量。1977年,上海电话设备厂在电话交换机焊接中率先开展了"无差错"竞赛活动,以后各厂纷纷响应,结合各自生产的特点,相继开展了多种形式的"无差错"竞赛活动。到1986年年底,整个邮电工业系统共涌现出"无差错"竞赛活动先进个人23人,其中上海电话设备厂工人张纯飞已达到焊接150万个焊点无差错。各省(市)或邮电部评出优秀QC小组307个,其中被国家经委批准为优秀QC小组的有南京通信设备厂STJ2400-01B调制解调器攻关小组、上海通信设备厂自动车小组、广西黎塘电信线路器材厂电缆小组等7个小组。

以上各项工作和活动都促进了产品质量的提高。例如,上海电话设备厂在开展"无差错"竞赛活动前,机架焊接差错超过1‰,最高达8.2‰,到1985年年底已降低到0.14‰,印制电路板焊接差错从0.5‰。降低到6.3ppm(百万分之几)。到1986年,邮电工业系统各工厂获得国家优质产品金质奖的有成都电缆厂HYA型全塑市话电缆,获得国家优质产品银质奖的产品共有10种11次(见表25),获得邮电部优质产品称号的共98项。

获得国家优质产品银质奖产品表

表25

产 品 名 称	生 产 工 厂	获奖年度
HJ905型纵横制自动用户交换机A	上海电话设备厂	1980及1985
EY501型B型行波管B	北京通信设备厂	1981
ZZD04型高12路载波电话设备	眉山通信设备厂	1982
ZRZ01DD14型长途电话半自动对端设备	上海电信设备二厂	1983
HD680型自动电话机	天津电话设备厂	1983
CZ-80型气象传真收片机	兴安通信设备厂	1984
620KHZ成套载波测试仪表	武汉通信仪表厂	1984
ZH362-1/363-1型60路载波无人增音机	南京通信设备厂	1984
HOZL1.2/4.4型小同轴电缆	侯马电缆厂	1985
HJ901型纵横制自动用户交换机	河北省电话机厂	1985

（三）实行低价政策，加强经济核算。

邮电工业从开始创办起就实行低价政策，通信产品在首次定价时就低于国内同类产品，这促使各工厂必须加强经济核算，才能完成国家下达的经济计划。从1956年起，邮电工业实行财政部有关的规定和办法，各厂会计核算工作走上全国统一的轨道，以后又进一步加强资金管理，统一规定了成本核算的内容、程序和方法。1966年改革记账方法，便于广大职工参加经济核算工作；1980年对会计科目作必要的调整，以适应三级经济核算的需要；1985年1月按照国家规定统一采用借贷记账法。

1979年以后，邮电工业在财务上打破了"统收统支"的常规，改而实行利润分成、盈亏包干等办法。中国邮电工业总公司还对一部分工厂实行包产品产量、质量、上缴利润和定工资奖励等"六包三定"的经营承包责任制，激发起各厂加强经营管理和提高经济效益的积极性。各厂除进一步加强以成本核算为主要内容的三级（或两级）经济核算外，还逐步推行了企业内部经济责任制，少数工厂实行了分厂独立经济核算，这些都进一步调动了职工改进工作、讲求效益的积极性。经济工作与财务管理的加强和改革，使邮电工业的经济效益不断提高，这从邮电部直属工厂"六五"期间几项经济指标完成情况，可以充分地反映出来（见表26）。

到1986年年底，邮电部直属工厂上缴的税利和折旧基金为同期国家投资的3.9倍。

邮电部直属工厂"六五"期间几项经济指标完成情况表

表26

年　度	流动资金周转天数（天）	可比产品总成本比上年±（％）	资金税利率（％）
1981	316	－4.27	10.83
1982	287	－6.19	12.16
1983	218	－4.68	15.56
1984	203	－2.56	18.54
1985	187	＋4.68	19.86

加强经济核算和推行经济责任制，开展技术革新，提高生产效率，加强

质量管理和提高生产过程的成品率等，所有这些都为降低产品价格创造了有利条件。37年中，邮电工业产品价格经国家物价总局或邮电部批准降价有12次，其中较大幅度的降价共5次：1974年一次调价99种，降价幅度19%；1976年一次调价86种，降价幅度30.4%；1978年一次调价88种，降价幅度21.8%；1980年一次调价19种，降价幅度16.5%；1981年至1982年一次调价80种，降价幅度12.5%。37年的综合比较表明，邮电工业通信产品的出厂价格一般都低于国内同类产品。

（四）提高产品标准化、系列化、通用化程度。

由于历史原因，通信产品的技术标准不统一，有的产品系列品种不全，以致影响全程全网的通信质量。为此，邮电工业在全系统范围内组织了产品集中设计，除对老产品改型外，着重在开发新产品中提高标准化程度，向国际标准靠拢。经过十余年的工作，产品的标准化、系列化、通用化程度和产品质量都有所提高，其中比较大的项目有：

1. 载波机集中设计。为了解决60路以下的载波机在制式、机架高度和机盘尺寸等方面不统一的问题，1973年9月推行了载波机集中设计的工作，共11个单位参加，当年完成了制式等设计文件12项共26种，对制式、机架高度、同类机盘尺寸、插接端子、接口电平等提出了标准、系列和统一规格，从而增强了载波通信设备的标准化程度和同类机盘的互换性能。

2. 纵横制自动电话交换机集中设计。为适应大城市市话网的需要，1976年组织了HJ941型万门纵横制自动电话交换机集中设计，以后又组织了HJ921J型纵横制自动电话交换机集中设计。集中设计的设备，扩大了市话容量，提高了话务负荷能力和电话实装率，并适应长途电话自动转接的要求和开放新业务的需要。

（五）引进先进技术，提高生产能力。

邮电工业是在修机室、修配厂的基础上发展起来的，原来的技术水平比较低。为加速产品更新换代，提供具有先进水平的产品，1979年以后，邮电工业系统积极贯彻中共中央和国务院"对外实行开放"的方针，努力扩大对外技术合作，采取多种方式从国外引进技术，改造产品，改造工厂。引进技术主要有以下几种类型：

1. 引进生产线。例如，成都电缆厂从美国ESSEX公司引进全塑市话电缆生产线技术，从美、法、瑞士、联邦德国等7个国家选购了13种46套设备和20套仪表。同时，根据国外图纸组织国内有关工厂生产了配套设备16种41套、仪表16套、运输吊装设备46套。1984年年底全线建成，生产具有先进水平的全塑大对数市话电缆。在引进工程中，该厂工程师贾林子认真消化国外专家提出的设计资料，结合国内实际情况修改，重新设计出既能满足外国专家提出的工艺要求，并能快速施工的供电和照明系统，为国家节省了投资，每年还可节约大量的能源。

2. 引进技术改造产品。广州通信设备厂同国外公司在技术上合作，生产汉字电传机。上海通信设备厂同国外公司在技术上合作，生产PACT220型电子电传机。邮电工业部门还引进数字微波通信设备技术、脉冲编码调制（PCM）系统生产技术、高速传真机生产技术、通信测量仪表生产技术、用户线路集中器技术和电话制造技术及关键设备等，以加速有关产品的技术改造。

3. 引进单项设备。侯马电缆厂从国外引进氩弧焊机，增加了铝护套电缆产品品种，焊接一次合格率从60%提高到90%。眉山通信设备厂引进切割机，使石英晶体切割精度提高，工作效率提高30%—50%。

4. 中外合营。中国和比利时合营上海贝尔电话设备制造有限公司，生产S–1240程序控制电话交换机。云南邮电器材厂同美国林茨公司合营昆明云林通信有限公司，生产环路载波机。

第二十一章
邮电基本建设

第一节 邮电基本建设的成就

邮电基本建设属于邮电部门固定资产再生产的范畴。邮电基本建设为适应邮电业务日益增长和通信技术不断发展的需要，提供多种功能的通信手段。邮电基建的主要任务是邮政和电信设施的新建、扩建、改建和恢复工程；流通性固定资产的购置；现有通信设备的更新改造工程，包括邮电部属工厂、科研和院校等单位的建设项目；一些国防通信建设工程；其他部门委托的专用通信和厂矿弱电建设项目的设计与施工任务。

邮电基本建设还承担援外通信建设任务。邮电部直属设计、施工单位和17个省、市邮电管理局先后完成了中国对赤道几内亚、赞比亚、刚果（布）、几内亚、马里、坦桑尼亚、柬埔寨以及阿尔巴尼亚、越南等国家，包括无线、有线载波、电缆、市内电话等工程建设的30余个援助项目。

一、邮电基本建设的特点

（一）邮电建设是技术密集的系统工程。通信网由终端设备、传输设备和交换设备三大部分组成，全国邮电通信网是由多种通信手段，多层次、多路由的通信网构成。各项建设必须根据全网的发展，进行统一规划、全面安排。随着通信技术的发展，这一特点更加突出。

（二）邮电基本建设工程具有高度统一的全程全网技术要求的特点，必须满足邮电通信全程全网、联合作业的需要。每一个建设项目，必须根据网路的组织原则、统一的技术标准、信号系统等技术要求，按照统一的工程设计

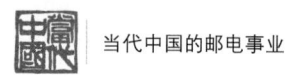

规范和施工及验收技术规范进行建设。

每一个邮电基本建设工程项目,都是全国邮电通信网的组成部分,都是原有网路的扩大,工程的实施都将涉及原有的设施。因而,不论是新建或扩建、改建工程,在建设过程中,不能干扰和中断正在进行的通信业务,这就更增加了工程设计和工程实施的复杂性。

(三)邮电基本建设既有高度集中统一的技术要求,而项目又十分分散。全国邮电各项专业的工程建设,必须保证全网的统一要求和协调配合,以取得全网的效益,但邮电基本建设每年约3000个项目,分散全国各地,规模大小悬殊。较大的跨省干线电缆工程,全程达数百至2000多公里,途经好几个省市,沿线还有枢纽楼、增音站等单项工程,工地十分分散,施工点多、线长、面广,管理工作难度大,因此必须处理好集中与分散的关系,加强宏观控制与项目的管理。

二、邮电基本建设的成就

37年来,邮电基本建设在组建队伍、培养人才、掌握专业技术、提高管理水平等方面,经历了从无到有、从小到大、不断完善的发展过程,保证了各个时期、各个发展阶段通信对建设的要求,取得了很大的成绩。

(一)完成了各个时期的固定资产投资计划。

37年来,邮电基本建设共完成固定资产投资累计133.17亿元。其中,"六五"时期完成58.87亿元,几乎相当于1980年前完成投资的总和。

截至1986年,新增的固定资产总值为95.17亿元,相当于1949年原有固定资产总值的9.6倍(见表27)。

由于"一五"时期能够较好地执行基本建设程序,因而投资效益较好。1958年到1960年"大跃进"期间,不顾条件"大上项目""乱铺摊子",固定资产交付使用率下降。调整时期,重点是补缺配套,工程收尾,因此固定资产交付使用率达到112.2%。"文化大革命"期间,基本建设遭到破坏,大搞"四边"(边勘察、边设计、边制造设备、边施工)工程,不少建设项目竣工后,不能投产使用,固定资产交付使用率下降,在"四五"时期

各个时期投资情况、新增固定资产和固定资产交付使用率表

表27

项 目	恢复时期	"一五"时期	1958年至1960年	调整时期	"三五"时期	"四五"时期	"五五"时期	"六五"时期
投资总额（亿元）	1.12	4.05	8.53	2.52	9.05	15.82	17.08	58.87
新增固定资产（亿元）	0.97	3.55	6.67	2.82	6.91	10.16	14.25	39.80
固定资产交付使用率（%）	86	87.1	78.2	112.2	76.4	64.3	75.0	76.8

仅达64.3%。"五五"和"六五"时期，基本建设管理逐步纳入正常轨道，固定资产交付使用率虽有回升，但尚未达到"一五"时期的水平。

（二）建成多种手段的全国通信网。

37年来，基建部门出色地完成了建设以北京为中心，联接全国各省、市、自治区及广大城乡的邮电通信网的任务。

邮政方面。增加了自备火车邮厢、集装箱、邮运汽车和摩托车，并配备了一部分机动装卸等邮运工具，提高了邮运能力；新建邮政枢纽、转运站、交换站等31处，其中已经竣工投产的邮政枢纽有广州、长沙、武汉、石家庄、乌鲁木齐等11处；在建的有北京、上海、福州、天津等11处，及大连新建邮运码头；其余正在进行开工前的准备工作。此外，如在21个省会以上城市，实现包裹机械分拣，建立报刊分发流水线，装用邮件传送设备，以及采用现代技术进行邮政作业改革等方面进行了大量基建工作。

电信方面。建成北京—上海—杭州及北京—武汉—广州、成都—重庆、西安—郑州等中同轴电缆工程，以及小同轴、对称电缆工程。建成了除西藏、新疆、内蒙古等自治区外的联接各省市的600/960路微波干线网路，建成邮电学院6所、部属工厂27个和2个研究院的教学、科研、生产及生活设施。房屋竣工面积1060余万平方米，其中局房580余万平方米。

（三）培养、锻炼了一支高水平的设计、施工队伍。

1. 设计队伍。邮电部设计局成立时，一无设计资料，二无设计专业人才，为了尽快承担基本建设的设计任务，以侯德原、许广臣、陈宗德、刘淮、王柏年等技术专家为骨干，调配一批具有大专学历的技术人员和应届大专毕业生，经过短期培训，组成了第一批勘察设计队伍，在技术专家的指导和青年技术人员的积极努力下，逐步开展了邮电工程建设各个专业的设计工作。在工程设计的实践中，依靠全体技术人员的刻苦钻研和苏联、民主德国和捷克斯洛伐克等外国专家的帮助，一支在技术上造诣较高的勘察设计队伍逐步形成。

这支专业勘察设计队伍，先后完成了国家重点和大中型通信建设项目，如北京国际电台、北京电报大楼、新疆国际电台，以及对称电缆、中同轴电缆和微波线路，贵阳、南昌、福州、西安等邮电通信枢纽等项工程的设计任务。在1979年为大庆油田设计的通信网改造工程中，第一次成功地用微波电路作为交换局间的中继线。这项工程设计为大型工矿企业专用通信网的建设，提供了一种新的传输手段，也为微波通信的应用，开辟了新的领域。1982年开始建设的北京东单电话局工程，设计采用了万门以上大容量HJ941型纵横制交换机，还采用了1500安培大容量直流配电盘和3000安时密闭式蓄电池。

30多年来，邮电设计部门涌现了一批优秀设计和先进人物。经国家经委授予优秀设计奖的有北京—上海—杭州中同轴电缆工程、北京长话大楼长途电话自动拨号系统工程；获得国家银质奖的有北京—沈阳—哈尔滨微波换装工程、秦皇岛—沈阳对称电缆工程及沈阳—长春—哈尔滨地下电缆改造工程。设计部门在1956年评出全国先进生产者3人，全国邮电先进生产者7人。邮电部设计院高级工程师张钊，30多年来为邮电工程建设做出了突出的贡献。他在50年代研究提出"相移平衡间接串音方法"，提高了60路对称电缆的传输质量；60年代，研究提出"充气放气理论"，工期缩短了1/4到1/7；70年代，通过大地电位升高对设备的危险研究，解决了高压变电站与通信站合建的问题，获得了石油部的奖励；80年代，又针对岳阳至长沙中同轴电缆试验段连遭雷击的问题，研究提出了新的防雷措施。1985年，张钊被评为全国邮电劳动模范。北京—武汉—广州中同轴电缆工程勘察设计组,解决了工程设计中的技术问题,为工程提前 2 年建成做出了积极的贡献。这个设计组也在 1985 年被评为先进集体。

设计单位的科研成果中,在 60 年代有 2 项获得国家新产品二等奖,载入国家成果公报;有 15 项荣获 1978 年全国科学大会奖;另有 4 项获河南省科研成果奖,3 项获邮电部科研成果奖,1 项获石油部优秀科研成果奖。

各省市邮电管理局的设计部门,为各地区邮电基本建设的发展,起到了重要作用。北京市邮局设计所设计的西单邮局改建工程、江苏省邮电管理局设计所设计的无锡县新建市话工程、河南省邮电设计所设计的开封郊区市话三分局工程,均被评为邮电部 1984 年的全优工程;上海市邮电管理局设计所设计的干部培训中心,被评为邮电部的优秀设计;浙江省邮电设计所设计的杭州市话八分局工程,被浙江省评定为优秀工程。

30 多年来,这支设计队伍不断发展壮大。到 1986 年止,邮电设计院已拥有职工 21191 人,各省市邮电勘察设计单位已有职工 2811 人。

2. 施工队伍。各工程公司自成立之日起,即以提高队伍的政治、技术、业务素质,作为队伍建设的主要工作,建立了政治机构,设置专职干部负责政治思想教育工作。针对施工队伍流动、分散、工作艰苦以及长期在外,甚至春节因赶工也不能回家等特点,建立了施工全过程的政治思想工作制度,及时发现并处理好职工中存在的思想问题和实际问题。为解除职工的后顾之忧,各公司还设立专职家属工作干部,会同工会把解决职工家庭中的实际问题和思想问题,作为思想政治工作的重要内容。同时,各公司还不断进行技术业务培训,及时传授新技术,使施工队伍具有较高的政治觉悟和业务技术水平,能吃大苦、耐大劳、不畏艰险、顽强奋斗,能努力完成各个专业的工程任务。1963 年,邮电部门和中国人民解放军共同施工的川藏干线工程,全程 2000 余公里,途经大山 14 座,大河 15 条,森林 750 公里,冰川 20 多个,山高路险,运输困难,条件十分艰苦。邮电施工队和解放军共同努力,前后只用了 9 个月的时间,就完成了全部任务。邮电部参加工程的 600 多人中,立三等功的有 20 人,受奖的有 104

人。其中，于风桐等老工人，均已年近五十，不顾高原反应，坚持在海拔5000米以上的地段立杆架线。1981年，由第二工程公司承担的北京—沈阳—哈尔滨微波干线换装工程，全程1441公里，首次成功地采用了"群中频倒换系统"，为以后的微波电路建设，提供了技术数据。这项工程工作量大、线路长、施工点又处于高山峻岭，施工期跨越四季，当气温降到零下20摄氏度时，第二工程队天线队的职工，仍在几十米高的铁塔上安装天线，顽强地坚持操作，保证了任务的完成，按时传送了电视节目。在北京—武汉—广州中同轴电缆工程的建设中，布放过长江水线时，气温低达零下12摄氏度，风雪交加，施工人员抬放电缆，穿着短裤，坚持泡在冰冷的江水里工作。当该工程过湘粤交界九峰山地段时，地势非常险峻，全部敷设钢丝铠装电缆，抬放一盘250米长的电缆需120人，沿途只能匍匐前进，首尾不能相顾，大家同心协力，克服了九峰山地区的种种困难，为全线工程提前两年完成，做出了巨大的贡献。老工人汪福安是邮电基建战线上的老先进，50年代曾因公负伤，在这次工程建设中仍以顽强的毅力，拼搏在第一线上，受到人们的称赞。

  邮电部所属电信工程公司均设立了施工技术研究所，并自办小型工厂，研制施工专用机具和仪表，改进施工操作方法，同时开展群众性的技术革新活动。到1963年，通过鉴定的革新项目共671项，其中已向全国邮电施工单位推广的371项，占55.3%。1978年，在全国科技大会上有10个项目获得优秀科研成果奖（见表28）。

1978年在全国科技大会上获优秀成果奖项目表

表28

序号	项 目 名 称	用 途 及 效 果	研制单位及主要完成者
1	组合波测试仪	用于1800路载波机本机测试。提高了测试工作效率和测试质量	第一工程公司童学三等
2	电缆及微波波导自动充气设备	用于电缆充气。可对四条电缆同时充气，记录充气次数	第二工程公司、施工技术研究所。蒋顺根等

续表

序号	项　目　名　称	用　途　及　效　果	研制单位及主要完成者
3	铝护套接头封焊无熔低温封焊	用于铝护套电缆封焊。用特制低温焊料，保证封焊牢固	第二工程公司、施工技术研究所。郑史春等
4	水线冲放器	用于布放水底电缆。能一次完成布放、冲槽、埋设等工序，代替引潜水员水下作业	第三工程公司水线队胡昌寿等
5	高阻计	在设备安装工作中，具有广泛使用价值，现已被普遍使用	第三工程公司胡欣、朱德祥等
6	串音偶合矢量图示仪组	用于电缆平衡工作。基本上实现了对称电缆平衡工作的半自动化	第三工程公司朱德祥、方国奎等
7	自动测试18.6兆赫宽频电频表	用于1800路中同轴电缆的测试。适合1800路载波机的施工和维护的特殊要求，能对测试项目直观显示	第三工程公司钱宝良、朱德祥等
8	耐压故障闭路测距仪	用于中同轴电缆施工。可测出故障的地点，避免盲目剖缆	第四工程公司刘进义等
9	犁刀式敷设机	用于电缆敷设。可挖深两米，犁刀可按要求升降，配合挑缆运缆机，缩短上下盘时间，提高敷设效率	第四工程公司钱文起、李志森等
10	对称电缆一次性多段平衡技术	用于电缆平衡工作。可对有人站或增音段进行一次性多段平衡，比单段平衡提高工效三倍	第四工程公司

1978年以后，部属各工程公司共完成科研项目38项。其中，绝大部分是属施工专用的机具和仪表，而且都是市场上没有的产品，在研究成功后，均已批量生产，对改进、提高施工技术做出了贡献。

到1986年年底，邮电基建部门已有一支15000多人的施工队伍，其中部属4675人。37年来，这支邮电专业施工的骨干队伍，思想好、技术精、能打硬仗。他们常年在外，足迹遍及全国，英勇顽强地奋战在960多万平方公里的国土上，出色地完成了各个时期国家重点和大中型工程项目，以及国家重点建设的厂矿企业的弱电工程、各部委托的通信工程、援外工程和紧急工程，涌现了大批先进人物和先进集体。陶玉质、潘兴润等人曾被评为全国邮电先进生产者，欧荣深曾被评为全国建筑安装企业劳动模范，邮电部第三电信工程公司二队被评为全国建筑安装企业先进集体，蔡宝生为先进集体代表，陈勇新、杨文愚、周荣等曾被评为全国邮电劳动模范，第四电信工程公司二队被评为全国邮电先进集体。

第二节 邮电基本建设的组织管理

一、管理体制

邮电基本建设管理工作，实行统一领导、分级管理的体制。

在三年恢复时期，邮电基本建设工作由邮电部统一管理。在物资困难、技术力量严重不足的情况下，实行这种体制集中了全国人力、物力和技术力量，保证了通信建设的迫切要求。"一五"计划开始后，邮电基本建设进入了有计划的稳步发展时期，逐步实行了邮电部、省（区、市）邮电管理局、县局三级管理。最初，300万元以上的项目由国务院授权国家计委管理，300万元以下至20万元以上的项目由邮电部管理，20万元以下项目由省（区、市）邮电管理局管理。以后，国家计委管理的项目限额调整到500万元、800万元，邮电部的管理权限，也逐步下放。自1979年起，邮电基本建设划分标准采用投资额和建设项目规模双重指标，投资额在1000万元以上及跨省区的电缆、微波通信干线，重要通信枢纽和2万门以上市内电话建设工程，由国家计委管理，邮电部与省（区、市）邮电管理局对项目的管理权限也相应进行了调整。

自1982年起，国家统一规定，邮电建设改为固定资产投资，改变了单一由国家拨款的制度，国家给予优惠政策，企业增加自筹资金。同时，各级地方政府积极支持集资，有的给予低息贷款和拨款，形成了多渠道筹集资金，出现了国家、地方、集体、个人一齐上的好势头，从而大大加快了邮电建设进度。邮电建设在统一领导、分级管理的原则下，实行了国家计划为主，多种形式进行建设的多层次管理，初步走出一条加快邮电建设的新路子。

二、机构的设置与调整

邮电部一成立，就在北京组织了线路工程总队和国际电台工程处，有的大区和省、自治区、市组织了线路工程队。1952年，邮电部成立了基本建设局、工程局和设计局，开展了基本建设管理、工程管理和工程设计工作的管理。省、区、市邮电管理局于1953年起，成立了基本建设处，作为职能部门，负责管理省、区、市局建设项目的组织实施。同时，归口管理省属设计施工单位，为实行统一领导、分级管理在组织上提供了必要的条件。

1956年，设计局改为邮电设计院，是承担邮电建设工程项目勘察设计的事业单位，1965年，还成立了西安设计分院，在"文化大革命"中均被撤销。1973年，恢复邮电部设计院。

各省、区、市邮电管理局的勘察设计工作，也是从无到有发展起来的。"一五"计划时期陆续组建设计室（队），邮电部设计院先后调给设计人员并代办短期培训班，提供设计技术资料，并出版《邮电设计通讯》（以后更名《邮电设计技术》），从人力、技术上给予支援。到1986年年底，这批勘察设计单位，已发展到51个。

为了完成恢复时期长途干线的建设任务，邮电部门在1950年成立了8个长途电信工程总队。以后，不断调整施工机构，主动适应施工任务的变化，以保证完成各个时期的邮电建设任务。1958年，组建北京、武汉、西安电信工程公司。1964年，成立邮电部电信工程公司，领导部属各电信工程公司。1965年，成立郑州电信工程公司。随着通信技术的发展，各电信工程公司，由只有长途明线施工，增加了市话交换、电缆管道、长途载波、长途交换、长途电缆、短波、微波、厂矿弱电等专业，继又逐步调整，形成一专为主，兼有综合施工能力，能独立承担邮电建设各类工程的施工企业。

1969年，所有邮电部属电信工程公司都被撤销。1973年，邮电部恢复，重建了保定、西安、武汉、郑州4个公司，分别定名为邮电部第一、二、三、四电信工程公司。1980年，成立了邮电部北京电信工程公司。1983年，邮电部根据政企分设的原则，成立了中国通信建设总公司。而将基本建设局作为部的职能单位负责管理基本建设计划的实施，协调解决大中型项目建设中出现的所有问题，以加强邮电部门基本建设的宏观管理。

各省、区、市邮电管理局随着省内建设任务的需要，在50年代有20个省、区、市局成立了工程施工单位。至1986年年底，共有41个工程施工单位。这些工程施工单位是地区性的邮电施工专业机构，是省、区、市邮电管理局的附属企业，财务上多数实行内部核算。北京市电信建设公司和上海市话局施工处，是承担市话工程的专业队伍。各省属施工单位一般都承担省内二级干线工程以及市、县的市内电话等建设任务。这支专业性的地方施工队伍，也是全国邮电建设的重要力量，与全国性邮电专业施工队伍相结合，互为补充，共同为邮电建设任务做出了贡献。

三、降低造价，提高效益

邮电基建部门注意挖掘设备潜力，提高设备复用功能，是邮电建设节约的重要途径之一。在明线杆路上，从1952年开始，不断更改、设计新的杆面型式，使同一杆路有更多线对能装上12路载波。从1982年起，由于高12路载波的叠加使用，一趟架空明线线路的通信能力增加了3到6倍，每话路公里造价却降低300元以下。1984年9月验收投产的沈阳—长春—哈尔滨地下电缆改造工程，由邮电部设计院设计、邮电部第四电信工程公司施工运用平衡技术改造了旧电缆578公里，使通信能力提高了数十倍，工程费用比新建一条同样规模的电缆，节省约2000万元。

积极采用新技术，建设干线电缆和微波接力工程，提高了通信质量，降低了电路的单位造价。从1973年9月开工到1976年3月竣工的北京—上海—杭州1800路中同轴电缆工程，每话路公里造价仅为19元；从1962年开始试验段建设的微波接力通信系统，不仅经济效益好，还具备播送双向彩色电视、开放新闻广播和报纸传真的性能。

积极开展设计工作的科学研究，不断提高设计技术，促进了工程建设，也降低了工程造价。80年代初期，邮电部设计院张钊在电磁兼容性研究中，淘汰了载波机房电磁屏蔽方法，节省用铜量，一个大型机房约可节省投资30万元；还进行了干线电缆防雷技术研究，采取新的防护措施，用普通电缆代替防雷电缆，可节省电缆料价1/3到1/2。1981年，邮电部设计院邓听聪领导的电源研究组，研制了成套整流及配电设备的更新产品，使整流器容量较原产品提高17%，设备价格降低35%，设备安装的占地面积减少了42%，功率因数从0.55提高到0.7；还研制了3000安时的大容量蓄电池，为市内电话万门以上HJ941型纵横制交换机工程提供了配套的电源设备。

做好开工前准备，集中力量打歼灭战，缩短建设周期，节约了基建费用，降低了工程造价，还提前发挥投资效益。在三年恢复时期，东北国际工程总队集中全国长途机线力量，收集各地器材，承担了北京—满洲里全程2400公里的干线建设工程，只用了6个月时间，于1950年12月12日建成，开通了12000公里的中苏国际有线通信载波电路。北京—武汉—广州中同轴电缆工程，原计划在1987年完成，邮电部采取集中力量保证重点的措施，经过邮电部第三、四电信工程公司积极努力，以及有关省、地、县人民政府的有力支持和通力协作，使整个工程整整提前了2年，于1985年竣工投产，不仅节约了开支，还较快地解决了沿线电路的需要。

四、提高技术装备水平

组织设计单位、施工单位，参与试制新设备的技术攻关，取得显著效果。例如，在60路电缆载波、60路微波、600路微波的技术攻关中，基建部门除参加勘察设计外，还配合电缆和设备制造工厂参加调查研究，提供技术参数和各项指标，使邮电通信技术装备的水平有很大提高。在各项新技术工程中，基建部门还研制了长途电话无绳台、载波室各种插接设备，以及通信电源中的全部整流设备和各种类型的配电装置等工程的配套设备，提前了新技术、新装备在工程建设中的应用时间。

第三节 严格执行基建工作程序

一、可行性研究报告和设计任务书

邮电基本建设工程项目，是根据邮电建设五年计划，结合业务发展的需要而提出的。各工程项目要按照缓急程度，分别编制项目建议书。属于国家审批的大中型项目，由邮电部设计院进行现场勘察，提出勘察报告。报告中对项目的实施，做出多个方案，核算投资控制额。进行技术经济比较，选定最佳方案，作为推荐方案。勘察报告是供领导决策用的，经部审批后，据以编制设计任务书。属于部管的项目也要经过勘察，再编制设计任务书。各省、区、市邮电管理局管理的项目，可以简化设计任务书的编制程序。

编制设计任务书是基本建设工程项目最关键的环节。设计任务书确定了建设项目的建设规模、建设内容、建设地点、主要技术方案、配套设施以及投资控制额等主要的建设原则和建设条件，一经批准，就是建设项目的重要依据。

设计单位按照批准的设计任务书进行工程设计。在设计中，对设计任务书的内容如有意见时，要向原批准单位申报，在没有得到批复前，任何单位和个人都无权修改。设计任务书也是工程竣工验收的主要依据。

1980年以来，引进国外设备的项目增多，在报批程序中，增加了可行性研究报告的步骤，凡是从国外引进技术设备的工程，必须在可行性研究报告批准后，才能向外商询价。1982年，这个规定扩大适用范围，对国内设备的重大工程，也要做可行性研究报告。

二、年度计划

自第一个五年计划时期起，在编制邮电基本建设年度计划时，考虑业务量的完成情况和预测需要，首先根据国家确定的投资和分配的主要物资，做好物资、设备资金和施工费等方面计划，对年度基本建设进行全面的综合平衡。然后按照计划内的具体工程项目，对其所需的物资和设备，进行二次平衡。这就使年度基本建设计划，能够落实在需要与可能比较接近的基础上。多年来的实践证明，这是个比较好的办法，只是在"大跃进"和"文化大革命"时期，曾有一段时间停止实行。

30多年来，凡列入年度计划的项目，要求必须具有经过批准的初步设计和工程总概算。但第一个五年计划以后，有的年度执行不够严格，有的项目还没有初步设计，就列入了年度计划。由于没有设计，造成了计划内容多变。加上有的工程概算不准确，有的工程甚至没有概算，敞开口子花钱。往往是投资计划完成或突破了，而工程量却没有完成，带来了项目管理上的混乱和浪费。

适时地编好年度计划，是按计划进度完成工程建设的保证条件，这是多年实践总结的好经验。但在"二五"到"五五"计划期间，有的年度基本建设计划编制较晚，曾造成工程建设"一季闲，二季上，三季忙，四季抢"的被动局面。

省、区、市邮电管理局编制的年度基本建设计划，必须和干线建设计划紧密配合，才能保证全程全网的建设效益，特别是机房土建工程，应提前进行。例如，北京—上海—杭州中同轴电缆建成后，由于配套建设不够和未能及时同步建设，致使有的省内通信部分未能及时发挥作用。市话建设中，机线不配套，建成后不能大量放号，也影响建设效益。

在邮电基本建设前期工程阶段，有过许多行之有效的办法和规定，但在"大跃进"和"文化大革命"期间，未能坚持下来，直到1980年才逐步恢复。编制"六五"计划和1983年年度计划时，按照国家计委关于编制前期工作计划的通知，编制了前期工作计划，促进了工程的完成。

三、项目的实施

邮电基本建设项目的初步设计经过批准，列入年度计划，进入实施阶段时，以有关省、区、市邮电管理局作为建设单位。基本建设项目的实施，必须按照初步设计，做出施工图设计，保质保量地完成建设任务，并严格执行总概算，控制费用开支，降低工程造价。

"一五"计划时期，为了北京电报大楼工程的实施，组织了筹建工程处，负责工程建设全过程的组织与管理。在建设中，筹建工程处贯彻基本建设程序，协调了设计、施工和物资供应等方面的关系，及时研究解决工程进行中发生的问题，加强了工程进度和施工质量，尤其是隐蔽部位的监督和随工检查、验收，从而保证了工程的顺利实施，质量优良地完成了建设任务，工程费用控制在总概算以内，节约了建设资金。

北京电报大楼工程采取组建临时筹建机构的措施，为邮电基本建设提供了有益的经验。30多年来，大中型项目如新疆国际电台、北京长话大楼以及各地的邮政枢纽、电信枢纽等工程，都组织了筹建工程处，在有关省、区、市邮电管理局的领导下，负责工程的组织实施。这些筹建机构都是临时性的，由有关省、区、市邮电管理局在现有职工中，抽调有组织能力、具有专业技术的人员组成，工程建成经验收并做出工程决算后，即行撤销。

"五五"计划时期，北京—上海—杭州中同轴电缆工程，因途经8个省、市，在工程实施中，组建了电缆建设工程处（是部属的工程管理单位）负责工程全线的组织与管理。各有关省、区、市邮电管理局成立了电缆办公室，负责该省、区、市境内工程的建设。省际间计划的衔接、进度的安排以及物资器材的调拨等，都由电缆建设工程处协调。电缆建设工程处的设立，适应了邮电建设全程全网的特点，对跨省干线工程的组织实施，提供了又一个有益的经验。建立专责管理跨省干线工程的，电缆建设工程处，既有利于工程技术人才的培养，又有利于工程管理经验的积累和工程建设水平的提高。通过北京—上海—杭州、北京—武汉—广州、贵阳—昆明、北京—呼和浩特、西安—郑州等电缆工程的具体实践，证明这是个成功的经验。

限额以下的工程项目，由有关省、区、市邮电管理局负责管理，具体的工程实施，由各有关省、区、市邮电管理局的基本建设处承担。

邮电科研、工业、教育、物资、基建等单位的工程项目，由其上级主管部门负责管理。

四、工程竣工和验收投产

邮电大中型项目竣工后,由建设单位组织初验(其中隐蔽工程实行随工验收),并上报初验报告。邮电部根据初验报告,组织工程验收。经验收合格的项目,正式投产使用。限额以下的工程项目,由有关省、区、市邮电管理局组织验收。

工程验收的技术标准,房屋建筑部分按国家颁发的建筑规范和验收标准进行检查;工艺部分,根据邮电部制定的施工及验收技术规范进行检查。

工程验收的主要依据是该项目的设计任务书和经批准的初步设计以及总概算。在验收时,要考核工程的建设规模、建设内容和相应的技术装备,并审查工程总概算的执行情况和初步决算。

经验收合格的建设项目,要在3个月内报出工程财务决算,并办理固定资产转移手续。但过去有的工程,由于竣工决算未能及时进行,不能办理固定资产交付使用的手续,影响了固定资产的正常管理。在基本建设管理上,长期忽视了对竣工决算进行经济效益的分析研究。

30多年的经验证明,凡是按基本建设程序进行工作的,就能做到速度快,质量好,投资省,建设效益高;凡违反这一程序的,一般都是质量低,浪费大,甚至造成长期无法弥补的损失。

第四节 邮电基本建设的改革

随着国家经济体制改革的深入,邮电基本建设改革也在积极推行。除进行了拨款改贷款和多种形式筹集资金的改革外,在基建管理上也在进行改革试点。

一、改革计划管理

1980年以来,在邮电部门年度基本建设计划中,除大中型和部管项目的投资仍由邮电部掌握外,将地方邮电建设的投资按省、区、市切块分配,由各省、区、市邮电管理局根据国家政策和上级的原则要求,安排计划上报备案。这就扩大了省、区、市邮电管理局的权力,调动了他们的积极性,能够较好地完成建设任务。

二、实行投资包干

在邮电基本建设中,根据工程的不同情况,实行了多种形式的投资包干经济责任制。一种是在设计任务书批准后,根据核定的建设规模、建设内容和投资控制额,由有关省、区、市邮电管理局和部计划局签订投资包干合同。一种是在初步设计审定后,按核定的工程总概算,由建设单位或施工单位实行投资包干。

按批准的初步设计和总概算实行投资包干,进行了三种不同形式的试点:一是由工程项目的建设单位,即所在省、区、市邮电管理局和部基建局签订承包协议;二是由施工单位和建设单位签订合同按批准的总概算承包;三是由施工单位按工程预算加系数承包。通过承包,批准的总概算在工程实施中,一般都没有被突破,这样就扭转了过去那种一再追加总概算的局面,有的工程还有节余,节约了资金,同时增强了施工单位和施工人员的责任心,工程质量得到了保证,工程进度也能够按计划完成。例如,国家重点项目,北京—武汉—广州中同轴电缆工程和北京东单电话局工程,由于实行了投资包干,分别提前两年和半年完成了建设任务,节省了基建费用,取得了较好的效果。上海—南京小同轴电缆工程,实行投资包干,建设单位又实行了层层包干,并发包给施工单位,仅用两年零七个月即建成投产,不仅缩短了建设工期,而且节约投资100多万元,工程质量优良,经济效益显著。

三、设计单位企业化管理

邮电部设计院于1984年实行了"事业单位企业管理",实行"设计收费、企业化经营、独立核算",当年完成的设计工作量上升至1.3亿元,1985年为2.3亿元,比1983年人均产值增加了一倍以上。1986年的人均产值又有所增加。各省、区、市邮电管理局对其设计机构,自1984年也逐步进行独立核算、自负盈亏的改革,调动了设计单位的积极性。

四、实行工程项目招标办法

在工程项目实施方面,有的建筑单项实行了招标、投标方式。例如,黑龙江省邮电管理局,1985年开始推行招标承包制,新建局房工程15项中,有12项实行了招标,11项获得了成功,压缩了投资,工期平均缩短了20%,工程质量都比较好。其他如通信专业工艺单项工程的招标、投标工作,正在探索研究。

五、施工企业的改革

自1984年、1985年开始,邮电部直属施工企业先后试行了百元产值工资含量包干办法,企业的工资基金直接与生产成果挂钩,促进了企业管理,加强了核算,提高了劳动生产率。1986年与1983年相比,全员劳动生产率提高了46.4%,利润增长了8.6%。

国家计委和国家统计局公布的1986年在国营建筑安装企业完成的主要经济效益指标中,邮电部直属施工企业在各部门中名列第三。

第六编
邮电经济管理和国际交往

第二十二章
邮电经济管理

第一节 邮电计划

邮电计划部门为邮电经济的发展和建设制定目标,并进行各项计划的综合平衡,监督邮电各项计划的实施,以保证邮电建设和各项工作有秩序、有步骤地进行。

邮电计划工作的基本任务是:根据国家的方针、政策和国家长远规划与年度计划,拟定邮电部门生产、建设的中、长期和年度计划;协调邮电部门与国民经济各部门之间,邮电部门与全国各省、区、市之间及邮电内部企事业之间的关系,使之互相衔接,有计划、按比例地协调发展;通过计划的统筹安排,合理利用人、财、物等资源,提高服务质量和经济效益;通过计划的监督、检查,促进各项计划的全面完成。37年来,邮电部门已建立了较为完整的计划管理体制和计划指标体系。

一、计划任务、体制和指标体系

(一)三年恢复时期。

1949年11月邮电部成立时,中国人民解放军仍在分头向东南、西南、西北、华北尚未解放的地区进军,各地邮电机构是随着战争的推进而建立的,通信服从于战争的需要。全国除东北和一些老解放区着手进行初步的建设工作外,新解放地区主要是积极恢复通信工作,尚未具备有计划进行建设的条件。

根据毛泽东主席提出的"三年恢复、十年建设"的步骤,恢复时期的邮电通信建设任务是，建立以北京为中心通向各大行政区、各省、自治区和直辖市的邮政和电信通信网路。建立从北京到各大行政区和各省的通信，首先恢复邮政通信。在电信建设方面，先沟通无线电联系，然后再逐步修复和新建有线电路；同时修建大功率的以国际通信为主的短波无线电台，修建通往社会主义国家的国际有线电路。这是这个时期的主要计划目标。

恢复时期所进行的"抗美援朝""土地改革""三反""五反"以及农业合作化运动，都对通信提出了具体要求，因此在邮电计划的安排上，也充分考虑了这些因素。

1950年6月，邮电系统从部到各大行政区和各省、自治区、直辖市的邮政、电信管理局，直至基层企业，都建立了计划机构。它是各级邮电领导部门在计划工作中的"参谋部"。计划机构的任务是建立计划管理制度，明确计划范围、工作程序，统一计算的方法。经中财委批准，邮电部门建立了邮电企业计划管理的7项制度，即《邮电企业计划工作暂行办法》《邮电企业业务计划编制办法》《邮电企业基本建设计划编制办法》《邮电企业劳动计划编制办法》《邮电企业大修理计划编制办法》《邮电企业成本计划编制办法》《邮电生产质量指标编制办法》。

恢复时期的计划编制程序是"两下一上"，即由邮电部颁发计划控制数字，下达各大行政区和省、区、市邮电管理局；各大行政区和省、区、市邮电管理局根据部颁控制数，编制本单位的计划草案，上报邮电部；邮电部经过综合平衡后，编制邮电部的计划草案，送国家计划委员会综合审查，根据国家批准后，再逐级下达。

（二）第一个五年计划时期。

从1953年起，国家进入了有计划的经济建设时期。根据国家在过渡时期的总路线和总任务，随着国家经济建设、国防建设、文化建设的发展，邮电部门必须逐步建成完整的通信体系，以适应社会主义建设的通信需要。在第一个五年计划时期内，邮电通信的主要任务是，"加强首都和各重要城市及新工业城市的通信联系，并配合工业城市建设的通信需要"。国家计划中确定的5年邮电通信具体目标是：电信线路增加6.3万公里，重视利用无线电通信，市内电话增加9.1万门，邮路总长度达到196.8万公里，积极地整顿并稳步地发展乡村的通信事业。为此，必须努力提高邮电业务和技术水平，改进经营管理，发掘潜力，提高邮电工作质量，抓紧干部培训，建立通信科学研究工作。邮电第一个五年计划，于1955年7月31日经第一届全国人民代表大会第二次会议通过，国务院正式下达。

在"一五"计划期间，邮电部为了加强计划的指导性，专门成立了计划编审委员会，各项年度计划编制工作是在编审委员会领导下进行的。

国家计划是指令性的，具有严肃的法令性。凡经国家批准下达的各项计划指标，任何单位不得随意修改，必须认真执行。各项邮电计划经批准下达后，执行计划的基层企业及时把计划指标落实到班组和个人，并采取相应的措施力争实现。部、省两级都适时地检查计划的执行情况，同时还根据统计报表反映的计划进度、工作质量进行检查。年度计划内的进度，通过月（季）定期报表进行检查，全年计划根据年度总结报表进行检查，五年计划则根据五年完成总和或水平进行检查。

邮电业务与国家政治、经济、文化生活联系密切。国家的每一项重大措施和国际上的重大事件，都对邮电业务发生直接的影响。因此，在编制网路建设计划和业务量发展计划时，邮电部门都注意尽量满足客观形势发展的通信需要，遇有形势变化可以适时地调整计划。

1957年，邮电部门胜利完成了国家下达的邮电第一个五年计划的任务，各项主要计划目标都超额实现，建成了首都的国际电台，完成了扩建市话等重点建设项目，建成了以北京为中心通向全国的邮电通信网，干线质量都达到了技术标准，只有邮电局所建设没有达到规定目标，部分农话线路未按技术标准架设。

（三）"大跃进"时期。

1958年到1960年为国民经济"大跃进"时期。根据国务院指示，邮电部门改变管理体制，邮电企业于1958年6月25日陆续下放。随着领导关系的改变，邮电企业的计划任务、财务关系，也作了相应的改变，除跨省的邮电通信干线建设项目外，邮电各项计划都划转到地方的国民经济计划内，财务预算也划转列入地方预算内。编制计划程序，由过去"两下一上"改变为自下而上逐级编制，并实行中央部与地方同时编制计划的以地方为主的"双轨制"。基本建设实行"投资下放，总额控制"，生产计划与业务收入实行"两本账"。第一本账是基本目标，第二本账是企业生产的奋斗目标。第二本账实质上是"高指标"，由于层层加码，无法全面规划和综合平衡。基本建设也层层加码，基建战线拉得太长，基建程序被破坏，推行"边计划、边设计、边筹料、边施工、边投产"的所谓"五边"和"简易投产"，使工程质量无法保证，造成很大浪费。由于行之有效的计划管理制度被破坏，计划管理混乱，生产与建设比例失调，给邮电事业带来很大损失。

（四）国民经济调整时期。

为了扭转国民经济比例失调和经济困难的局面，1961年年初，中共中央决定实行"调整、巩固、充实、提高"的八字方针。邮电部门坚决贯彻这一方针，首先恢复原有的管理体制。在计划管理上，上收计划权，恢复编制计划的"两下一上"程序。在建设上，缩短战线，基本建设审批权限上收集中到部，一切基建项目都要纳入计划，不准安排计划外工程，大中型项目必须由国家批准；限额以下小型工程项目也要由邮电部批准，同时给予省局一定的机动权限。要求各地邮电部门树立"全国一盘棋"思想，从全局出发，按照统一的计划办事，确实保证全国通信任务的胜利完成。

三年"大跃进"造成企业管理混乱，通信质量严重下降，遗留下来的未完工程就有200多项，造成巨大的浪费和损失。经过调整，通信质量有了提高，邮电新技术的研究开发工作有了突破，邮电经济情况也有了好转。三年"跃进"、五年调整的历史经验证明：计划工作必须搞好全面综合平衡，并在计划执行过程中不断进行积极平衡，使计划尽可能符合或接近实际。片面地追求高指标、高速度，不适当地夸大主观能动性的作用，不按科学办事，必然受到客观规律的惩罚，其结果是与愿望相反，付出巨大的代价。

（五）"文化大革命"时期。

"文化大革命"时期，邮电部门先是军管，后是电信改为军事编制，邮政划归交通部管理。邮电计划工作全被冲乱，制度全被破坏，各项综合计划，各项统计报表和制度都陷于停顿状态。

1973年邮电部恢复后，开始逐渐恢复计划工作和统计制度，但由于"左"的影响，对宏观经济失去控制，该管的没有管起来，该放的也没有放下去，计划和统计工作仍未走上正轨。

这一时期，邮电部门在极端困难的条件下，遵照周恩来总理的指示，在1969年编制了全国电缆和微波网的建设规划，列入了1800路中同轴电缆和960路微波干线，保障发射人造卫星的通信网、中日海底电缆、广州至香港小同轴电缆，以及北京和上海卫星通信地球站、侯马电缆厂、眉山和洛阳通信工厂等建设项目。

（六）贯彻改革的十年。

粉碎"四人帮"后，中共十一届三中全会决定全党工作重点转移到经济建设上来，实行改革、开放、搞活的总方针。随着国家对计划统计工作的加强和计划管理体制的改革，邮电行业的计划管理克服"左"的影响，端正了指导思想，注意坚持实事求是、量力而行、讲求实效的原则，在计划工作中进行了一系列改革。

1. 邮电部根据国家颁布的工业企业八项经济技术指标，制定了邮电通信企业经济技术指标，并在通信企业试行以后，于1978年2月颁发了《邮电通信企业经济技术指标管理办法》，1979年又进行修订。邮电通信企业经济技术指标包括：①邮电计费业务总量；②通信质量，邮政包括各项邮件、报刊发行的差错、损失延误率等10项指标，电信包括各项业务的逾限、差错、障碍、畅通率等9项指标；③劳动定员；④生产费用；⑤收支差额；⑥百元固定资产占用流动资金。这些经济技术指标，是考核邮电通信企业的综合经济技术经营状况的依据。

2. 改革邮电计划管理工作。按照大的方面要管住管好、小的方面要放开放活和简政放权的精神，对于带有全局性的、关系到邮电通信发展的方向、目标、增长速度、投资规模和劳动、财务、工业、教育、科技发展等主要指标，由邮电部综合平衡，统筹安排，下达指令性计划。其中业务量、财务等指标是必须完成指标；投资额、增员等指标是限额指标，各邮电单位必须严加控制，不得突破。对于大量的一般性经济活动，列为指导性计划指标，由各单位按照社会需要，在国家方针、政策许可范围内灵活安排，逐步扩大企业在计划管理方面的权限，增强企事业单位的活力。

计划编制程序，自1980年起，把"两下一上"简化为"一上一下"，即年度计划先由基层计划单位根据中期计划的方针、任务，参照上一年计划执行情况，进行综合平衡，编报计划草案；经批准后再自上而下逐级下达执行，使计划工作效率较前提高。

3. 加强技术引进和设备进口工作。技术引进、设备进口和利用外资工作列为年度计划和中长期计划的重要内容。在这一阶段，邮电行业在程控交换、自动转报、快速传真、用户电报、卫星地球站、海底电缆、电子计算机等方面进口了一批先进的通信设备，同时也安排了一批邮电工业生产技术的引进项目。

4. 加强投资计划管理。为全面反映基本建设和更新改造的总规模，加强宏观管理，提高投资效益，将基本建设和更新改造计划合并为固定资产投资计划。除对邮电建设增加投资外，国家还对邮电部门实行优惠政策，充分发挥地方政府的积极性，以及采取吸收外资、利用企业自有资金等办法，多渠道地筹集建设资金，从而大大加快了邮电建设速度。

5. 改革计划管理体系。经过调查研究，邮电部门逐步建立了一套比较适合邮电事业发展的计划指标体系。这个体系的划分方法有三种：一是按照经济、技术、业务、建设计划划分，包括邮电业务量、通信总量、通信质量、通信网路、工业生产、科技、教育、固定资产投资、劳动工资、物资供应、财务、技术引进、大修理和经济效益13种计划，其中以邮电业务量、通信质量和通信网路计划为核心。二是按照职责分工及所承担的任务划分，包括通信企业、工业企业、施工企业、物资供销企业、邮票发行企业、教育事业、科学研究事业和规划设计事业8个系统，其中，以通信企业计划为依据，带动本系统各项计划的实现。三是按照计划期的时间长短划分，包括长期计划（10年以上）、中期计划（5年）和短期计划（年度），以长期计划作指导，以中期计划为重点，通过年度计划的落实以确保中、长期计划的实现。

6. 按照计划指标反映的内容、性质、表现形式及所起的作用等不同要求，建立了数量与质量指标，指令性与指导性指标，实物与价值指标，核算与考核指标等指标体系。

二、规划工作

邮电规划工作的任务是：根据国家的方针政策、国民经济和社会发展战略，对社会经济、通信业务规律、用户构成、业务结构和流量流向以及通信与国民经济发展的关系等问题进行调查研究，据以确定邮电通信发展的方针、政策与重点，制定邮电中长期发展具体目标和实施方案。长远规划是以通信网路的发展建设规划为中心的邮电事业全面的发展建设规划。规划必须是科学的、稳定的，是编制年度计划的依据和指导性文件。

1979 年以前，邮电部门的规划工作，由计划局与各专业局共同研究制定相关规划。从 1953 年起，邮电部门的规划都是在国家计划委员会的统一领导下编制执行的。第一个五年计划经国家正式批准，执行得较好，邮电事业的发展也比较快。其间随着农业社会主义改造运动的发展，1955 年，邮电部制定了《关于配合农业合作化运动乡村邮电发展和改进的规划》。在中共中央公布的《1956—1967 年全国农业发展纲要（草案）》中的第 31 条规定了普及农村电话网和邮政网的要求，促进了农村邮电事业的发展。邮电第二个五年计划是按照国务院的指示和国家计划委员会的部署编制的。1955 年编制的建议数字比较切合实际，但在执行中由于遭到"大跃进"的干扰而未能实现。1958 年，邮电部党组提出的《关于发展邮电事业的十年设想》，出现了高指标，脱离了实际。1961 年随着国民经济的调整，邮电部门制订了邮电三年调整计划，使邮电事业的发展恢复了正常。

邮电通信是个科学的系统工程，它的建设和发展必须按科学规律办事，制定邮电发展规划必须协调配合，进行各方面综合平衡。但 1966 年到 1980 年，虽然编制了第三、第四、第五个五年计划草案，但编制计划的依据却不够充分，国家也没有正式批准，因而计划也难以完全实现。例如，在"文化大革命"中进行的微波和中同轴电缆干线工程，在设备技术性能尚不稳定，附属设备还不配套的情况下，仓促列入计划，结果计划不但不能按时完成，还不得不进行整治甚至换装设备，付出了相当的代价。

1979年，邮电部成立了规划所，各省、区、市邮电管理局相继设立规划机构，从组织和专业系统上加强了规划工作。部、省两级规划工作专业人员近500人。邮电部规划所是邮电部直属事业单位，负责全国邮电通信发展规划的编制、修订与综合平衡；组织审定、协调各省、区、市邮电管理局和有关部门规划方案；参与重大项目的审定；组织规划人员的培训，并进行与通信发展有关的软科学研究等工作。

在编制邮电第六个五年计划时，国家把邮电作为发展社会经济的基础设施，邮电建设列入重点，给予了灵活的政策和优惠的条件。因而，邮电第六个五年计划确定的邮电业务总量、行业利润、市内电话、长途传输干线、卫星交换设备、长途电路、邮政枢纽、邮件交换站、邮电局所等指标计划执行得较好，使邮电事业进入了一个新的发展阶段。

1982年，国家把邮电列为战略发展重点。1983年1月，邮电部曾提出到2000年全国电话机部数和邮件处理能力略高于翻两番的目标规划。1984年，邮电部党组决定提出到20世纪末的发展目标和"七五"期间的计划安排，争取到2000年邮电主要通信能力和业务总量翻三番的奋斗目标。（见表29）

各五年计划时期几项主要指标发展比较表

表29

指标名称	"一五"时期(1952—1957)	"二五"时期(1958—1962)	"三五"时期(1966—1970)	"四五"时期(1971—1975)	"五五"时期(1976—1980)	"六五"时期(1981—1985)
邮电业务总量年平均增长速度（%）	12.3	16.8	1.8	6.9	6.9	9.8
邮电业务收入年平均增长速度（%）	9.2	7.9	4.2	7.2	10.8	17.3

续表

指标名称	"一五"时期(1952—1957)	"二五"时期(1958—1962)	"三五"时期(1966—1970)	"四五"时期(1971—1975)	"五五"时期(1976—1980)	"六五"时期(1981—1985)
百元业务收入的业务支出年平均水平（元/百元）	74.2	67.9	90.0	94.2	85.7	77.0
邮电固定资产原值期末到达数（万元）	140132	203322	305143	479598	756687	1261796
五年累计增长数（万元）	35188	63190	101821	174455	277089	505109
年平均增长速度（%）	6.0	7.7	6.2	9.5	9.5	10.72
邮电投资占国家投资比重（%）	0.79	0.79	0.99	0.94	0.82	0.98
邮电局所五年累计增长数（处）	-4166	-862	1240	3680	764	3636
五年累计增长速度（%）	-8.4	-1.9	2.8	8.2	1.5	7.3
长话电路五年累计增长数（条）	907	4696	1783	4285	6030	15540
五年累计增长速度（%）	24.0	100.3	18.0	36.6	37.7	70.6
市话交换机装机总容量五年累计增长数（万门）	25.2	33.3	5.3	30.3	54.1	136.2
五年累计增长速度（%）	63.8	51.5	4.8	26.1	37.0	68
电话普及率期末到达水平（部/百人）	0.13	0.29	0.27	0.33	0.43	0.60

续表

指标名称	"一五"时期 (1952—1957)	"二五"时期 (1958—1962)	"三五"时期 (1966—1970)	"四五"时期 (1971—1975)	"五五"时期 (1976—1980)	"六五"时期 (1981—1985)
中央国营职工当年价格的期末年平均工资（元/人）	698（52年）	620	639	636	832.1	1163
新增职工住宅竣工面积	1968—1978年合计100多万平方米，1979年32.9万平方米，1980年69万平方米					451.6万平方米

三、统计监督和统计报表

统计工作是邮电部门企业管理的基础工作。从部到省、县各级的邮电企业，都设立统计机构，并配备专职的统计人员。邮电统计监督工作，一方面为各级领导决策提供企业管理和企业经营的统计信息，另一方面发挥着监督的职能，通过检查计划执行情况，反映企业经营管理的成果和存在的问题。

邮电统计部门搜集、整理有关经济信息，进行动态分析，及时反映各项计划完成情况和企业经营情况，提供领导决策。邮电统计部门定期公布邮电统计资料，提供统计信息和统计服务，开展统计分析、统计预测，并进行统计监督。

邮电统计报表体系，是根据国家的统计制度和统计报表体系，结合邮电专业的实际情况形成的。邮电统计报表体系包括八大类：1. 邮电专业统计报表，包括邮电业务量、企业产品量、通信质量、通信服务水平、邮电局所和邮电服务网点、邮路和电路、邮电通信设备及专用工具、邮电经济效益等；2. 邮电劳动工工资统计报表；3. 邮电固定资产投资统计报表；4. 邮电物资供应统计报表；5. 邮电工业统计报表；6. 邮电教育统计报表；7. 邮电科技统计报表；8. 其他统计报表。

邮电部按照以上报表体系的有关指标和"准确、及时、全面"的基本要求，于每年年度终了时，编制《邮电统计资料汇编》，并在报刊上刊登《邮电事业发展情况的统计公报》。

1979年后，中国邮电部每年向万国邮政联盟和国际电信联盟提供邮电统计资料。

邮电统计资料的提供和公布，扩大了统计工作服务范围，使统计信息的作用进一步得到发挥。在统计工作中，积极采用电子计算机等先进的技术手段，从而使各种统计资料和统计信息得以准确、迅速地计算、汇总和提供利用。

第二节 邮电财务

邮电财务管理的主要职能是筹集、分配和使用各项资金，实行有效的财务监督，加速资金周转，保证资金积累，贯彻经济核算制，促进通信生产建设的发展。中华人民共和国建立以来，邮电财务管理部门根据各个时期国家的财经方针政策，结合邮电生产特点，逐步完善财务管理体制、制度和办法，并筹集资金，对邮电事业的发展起了保证作用。

一、财务管理体制的演变

邮电部成立初期，邮电财务由地方管理，没有统一的财务会计制度。1950年，根据中央人民政府《关于统一国家财政经济工作的决定》和邮电通信的特点，邮电部门建立了全国邮电企业统一集中的财务管理体制，着重抓了资金的统一调度，取得了良好的经济效果。它改变了旧中国邮电企业长期亏损，依靠国家补贴的局面，当年邮电全行业就实现利润1642万元，免除了国家补贴，减轻了国家财政的负担，保证了通信生产资金的需要。

第一个五年计划时期，在继续坚持邮电财务统一集中管理的基础上，实行分级管理，完善各项财务制度，发挥各级财务管理的积极性，各个年度实现的利润比1950年有了成倍的增长。

1958年到1961年，邮电财务管理体制，随同行政管理体制的改变而调整，除在北京的邮电单位外，其余均改为以地方管理为主。1962年起，恢复了以邮电部门为主的财务管理体制。

"文化大革命"期间，邮电财务管理遭到严重破坏，行之有效的财务制度被废除，财会机构和财会队伍被削弱，财经纪律松弛，财务支出失控，经济效益逐年下降，自1970年开始的10年中，邮电通信企业出现连续9年亏损的局面。

1973年邮电部恢复。1974年2月，邮电部与财政部发出联合通知，决定自1974年起北京邮电两局财务管理权限划归邮电部，各省、区、市邮电财务管理工作仍以地方财政部门领导为主。在1979年以前，邮电部门每年亏损的状况仍未扭转。

1980年，根据改革、搞活的政策、邮电部门调整财务管理制度，财务管理权限由邮电部统一掌握，并扩大企业经营自主权，实行财务包干；随后开展财务大检查；推行经济核算制度；进行了清产核资；狠抓了增收节支、扭亏增盈等工作，促使邮电财务状况逐年好转，从1980年起扭亏转盈，利润逐年增加，自1983年开始，邮电财务管理进入新的发展时期。

二、通信企业财务和资金管理

1949年中华人民共和国成立时，新老解放区的邮电经济管理制度是不统一的。1950年，国家决定邮电通信企业在全国建立统一的"金库制"，规定邮电企业的现金收入，当日全部交当地人民银行，再逐级解交人民银行总金库，最后由人民银行转入邮电部营业收入户。这就使全国邮电通信业务收入迅速集中，统一调拨，合理使用，保证了通信所需资金。金库制建立后，开始按期编造预算，按计划定期下拨。

1956年5月起，将"金库制"改为"预算拨款制"，实行收支两条线的管理办法。收入及时送存银行，不许自行提用。费用支出按计划由省、区、市邮电管理局与当地人民银行下达拨款限额，各邮电企业根据限额从营收户转入营支户支用，营收户余额则按期上交。支出大于收入的企业，其差额由省、区、市邮电管理局与人民银行结算，从而加强了资金管理和计划管理，减少了部、省之间的资金缴拨款手续，使结算比较及时。资金管理实行分户核算，不得互相流用，加强了各项资金运用的计划性。

1958年7月，又将"预算拨款制"改行"收支差额"管理办法，即收入大于支出的局办理对上差额缴款，支出大于收入的局由邮电部办理对下差额拨款。收支差额管理办法，在资金运用上有较大的灵活性。营收户、营支户和结算户均可合并，业务收支可以相抵，业务支出计划各项目之间可以流用。部对省、区、市邮电管理局只掌握业务收入、业务支出总额和收支差额。在财务缴拨款方面，按照财务缴拨款计划按季分月进行，保证资金的调剂盈亏。

1980年，邮电部门扩大企业自主权，实行"收支挂钩、差额包干、超额分成"的财务包干办法，调动了邮电企业发展业务、增收节支、加强经营管理的积极性。全国通信企业经济效益迅速提高，企业的生产发展基金、职工基金和奖励基金，也逐年有所提高。

邮电通信任务必须依靠全程全网联合作业才能完成，每个企业业务收入的多少，不能完全反映其经营的成果。为了使每个企业各项劳务都得到经济补偿，能够自计盈亏，促使企业加强经营管理，关心经济效益，1979年，邮电部先后在辽宁、湖北两省组织邮电部门进行"经济核算制"试点。1984年扩大在全国试行，1985年全面推行。实行"经济核算制"以后，各省、区、市邮电管理局建立以"通信总量"为中心的经济核算体系，全面考核企业的生产经营活动，计算"自有收入"（邮电企业内部自我核算办法中的一个名称），按照企业完成的劳动价值量进行收入再分配，并建立成本核算制度，加强成本管理，核算企业利润，自计盈亏。它反映了邮电企业相对独立的经营成果，是邮电通信企业内部自我核算的一种办法，是经营管理制度的一项改革尝试。"经济核算制"正在实践中不断改进完善。

三、财务分配

企业财务分配制度的制定和执行，涉及国家的财政积累，关系到国家、企业和职工三者的物质利益。37年中，随着国家财政分配制度的改变，邮电企业财务分配相应进行了多次调整。

第一个五年计划时期，国家对企业实行奖励基金制度。邮电企业实现的利润，除按规定提取企业奖励基金外，其余额和提取的基本折旧基金，全部上交国家。邮电企业需要增加的流动资金、基本建设投资和因技术组织措施、试制新产品、采取劳动安全保护措施需要增加的固定资产费用及购置零星固定资产这四项费用,均由国家另行拨款。

1958年,国家对邮电企业实行全额利润留成制度,"四项费用"和企业奖励基金都从企业实现的利润中按一定比例留成。另外,还实行部长基金制度。1962年,取消了企业利润留成制度,又恢复了第一个五年计划时期的"四项费用"改由国家财政拨款的制度,并取消部长基金制度。企业基金的分配办法也作了改变。1978年,邮电部门按国家规定实行新的企业基金制度。

为了加速邮电通信发展,自1980年起,国家对邮电实行优惠政策,先后对邮电企业上交利润的比例、利改税后的税率和非贸易外汇收入的分配比例等,给予优惠。根据国家对邮电的优惠政策和扩大企业自主权精神,邮电企业内部财务分配制度也相应进行了改革。1980年起,国家批准市内电话收取初装费,作为各地发展市内电话的发展基金;1981年起,国家又批准将市内电话利润全部留给企业用于发展市话建设,实行"以话养话"政策。其他邮电企业自1980年起,实行财务包干办法,并区别情况实行三种分配制度:第一种,"收支挂钩、差额包干、超额分成",适用于全国绝大多数省、区、市局;第二种,对广东、福建两省实行大包干,即包括省境内一级干线所需要的费用在内,分别核定两省固定上交数或贴补数实行包干,一定几年不变;第三种,对试行全面经济核算制的省(区、市)邮电管理局采用"通信总量"指标,核算"自有收入",各种奖金计算提取与企业利润增长挂钩。1983年,对上述第一种办法修改为"收支差额包干、基数留成、增长分成"。1984年采取收支差额与利润分配各占一定比例的双轨制分配办法,即利润增长部分按包干分成比例的20%分成,其余80%仍按收支差额增长分成。1985年起全面实行经济核算制。市内电话利润改为上交10%所得税后,全部留给各省(区、市)局;其他专业利润,部省之间实行税后倒三七分成办法,即上交10%所得税后,30%上交邮电部,70%留给省(区、市)局,比上年收入增长部分,部对省还返回10%。在支出方面也作了较大调整,将固定资产折旧率从 3.6% 提高到 6%，按照"自有收入"提取 2% 作为技术开发基金。仅这两项支出的改变，就使通信企业在 1985 年增加 3 亿多元的资金，用于技术改造和技术开发。

以上分配政策的逐步放宽，扩大了企业自主权，增加了企业活力，调动了企业经营的积极性，对加速邮电生产建设的发展起到了重要作用。

四、通信企业财务成果

邮电通信企业自 1950 年至 1986 年共计实现利税 64.07 亿元。其中 1970 年至 1979 年中，除 1973 年盈余 0.23 亿元外，其余 9 年均亏损。1979 年以后，随着国民经济全面好转，邮电业务量上升，邮电企业贯彻增产节约和勤俭办企业的方针，邮电财务状况逐年好转。1980 年至 1986 年，共实现利税 35.62 亿元。其中，1985 年通信企业实现利润 9.22 亿元，超过了以往任何一年（见表 30）。

中央国营邮电通信企业收支利润表

表 30 单位：万元

时　期	业务收入	业务支出	营业外损益净额	税　金	利　润	年均利润
1950—1952 年国民经济恢复时期（三年）	61604	50178	1824	1367	11883	3961
1953 年—1957 年第一个五年计划时期（五年）	186682	138434	2987	4296	46939	9388
1958 年—1965 年"大跃进"和调整时期（八年）	497894	361156	11055	12436	135357	16920
1966—1969 年"文化大革命"开始时期（四年）	230425	202363	1385	6089	23358	5840
1970—1979 年邮电管理体制下放时期（十年）	1041843	1045604	7493	31403	-27671	-2767
1980—1985 年邮电管理体制上收以后（六年）	1309180	1006184	9086	39806	282009	47001
总　　计	3327628	2809919	33830	95397	471875	13107

邮电部门在提高经济效益的基础上，加强和提高了自我改造及自我发展能力，使邮电通信生产建设、技术开发和职工福利等有了一定的改善。第六个五年计划期间，用于固定资产投资的自筹资金有较多的增加，并安排了部分资金用于改善农村和边远地区邮电机构的生产、生活条件，增设城市服务网点，还有计划地安排部分资金用于现有设备的技术改造和开办新业务。5年中，仅改造国家一级通信干线就使用资金达5亿元，还安排自有外汇1亿美元，用于邮电通信技术设备和邮电工业生产线改造，在职工教育、职工工资和生活福利设施等方面，也按照国家政策安排了一定的资金。

五、基本建设财务管理

中华人民共和国成立初期，为恢复和建设全国长途通信线路，邮电部门按照大行政区组建了长途线路工程总队。恢复和建设长途通信干线的投资，由邮电部直接拨给各工程总队，各工程总队向部编报会计决算。属于各省、自治区、直辖市内的通信建设工程，其财务会计工作则由相关的邮电管理局承担。

从第一个五年计划开始，调整和明确了邮电建设、设计和施工单位的职责和相互间的关系。以各省、自治区、直辖市邮电管理局为建设单位，承担基本建设项目。干线和市内电话工程由邮电部设计局（后改为设计院）承担设计任务。各工程总队改为按地区、按专业分工实行独立核算的建筑安装企业。建设投资改为由邮电部按计划拨给各建设单位，各个建筑安装企业直接向建设单位结算工程价款。这既加强了建设单位的经济责任，也健全了建筑安装企业的经济核算制。从1966年起，邮电部将所属各建筑安装企业组建为工程公司，其施工费用的投资改行预算拨款制，由邮电部直接拨给各工程公司，各工程公司向部编报决算；属于其他设备、主要材料和土建的投资，仍由邮电部按照计划下达给各建设单位。

邮电基本建设资金，从中华人民共和国建国初期到第五个五年计划时期，以国家预算拨款为主，每年对邮电的投资占国民经济建设预算拨款的比重不到1%。1980年以后，国家增加了对邮电建设投资的比重，并对邮电部门实行优惠政策。基建投资拨款改贷款后，豁免邮电大部分本金和利息，实行国家、地方、集体、个人一起上的方针，采取多渠道集资，以加快邮电通信建设步伐。1949年至1985年，邮电基本建设完成投资额合计97.3亿元。其中，国内贷款1.88亿元，利用外资0.3亿元，企业自筹资金投资18亿元，其余都是国家投资拨款。

第三节　邮电劳动工资

邮电劳动工资工作的内容，主要包括企业内部机构设置、劳动组织、劳动计划、定员定额、劳动制度、劳动报酬、劳动保护、劳动保险和劳动统计等管理工作。

一、企业的劳动组织工作

邮电企业的劳动组织工作是根据邮电通信的特点，着重组织好直接担负通信工作的轮班组织和培养个人多面手，按照通信时限、业务流量、劳动定额和人员技术水平合理配备劳动力。在业务量较大的单位采取基本班、辅助班和分段上班等多种形式组织工作轮班；在业务量较小的单位提倡一专多能，组织合理兼职，以节约劳动力，提高劳动生产率。

邮电企业在国家计划的指导下，以先进合理的定员定额为基础，编制企业劳动计划，在批准的劳动计划范围内确定企业人员编制。邮电企业的工资支出在全部生产成本中占很大比重，因此确定先进合理的定额标准，实行定员定额管理显得尤其重要。中华人民共和国建立时，邮电企业基本上没有定员定额标准。50年代初期，邮电部学习苏联邮电企业管理的经验，结合总结推广国内话务、线务、邮件分拣等先进操作方法，选择典型企业，进行重点技术测定，于1956年制定发布了《邮电生产人员暂行编制标准》，取得较好成效。随着邮电业务的发展，生产条件的改善和职工技术业务水平的提高，该项标准先后于1960年和1964年进行了修订，使之保持先进合理。"文化大革命"期间，定员定额工作遭到破坏，造成用人没有标准，劳动计划失去控制，企业的劳动生产率在10年中有8年下降。粉碎"四人帮"后，定员工作逐步恢复，邮电部于1979年再次修订定员标准，并将修订后的标准改为"示范标准"。各省、区、市邮电管理局和市、县邮电局可以结合实际进行适当调整和补充，使之适应各地不同情况的需要。

1982年，在邮电企业进行全面整顿中，不少邮电企业在开展定员工作的同时，对一些可以考核工作量的工种或班组，确定或修订企业劳动定额，健全定额管理。经过整顿合格的企业，基本上做到了按定员定额组织生产，从而进一步调动了职工的积极性，促进了劳动生产率的提高。

随着通信技术的日益发展和设备更新，邮电职工的技术结构已有很大变化，各工种工人的文化技术水平也发生了很大的变化，及时确定适应上述形势要求的各类职工的定员条件、考核标准和不同技术层次的人员编制标准，已成为在深化改革中亟待解决的问题。

二、劳动制度

中华人民共和国成立时，对旧邮电企业职工采取了"包下来"的政策，并及时地废除了旧邮电企业对员工带有半封建、半殖民地性质的"保证制度"建立了新的劳动制度；废除了对邮电职工带有歧视性的"佐""差""役"等职务名称，一律改称"员"。对新招用的职工、按照招工条件进行考核，择优录用，并根据不同情况采取不同的用工形式，但长期以来是以固定工为主。1964年固定工占邮电职工总数的95%左右。

1965年，试行两种劳动制度。对工作任务比较单纯、技术性不强、经过短期培训能够胜任工作的工种，如农村话务、投递、营业、机线维护等工种进行"亦工亦农"劳动制度的试点工作。全国"亦工亦农"邮电人员达7000余人。但试点工作在1966年因开展"文化大革命"而夭折。1980年以来，根据中共中央、国务院有关改革劳动制度的指示精神，邮电部门积极推行了劳动合同制。截至1986年年底，共招收合同制工人62000余人，占职工总数6.5%。从1983年起，在招收乡邮投递员和长途驻段线务员中推行农民合同工制度，截至1985年年底已招收农民合同工9000余人。实行劳动合同制，可以就地招收、定期轮换的合同制乡邮员和驻段线务员，由于他们对当地情况熟悉,有利于保证通信任务的完成。在推行劳动合同制的同时,还积极运用社会力量,大力发展代办、委办人员,改善了邮电服务工作,提高了社会效益。

邮电部门还根据行业特点确定了邮电企业招工条件和招工办法。1978年后,在招工工作中贯彻了面向社会、公开招收、全面考核、择优录用的原则,和"先招生,后招工""先培训,后上岗"的要求,对提高企业职工素质,起了积极的作用。

三、职工工资

中华人民共和国成立初期,邮电职工的工资情况极为复杂。当时国家执行"包下来"的政策,采取"三个人的饭,五个人吃"的措施。在国家财政极其困难的时期,几个大城市降低了部分邮电职工的工资,减少了国家对邮电部门的补贴。西南部分地区则对职工发生活维持费共同渡过困难。对1949年10月时留任原职的职工,基本上沿用旧社会遗留下来的工资制度,并按1949年10月前3个月每个职工平均实际所得折合实物发放工资,实际所得都有所降低。对老解放区来的职工实行供给制;解放较早的东北地区,1949年就已实行了工资制。1952年,邮电部门根据国家的统一安排,以大行政区为单位,对邮电工资制度进行了初步改革,实行以工资分作为工资计算单位,并统一了工资分的实物种类和含量。结合工资制度改革,还建立了奖励制度和津贴制度。通过这次工资改革,废除了旧邮电系统半殖民地半封建性质的极不合理的工资制度,建立了比较合理的新工资制度,初步改善了地区之间、企业之间和企业内部各类人员之间的工资关系。

1956年,邮电部门进行第二次工资制度改革,取消工资分,改行货币工资;统一全国邮电工资制度,分别制定了邮电企业领导人员、工程技术人员、职员及勤杂人员、生产人员工资标准,并制定了邮电生产人员技术等级标准。根据各工种的业务技术复杂程度,邮电生产人员工资标准划分为13条工资等级线,每条工资等级线又定为4等7级。这种标准不同于一般工业企业的8级工资制。这次全面的工资制度改革,统一了全国邮电企业的工资制度,进一步缩小了地区之间的差距。但由于新的生产人员工资标准起点定在乡邮员的工资起点上,致使邮电全行业的工资标准从国家20多个行业的前列拉到了后列。当时中国城乡经济和生活水平差别极大,而采取强行一致的工资标准是脱离实际的。这种起点低、线条多、级差小的工资制度不仅增加了邮电工资管理的困难,也影响邮电职工工资的增长速度。

在1952年和1956年两次工资改革中,为职工新评定的工资低于实际工资,则采取保留的办法,这就使得在一些工资水平较高的地区和城市中,有保留工资的职工比例较大,不利于调动这部分职工的积极性。

1958年开始,在"左"的思想影响下,按劳分配原则受到严重干扰,尤其在1966年开始的"文化大革命"期间,工资分配领域再一次受到比"大跃进"时期更为严重的干扰,不仅把刚刚恢复不久的生产奖金改为人人有份的"附加工资",而且在1971年进行的一次低工资调整中,也只能按年头划杠杠,致使职工工资平均主义的现象更为突出。

1979年,随着国家经济体制改革的不断深入,邮电部门于1983年调整工资时,实行调改结合,将生产人员原来的13个工资标准简化为"一条龙"8级工资标准。1985年调整工资中,又执行了国家统一规定的国营大中型企业职工工资标准。但是,邮电企业全行业工资偏低,与技术密集的实际不相称,是分配上的突出问题;企业内部也还有平均主义和"大锅饭"的问题,因此邮电部门需要进行根本性的工资改革,需要建立具有邮电特点、符合按劳分配原则的工资制度。

四、职工的劳动保险和劳动保护

中华人民共和国成立后,邮电系统是较早建立劳动保险制度的产业部门之一。1950年,政务院批准邮电部和中国邮电工会全国委员会制定的《全国邮电职工疾病伤残补助办法》。1951年政务院公布《中华人民共和国劳动保险条例》以后,邮电企业即执行国家的统一规定。随着国家劳动保险制度的发展和逐步完备,邮电职工的劳动保险待遇逐步有所提高,职工及其供养亲属在生、老、病、死、伤、残等方面都得到一定的物质保障,集体劳动保险事业也有发展。邮电部门陆续建立了职工医疗、疗养、休养机构，到1986年年底，全国邮电部门有邮电医院16个，邮电疗养院、所18处，一般地市以上邮电局都有医务室、卫生所等小型医疗机构。职工实行公费医疗，使邮电职工患病得到及时治疗、疗养和休息。

邮电部门根据安全与生产并重的劳动保护方针和有关规定，先后确定并实施了邮电企业劳动保护用品使用办法；工时工休规定；电信线务人员、汽车驾驶人员、邮运接发人员、邮电投递人员的安全技术规程；天线线务员等工种的保健食品和保健津贴制度；职工伤亡事故统计报告制度；安全生产工作条例等一系列劳动保护规章制度。还结合通信生产和劳动保护的需要，确定了通信企业标志服装发放办法。中共十一届三中全会以后，随着新技术、新设备的采用和各项安全技术措施的落实，职工的劳动条件进一步得到改善，伤亡事故有所下降，因公死亡和重伤人数占职工总数的比例，分别由1950年的2/10000和10/10000，下降到1985年的0.7/10000和1.7/10000。但从根本上消除生产过程中的尘毒危害和不安全因素，尚需要采取更有效的技术组织措施，健全和完善劳动保护法规，进一步加强劳动保护工作。

随着邮电事业的发展，职工的生活福利也逐步有所改善。从50年代开始，各级邮电部门就积极举办集体文化生活福利设施。1978年以后，邮电部门的集体福利设施又有进一步的发展。全国许多邮电企业举办了图书（阅览）室、职工食堂，在女工人数较多的单位举办了哺乳室或托儿所。同时，职工宿舍也在加快建设，仅在1981年至1985年的5年中，新建职工宿舍竣工面积就达481万多平方米。

五、职工劳动生产率

中华人民共和国成立以来，邮电职工队伍不断壮大，劳动生产率不断提高。1979年以后，经济体制改革逐步深入，随着邮电业务量的增长，新技术、新设备的采用和劳动管理工作的加强，邮电职工人数的增长速度相对减低，邮电通信企业的劳动生产率提高较快，邮电职工的工资也相应地增加。

邮电职工人数，1986年年末达到982844人，比1950年的112042人增长

7.7倍，年平均增长率约为6.34%，其中，1979年至1985年的7年年平均增长率只有3.24%。同期邮电业务总量增长18.5倍，年平均增长率为8.85%；其中，1979年至1985年的7年年平均增长率为9%，职工工资增长12.5%，扣除物价上涨因素，工人实际收入仍有增加。

通信企业定员劳动生产率（人均邮电业务总量），1985年达到3641元，比1950年的1483元增长1.5倍，年平均增长率为2.6%；其中，1979年至1985年的7年年平均增长率则为5.43%，高于过去任何一个时期。

第四节 邮电物资管理

邮电物资工作为邮电事业发展提供物质基础，37年来，邮电部门贯彻国家的物资方针、政策，建立邮电物资管理体系，组织物资分配和供应，基本适应了邮电通信建设的需要。

一、物资管理体制

1949年邮电部成立后，改造了国民党政府交通部的物资管理体制和物资机构。1950年，邮电部在各大行政区和省分别成立了邮电物资机构，逐步建成完整的物资保证系统。邮电的主要物资是通信上专用的器材和设备，而基建用的建筑材料大量是国家统配物资。当时在专用物资奇缺、统配物资极端困难的情况下，实行统一供应、集中管理的制度，集中物力保障重点建设，基本适应了国民经济恢复时期的需要。第一个五年计划时期，物资工作确定了"为邮电生产建设服务"的指导思想和"统一领导、分级管理、分工筹供"的原则。1954年，大区邮电管理局撤销，原大区局的供应处改为邮电部设在各地区的直属供应处（简称地区供应处），实行部、省两级管理，按照"料源归口、地区负责"的物资管理体制组织筹供（即国家统一分配的物资和国务院各部管理分配的物资，由邮电部统一分配管理，由各地区供应处组织筹供；非统配部管物资和地方管理物资，分别由各地区供应处和各省、区、市邮电管理局组织筹供）。在物资的分配上，贯彻"统筹兼顾、适当安排、保证重点、照顾一般"的原则。这一时期的物资供应，既有集中统一的计划分配，又有分级的经营管理，从而调动了各级邮电物资部门的积极性，保证了邮电通信建设任务的完成。

1958年，邮电物资管理体制发生变动。由于物资分配关系、供应渠道变化，打乱了原有供需联系，造成物资分散，调度不灵，以致供应脱节，使通信建设受到严重影响。1962年，贯彻中共中央关于物资管理工作"集中统一、全面管理、统一领导、分级负责"的方针，实行邮电部、省（区、市）邮电管理局两级筹供分工，使邮电物资管理工作又重新走上健康发展的道路。1963年，邮电部门根据国家改革物资管理体制的要求，结合邮电通信全程全网联合作业和邮电物资品种规格繁多、数量零星、技术性配套性较强的特点，改革邮电物资体制。邮电所需通用物资由邮电部统一申请和组织供应；邮电专用物资由邮电部组织产需衔接，对全国各行各业进行分配供应。邮电部成立了中国邮电器材总公司，并在各地区设立区公司（分公司），各省、区、市设立邮电器材公司，成为业务经营系统，与原行政管理系统的部器材供应管理局、地区供应处和省供应处是一套机构两块牌子，承担邮电物资经营和供应管理的双重任务。同年，第三次全国邮电供应工作会议进一步明确了"从邮电通信出发，为邮电通信服务，保证邮电通信需要"的服务思想，确定了"保质、保量、及时、成套、供好、管好"的经营管理目标，建立健全管理制度，使邮电物资工作在保证邮电通信生产和建设中发挥了重要作用。"文化大革命"中，物资管理权限层层下放，在邮电部撤销的同时，各地区供应处、各器材公司也相继撤销，邮电物资队伍被拆散，人员素质普遍下降，物资工作遭到严重破坏。1973年，随着邮电管理体制的调整，邮电物资管理工作才逐步恢复正常。

1979年以后，国家规定邮电物资部门负有代国家统筹分配各部门的通信专用物资的职责，要求按商品流通规律组织物资流通。1980年，第四次全国邮电物资供应工作会议确定了"以通信为中心，保质、保量、及时、成套，主动服务，科学管理"的方针，制定了《邮电物资工作试行条例》和《市县邮电局（站）物资供应管理办法》。在国家进行经济体制改革中，邮电部门按照开放式、多渠道、少环节的流通原则，相应改革了邮电物资管理体制，缩小了计划分配物资范围，实行了"料源归口，地区负责"的原有体制。邮电部只对三种建材①、部分有色金属、大型自动电话交换机、通信电缆、汽车等几种主要物资实行计划分配，其他物资由区公司、省公司通过市场调节组织货源供应。在物资经营中发展横向经济联合，跨地区、跨省市、跨部门联营，并设立向全社会开放的通信产品贸易中心等。物资管理体制改革，改变了过去供应渠道单一、独家经营的局面，搞活了邮电物资流通，搞活了企业，使邮电物资工作出现了新的局面。

二、物资的供应工作

随着邮电通信建设的发展，邮电物资供应量逐年增长。1985年主要物资的供应量与1953年相比，钢材增长26.8倍，水泥增长26.6倍，通信电缆增长52.3倍。供应的通信设备逐步由简单到复杂，由低级到高级，向高、精、尖发展。物资的品种、规格相应增加，1985年达4万余种，比1953年增长2倍多，保证了邮电通信建设和国民经济各部门的需要，及时完成了抗灾、抢险等紧急通信任务的物资保障工作，完成了出口、援外所需邮电物资的供应任务。

37年来，邮电物资部门在体制多变、货源紧张、供应任务繁重、设备和人员不足的情况下，采取了一系列措施保证物资供应。

（一）组织料源，挖掘潜力。

组织料源是物资工作的基础。为了保证邮电通信生产的需要，物资部门着重组织好统配以及部管物资和地方物资的订货工作，并不断扩大料源；组织好邮电通信产品的产需衔接工作，有计划地促进邮电通信产品的生产；组织进口物资，引进先进成套设备和关键、短缺物资；同时，开展清仓查库，充分利用库存，组织物资调剂、协作，采取节约代用、回收利用、修旧利废等措施保证需要。1978年以后，物资部门树立市场观念，疏通多种渠道，按照需要择优选购，同时多渠道开辟料源，开发新产品，组织好短线物资，努

---

① 指钢材、木材、水泥。

力增加货源，对搞活物资经营、保证需要，取得了较好的效果。

（二）加强供应组织工作。

从第一个五年计划时期开始，物资部门就建立了收料、发料作业计划制度，改进供应方式，组织直达运输。1985年，邮电部属物资企业直运料达到供应总量的60%以上。物资部门还采取就地就近供应或定点供应的办法以减少中间环节，缩短物资流通过程。对于工程用料，从1956年开始，按单项工程组织设备、材料配套供应。1978年以后，除对重要邮电通信工程用料，继续实行成套供应外，对少数重要通信工程用料，开始进行承包供应试点，这对节约投资、加快建设速度起了重要作用。

（三）进行技术改造，提高工作效率。

为了适应邮电物资工作的需要，邮电部门陆续兴建库房，增添设备。1985年，全国邮电仓库、料场总面积达60.1万平方米，为建国初期的8倍；有起重、装卸、运输设备500余台，起重、运载能力2200余吨，与建国初期使用简易搬运工具相比已大为改善。在1960年开始的群众性技术革新运动中，邮电职工动手改革搬运工具，制造了一些装卸搬运机具，减轻了笨重体力劳动。以后，各邮电企业对仓库和搬运设备进行了技术改造，扩建和新建了一批具有较大跨度和较多层次的仓库，装置了起重设备和电子秤，在一部分仓库内部实行了托盘化作业，使码垛装卸搬运作业机械化程度有了较大提高，劳动条件有了较大改善。至1985年，少数邮电物资部门已开始应用电子计算机进行业务处理，这标志着邮电物资工作向现代化方向迈进了一步。

三、邮电物资的管理工作

邮电物资管理工作是对邮电物资的供应和经营活动进行组织管理，其目的是促使各级物资部门既保证供应任务的完成，又取得较好的经济效益。37年来，邮电物资管理工作，随着物资管理体制的变化和经验的积累，逐步形成了一套比较完整的物资经营管理制度，包括计划管理（含进口设备计划管理）、仓库管理、运输管理、财务管理。各邮电企、事业内部，也建立了具体的物资管理制度，如定额管理制、核销制、节约利旧制度等，对经营管理机制的正常运转起了保证作用。

在物资计划管理方面,自1952年废除按材料预算拨料制度实行计划分配以来,逐步建立起物资计划体系。对于计划分配物资,确定分配指标,按申请分配程序进行筹供;非计划分配物资采取多种形式组织筹供。各级邮电物资部门通过计划的编制,进行综合平衡,调节需要与可能,组织计划的执行。同时,物资管理部门推行定额管理,确定物资消耗定额和储备定额,并建立健全物资统计工作,检查计划执行情况,实行物资核销,降低了物资损耗,加速了物资周转。

在物资经营管理方面,1955年开始实行生产财务计划制度,开展经济活动分析和社会主义劳动竞赛,促使供应任务和经营任务的全面完成。1978年以来,邮电物资部门以提高经济效益为中心,改善服务工作,扩大销售,加强资金管理,积极处理超储积压物资,减少利息和费用支出,实行计划指标考核,各项经济指标完成数逐年提高,1985年的销售额与1950至1952年的3年总额相比,增长75倍,与1981年相比,增长1.48倍;资金周转天数缩短了377天,与1981年相比缩短了84天。随着经营管理水平的提高,销售利润率相对下降,1985年总公司(包括区公司)销售利润率为1.11%,省公司为1.58%,均低于国家规定,达到微利经营的要求,有利于邮电通信经济效益的提高。

在储运管理方面,主要是加强对仓库、运输工作的管理。在仓库管理中,加强物资的检验和保管、保养,保证供应质量。1978年起,在全国邮电物资部门开展标准库建设,提高了仓库科学管理水平。1985年,全国邮电系统建成的标准仓库2603个,为仓库总数的73%,对实现仓库管理科学化起了重要作用。在运输管理中,着重加强了组织合理运输和车辆管理,实行单车核算,促使节约能源和运输费用,提高车辆运载能力和运输的经济效益。

37年来,邮电物资工作不断发展,取得了较好成绩。在改革、开放、搞活的方针指引下,邮电物资工作要进一步开发市场资源,加强经济信息工作,深化改革,加强物资经营管理,搞活物资流通,提高物资工作队伍素质,实现由计划分配型向经营服务型的转变,为促进邮电通信建设做出新的贡献。

第五节　邮电资费

邮电资费标准，是邮电"产品"的价格形式，也是通信价值的货币表现。邮电资费的高低，关系着邮电为人民服务宗旨的贯彻和通信事业的发展。因此，研究制定符合价值规律的资费政策和科学合理的资费标准，对提高社会效益和企业经济效益，都具有十分重要的意义。

一、邮电资费的制定

中华人民共和国成立以前，各解放区人民政府，都因地制宜地采取按硬币折价或按实物折价等办法，制定过各自地区资费标准。

新中国成立后，邮电部立即着手制定全国统一的邮电资费标准。1950年1月10日，邮电部邮政总局根据中财委的决定，按照1949年12月第一次全国邮政工作会议研究确定的资费政策核定了全国的邮政资费标准。信函资费是按小米比价核定的，国内平信每件20克按12两（16两制）小米价格核定，明信片为平信的一半，挂号信另加3倍，平快加收1倍，快递挂号加收4倍。1950年7月，改为挂号信加1倍半，快递挂号加2倍。新闻纸、印刷品等类函件的资费分别按社会平均运价的80%和90%，以500公里为平均寄递里程核定；国内包裹资费沿用中华邮政时期的一地一费办法；报刊发行费率（订阅）自1953年起均按报刊订价的25%计收；国际邮政资费按照万国邮政公约以金法郎为基数折合人民币收取，并按牌价随时调整。寄往香港、澳门的邮件资费按国内资费标准收取。

在人民币币值仍有浮动的情况下，邮电部门制定电信资费标准时曾沿用原中国人民革命军事委员会电信总局规定的"电信计价单位"，作为计算各项电信资费的基本收费单位，随物价指数的变动而浮动。1950年3月1日，经中财委批准，统一以胜利折实公债的0.07分作为一个"电信计价单位"，以0.04分作为一个邮政计价单位，东北地区减半。同年11月，随着国家财政经济的好转，全国统一核定一个"电信计价单位"折合人民币1500元（旧币）。同时调低了电信资费：1. 国内寻常电报中文明语本省每字由0.8计价单位降为 0.6 计价单位；出省每字由 1.2 计价单位降为 0.9 计价单位；2. 华东及广东、广西的长话价目，如超过华北区标准 1.5 倍的，减按华北区标准 1.5 倍收费，西南与西北地区相互通话，减按华北区标准 8 折收费；3. 华东与华南地区的市内电话资费，一律减按华北区标准 8 折收费。1951 年 5 月 1 日，为了尽可能缩小长话的地区差价，除华东、东北、内蒙古及两广外，将偏低的华北地区长话价目分别提高 20%—30%；1952 年 1 月 1 日再次平均提高 26%。

二、几次重大调整

经国务院批准，自 1958 年 1 月起，邮电资费作了调整，适当地降低了边远地区印刷品的收费标准，较大幅度降低了函件航空费；国内邮政包裹资费，由一地一费改为一区一费办法，即参照行政区划，将全国划分为 200 多个包裹计费区，两区互寄不论实际邮运路线距离的远近，均按同一资费标准收费；长途电话在华北区资费基础上统一全国长途电话价目，将原来 36 级话价简化为 18 级，2000 公里以上不再分级，取消地区差价，取消军政优待收费办法，并降低长话附加费。1958 年 8 月，又将长话资费平均降低 40%；国内电报统一全国价目，不分地区，不分省内、省外，不分明码、密码，不分军政、企业、普通与寻常电报，每字由 0.135—0.54 元一律降为 0.03 元。这样大幅度地降低电报资费，当时设想是将长途电话业务部分转移到电报业务方面来，以缓和长话电路紧张状况，但是由于种种原因，未能达到预期的目的。此外，新闻电报每字由 0.034—0.068 元降为 0.01 元，简化译电费收取办法，由每字 9 厘降为每 10 字 5 分。市内电话资费不分地区、不分人工，自动电话不分桌机和墙机，全国按统一价目收费，将 6 级简化为 3 级。沈阳、长春、哈尔滨三地由"次数制"改为"包月制"。上海、广州、大连等地保留"次数制"的收费办法，并适当调整，所有公用电话通话费每次由 4 分改为 5 分。

1958 年 4 月 1 日，全国开办了节日和例假日的减价长话业务。同年 8 月 1 日，长途电话实行新的资费标准和计费办法。边远地区远距离的长途电话，适当地降低了收费标准；长话分级价目由 18 级简化为 13 级；改变按三分钟算作一次的计费办法,降低了销号费。

在50年代,通过以上几次全面调整电信资费,初步改变了旧中国遗留下来的不科学、不合理的电信资费制度,改变了电信资费结构,电报资费作了较大幅度降低,体现了低资费政策。

"文化大革命"期间,邮电资费管理陷于混乱,未经调查研究即取消或降低了部分邮电资费和附带费,严重影响了邮电企业的经济效益和邮电事业的发展。

中共十一届三中全会以后,在中共中央和国家有关部门的关怀下,邮电资费进行了部分调整和改革,恢复了部分附带费。1980年6月和8月,经国务院批准先后对市话增收初装费,作为国家建设市内电话的补充资金;在大中城市推行"计次制"收费办法;"包月制"电话月租费的计费等级,由原来三级调整为四级;对纳入市话网的市辖郊区县局或远郊区电话交换所的用户,加收电路附带费;党政机关专用市话网的资费标准,由各省、区、市邮电管理局按实际成本核定;对程控交换机用户采用"复式计次"的收费办法,同时根据程控电话的技术性能,开办新的服务项目,并相应制定了收费标准。为了改变国内电报的亏损经营状况,于1983年12月,经国务院批准,对国内电报资费标准作了恢复性的调整,由每字3分调整为7分。

三、邮电资费的优惠政策

邮政资费部分。1951年9月,根据国家对军人的优抚政策,制定了《烈士遗物邮寄办法》,规定现役军人阵亡或在职亡故,其生前遗物可交邮电局免费邮寄。1955年,规定了机关、团体集中汇封总包寄给中国人民解放军的慰问信,可按总包重量信函资费计收邮费。1984年,邮电部和中国人民解放军总参谋部根据新的兵役法,决定义务兵从部队发出的国内平常信函和明信片,可以享受免费邮寄的待遇。为了体现国家对残疾人的关怀,1950年,规定盲人读物每重1公斤为起重,按印刷品100克的资费标准的半价收费,并随印刷品资费作相应调整。寄往国外的盲人读物则按《万国邮政公约》的规定,水陆路寄递免收邮费。

电信资费部分。1949年8月规定,军政、公益电报资费,按普通电报资费的1/3收取;新闻电报资费按普通电报资费的1/6收取。1950年11月起,新闻电报资费改按普通电报的1/4收取。1958年1月起,军政、公益电报取消优惠,新闻电报资费改按普通电报的1/3收取。1983年12月普通电报资费调整为每字7分,新闻电报每字2分。在电报传递顺序上,气象、军政、公益、新闻电报均优先传递。对国家气象、新闻和公安等部门租用长话电路,实行优先租用和优惠收费。

四、邮电资费存在的问题

中国的邮电资费大部分仍然停留在50年代初期的水平上,有的还有所降低。1980年以后,随着邮电业务的迅速发展,邮电服务水平的提高和国家物价的调整,邮电通信成本不断增加,使邮电资费不合理的现象日益突出。

中国邮电资费标准,不是依据通信成本和社会平均利润率制定的,价格与价值背离,邮电营业收入远不能补偿邮电部门付出的活劳动和物化劳动消耗。例如,平信资费是1950年按当时老秤12两小米的比价确定的。印刷品、报纸等的寄费和市内电话费等,均明显偏低。部分资费还有下降,如普通电报、长途电话、国内航空邮资等都比1950年还低,致使邮电部门缺乏自我发展的能力。

随着改革开放政策的贯彻执行,社会主义商品经济发展迅速,而邮电资费还远远不适应供求关系的变化,因此邮电资费改革势在必行。

第二十三章
国际交往

中华人民共和国的邮电外事工作贯彻国家的对外方针政策,服务于国家的对外关系和通信需要,是国家对外工作的一个组成部分。邮电外事工作的方针任务是维护国家的主权和利益,建立国家间的双边通信关系,参加国际邮电组织活动,开展国际间邮电通信的友好合作,促进国际通信事业的发展。第二十六届联合国大会通过恢复中国在联合国的合法席位、尼克松访华以及中日关系正常化以后,中国邮电国际关系发生了巨大变化,进入了一个新阶段。中国邮电部参与国际活动越来越多,为邮电外事工作开辟了广阔的前景。在双边与多边交往中,与第三世界国家的邮电合作有了新的发展,与美国、日本和西欧各国有了较广泛的接触,全面发展了邮电国际关系。

第一节 建立国家间的邮电关系

国际邮电通信是沟通国家和地区间以及各国人民群众之间的通信联系,促进国际文化交流的重要渠道。签订国家间邮电业务协定、协议,是国家间的政治、经济、文化发展在邮电通信领域的具体实施。

中华人民共和国成立后,同中国签订邮电协定最早的国家是朝鲜民主主义人民共和国。1949年12月25日,中国邮电部代表王子纲与朝鲜民主主义人民共和国递信省代表车秉亨在北京签订了《通邮协定》《电报通讯协定》《有线电话通讯协定》。

1950年2月7日,中国邮电部代表团李强、苏幼农、孟贵民随毛泽东主席、周恩来总理访问苏联,同苏联邮电部代表R. A. 包包夫、A. S. 马

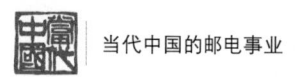

林尼奇在莫斯科签订了《互相交换邮件和包裹协定》和《建立电报、电话联络协定》。

随后，中国又相继同波兰人民共和国、德意志民主共和国、捷克斯洛伐克社会主义共和国、蒙古人民共和国、匈牙利人民共和国、越南社会主义共和国、罗马尼亚社会主义共和国、保加利亚人民共和国、南斯拉夫社会主义联邦共和国、阿尔巴尼亚社会主义人民共和国等国签订了通邮、通电协定、协议，加强或建立了通信关系。

1957年至1958年，中华人民共和国政府和缅甸联邦政府分别在北京和仰光签订了《邮政协定》《邮政包裹协定》《电信协定》，建立了通邮通电关系，开辟了通向东南亚的新的邮政和电信渠道。

1958年5月25日，中华人民共和国政府和阿拉伯联合共和国政府在北京签订了《邮政协定》，建立了直达通邮关系，开辟了中国邮件到非洲各国的经转渠道。

从1961年10月至1971年8月，中国分别同古巴、几内亚、阿拉伯联合共和国、尼泊尔、智利、锡兰、老挝、柬埔寨、菲律宾等国家签订了邮政或电信协定，建立了通信关系。

中国同美国直到1980年才建立正式通邮关系。1980年10月9日，中华人民共和国邮电部和美利坚合众国邮政总局在华盛顿签订了《邮政包裹协定》《国际特快专递邮件业务协定》。

自1971年10月25日联合国大会恢复中国在联合国的合法席位后，与中国保持非正式通信关系的国家纷纷恢复或建立正式通信关系。截至1986年年底，中国先后与25个国家和地区签订了60个邮电通信业务协定、协议等国际性文件，为发展中国的国际通信业务，为促进中国和世界各国邮电部门之间的联系、发展中国与世界各国之间的友谊和往来做出了积极的贡献。

第二节 参加国际邮电组织活动

50年代至60年代末，中国参加了社会主义国家邮电合作组织；1971年以后，万国邮政联盟、国际电信联盟先后恢复了中国的合法席位；中国又相继加入了国际通信卫星组织、亚洲太平洋地区邮政联盟、亚洲太平洋地区电信组织、国际集邮联合会及亚洲集邮联合会等国际邮电组织。中国代表通过参加上述组织的活动,维护了中国的通信主权和权益,交流了有关科学技术知识和管理方面的经验,发展了国际通信业务,增进了中国邮电工作者与世界各国同行之间的友好交往和合作。

一、参加社会主义国家邮电合作组织活动

社会主义国家邮电合作组织(以下简称邮电合作组织)成立于1957年12月,旨在加强社会主义国家间的邮电通信联系、邮电科学技术合作和新技术的研究,统一邮电技术标准和业务规定。它的主要活动是定期召开社会主义各国邮电部长会议、邮电科学研究院院长会议及各种有关邮电技术和业务的专家会议,解决或讨论研究有关相互之间邮电通信的各种问题。

根据中共中央和国务院的指示,中国邮电部门本着团结、友好、平等、合作、相互尊重的原则,结合邮电通信的实际情况,有选择地参与了该组织的一些活动。从1957年至1966年,中国参加了六次由邮电合作组织召开的邮电部长会议。参加上述活动,对促进中国和社会主义各国之间多边和双边的联系和技术合作都曾起到一定的积极作用,如第二次、第三次邮电部长会议通过的关于邮政和电信方面的技术改造、开办新业务和部分邮件运输费用的降低或免除等决议,对发展与会各国的邮电通信,方便各国人民的经济、文化交流都有一定帮助。

1965年7月1日,第六次邮电部长会议在北京召开。中国代表和其他成员国代表一起,经过努力,使大会对40多个有关邮电通信技术和业务方面的具体议题通过了决议和建议。会议期间,中华人民共和国主席刘少奇、国务院副总理薄一波分别会见了各国代表团团长。

1969年5月,第七次邮电部长会议在罗马尼亚召开。鉴于当时的形势,中国决定不参加该次邮电部长会议,但保留了对会议决议提出一切意见的权利。

从1958年至1966年,邮电合作组织共召开了九次邮电科学研究院院长

会议，讨论发展双边和多边的科技联系，进行重要项目的合作和研究，包括技术经济方面的研究等工作，中国均派代表参加了会议。1967年5月5日，第十次邮电科学研究院院长会议在华沙召开，中国邮电科学研究院未派代表参加。

1961年、1964年，中国邮电部还受托在北京组织召开了社会主义国家邮电合作组织亚洲地区电信业务资费会议、社会主义国家邮电合作组织成员国邮电部副部长会议等。在此期间，中国还有选择地参加了经济和技术会议。

1969年后，中国邮电部暂停与社会主义国家邮电合作组织的联系。

二、参加万国邮政联盟活动

万国邮政联盟（简称邮联）创立于1974年，1948年成为联合国的一个专门机构。中国于1914年3月即加入了该组织。

邮联是一个在世界范围内从事邮政活动的国际组织，其宗旨是改善国际邮政业务，促进国际合作，并在力所能及的范围内进行各种邮政技术援助。

（一）中国与邮联的关系。

中华人民共和国成立初期即派代表参加邮联的活动。1950年5月，政务院总理兼外交部长周恩来以外交部长名义致电通知邮联，中国政府已任命邮电部邮政总局局长苏幼农为中国出席在瑞士召开的邮联执行及联络委员会蒙特勒会议的代表。5月15日，该委员会在开幕式上宣布接受中华人民共和国代表苏幼农为中国唯一的合格代表。5月24日，苏幼农出席了会议。同年12月，中国邮政主管部门通知邮联，接受1947年邮联第十二届代表大会通过的《万国邮政公约》和"邮政包裹"等四项业务协定。但1951年，邮联执行及联络委员会通过美国提案，非法剥夺了中华人民共和国在邮联的合法席位。同年5月31日，中国邮电部邮政总局局长苏幼农致电邮联执行及联络委员会秘书长，强烈抗议这一非法决定。1952年5月，周恩来总理兼外交部长致电邮联第十三届代表大会，说明中国政府已任命出席大会的代表，要求驱逐台湾当局代表，并郑重声明："本届大会如无中华人民共和国代表参加，则其一切决议都将是非法，因而也是无效的。"这一严正声明未被邮联接受。因此，中国与邮联断绝关系长达20年之久。直至1972年2月，邮联为贯彻执行第二十六届联大决议，于28日就中国代表权问题进行了通信投票，结果以66票赞成的压倒多数，通过了承认中华人民共和国的代表为中国在邮联的唯一合法代表的决议。4月13日，邮联国际局总局长将这一决议通知中华人民共和国外交部部长。

为了加强中国邮政部门与邮联的合作关系，促进双方的相互了解，并就中国加入邮联后的有关问题交换意见，1972年11月，中国邮政代表团出席了在瑞士召开的邮联邮政研究咨询理事会年会后，考察了邮联国际局。应中国邮电部邀请，1975年9月，邮联国际局总局长索比一行访华。自1980年起，中国派官员参加了邮联常设机构的工作。

（二）参加邮联机构的活动。

邮联机构的主要活动是，召开万国邮政代表大会、执行理事会、研究咨询理事会及组织有关技术合作活动。中国积极参加了上述各项活动。

万国邮政代表大会是邮联的最高权力机构，每五年召开一次。1974年和1979年，以邮电部副部长朱春和为团长的中国邮政代表团，先后出席了在瑞士和巴西举行的第十七届和第十八届万国邮政代表大会，并连续被推选担任大会副主席。

第十八届万国邮政代表大会，决定增加中文作为邮联的文件语文。1984年，中国政府派出以邮电部部长文敏生为团长的中国邮政代表团，出席了在联邦德国举行的第十九届万国邮政代表大会，并被推选担任大会副主席。

邮联执行理事会是代表大会休会期间的执行机构，负责协调并监督邮联的全部活动，研究国际邮政业务等方面的问题。从1977年至1986年，中国每年均派代表参加该理事会年会，参与邮联行政、人事、财务、技术合作等工作的管理，并在第十七届、第十八届万国邮政代表大会上当选为该理事会的理事国，为在邮联范围内共同改善国际邮政业务做出了积极的努力。

邮联研究咨询理事会是研究邮政技术、经营管理等方面的咨询机构。自1972年以来，中国一直是该理事会的理事国，每年均派代表参加理事会年会，参与理事会多项专题研究。

中国参加邮联的技术合作活动主要有：1. 通过联合国开发计划署的资助在中国举办邮政考察活动，如1979年、1980年两次在中国举办"农村邮政通信考察"活动，有10余个亚非国家的30多名邮政官员参加；2. 通过利用邮联的特别基金（包括中国的捐款），由中国和邮联共同举办国际交流会、研讨会，如1983年、1985年分别在中国苏州、杭州举办了"中等城市邮政管理经验国际交流会"和"农村邮政服务工作研讨会"，美、英、法以及亚、非、拉美10余个国家60余名邮政专家和邮联的官员参加了该项活动；3. 通过接受邮联向中国提供奖学金，派人出国学习考察，聘请专家来华讲学，进行邮政业务咨询等。1983年、1984年邮联还两次向中国提供电化教学设备，用于改善中国邮政教育条件。

中国通过邮联开展的这些活动，向各国同行介绍了中国邮政业务的发展状况和经验，扩大了影响，增进了友谊，也加强了中国邮电部门与邮联之间的友好合作关系。中国邮电部门也从这些活动中汲取了各国有益的经验，对改善和提高中国的邮政业务经营管理水平，以及邮政教育培训工作等都起到了促进作用。

三、参加国际电信联盟活动

国际电信联盟（简称电联）成立于1865年，1947年成为联合国的一个专门机构。它是成立时间较早和会员国较多的组织之一，在协调国际间电信业务，促进电信技术发展等方面起一定作用。

中国参加电联的活动，有利于扩大和发展与世界各国的电信领域内的合作与交流，有利于维护中国的通信主权和权益。长期以来，超级大国在无线电频率分配和使用问题上推行霸权主义，中国参加电联，对维护中国和第三世界国家在电信领域内的共同权益起了重要作用。

（一）中国与电联的关系。

早在1920年，中国即加入了国际电报联盟（电联前身），并于1947年在美国大西洋城召开的电联全权代表大会上当选为电联行政理事会理事国和国际频率登记委员会委员。中华人民共和国成立后，政务院总理兼外交部长周恩来曾以外交部长的名义先后4次致电电联秘书长，表明中国政府的立场，要求驱逐国民党政府代表。只是由于美国政府的阻挠，中国在电联的合法权利很长一段时间被非法剥夺。

1972年5月，电联贯彻执行第二十六届联合国大会决议，在电联和二十七届行政理事会上通过了恢复中华人民共和国在电联的一切合法权利，承认中华人民共和国为中国在电联的唯一合法代表的决议。1972年5月30日，电联行政理事会主席伊雷拉致电周恩来总理，通知了该组织的上述决议，并邀请中国派代表参加当时正在进行的行政理事会。同年6月3日，中华人民共和国外交部部长姬鹏飞复电伊雷拉表示感谢，并说明由于时间仓促，中国暂不派代表参加该理事会。同年10月，姬外长致函瑞士联邦政治部部长格拉伯尔，声明中国政府决定加入《国际电信公约》，但对公约所附无线电规则中有关频率分配及相关条款予以保留，同时指出，台湾当局代表使用中国名义在该公约上签字是非法的、无效的。当年11月，中华人民共和国电信总局局长钟夫翔邀请电联秘书长米里访问中国，双方签署了《会谈纪要》，姬鹏飞外长会见了米里一行，同他们进行了友好的谈话。12月25日，电联秘书长致函各成员国，总秘书处收存了中国加入国际电信公约的文件。

（二）参加电联机构活动。

电联机构的主要活动是，电联最高权力机构全权代表大会、各种行政大会、行政理事会及电联各常设机构（总秘书处、国际频率登记委员会、国际无线电咨询委员会、国际电报电话咨询委员会）的活动。中国有选择、有重点地参加了上述机构的有关活动。

全权代表大会是电联最高权力机构，由代表会员国的代表团组成，通常每五年召开一次。

1973年9月，中国政府派出以邮电部副部长刘澄清为团长的中国电信代表团首次参加了在西班牙举行的全权代表大会，刘澄清被推选担任大会副主席。中国被推选为行政理事会的理事国。大会通过了将中文作为电联会议和文件语文的提案，出席该次会议的中国代表在新修订的《国际电信公约》上签了字。

1982年9月，中国政府派出以邮电部副部长李玉奎为团长的中国电信代表团出席了在肯尼亚举行的全权代表大会，中国代表团团长再次担任大会副主席。中国仍当选为行政理事会理事国，签署了新的《国际电信公约》。1985年6月，中华人民共和国第六届全国人民代表大会常务委员会第11次会议批准中国参加《国际电信公约》。

电联的行政大会包括世界性行政大会和区域性行政大会。行政大会通常为审议特种电信问题而召开。中国参加各种行政大会，为维护中国和发展中国家的通信主权，为改变以往无线电频率管理和使用中的不合理状况做出了积极努力。

1978年，中国派代表参加了在瑞士召开的世界无线电行政大会。大会通过了重新制定世界航空固定航路的频率规划，第一次建立了包括中国和东南亚各国在内的"东亚"航空频率区和中国专用频率区——"6G"分区。1979年，在瑞士召开的世界无线电行政大会，通过了重新划分世界无线电频率的法案，并确定了关于优先照顾发展中国家的原则。1985年，中国派出以邮电部副部长朱高峰为团长的中国电信代表团参加了在瑞士召开的静止卫星规划世界无线电行政大会。这次会议通过了卫星广播规划的最后法案，中国代表对是否接受双重规划方法发表了保留声明。

国际无线电咨询委员会和国际电报电话咨询委员会是在无线电和电报电话通信领域内的技术、业务、操作和资费问题的咨询机构。从1972年至1986年年底，中国先后派出200批600人次参加了有关会议，提交了150余篇文稿，在国内成立了20个研究组，安排了科研项目，开展了对口研究工作。

（三）参加电联的技术合作和援助活动。

中国参加电联的技术合作和援助活动主要有：1.利用电联资助，其中包括中国向参加活动的国家提供部分奖学金在中国举办活动，如1983年10月，在中国上海举办了"国内卫星通信研讨会"；2.利用中国对联合国开发计划署的捐款在中国举办活动，如1979年8月，在中国举办"农村电信考察"，来自14个国家16名电信专家参加了这项活动；3.1979年，中国接受电联组织实施的援助项目，用于在北京邮电学院建立实验室和建立北京—上海长途电路自动测试试验段。所有这些活动,促进了中国与电联的友好合作关系,为发展中国家相互开展科技交流活动起到了积极作用。

(四)参加世界通信年活动。

中国参加了1983年由联合国发起,在科技领域内开展的世界范围内活动——世界通信年活动。应电联秘书长巴特勒的邀请,中华人民共和国主席李先念担任了世界通信年首脑荣誉委员会委员,并成立了世界通信年中国委员会。全国人大常委会副委员长朱学范任世界通信年中国委员会主任。根据世界通信年协调委员会的安排,中国委员会结合国内的实际,通过报刊、广播电视,组织学术交流讨论会、座谈会、报告会及青少年夏令营等形式,开展了多种活动;另外通过参加世界电信展览会、国际经验交流和研讨会等形式,先后安排了十多项国际活动。

通过上述活动,向广大群众和青少年宣传了国家电信建设的方针政策,以及通信在发展国民经济中的重要地位和作用。

四、参加国际通信卫星组织活动

国际通信卫星组织(简称"卫星组织")是全球政府间商业电信机构,成立于1964年8月20日,截至1986年9月2日,有成员国112个,总部设在华盛顿。卫星组织成立以来,为世界通信事业做出了积极贡献。

中国与国际通信卫星组织建立联系始于1972年初美国总统尼克松来中国访问期间。为了及时向美国和西方世界报道这一重大历史性事件,根据周恩来总理指示,北京长途电信局代表与美国白宫通信处代表于当年1月7日达成协议,临时租用美国卫星地球站设备 WU1-2 一套,顺利地将许多激动人心的历史镜头传送给美国和全世界亿万观众。中国当时使用的国际通信卫星系统的电路,是通过美国通信卫星公司代为申请的。这是因为台湾当局窃用了中国名义加入了该组织。1975年3月,中国邮电部邀请卫星组织董事长胡塞·阿莱格利特访华,双方就中国加入国际通信卫星组织的问题交换了意见。1976年9月27日,国际通信卫星组织在肯尼亚首都内罗毕举行的第二届缔约国大会上,一致通过了巴基斯坦、阿尔及利亚等10国的提案,承认中华人民共和国政府为中国的唯一合法政府，欢迎中华人民共和国政府参加国际通信卫星组织。台湾当局代表即自动退出了该组织。

1977年4月，卫星组织首任总干事圣地亚哥·阿斯特兰应邀访华，就中国加入卫星组织有关事项交换了意见。双方签署了会谈纪要。同年8月，中国外交部长黄华致函阿斯特兰，声明中国政府决定加入1971年在华盛顿签订的《国际通信卫星组织协定》，同时声明，过去台湾当局盗用中国名义在该协定和《国际通信卫星组织操作协定》上的签字是非法的、无效的。与此同时，中国政府决定北京长途电信局为国际通信卫星组织的签字者。邮电部长钟夫翔授权中华人民共和国驻美利坚合众国联络处官员谢启美代表北京长途电信局签署了《国际通信卫星组织业务协定》。从此，中华人民共和国成为卫星组织第98个缔约国。

鉴于中国已加入卫星组织并与美国已建立外交关系，1977年8月，邮电部致电美国通信卫星公司，通知停止该公司为中国代办北京和上海地球站使用国际通信卫星系统卫星信道事宜的委托，由中国直接与卫星组织发生联系。1981年8月，中国外交部致函美国国务院，通知更换中国在卫星组织的签字者，即中华人民共和国政府决定邮电部为中国在卫星组织的签字者。邮电部长文敏生授权中国驻美国大使馆官员彭金波签署了《业务协定》。

为了加强中国与卫星组织之间的相互了解，卫星组织高级官员多次应邀访华，如1984年邮电部邀请国际通信卫星组织总干事柯林诺夫妇来华访问，中国也多次派团访问该组织。受该组织聘任，中国邮电部先后派出多人参加该组织工作。

中国参加卫星组织以后，从1978年开始，多次参加了该组织召开的缔约国大会、签字者会议、印度洋/太平洋地区操作代表会议；从1982年起，参加了三次全球业务会议；从1986年6月始，参加了董事会会议。

中国还参加卫星组织实施的"援助和发展计划"和"共享计划"。1981年至1986年，根据中国要求，卫星组织曾多次派专家来华，就中国国内卫星网络如何规划和实施等问题与中国工程技术人员进行深入研究，接受技术咨询，免费提供了卓有成效的建议；1982年，卫星组织免费提供计算机验证中国国内通信卫星网络方案；1985年，卫星组织又将一颗V代卫星上的一个72兆赫半球波束转发器免费提供中国用于传送国内电视节目，特别是用于传送"电视大学"和其他教育、医疗和文化等节目。中国50多个地球站进网试验，结果都很成功，为中国在全国范围内普及卫星电视服务奠定了较好的基础。

国际通信卫星系统的使用，不仅使中国的国际国内电信事业发生了巨大变化，而且使中国电视事业进入一个新的发展时期。

五、参加亚洲太平洋地区邮政联盟活动

亚洲太平洋地区邮政联盟（以下简称亚太邮联）成立于1961年，是一个地区性邮政组织。中国于1976年2月加入了该组织，并参加了《亚洲太平洋邮政公约》。

亚太邮联在组织上是独立的，但在业务上与万国邮联关系密切。该组织的宗旨是，发展、便利和改善亚太地区各成员国间的邮政关系，促进邮政领域的国际合作。该组织的主要活动是亚太邮联代表大会、执行理事会。从1975年至1986年，中国均派代表参加了历届代表大会，并在第三届代表大会上签署了《亚太邮政公约》。除1980年亚太邮联决定不召开执行理事会、中国1982年未派代表参加外，其余各届执行理事会中国均派代表出席了会议。在1985年执行理事会上，中国代表正式发出邀请，提议1987年执行理事会在中国召开。

亚太邮联的技术合作活动主要是通过双边活动开展的。根据亚太邮联有关邮政官员互访的规定，经双方邮政主管部门协商同意，自1980年至1986年，中国与泰国、日本等国邮政主管部门开展了互派官员考察的活动。

六、参加亚洲太平洋地区电信组织活动

亚洲太平洋地区电信组织（以下简称亚太电信组织）成立于1959年，是一个政府间咨询性的区域组织。

1976年10月，中国政府决定接受亚太电信组织章程。1977年5月，中国外交部长黄华通知联合国亚洲太平洋地区经济社会理事会执行秘书马拉米斯，

中国政府已批准1976年中国驻泰国大使柴泽民代表中华人民共和国政府签署的《亚太电信组织章程》。

从1979年至1986年，中国派代表出席了历届大会和管理委员会，并担任历届大会副主席。亚太电信组织的会员多数是发展中国家，为了推动本地区的"南南合作"，加强中国与该组织联系，多年来，亚太电信组织高级官员和专家曾多次应邀访华，为增进与中国的相互了解和合作交换了意见；1985年10月，在中国召开了该组织第一、二研究组会议，有60多位成员国代表参加。1983年，邮电部副部长杨泰芳率领中国电信代表团出席了在东京召开的亚太电信大会。会议通过的《东京宣言》，呼吁各国政府充分认清电信在经济发展中的重要地位，强调21世纪亚太地区将在全世界产生的作用和影响。

亚太电信组织的技术援助主要是通过培训、专家服务和提供奖学金的形式进行。1979年至1986年，通过该组织提供奖学金名额，中国先后派出30多人赴日本、澳大利亚、印度等国和中国香港地区进行电信考察，并接受专家来华讲学。

七、参加国际集邮联合会和亚洲集邮联合会

中国1982年1月正式成立中华全国集邮联合会。1983年七八月，中华全国集邮联合会先后被国际集邮联合会和亚洲集邮联合会接纳为会员。1983年至1986年，中华全国集邮联合会派代表出席了国际集邮联合会和亚洲集邮联合会的历届代表大会，并于1985年起当选为亚洲集邮联合会执委。中国先后参加了国际集邮联合会赞助的在西班牙、澳大利亚、意大利等国举办的世界集邮展览和亚洲集邮联合会赞助的在澳大利亚举办的亚洲集邮展览。

第三节 开展国际间邮电经济技术合作

中国邮电部门在进行本国通信建设的同时，对外提供了力所能及的经济技术援助，主要是帮助发展中国家建设通信设施，提供通信设备器材，帮助培养专业技术人员，旨在帮助受援国自力更生、发展通信。援助的性质主要是根据两国政府协议，向对方提供无偿援助。

从 1955 年至 1986 年，中国邮电部（不包括各省、区、市邮电部门）承担援助 12 个国家 17 个成套项目，2 个大修项目，1 个恢复项目。受援国家先后有越南、阿尔巴尼亚、朝鲜民主主义人民共和国、民主柬埔寨、赞比亚、坦桑尼亚、几内亚、刚果、赤道几内亚、马里等国。

另外，邮电部还承担了由国务院其他部委在国外承建的 36 个体育馆、体育场、国际会议中心、人民宫等文娱体育设施中的电信工程。截至 1986 年，邮电部援建的项目中，除了 1 项尚在建设中，以及在越南、阿尔巴尼亚被迫停建的 3 个项目外，其余成套项目，和会同其他部、委协作的项目都已完成并交付使用。对越南、阿尔巴尼亚的援助时间最早，援助项目也较多。例如，对越南的援助，早在 50 年代越南社会主义共和国成立之初，中国邮电部就应邀派出专家和工程技术人员，帮助建立相应的邮电管理系统，培训管理干部，恢复和建设被战争毁坏的通信设施；越南国内遭受自然灾害和抗美救国战争期间，通信工作处于十分困难的境地，中国又从国内通信器材中拨出大量的设备和物资进行了全力支援。在所有援外成套项目中，援越、援阿项目 10 个，占邮电部整个对外援助项目的一半以上。又如，赤道几内亚首都马拉博位于非洲西海岸几内亚湾中的海岛上，长期以来，其大陆本土与其他岛屿的通信联络极为不便。1976 年，邮电部根据中国政府和赤道几内亚政府经济技术合作协议，派出工程技术人员帮助建设包括市话、电报、无线通信在内的较大综合性项目。两期工程分别于 1978 年、1980 年建成。在赤道几内亚"八三"国庆庆典时，邮电部副部长罗淑珍率中国政府代表团参加了国庆和工程移交仪式。当天，赤道几内亚总统和喀麦隆总统利用中国援建的电路进行了通话，高度赞扬该工程是赤道几内亚和中国友好合作的结晶。整个工程的建成，基本上解决了赤道几内亚首都马拉博和巴塔间及全国 12 个县镇的通信和部分国际通信问题。

37 年来，中国邮电部先后派出 800 余名援外工程技术人员，为完成国家交给的光荣任务，为增进中国与第三世界国家和人民的友谊和合作做出了积极的贡献。

回顾与展望

社会主义新中国的成立，是当代中国的邮电事业进步和发展的起点。截至1986年10月，经历了整整37年，在中国历史上第一次建成以邮电通信为中心，包括科研、教育、工业、物资、设计、施工等方面紧密结合的国家邮电产业系统，成为社会主义国民经济体系的重要组成部分。在祖国大地上建设了四通八达的邮政运输传递网和多种手段综合利用的国家公用通信网；建立了遍布广大城乡的邮电服务机构，开办了多种邮电业务，基本保证了各个时期党和国家的通信任务和人民群众的通信联系；成功地研究生产了各种通信设备，并基本掌握了当代的先进通信技术；在长期艰苦奋斗、勤俭经营中积累了管理经验，建立了成套的管理制度和规章；培养建立了一支百万人的邮电产业大军，继承和发扬了"人民邮电"的光荣传统。

这些主要成就，是邮电部门在中国共产党和人民政府领导下执行正确政策的结果，是各地区、各部门、各行业协作支持的结果，也是全国邮电干部职工发挥社会主义积极性创造性，艰苦奋斗、辛勤劳动的结果。

37年来，中国邮电事业既有巨大成就，也有过一些失误。在长期实践的基础上深入总结正反两方面的经验，探索中国邮电事业的发展道路，对于今后实现邮电通信现代化具有重要意义。

（一）全面认识邮电业的性质、地位和作用，坚持优先发展的方针。

邮电业是从事信息传递的独立的产业部门。邮电企业是以国家垄断经营为主体的公用性企业。它的根本宗旨是"人民邮电为人民"，也就是要努力满足不断增长的社会通信需要，为社会主义物质文明建设和精神文明建设服务，为人民服务。邮电通信通过信息传递，缩短空间和时间，产生巨大效用，是社会生产过程的一般条件，社会生产力的重要组成部分。在现代社会，邮电通信已成为国民经济的重要基础设施和先行产业,它联结和促进社会生产、流通、分配和消费的整个经济活动,直接为物质文明建设服务;同时,又是党和国家的通信部门和"神经系统",是组织和推进政治、文化、宣传教育以及人民群众交往联系的重要手段,直接为精神文明建设服务。

多年来的实践证明,只有全面认识和大力宣传邮电通信的性质、地位和作用,才能把邮电业摆在应有的位置,掌握邮电业的规律,安排好邮电通信的发展建设。1979年以前,由于中国商品经济不发达,信息需求不迫切,邮电部门作为党和国家的通信部门,主要为党政军服务,千方百计保证党和国家的通信需要,这是完全正确的。但当时对邮电在经济建设方面的重要作用认识不足,强调不够,甚至把邮电作为消费性的社会福利设施,单纯的服务事业;"文化大革命"期间,又片面强调为"无产阶级专政工具",观念上的偏颇导致产业结构的不合理,没有把邮电通信建设摆在应有位置,以致长期落后于国民经济的发展。中共十一届三中全会以后,通过拨乱反正,明确了邮电通信作为社会生产力的本质属性,逐步树立了生产力观点。随着改革、开放、搞活的方针的贯彻和有计划商品经济的发展,越来越认识到发展邮电通信的重要性和迫切性,特别是认识到邮电业应是超前发展的战略产业,是对外开放的必要条件,它的发展速度应该高于国民经济的发展速度,对其实行优先发展的方针,必将对经济起飞发挥重要作用。各级邮电部门对这些观点进行了大力宣传,从而得到各方面的重视和支持。近几年来,国家对邮电的发展制定了一系列优惠政策,并实行"以话养话""以邮养邮"的方针。各省、区、市都开始把通信建设摆在重要地位,从政策、资金、税率、场地等方面给以大力支持,加快了邮电通信的发展,邮电业务总量的增长速度开始超过国民生产总值的增长速度,出现了蓬勃发展的新局面。

(二)从实际出发,集中力量发展邮电生产力。

中共中央从中国国情出发,提出社会主义初级阶段的理论,把发展生产力作为全部工作的中心。邮电业生产力的主要标志是邮电全网的通信能力。当前邮电业的主要矛盾,是社会日益增长的通信需要同落后的通信能力之间的矛盾。以集中力量发展邮电生产力为中心,不断满足社会各方面的通信需要，是检验邮电工作的根本标准。

多年以来，特别是中共十一届三中全会以来邮电建设的实践证明，发展邮电生产力必须从国情和邮电业的实际出发。中国国土辽阔，各地区经济、文化发展很不平衡，对通信需求差异大，而邮电事业还很不发达，通信能力不足，技术落后，资金短缺。因此，在制定发展规划时，应在全网协调的原则下，根据各地不同情况区别对待。对于城市与农村、沿海与内地、对外开放地区与一般地区、经济发达地区与发展较慢地区的通信水平，要有不同的规划和要求，分别先后缓急，保证重点，兼顾一般，实行多层次多手段的邮电生产力配置，协调发展。

发展邮电生产力，必须依靠社会力量，调动各方面的积极性。邮电发展与资金不足，是长期存在的矛盾。近几年的实践证明，改变过去单纯由国家投资进行通信建设的做法，实行国家、地方、集体、个人一起上，多渠道筹集建设资金，充分运用国家和地方对邮电的优惠政策，依靠各地区、各部门的支持，是解决这一矛盾加快发展的根本办法。全国邮电通信网是一个完整的体系，除了国家的公用通信网和各部门的专用通信网应该协调发展以外，公用通信网必须从增强全网综合通信能力和提高经济效益出发，突出重点。公用通信网从网路体制来说是由国家干线网、省内网、地市县网和农村网构成的，国家干线建设和省内通信建设不能全部由国家包起来，需要在统一规划下条块结合，适当分工，分层次负责，并鼓励联合建设。只有这样，才能调动各方面积极性，因地制宜，加快发展。

发展邮电生产力，还必须积极采用新技术装备，逐步建成现代化邮电通信网。建设通信网，要从长远着眼，从当前着手，从实际出发，凡有需求、有条件的地方都应积极采用新技术，坚持高起点；有需求而条件不具备的应积极创造条件。从全国来说，要力求以新技术为主，多种技术并进，要全面考虑技术的先进性、实用性以及经济合理性。

（三）发展邮电通信，必须大力加强科学技术研究和专门人才培养。

科学技术是第一生产力，这条真理在邮电通信领域里易为人们所认识。多年来邮电发展的经验证明，信息的高速传递，多功能、大容量、高速度通信传输手段的出现，无一不是科技发展的成果。特别是通信技术是世界新技术革命中最活跃的科技领域，信息的收集、处理和信息传递融为一体，先进的通信网正向数字化、智能化、综合化、个人化发展，通信方式和通信手段不断创新。因此，发展邮电通信必须大力加强科学技术研究，坚持科学技术面向通信建设，通信建设依靠科学技术的战略方针。发展科学技术，既要重视研究开发，也要注重实用；坚持提高和普及相结合，坚持专门人员的研究工作和群众的技术革新相结合，为科技进步创造良好的环境和气氛。

发展邮电科学技术，必须不断培养专门人才。邮电部门必须建立从初级到高级、从实用技术到通信理论，包括各种专业的邮电科研和教育体系，以适应培养科学研究和维护运行以及组织管理等方面人才的需要。邮电部门的计划、财务、物资供应以及通信生产等系统，必须大力支持科研和教育系统的工作，促进出成果出人才，共同推进邮电通信事业的发展。

（四）坚持改革，增强邮电企业活力和全网活力，推动邮电事业发展。

中国邮电事业是在改革中加快发展步伐的。多年来正反两方面的经验说明，邮电部门的改革必须从中国的国情和邮电的特点出发，既不能照搬外国经验，又不能简单按照工业部门的做法，那样就会走弯路。50年代初期，受原有邮电体制和苏联模式的影响，邮电管理统得过多，管得过死，束缚了基层企业的积极性；其后又随着工业部门一起多次调整管理体制，大都是围绕集权与分权、上收与下放、条条与块块关系的变化，从部省两级行政管理角度考虑得多，从发挥企业积极性搞活经营方面考虑得少。特别是1958年和"文化大革命"期间，两次把邮电企业下放到地方，违反了作为社会化大生产的邮电通信全程全网联合作业的根本特点，割裂了全国统一的通信网，造成通信组织和业务经营方面的混乱。1979年总结了过去教训，从邮电通信生产的特点出发，在全国范围内坚持实行了以邮电部门为主和地方为辅的双重领导体制，把必要的集中统一和因地制宜结合起来，在保证国家干线建设统一规划、全程全网通信协调运行的前提下，扩大企业自主权，把增强企业活力与增强全网活力结合起来，并实行多种形式的承包经营责任制和经济责任制，调动了各方面的积极性，推动了邮电事业的发展。

邮电部门在新形势下必须不断解放思想，积极改革，大胆实践。例如，在通信建设上改变单靠国家有限投资搞建设的格局，调动各方面积极性，树立国家、地方、集体、个人一起上的指导思想，实行多层次、多渠道集资搞建设；在经营上破除不讲经济效益的旧观念，树立邮电经济是有计划商品经济的观点，按照客观经济规律办事，运用市场机制，把社会效益与企业效益结合起来；在管理上破除高度集权、单纯行政管理的旧模式，树立简政放权，加强宏观调控，以经济手段为主管理企业的观念；在内部分配上克服"吃大锅饭"的平均主义思想，树立讲求经济核算、实行多种形式的按劳分配、把企业和职工所得同经济效益挂钩的思想，等等。总之，邮电部门的改革只要认真贯彻中央的总方针、总政策，而又结合邮电实际和特点，解放思想，更新观念，积极探索，勇于创新，就能不断开辟发展邮电生产力的新途径。

（五）在独立自主、自力更生基础上积极发展邮电的国际合作与技术交流。

人民邮电事业是在独立自主、自力更生方针指引下，艰苦创业逐步发展起来的。多年的经验说明，在中国这样一个幅员辽阔、人口众多、生产力水平不高的大国，建立起现代化邮电通信网，没有几十年的努力是不行的。从长远战略来说，必须立足于国内，大力发展邮电科学研究和邮电工业，掌握先进科学技术，不断以先进实用的技术装备自己、武装自己。但自力更生决不意味着闭关自守，由于世界电子与通信技术处于高速发展时期，而邮电通信又具有国际性，发展国际技术交流与合作，引进国外先进通信技术与现代管理科学，以增强自力更生能力，加速中国邮电通信现代化的进程，是完全必要的。回顾第一个五年计划时期，利用当时有利的国际条件，引进一批载波机、电传机、自动电话交换机等设备，解决了当时急需，并在此基础上发展了邮电工业制造能力。1972年以来，经毛泽东主席和周恩来总理批准，引进卫星通信地球站，合建了中日海底电缆，既填补了当时的技术空白，又极大地增强了国际通信能力。国家实行对外开放政策以后，进一步利用有利的国际条件，引进了一批先进的数字程控电话交换设备和数字传输设备，适应了对外开放的通信急需，特别是几条先进技术生产线的引进，为今后自力更生发展通信打下了一定基础。在发展国际技术交流与合作中，必须坚持以我为主，以改变通信落后面貌增强通信能力为目标，除了为应急而引进关键设备外，应以引进先进技术为主，并组织好消化吸收。要引进现代化大生产式的科学管理经验，有选择地采用外国的先进管理方法。要有条件地利用外资，组织合作生产或合资建设，互利互惠；但为了维护国家通信主权，保护国家邮电通信的机密安全，不得与外商合营邮电通信。

（六）坚持质量第一思想，把改善服务提高质量放在邮电工作的首位。

邮电通信不生产新的物质产品，而是通过信息传递产生效用。生产过程就是用户的使用过程，如果发生差错故障、积压延误，往往给用户造成难以挽回的损失，甚至严重危害国家和人民的利益。因此，保证质量是邮电通信的根本和命脉，必须牢固树立质量第一的思想。50年代初期，邮电工作中曾一度发生忽视质量、追求数量、强迫摊派业务的偏向，经过总结教训，加深了对邮电性质、特点的认识，提出全面贯彻"迅速、准确、安全、方便"的服务方针，反复进行了邮电性质、任务、特点和质量教育，服务质量和信誉有了提高。

多年来在完成大量的日常通信任务和重点通信任务中，人们深切体会到必须把改善服务、提高质量放在邮电工作的首位，树立为人民服务、对用户负责的思想，以满足社会需要的程度作为检验邮电服务工作的标准，以为用户提供的实际通信效用作为衡量通信质量好坏的依据。通信服务质量是邮电企业管理的综合反映。全国邮电通信网是统一的整体，服务网点遍布广大城乡，通信生产是多工种、不间断的联合作业。为了保证全网通信的协调畅通，质量良好地完成通信任务，每一环节的干部职工必须树立严格的全网观念，坚持全网一盘棋，全线一条心，认真执行统一的规章制度，健全责任制度，遵守通信纪律，自觉做到支线服从干线，局部服从全局，上一环节为下一环服务，下一环节为上一环节把关，密切协作，共同对用户负责，保证全程全网的通信质量，而绝不能把本单位的经济利益与全网的通信任务对立起来。

（七）加强社会主义精神文明建设，不断提高邮电队伍素质。

邮电事业的发展和通信任务的完成，归根到底要依靠广大邮电职工的社会主义积极性。多年的实践证明,以马列主义毛泽东思想为指导,建设一支思想作风好、技术业务精、组织纪律严、群众信得过的职工队伍,是邮电部门精神文明建设的主要任务,是发展邮电事业的百年大计。邮电科学技术的进步,经营管理的改善,信誉和局风的树立,都取决于队伍素质的提高。因此,邮电部门精神文明建设必须把加强教育工作放在首位。要坚持邮电院校教育与在职教育并重的方针,院校教育要根据邮电事业发展需要,加快邮电科技人才和经营管理人才的培养;在职教育要大力组织全员培训、岗位培训,建立培训基地,全面提高干部职工的政治、业务和技术素质。

加强思想政治工作是精神文明建设的重要内容。邮电机构点多面广,极端分散,很多工种昼夜轮值,分支机构独立作业,外勤人员分散流动,很多职工接触财物和通信秘密。因此,邮电部门的思想政治工作任何时候都不能放松,要从邮电部门的上述特点出发,采取多种形式,坚持不懈地进行党的基本路线教育、职业道德教育和社会主义民主、法制、纪律教育,激发广大干部职工的社会主义觉悟和主人翁积极性,继承和发扬邮电部门的优良传统,自觉抵御资产阶级腐朽思想和不良风气的侵蚀和影响,树立"从严治局、全网协作、优质服务、信誉第一"的好局风,形成一支有理想、有道德、有文化、有纪律的邮电队伍。

关心职工物质文化生活,是思想政治工作的一个重要方面。在通信生产发展和企业经济效益提高的基础上,必须不断改善职工的劳动生产条件,组织好文化生活,改善物质待遇,办好各种集体福利事业。每个管理局、每个企业事业单位,每年都要为职工办几件实事。农村分支机构、高山台站、长途驻段、边防海防等单位的邮电职工,由于远离城市,生产、生活条件一般比较艰苦,还有诸多不便,各级领导更应关心和解决他们的特殊困难,解除他们的后顾之忧。不断改善职工的劳动生产和物质生活条件,才能保护职工的生产积极性,增强邮电企业的凝聚力,保证邮电事业的发展。

从1986年开始到1990年的第七个五年计划期间,中国邮电事业出现了大发展的新形势。这一时期是中国邮电事业发展最快的时期,全国邮电固定资产原值、业务总量、业务收入年均分别增长15%、20.1%、29.3%,邮电通信面貌发生了深刻的变化。

——通信能力大为增强。"七五"期间邮电固定资产投资共完成 200 多亿元，相当于"六五"期间完成投资额的 3.4 倍，超过前 36 年邮电建设投资的总和。5 年中，建成一批大型邮政、电信枢纽和通信干线，新增邮运汽车 3485 辆，比 1985 年增长 42.2%；新增长话业务电路 7.5 万条，比 1985 年增长 2 倍；长途自动交换机容量净增 15 万路端，比 1985 年增长 13 倍；市话交换机增加 489.5 万门，农话交换机增加 128.9 万门，分别比 1985 年增长 1.45 倍和 46.5%；全国电话机总数达到 1273.5 万部，电话普及率达到 1.1%，5 年翻了一番。

——装备水平显著提高。电信通信由人工网向自动网过渡，由模拟技术向数模兼容和数字技术过渡。全国市话网的自动化水平达到 96%，程控电话交换机已占市话自动交换机总容量的 46.8%；长途自动电话骨干网已基本建成，有 771 个城市进入全国长途自动电话网，有 321 个城市可以直拨世界 180 多个国家和地区，长途直拨有权用户达到 129 万多户；全国公众电报自动转报网已基本形成，80% 的县和县以上的电报都进入了自动交换网。邮政的技术水平也有新的提高，一批自动分拣、搬运、装卸机械化设备投入使用，计算机技术在汇总稽核、报刊要数、挂号登单等领域逐步推广应用。

——邮电业务蓬勃发展。1990 年邮电业务总量比 1985 年增长 175.8%，其中，国内长途电话增长 187.2%；市话用户增长 145.9%；国际和港澳电话增长了 7 倍。适应了改革开放和发展商品经济的需要，开拓了一批新的业务，移动电话、磁卡电话、用户传真、数据通信、可视电话、礼仪电报、电子信函、多功能电话服务等都发展很快。无线寻呼业务发展到 160 个城市，用户达 43.7 万户；邮政快件通达 1960 多个城市；邮政特快专递通达 170 个国家和地区。邮政储蓄余额达到 181 亿多元。五年来集邮业务收入比"六五"期间增长 2.7 倍。

——经济效益明显增长。"七五"期间实现了邮电业务总量、业务收入和利润的同步增长。1990 年中央国营邮电业务收入达到 122.7 亿元，比 1985 年增长 2.7 倍；全员劳动生产率达到 8185 元，比 1985 年增长 1.95 倍。5 年来，邮电全行业上交利税近65亿元，邮电企业积累有了增加，固定资产投资中自筹资金所占比重逐年上升，自我发展能力有了增强。

——支撑系统发展较快。邮电科研、工业、物资、基建、设计、施工和教育等部门，以通信为中心积极开展工作。5年来，共取得邮电科研成果1800多项，其中980多项成果已得到应用；邮电工业累计完成总产值70.89亿元，比"六五"期间增长80%。邮电院校教育和成人教育、函授教育都有较大发展，岗位培训工作范围逐步扩大，邮电职工队伍建设得到加强。

综上所述，"七五"期间与过去几个五年计划时期相比，是邮电通信能力增长最多、业务量发展最快、社会效益和企业效益最好的时期。邮电事业发展速度超过了国民经济的增长速度，这是一个重要的转折。"七五"期间，邮电事业所以出现大发展的局面，关键在于中国共产党的改革开放政策为邮电通信提供了良好的发展环境和广阔的市场；在于国家把邮电通信列为优先发展的重点产业，实行倾斜政策；在于百万邮电职工的团结拼搏、开拓进取、艰苦奋斗。

中国邮电事业尽管有了很大发展，但由于基础薄弱，欠账较多，日益增长的社会通信需求与通信能力不足的矛盾仍然是当前和今后一个时期的突出矛盾。中共邮电部党组深入分析了改革开放以来邮电通信发展的趋势，认为原定到2000年主要通信能力和业务总量翻三番的多数指标，可能在"八五"计划的中后期提前实现，在国家加快改革开放的新形势下，邮电通信必须抓住机遇，进一步加快发展。因此，对90年代邮电通信发展目标作了新的调整，邮电主要通信能力和业务总量到"八五"末提前实现在1980年基础上翻三番，"九五"末期再在"八五"基础上翻一番。全国电话普及率"八五"达到2.5%，"九五"达到5%，其中特大城市和主要沿海开放城市"八五"达到20%左右，"九五"达到30%—40%。到20世纪末，中国邮电通信基本适应小康社会水平的需要，然后，再用二三十年时间，达到世界中等发达国家的通信水平。全国邮电部门正在坚定不移地贯彻中国共产党关于建设有中国特色的社会主义理论和党的基本路线，深化改革，扩大开放，努力加快邮电通信现代化建设步伐，为实现中国邮电事业的更大发展而奋斗。

附录一

中华人民共和国邮电事业大事年表
（1949—1986 年）

1949 年

10 月 1 日　首都北京 30 万人在天安门广场举行中华人民共和国开国大典。中国人民革命军事委员会电信总局会同新华总社、中央广播事业管理部门，组织了现场通信和广播。

10 月 8 日　发行庆祝中国人民政治协商会议第一届全体会议纪念邮票一套。这是新中国发行的第一套纪念邮票。

10 月 19 日　中央人民政府任命朱学范为邮电部部长，王铮为副部长，并授权组建邮电部。中共中央任命王铮为邮电部党组书记。

11 月 1 日　中央人民政府邮电部正式成立，启用印信。

11 月 21 日　开放北京—莫斯科间无线电话。

12 月 10 日—28 日　中央人民政府邮电部召开全国邮政会议。议定了 1950 年邮政设施的建设计划，确定把邮政业务与报刊发行业务统一由邮局办理；邮政总局组成，苏幼农任局长，赵志刚、谷春帆任副局长。

12 月 25 日　中国与朝鲜在北京签署邮政、电报、电话三个通信协定。这是新中国签定的第一个国际通信协定。

1950 年

1 月 25 日—2 月 9 日　邮电部召开全国电信会议，制定了恢复和建设全国长途电信网的计划。朱德副主席出席会议并作了重要讲话。电信总局组成，

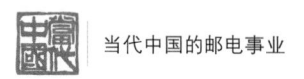
当代中国的邮电事业

李强任局长,王子纲、孙俊人任副局长。

2月7日　中国与苏联在莫斯科签订《互相交换邮件和包裹协定》和《建立电报电话联络协定》。

2月13日　邮政总局与人民日报社签订报纸发行工作协议,这是邮政与报刊社签订的第一个发行合同。

2月15日　邮电部公报:人民邮政全面恢复,全国已解放的大小城市和乡村均可互通信件。

2月18日　中国通信部门,圆满完成由毛泽东主席、周恩来总理率领的中国党政代表团访问苏联(1949年12月16日至1950年2月17日)的通信任务,受到周总理表扬。

3月27日　中国邮电工会成立,刘寅当选为全国委员会主席。

5月5日　外交部长周恩来致电万国邮政联盟(以下简称万国邮联),任命中国邮政总局局长苏幼农为出席万国邮联执行及联络委员会的中国全权代表(十五日万国邮联接受了中华人民共和国代表为中国唯一合法代表,苏幼农于二十四日参加了万国邮联执行及联络委员会会议)。

5月15日　《邮电工人》报创刊。

7月22日—31日　邮电部在北京召开大行政区邮电局长会议,决定实行邮政电信合一的管理体制。

8月26日　周恩来外长致电国际电信联盟,任命李强为出席该联盟的中国理事。

9月25日—10月25日　全国工农兵劳动模范代表会议在北京召开,电信工程师侯德原等10位邮电劳模代表参加了会议。

11月1日　中国恢复收寄发往英、美、瑞士、加拿大、丹麦、瑞典等国的国际邮件包裹。

11月18日　邮电部副部长王净率邮电部东北工作团赴沈阳,组织抗美援朝的邮电通信工作。

12月12日　建成北京—满洲里2400公里有线干线,开放北京—莫斯科国际有线载波电路。

12月30日　上海市军事管制委员会对美商上海电话公司实行军事管制。

1951年

1月3日　北京国际电台中央收信台建成投产。

1月29日　邮电部、中国人民银行总行联合通令，建立邮电统一金库。

4月　新疆维吾尔自治区试办维吾尔文电报。

5月31日　中华人民共和国邮电部邮政总局强烈抗议万国邮联于五月二十一日通过美国提出剥夺中国在万国邮联合法权利的非法决定。

6月9日　北京国际电台中央发信台建成投产。

9月27日—10月16日　邮电部召开第1次全国省、区、市邮电管理局局长会议（以下简称全国邮电工作会议），会议决定实行邮电部—大行政区邮电管理局—省邮电管理局三级负责制。

1952年

3月1日　邮电部、交通部关于国内航线运送邮政物件合约开始生效。

7月1日　毛泽东主席为中南海电信局题写局名，朱德副主席、周恩来总理也题了词。

7月29日　政务院颁发以"全国邮电事业应由中央直接领导，并受其所在地大行政区政府之指导"为原则的《关于邮电部与地方政府对于邮电企业领导关系的决定》。

7月30日　邮电部与邮电工会全国委员会联合发出《关于在全国企业中开展爱国增产节约竞赛运动的通知》。

8月7日　中央人民政府任命王子纲为邮电部副部长。

9月20日　政务院发出《关于建立全国报纸书刊发行网的决定》。

10月1日　国家决定将原国民党政府从美国引进而长期分散在铁道和邮电部门无法安装的一套12路载波（电话）机，安装在北京—石家庄邮电线路上开通。这是中国第一次使用明线12路载波机。

10月22日　邮电部和邮电工会全国委员会联合推广郭秀云（长途电话）先进操作法。

11月15日　中央人民政府任命范式人为邮电部副部长。中共中央任命范式人为邮电部党组书记。

12月16日　邮电部设计局成立，孟贵民任局长，卢宗澄、侯德原任副局长。

12月28日　邮电部与出版总署联合发出《关于改进出版物发行工作的联合决定》。至此，全国中央一级和省级报刊全部由邮局发行。

1953 年

1月31日　邮局国内汇兑业务，由受中国人民银行委托代理改为分工经营。

5月12日—6月1日　第2次全国邮电工作会议召开，检查和纠正业务经营中的偏向。政务院副总理邓小平到会作了报告。

5月29日　已基本建成以北京为中心的全国邮电通信网。

8月17日　中国邮电工会召开第2次全国会员代表大会，李景韩当选为全国委员会主席。

9月18日　中央人民政府任命钟夫翔为邮电部副部长。

10月1日　人民邮电出版社成立。

1954 年

2月27日—3月17日　第3次全国邮电工作会议召开，总结前两年工作，并决定整顿私商承办的代办所和乡邮机构。

4月24日—6月24日　邮电部门承担周恩来总理兼外长率领中国代表团出席日内瓦和平解决朝鲜问题及恢复印度支那和平问题会议的通信任务。

7月12日—7月23日　承担周恩来总理兼外长率领中国代表团出席日内瓦和平解决朝鲜问题及恢复印度支那和平问题会议的第二次通信任务。

10 月　国家表扬邮电部门，在长江中下游人民战胜历史上特大洪水 100 天的斗争中，防汛抗洪通信做出了重要贡献。

11 月 15 日　国务院决定，"中央人民政府邮电部"改称"中华人民共和国邮电部"。

12 月 15 日　开通成都经昌都至拉萨的汽车邮路，邮政汽车第一次从四川开到了拉萨。

12 月　在北京—莫斯科国际联运列车上挂用邮政火车邮厢。

1955 年

1 月 9 日　中国集邮公司在北京成立。

4 月 13 日　以中国邮电工会全国委员会副主席向明华为团长的中国邮电工会代表团，前往维也纳参加世界工联"公务员工会国际"第一次代表大会。

5 月 23 日—30 日　第四次全国邮电工作会议召开，着重解决整顿邮电组织机构和加强业务领导问题，确定全国实行邮电部—省（自治区、直辖市）邮电管理局—县市邮电局三级管理体制。

7 月 20 日　北京邮电学院成立，钟夫翔副部长兼任院长。

7 月 30 日　全国人大一届二次会议通过的国家第一个五年计划中，规定了邮电建设的主要任务。

12 月 16 日—28 日　邮电部召开全国乡村邮电工作会议，制定了发展乡村邮电的十二年规划。

1956 年

1 月 11 日　《邮电工人》报改为《中国邮电工人》报，后改为《人民邮电》报。

1 月　国务院科学规划委员会批准邮电部《一九五六年——九六七年科学技术研究长远规划》。

4 月 5 日—17 日　第 5 次全国邮电工作会召开，主要决定加强技术管理，实行生产人员定员,定改革邮电工资制度,统一全国邮电工资等级标准。

4月13日　国务院任命申光为邮电部副部长。

4月20日—27日　全国邮电先进生产者、先进集体代表会议在北京举行,国家领导人毛泽东主席、朱德副主席、刘少奇委员长、周恩来总理等接见全体代表。

7月1日　邮电部邮票发行局成立。

8月17日　邮电部门研制成功中国第一部"55"型电传打字机。

11月16日　国务院任命赵志刚为邮电部副部长。

12月20日—27日　第6次全国邮电工作会议召开,按照中共八大会议精神确定了1957年工作计划,并把县邮电局定为企业单位。

1957年

2月7日　国务院任命谷春帆为邮电部副部长。

2月15日　在北京签定《关于进一步发展中华人民共和国和苏维埃社会主义共和国联盟之间电信联系和邮电科学技术合作的议定书》,中国代表团团长邮电部部长朱学范在议定书上签字。

2月20日　邮电部发出通知,邮电企业实行党委领导下的局长负责制。

4月1日　成立邮电科学研究院,卢宗澄任院长。

12月　邮电部部长朱学范、副部长王子纲出席在莫斯科召开的社会主义国家邮电合作组织的成立及第一次社会主义国家邮电部长级会议。

1958年

1月1日　邮电资费全面调整,资费标准普遍降低。

4月20日—5月20日　第7次全国邮电工作会议召开,确定了邮电工作跃进方向。

5月5日　刘少奇代表中共中央在中共八大二次会议上的报告中提出,要在全国范围内建立一个以现代化工具为主的四通八达的邮电网。

6月30日　邮电部部长朱学范率领代表团出席在布拉格举行的第二次社会主义国家邮电部长会议。

7月1日　中共中央批准将中央人民政府对全国省级（北京除外）邮电管理局的管理权下放给地方政府。

8月1日　国产第一部12路载波电话设备在邮电部门研制成功。

8月1日　南京邮电学院成立，秦华礼任院长。

9月29日　北京电报大楼建成投产。

1959 年

1月20日　开通北京—莫斯科国际用户电报电路。

3月8日　邮电部门研制并生产出60路电缆载波设备。

3月15日　周恩来、贺龙、李富春、董必武、李先念视察北京电报大楼。

3月15日—31日　第8次全国邮电工作会议召开，确定要继续大搞群众运动，实现邮电工作"更大的跃进"。

3月　西安、武汉、重庆邮电学院成立。

4月26日　邮电部门研制成功60路微波设备。

8月17日—9月6日　第9次全国邮电工作会议在杭州召开。会议贯彻中共中央庐山会议精神，部署邮电部门的"反右倾"运动。

9月25日　北京邮票厂建成投产。

10月26日　全国工业、交通运输、基本建设、财贸方面社会主义建设先进集体和先进生产者代表大会在北京举行，邮电系统有131名代表参加。

1960 年

1月1日　邮电部门研制的第一套1000门纵横制自动电话交换设备在上海市吴淞电话局开通使用。

6月15日　长春邮电学院成立，郭继姜任负责人。

6月　武汉电信电源设备厂建成投产。

12月10日—22日　第10次全国邮电工作会议召开，全面贯彻中共中央提出的"调整、巩固、充实、提高"的方针。

1961 年

6月5日—21日　第11次全国邮电工作会议召开，主要贯彻中共中央对国民经济"调整、巩固、充实、提高"的八字方针，确定邮电系统精简人员方案，决定开展"整作风、整制度、整队伍"的企业整风运动。

8月　中共中央调范式人到福建省委任职。

12月29日　邮电部在天津召开各省、区、市邮电管理局负责人会议，部署在邮电部门贯彻试行《工业七十条》。

1962 年

1月1日　邮电部实行1961年12月中共中央批准的邮电管理体制，即对全国邮电企业，实行中央与地方双重领导、业务以邮电部为主的管理体制。

2月15日　中共中央任命王子纲为邮电部党组代理书记。

3月22日—4月4日　第12次全国邮电工作会议召开，根据当年一月扩大的中共中央工作会议精神，总结1958年以来的邮电工作，确定了从1962年起的调整任务。

9月25日　调整农村电话管理体制，县至公社的电话划为地方国营，公社以下的电话划为集体所有。

1963 年

3月11日—28日　第13次全国邮电工作会议召开，着重部署增产节约工作和"五反"运动。

5月8日　周恩来总理接见中南海电话局全体职工，表扬该局的通信服务工作。

8月15日—9月3日　邮电部召开全国邮电通信企业技术工作座谈会，

决定在邮电企业中建立总工程师技术责任制。

10月1日　邮电部与军委总参谋部通信兵部联合建成成都—拉萨有线通信干线，开通北京至拉萨有线报话电路。

1964 年

1月26日　邮电部进行600路载波和600路微波技术以及长途自动交换、传真、数据通信等新技术设备的研制和通信建设的大会战（简称6401）。

2月8日　6401会战指挥部成立，邮电部副部长钟夫翔兼任总指挥。

2月12日　国务院任命李玉奎为邮电部副部长。

2月20日　邮电部政治部成立。

3月10日—4月7日　第14次全国邮电工作会议召开。会议要求全国邮电部门学习解放军，学习大庆经验。会上北京市39电话分局（即中南海电话局）、黑龙江鹤岗市邮电局、辽宁旅大市邮电局和上海市邮电管理局被评为先进企业，树为全国邮电部门四面红旗。薄一波副总理接见了先进企业的代表。

4月18日　中共中央批准朱春和任邮电部政治部主任。

5月15日　中共中央批准撤销邮电部党组，成立邮电部党委，由王子纲任书记。

6月5日　国务院任命成安玉为邮电部副部长。

7月29日　以朱学范部长为团长、成安玉副部长为副团长的邮电代表团一行九人，访问了越南民主共和国，并签订了中越邮政和电信两个协定。

10月1日　北京—天津60路微波试验段建成，首次在京津两地间利用微波中继电路传送电视节目。

11月20日　北京—石家庄60路对称电缆载波通信试验段建成投产。

1965 年

3月22日—4月12日　第15次全国邮电工作会议和第一次全国邮电政治工作会议在北京召开，着重研究了邮电系统的"四清"运动。

7月1日—15日　第6次社会主义国家邮电部长会议在北京举行，中国邮电部部长朱学范为团长出席了会议并任会议主席，国家主席刘少奇接见了各国代表团全体代表。

12月4日　成都电缆厂建成投产。

12月　邮电部门研制成功600路电缆载波设备。

1966年

3月8日　河北省邢台地区发生强烈地震，邮电部门及时组织抗震救灾通信。

3月18日—4月12日　第16次全国邮电工作会议和第二次全国邮电政治工作会议同时召开。会议确定1966年的任务是高举毛泽东思想伟大红旗，突出政治，加强战备，学习大庆油田政治工作与企业管理经验；开展技术革新和技术革命；加强通信建设，赶超世界通信先进技术水平。

4月　邮电部门研制成功600路微波设备。

5月　"文化大革命"开始，邮电通信、建设和企业管理进入困难时期。

6月1日　内蒙古自治区试办蒙文电报。

1967年

8月31日　根据中共中央、国务院、中央军委、中央文革领导小组决定，邮电部实行军事管制，军管会领导全国邮电工作。陈挽澜为军管会主任，龙振彪、马克绍为副主任。随后，全国各省、区、市邮电部门也相继实行军管。

1968年

4月24日　周恩来总理到北京电报大楼视察工作，指示必须确保通信安全。

11月15日　邮电部军管会决定：各专区、市、县邮电局一律下放地方政府管理。长途线务总站撤销；邮电中专学校一律撤销。邮电科学研究院各研究所下放给就近邮电工厂和基层企业管理。

1969 年

1 月 29 日和 2 月 7 日 周恩来总理两次听取邮电部关于冰凌灾害与通信情况的汇报,指示要加快电缆和微波建设,迅速改变落后面貌。

1 月 因特大冰雨造成冰凌灾害,致使北京通向华东、中南、西南、西北等地的架空明线大面积倒杆断线、通信中断。

12 月 国务院和中央军委联合做出决定,结束对邮电部的军管。

1970 年

1 月 1 日 邮电部撤销。邮政系统划归交通部领导,朱春和任邮政总局负责人。成立电信总局划归中国人民解放军通信兵部领导,钟夫翔、张凯、马克绍为临时负责人。

4 月 24 日 邮电部门圆满完成发射"东方红"人造地球卫星的通信任务,受到国家表扬。

7 月 中共中央任命朱春和为邮政总局局长。

12 月 11 日 中共中央军事委员会任命钟夫翔为电信总局局长,张凯为政委。

1971 年

9 月 16 日 中国北京与美国华盛顿之间开通直达无线电报、传真和电话电路,为尼克松访问中国做准备。

10 月 25 日 联合国大会第二十六届会议通过恢复中华人民共和国在联合国的一切合法权利的决议,中国对外通信出现了新的形势。

1972 年

2 月 21 日—28 日 美国总统尼克松访问中国。遵照周恩来总理指示在北京和上海租用美方卫星通信地球站开通中美间卫星电路，以适应国际通信需要。

4月13日　万国邮联恢复中华人民共和国在万国邮联的代表席位。

4月30日　周恩来总理批准建设北京、上海卫星通信地球站。

5月29日　国际电信联盟恢复中华人民共和国在国际电信联盟的代表席位。

9月22日　为日本内阁总理田中角荣及外务大臣大平正芳访问中国，开通北京至东京的卫星电路。

10月21日　周恩来总理指示，把北京、天津地区的长途通信明线全部改为地下电缆。

1973年

5月23日　国务院、中央军委通知调整邮电体制，撤销由军委总参谋部通信兵部管的电信总局，从交通部撤回邮政总局，恢复主管邮电事业的邮电部。

6月1日　邮电部正式恢复。

6月23日　撤销电信总局电信科学研究院，恢复邮电科学研究院。

6月　中共中央任命钟夫翔为邮电部部长、邮电部党的核心小组组长。申光、朱春和、李玉奎为副部长。

7月4日　北京卫星通信地球站一号站建成投产。

8月22日　上海卫星通信地球站建成投产。

8月29日　成立武汉邮电科学研究院。

9月3日　国家计委遵照周恩来总理关于中同轴电缆用于国家通信干线的指示，确定由邮电部负责建设。

10月16日　恢复邮电部设计院。

1974年

3月25日　北京卫星通信地球站二号站建成投产。

4月15日　广州—香港300路小同轴电缆载波工程竣工。

11月1日　用60路报纸传真机开办北京至成都传送《人民日报》《解放军报》《参考消息》3种报纸传真业务。

12月16日　邮电部侯马通信电缆厂建成投产。

1975年

2月11日　中国建成11000多公里微波干线线路，向21个省、区、市传送中央电视台彩色电视节目。

2月　辽宁省海城地区发生大地震。营口县虎庄邮电支局对防震抗震通信做出突出贡献，受到国务院通报表扬。

3月10日—22日　邮电部召开全国邮电部门学大庆会议。

10月7日　中共中央任命刘澄清、彭洪志、罗淑珍、韩国忠、杨杰为邮电部副部长。

11月　中国自行设计制造的"邮电一号"海底电缆敷设船在上海下水。

12月22日　偃师邮政摩托车厂建成投产。

1976年

3月31日　京—沪—杭1800路中同轴电缆载波通信工程竣工投产。

7月1日　北京长途电话大楼竣工投产。开放北京、天津、石家庄、济南、合肥、上海、南京、杭州8个城市的长途电话自动拨号业务。

7月28日　河北省唐山地区大地震，邮电部组织了17个省、区、市1700名职工赴灾区抗震救灾，协助河北省邮电管理局恢复通信。

10月25日　中国和日本共同建设的自中国上海至日本熊本的海底电缆建成投产。

1977年

2月29日　960路微波系统（Ⅱ型机）通过国家鉴定。

7月12日—30日　第二次全国邮电部门学大庆会议召开。

8月16日　外交部部长黄华通知国际通信卫星组织，中国决定加入该组织。

9月　中共中央任命赵志刚为邮电部顾问。

1978 年

1月　邮电部邮政总局制订邮政编码方案在上海市、江苏省、辽宁省试行。

1月　中共中央任命李培芝为邮电部顾问。

2月3日　国务院批准恢复国内集邮业务。

3月18日　全国科学大会开会，邮电部门有13个先进集体、14个先进个人共70名代表参加大会。

4月23日　根据中国和法国文化协定，中国首次通过北京卫星通信地球站，向巴黎传送了中央乐团交响乐演出实况。英国广播公司也同时向英国转播。

5月　邮电部机关开始整风，揭发批判"四人帮"的罪行，平反冤假错案，落实干部政策，调整部领导班子。

10月15日　中共中央任命王子纲为邮电部部长，李一清、赵志刚、成安玉为副部长。

1979 年

1月1日　全国人大常委会发表《告台湾同胞书》，建议台湾和大陆之间尽快实现通航、通邮，以利两地同胞直接接触、互通信息。

2月17日　开放对台湾电报业务。

3月9日　开放对台湾电话业务。

3月30日—4月23日　第17次全国邮电工作会议在北京召开。会议贯彻中共十一届三中全会决议精神，决定将邮电工作重点转移到以通信为中心、为经济建设服务上来，国务院副总理余秋里、王震、谷牧接见了会议全体代表。

4 月　《人民邮电》报复刊。

5 月　开放对台湾平信业务。

6 月 14 日　中共中央任命李临川、阎晓峰、侯德原为邮电部副部长。

6 月　开放对台湾挂号信业务。

7 月 1 日　国务院发出通知,调整"文化大革命"中搞乱了的邮电管理体制。

9 月 19 日　中国邮电通信学会成立(后改名为中国通信学会)。

9 月 19 日　共青团中央授予邮电部门 112 名青年职工"新长征突击手"称号。

9 月 21 日　全国妇女联合会命名邮电部门 16 个生产单位为"三八红旗集体",68 名女职工为"三八红旗手"。

9 月 28 日　在国务院召开的全国劳动模范授奖大会上,成都市电信局、上海市邮件转运处被评为全国先进企业,宫本玉、顾令长、李海山、巴图达来当选为全国劳动模范。

11 月 23 日　邮电部颁发《邮政发展技术政策》《电信发展技术政策》。

1980 年

1 月 17 日　邮电部成立科学技术委员会,李玉奎为主任委员。

1 月 21 日　邮电部和国家城市建设总局联合发出《关于城市规划要结合考虑邮电通信建设规划的通知》。

2 月 14 日　王子纲部长在中共中央统战部和邮电部联合召开的春节茶话会上重申,邮电愿意在任何时间和任何地点,与台湾地区邮电部门进行通邮通电的谈判,建立直接的邮电通信联系。

3 月 8 日　中共中央任命范式人为邮电部顾问。

5 月 29 日　邮电部决定在北京、上海、天津、广州、福州、深圳等城市开办国际特快专递邮件业务。

6 月 20 日　邮电部和财政部、国家物价总局发出《关于对市内电话新装

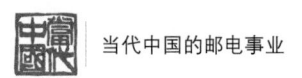

用户收取初装费的联合通知》。

6月23日—7月10日　第18次全国邮电工作会议召开，国务院领导人赵紫阳、万里、姚依林、余秋里、谷牧、康世恩、陈慕华、薄一波等对邮电工作在国民经济发展建设中的作用、任务等作了重要指示。

7月1日　邮电部门在全国范围内推行邮政编码。

8月1日　中国海运邮轮"鸿雁"一号在辽宁大连至山东烟台间首航成功。

8月11日　邮电部决定恢复使用在"文化大革命"中停止使用的人工电报电码符号、国际通用通报用语和公电密语。

10月6日　中华全国总工会任命鲁文为中国邮电工会全国委员会主席。

11月　教育部批准石家庄、广东、湖南、河南、四川、江苏、黑龙江、内蒙古、新疆9所邮电学校为全国重点中等专业技术学校。

12月18日　洛阳电话设备厂建成投产。

1981年

1月24日　中共中央任命申光为邮电部顾问。

1月　邮电部门研制的大容量HJ941型纵横制自动电话交换机通过鉴定。

2月25日　中共中央任命文敏生为邮电部部长、党组书记。

3月17日　经国家计划委员会、财政部批准，自1981年起将市内电话专业的盈利部分用于市内电话建设。

5月9日　邮电部发行周恩来1940年题写的"传邮万里、国脉所系"手迹纪念邮票。

6月　国务院学位委员会第二次会议批准聘请北京邮电学院叶培大、蔡长年、周炯槃为学位委员会学科组成员。

8月7日　中共中央任命宗之发为邮电部顾问。

12月10日　邮电部门研制的信函自动分拣机通过鉴定。

12月　国务院学位委员会批准北京邮电学院为博士、硕士授予单位，北京邮电科学研究院为硕士授予单位。

1982 年

1月20日　中华全国集邮联合会成立。

2月15日—25日　第20次全国邮电工作会议召开，会议讨论了邮电"六五"计划和发展方针。薄一波副总理听取会议汇报时讲了话，并接见了会议代表。

3月12日　国务院就批转邮电部《关于加快邮电通信建设缓和通信紧张状况的报告》发出通知，要求有关部门和地区对邮电通信的发展给予支持和帮助，规划部门和城建部门要把邮电建设纳入城市建设规划。

4月2日　中共中央任命杨泰芳、朱高峰为邮电部副部长。

5月4日　中共中央任命朱春和、侯德原为邮电部顾问。

5月31日　邮电部和中国邮电工会全国委员会召开全国邮政优秀投递员表彰会，授予104人"优秀投递员"称号。

7月1日　邮电部门为全国人口普查组成了全国专用数据通信网。

7月24日　由大连经上海、宁波至温州的水路邮运试航成功。

8月30日　中华人民共和国李先念主席担任世界通信年国家首脑荣誉委员会委员。

9月27日　国家经委召开"质量月"授奖大会。北京—哈尔滨微波安装工程、秦皇岛—沈阳电缆载波工程获工程银质奖。眉山通信设备厂生产的明线高12路载波设备获产品银质奖。北京—上海—杭州中同轴电缆载波工程、北京长途电话枢纽工程获国家优秀工程设计奖。

12月1日　中国从日本引进的第一个万门程控市话交换系统在福州市电信局投产使用。

12月24日　世界通信年中国委员会在北京成立，人大常委会副委员长朱学范任主席。

1983 年

1月5日—14日　第21次全国邮电工作会议召开，提出了到2000年邮电发展目标。

1月15日　舟山地区海底电缆工程投产。该工程包括舟山群岛、嵊泗列岛等岛屿之间及宁波、上海南汇等海缆13条计559.6公里。

1月26日　广东省南海县建成中国第一个全县城乡自动电话网。

3月30日　上海国际邮件交换站落成，出口邮件采用标准集装箱，通过远洋轮船直接运出。

6月1日　天津国际邮件交换站建成投产。

7月25日—8月3日　邮电部召开全国农村邮电工作会议，确定农村邮电工作实行自办和委办相结合，充分利用社会力量的方针。

10月7日　广州—香港2700路微波通信工程竣工投产。

11月27日　国家科技重点开发项目4380路中同轴电缆载波通信系统，湖州—杭州试验段获得成功。

11月29日　邮电部、全国总工会、共青团中央、全国妇联、中华全国集邮联合会在北京共同举办中华全国集邮展览。

1984 年

1月1日　上海市开放昼夜24小时服务的无线寻呼业务。

1月27日　中国第一次发行附捐邮票，捐助儿童福利事业。

5月12日—17日　邮电部召开沿海开放城市邮电通信工作座谈会，决定加快开放城市的通信建设。

5月15日　中国14个城市90名医学专家在北京电报大楼参加了由美国电报电话公司通过国际通信卫星电路召开的首届医学学术国际电话会议。

5月26日　中国第一个万门以上大容量纵横制自动电话交换系统在天津建成投产。

6月25日　李先念主席任命杨泰芳为邮电部部长，中共中央任命杨泰芳为邮电部党组书记，文敏生为邮电部顾问。

6月　西藏自治区试办藏文电报。

7月11日　中共中央、国务院、中央军委电贺侯马通信电缆厂，表扬他们为发射试验通信卫星时做出的贡献。

8月1日　中国自行设计制造的256路程控自动转报系统在上海市电报局投产。

8月27日　邮电部重新提出到2000年的邮电发展目标,以翻三番保证全国工农业总产值翻两番。

10月1日　恢复义务兵免费邮寄平信制度。

10月11日　李鹏副总理参观上海电报局研制的自动转报系统并题词:"用现代电子技术装备邮电事业,以提高效率"。

10月12日　赵紫阳总理主持国务院常务会议,听取了邮电部关于发展邮电事业的规划目标和"七五"计划安排的汇报。会后国务院对邮电工作发了六条指示。

10月19日　中共中央任命宋直元、吴基传为邮电部副部长。

10月30日　邮电部制定了《关于扩大省、自治区、直辖市邮电管理局权限的暂行规定》。

11月1日　邮电部门开办国内特快专递邮件业务。

11月21日—30日　第22次全国邮电工作会议召开,贯彻落实10月12日国务院常务会议的指示。李鹏副总理到会作了重要讲话。

11月28日　北京无线通信局担负超远程短波通信任务,实现与中国南极科学考察队10000公里24小时不间断通信。

12月13日　中共中央书记处听取邮电部党组"关于端正业务指导思想和对邮电通信事业整改方案"的汇报,作了六条指示。

12月20日　邮电部管理干部学院成立。

12月30日　江苏省实现县以上的电报电路载波化。

1985年

2月20日　中国南极长城站邮局开始营业。

6月18日　第六届人大常委会第11次会议,批准中国代表团在1982年11月6日在内罗毕签署的《国际电信公约》。

7月9日　重庆市邮电两局发生人为中断电报通信的重大事故。邮电部进行严肃处理并通报全国。

7月11日　邮电部发布邮电科学技术进步奖授奖公报，229个项目受奖（其中一等奖49项，二等奖60项，三等奖120项）。

7月29日　以经营国际邮政业务为主的北京国际邮电局建成投产。

8月10日　武汉—重庆的长江水运邮路开航运输邮件。

8月23日—27日　中国邮电工会第四次代表大会在北京召开，选举罗淑珍为中国邮电工会全国委员会主席。

9月2日　全长2702公里的北京—汉口—广州1800路中同轴电缆载波通信干线工程全线竣工投产。

9月10日—19日　邮电部和万国邮联在杭州市联合召开"农村邮政服务工作研讨会"。

10月13日　中华全国集邮联合会、中国革命历史博物馆、中国人民革命军事博物馆联合举办"中国人民革命战争时期邮票展览会"，纪念抗日战争和世界反法西斯战争胜利四十周年。

12月19日—21日　邮电部、中国邮电工会全国委员会召开全国邮电劳动模范和先进集体表彰大会，国务院领导人万里、谷牧、王丙乾等接见了全体代表。

12月　全国第一个省内公众快速传真通信网在江苏省建成。

1986年

1月1日　成都通信电缆厂引进的年生产能力120万对公里的全塑市话电缆生产线正式投产。

1月8日　国务委员张劲夫主持召开中央财经领导小组办公会议，确定邮政部门实行"以邮养邮"政策。

1月27日　邮电部、中国人民银行联合发出通知，在北京、上海、天津、郑州、沈阳、石家庄、成都、西安、南京、广州、福州、长沙12个城市开办邮政储蓄业务。

2月13日　中国最长的通信电路——北京至南极长城站卫星通信电路开通。

2月19日　南昌市邮政局教育科科长潘慧贞等16位邮电部门教育工作者荣获"全国职工教育先进教师"奖章和荣誉证书。

3月1日　中国和日本正式开办国际电子信函业务。

3月3日—10日　全国邮政工作会议在北京举行，朱学范副委员长出席开幕式并讲了话。

6月28日　国家重点建设项目——北京东单电话局工程通过国家验收投产。

7月8日　在北京中央地球站（五月十日建成投产），举行国内卫星通信网开通仪式，李鹏副总理出席剪彩。呼和浩特、乌鲁木齐、拉萨卫星通信地球站同时举行开通仪式。

9月4日　郑州—西安1800路4管中同轴电缆载波通信干线建成投产。

10月20日　国产第一台2000门程控数字电话交换机在邮电部第一研究所研制成功。

12月2日　第六届全国人民代表大会常务委员会第18次会议审议通过《中华人民共和国邮政法》，李先念主席发布第四十七号主席令公布，自1987年1月1日起实行。

12月15日　中国、比利时合营上海贝尔电话设备有限公司（该公司成立于1985年12月，生产线是从比利时引进的）第一批产品10000门S-1240程控电话交换机在合肥安装试运转。

附录二

邮电部历届主要领导人名录

（1949—1986 年）

一、1949 年 10 月—1967 年 8 月

  部　　长　朱学范　1949 年 10 月—1967 年 8 月

 副部长　王　诤　1949 年 10 月—1953 年 4 月

    王子纲　1952 年 8 月—1967 年 8 月

    范式人　1952 年 11 月—1961 年 8 月

    钟夫翔　1953 年 9 月—1957 年 2 月

       1962 年 10 月—1967 年 8 月

    申　光　1956 年 4 月—1967 年 8 月

    赵志刚　1956 年 11 月—1967 年 8 月

    谷春帆　1957 年 2 月—1967 年 8 月

    李玉奎　1964 年 2 月—1967 年 8 月

    成安玉　1964 年 6 月—1967 年 8 月

二、1967 年 8 月—1973 年 5 月

 （一）邮电部军管会

  主　任　陈挽澜　1967 年 8 月—1969 年 12 月

  副主任　龙振彪　1967 年 8 月—1968 年 4 月

    马克绍　1968 年 4 月—1969 年 12 月

 （二）电信总局

  领导小组成员　钟夫翔　1970 年 1 月—1970 年 11 月

       张　凯　1970 年 1 月—1970 年 11 月

       申　光　1970 年 1 月—1970 年 11 月

　　　　　　马克绍　1970年1月—1970年11月

　　　　　　刘澄清　1970年1月—1970年11月

　　局　长　钟夫翔　1970年12月—1973年5月

　　政　委　张　凯　1970年12月—1971年12月

　　副局长　申　光　1970年12月—1973年5月

　　　　　　李玉奎　1970年12月—1973年5月

　　　　　　马克绍　1970年12月—1973年5月

　　　　　　俞　涛　1971年9月—1973年5月

　　副政委　刘澄清　1970年12月—1973年5月

　　　　　　彭洪志　1970年12月—1973年5月

　　　　　　曾庆良　1971年11月—1973年5月

（三）邮政总局

　　负责人　朱春和　1970年1月—1970年6月

　　　　　　徐敏庄　1970年1月—1970年6月

　　局　长　朱春和　1970年7月—1973年5月

　　副局长　杜庆云　1972年1月—1973年5月

　　　　　　乔为中　1972年4月—1973年5月

　　　　　　李洪义　1970年7月—1973年5月

　　　　　　燕　鼎　1970年7月—1973年5月

　　　　　　张庆瑞　1970年7月—1973年5月

三、1973年6月—1978年10月

　　部　长　钟夫翔　1973年6月—1978年10月

　　副部长　申　光　1973年6月—1978年10月

　　　　　　朱春和　1973年6月—1978年10月

　　　　　　李玉奎　1973年6月—1978年10月

　　　　　　刘澄清　1975年10月—1978年10月

　　　　　　彭洪志　1975年10月—1978年10月

　　　　　　罗淑珍（女）　1975年10月—1978年10月

韩国忠　1975年10月—1977年10月①

杨　杰　1975年10月—1978年10月

四、1978年10月—1981年2月

部　　　长　王子纲　1978年10月—1981年2月

第一副部长　李一清　1978年10月—1981年2月

副　部　长　申　光　1978年10月—1981年2月

　　　　　　朱春和　1978年10月—1981年2月

　　　　　　赵志刚　1978年10月—1981年2月

　　　　　　李玉奎　1978年10月—1981年2月

　　　　　　成安玉　1978年10月—1981年2月

　　　　　　罗淑珍（女）　1978年10月—1981年2月

　　　　　　杨　杰　1978年10月—1981年2月

　　　　　　李临川　1979年6月—1981年2月

　　　　　　阎晓峰　1979年6月—1981年2月

　　　　　　侯德原　1979年6月—1981年2月

五、1981年2月—1984年6月

部　　长　文敏生　1981年2月—1984年6月

副部长　李一清　1981年2月—1982年4月

　　　　朱春和　1981年2月—1982年4月

　　　　赵志刚　1981年2月—1982年4月

　　　　李玉奎　1981年2月—1984年6月

　　　　成安玉　1981年2月—1984年6月

　　　　罗淑珍（女）1981年2月—1982年4月

　　　　杨　杰　1981年2月—1982年4月

　　　　李临川　1981年2月—1982年4月

　　　　阎晓峰　1981年2月—1982年4月

---

① 韩国忠于1977年10月被撤销党内外一切职务，1984年7月被开除党籍。

　　　　侯德原　1981 年 2 月—1982 年 4 月

　　　　杨泰芳　1982 年 4 月—1984 年 6 月

　　　　朱高峰　1982 年 4 月—1984 年 6 月

六、1984 年 6 月—1986 年 12 月

　　部　长　杨泰芳　1984 年 6 月—1986 年 12 月

　　副部长　李玉奎　1984 年 6 月—1984 年 9 月

　　　　　　成安玉　1984 年 6 月—1984 年 9 月

　　　　　　朱高峰　1984 年 6 月—1986 年 12 月

　　　　　　宋直元　1984 年 10 月—1986 年 12 月

　　　　　　吴基传　1984 年 10 月—1986 年 12 月

附录三

中华人民共和国邮政法

(一九八六年十二月二日第六届全国人民代表大会
常务委员会第十八次会议通过)

第一章 总 则

第一条 为了保护通信自由和通信秘密，保障邮政工作的正常进行，促进邮政事业的发展，以适应社会主义建设和人民生活的需要，根据《中华人民共和国宪法》，制定本法。

第二条 国务院邮政主管部门管理全国邮政工作。

国务院邮政主管部门根据需要设立地区邮政管理机构，管理各该地区的邮政工作。

第三条 国务院邮政主管部门所属的邮政企业是全民所有制的经营邮政业务的公用企业。

邮政企业按照国务院邮政主管部门的规定设立经营邮政业务的分支机构。

第四条 通信自由和通信秘密受法律保护。除因国家安全或者追查刑事犯罪的需要，由公安机关、国家安全机关或者检察机关依照法律规定的程序对通信进行检查外，任何组织或者个人不得以任何理由侵犯他人的通信自由和通信秘密。

第五条 用户交寄的邮件、交汇的汇款和储蓄的存款受法律保护。除法律另有规定外，任何组织或者个人不得检查、扣留。

第六条 邮政企业应当为用户提供迅速、准确、安全、方便的邮政服务。

除法律另有规定外，邮政企业和邮政工作人员不得向任何组织或者个人提供用户使用邮政业务的情况。

第七条 邮件和汇款在未投交收件人、收款人之前，所有权属于寄件人或者汇款人。

第八条 信件和其他具有信件性质的物品的寄递业务由邮政企业专营，但是国务院另有规定的除外。

邮政企业根据需要可以委托其他单位或者个人代办邮政企业专营的业务。代办人员办理邮政业务时，适用本法关于邮政工作人员的规定。

第九条 任何单位或者个人不得伪造或者冒用邮政专用标志、邮政标志服和邮政专用品。

第二章 邮政企业的设置和邮政设施

第十条 邮政企业及其分支机构的设置标准，由国务院邮政主管部门规定。

第十一条 邮政企业应当在方便群众的地方设置分支机构、邮亭、报刊亭、邮筒等设施，或者进行流动服务。

城市居民楼应当设置住户接收邮件的信报箱。

在较大的车站、机场、港口和宾馆内，应当设有办理邮政业务的场所。

第三章 邮政业务的种类和资费

第十二条 邮政企业经营下列业务：

（一）国内和国际邮件寄递；

（二）国内报刊发行；

（三）邮政储蓄、邮政汇兑；

（四）国务院邮政主管部门规定的适合邮政企业经营的其他业务。

第十三条 邮政企业及其分支机构不得擅自停办国务院邮政主管部门和地区邮政管理机构规定的必须办理的邮政业务。

因不可抗力或者特殊原因，邮政企业及其分支机构需要暂时停止或者限制办理部分邮政业务，必须经国务院邮政主管部门或者地区邮政管理机构批准。

第十四条 邮政企业应当加强报刊发行工作。出版单位委托邮政企业发行报刊，应当与邮政企业订立发行合同。

第十五条 邮政业务的基本资费，由国务院物价主管部门制定，报国务院批准。非基本资费由国务院邮政主管部门规定。

第十六条 各类邮件资费的交付，以邮资凭证或者证明邮资已付的戳记表示。

第十七条 邮票、邮资信封、邮资明信片、邮资邮简等邮资凭证由国务院邮政主管部门发行，任何单位或者个人不得伪造。

仿印邮票图案的管理办法，由国务院邮政主管部门规定。

第十八条 售出的邮资凭证不得向邮政企业及其分支机构兑换现金。

停止使用的邮资凭证，由国务院邮政主管部门在停止使用前一个月公告并停止出售，持有人可以自公告之日起六个月内向邮政企业及其分支机构换取有效的邮资凭证。

第十九条 下列邮资凭证不得使用：

（一）经国务院邮政主管部门公告已经停止使用的；

（二）盖销或者划销的；

（三）污染、残缺或者褪色、变色，难以辨认的；

（四）从邮资信封、邮资明信片、邮资邮简上剪下的邮票图案。

第四章 邮件的寄递

第二十条 用户交寄邮件，必须遵守国务院有关主管部门关于禁止寄递物品、限量寄递物品的规定。

第二十一条 用户交寄除信件以外的其他邮件，应当交邮政企业或者其分支机构当面验视内件。拒绝验视的，不予收寄。

用户交寄的信件必须符合准寄内容的规定，必要时邮政企业及其分支机构有权要求用户取出进行验视。

第二十二条　邮政企业及其分支机构应当按照国务院邮政主管部门规定的时限投交邮件。

第二十三条　无法投递的邮件，应当退回寄件人。

无法投递又无法退回的信件，在国务院邮政主管部门规定的期限内无人认领的，由地区邮政管理机构负责销毁。

无法投递又无法退回的进口国际邮递物品，在国务院邮政主管部门规定的期限内无人认领的，由海关依法处理。

无法投递又无法退回的其他邮件的处理办法，由国务院邮政主管部门规定。

第二十四条　邮政汇款的收款人应当自收到汇款通知之日起两个月内凭有效证明到邮政企业或者其分支机构兑领汇款；逾期未领的汇款，由邮政企业或者其分支机构退回汇款人。自退回通知投交汇款人之日起满十个月未被领回的汇款，上缴国库。

第二十五条　寄递邮件逐步实行邮政编码，具体办法由国务院邮政主管部门规定。

第五章　邮件的运输、验关和检疫

第二十六条　铁路、公路、水运、航空等运输单位均负有载运邮件的责任，保证邮件优先运出，并在运费上予以优惠。

第二十七条　邮政企业在车站、机场、港口转运邮件，有关运输单位应当统一安排装卸邮件的场所和出入通道。

第二十八条　带有邮政专用标志的邮政车船和邮政工作人员进出港口、通过渡口时，应当优先放行。带有邮政专用标志的邮政车辆需要通过禁行路线或者在禁止停车地段停车的，由有关主管部门核准通行、停车。

第二十九条　邮件通过海上运输时，不参与分摊共同海损。

第三十条　国际邮递物品未经海关查验放行，邮政企业不得寄递。国际邮袋出入境、开拆和封发，应当由海关监管。邮政企业应当将作业时间事先通知海关，海关应当按时派人员到场监管查验。

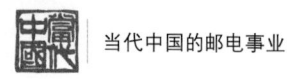

第三十一条　依法应当施行卫生检疫或者动植物检疫的邮件,由检疫部门负责拣出并进行检疫;未经检疫部门许可,邮政企业不得运递。

第六章　损失赔偿

第三十二条　用户对交寄的给据邮件和交汇的汇款,可以在交寄或者交汇之日起一年内,持据向收寄、收汇的邮政企业或者其分支机构查询。邮政企业及其分支机构应当在国务院邮政主管部门规定的期限内将查询结果通知查询人。

查复期满无结果的,邮政企业应当先予赔偿或者采取补救措施。自赔偿之日起一年内,查明有本法第三十四条第(二)项和第(三)项情形之一的,邮政企业有权收回赔偿。

第三十三条　邮政企业对于给据邮件丢失、损毁、内件短少,依照下列规定赔偿或者采取补救措施:

(一)挂号信件,按照国务院邮政主管部门规定的金额赔偿。

(二)保价邮件,丢失或者全部损毁的,按照保价额赔偿;内件短少或者部分损毁的,按照保价额同邮件全部价值的比例对邮件实际损失予以赔偿。

(三)非保价邮包,按照邮包实际损失价值赔偿,但是最高不超过国务院邮政主管部门规定的限额。

(四)其他给据邮件,按照国务院邮政主管部门规定的办法赔偿或者采取补救措施。

第三十四条　有下列情形之一的,邮政企业不负赔偿责任:

(一)平常邮件的损失;

(二)由于用户的责任或者所寄物品本身的原因造成给据邮件损失的;

(三)除汇款和保价邮件以外的其他给据邮件由于不可抗力的原因造成损失的;

(四)用户自交寄给据邮件或者交汇汇款之日起满一年未查询又未提出赔偿要求的。

第三十五条　用户因损失赔偿同邮政企业发生争议的,可以要求邮政企业的上级主管部门处理，对处理不服的，可以向人民法院起诉；也可以直接向人民法院起诉。

第七章 罚 则

第三十六条 隐匿、毁弃或者非法开拆他人信件，侵犯公民通信自由权利，情节严重的，依照《中华人民共和国刑法》第一百四十九条的规定追究刑事责任；尚不够刑事处罚的，依照《中华人民共和国治安管理处罚条例》第二十二条的规定处罚。

第三十七条 邮政工作人员私自开拆或者隐匿、毁弃邮件的，依照《中华人民共和国刑法》第一百九十一条第一款的规定追究刑事责任。

犯前款罪而窃取财物的，依照《中华人民共和国刑法》第一百九十一条第二款的规定，按贪污罪从重处罚。

第三十八条 故意损毁邮筒等邮政公用设施，尚不够刑事处罚的，依照《中华人民共和国治安管理处罚条例》第二十五条的规定处罚；情节严重的，依照《中华人民共和国刑法》第一百五十六条的规定追究刑事责任。

第三十九条 邮政工作人员拒不办理依法应当办理的邮政业务的，故意延误投递邮件的，给予行政处分。邮政工作人员玩忽职守，致使公共财产、国家和人民利益遭受重大损失的，依照《中华人民共和国刑法》第一百八十七条的规定追究刑事责任。

第四十条 违反本法第八条规定，经营信件和其他具有信件性质的物品的寄递业务的，由工商行政管理部门责令其将收寄的信件和其他具有信件性质的物品及收取的资费退还寄件人，处以罚款。

当事人对处罚决定不服的，可以在接到处罚通知之日起十五日内向人民法院起诉；逾期不起诉又不履行的，由工商行政管理部门申请人民法院强制执行。

第八章 附 则

第四十一条 本法下列用语的含义是：

（一）邮件：指通过邮政企业寄递的信件、印刷品、邮包、汇款通知、报刊等。

（二）信件：指信函和明信片。

（三）平常邮件：指邮政企业及其分支机构在收寄时不出具收据，投递时不要求收件人签收的邮件。

（四）给据邮件：指挂号信件、邮包、保价邮件等由邮政企业及其分支机构在收寄时出具收据，投递时要求收件人签收的邮件。

（五）国际邮递物品：指中华人民共和国与其他国家和地区的用户相互寄递的印刷品和邮包。

（六）邮政专用品：指邮政日戳、邮政夹钳和邮袋。

第四十二条　中华人民共和国缔结或者参加的有关国际邮政事务的国际条约同本法有不同规定的，适用该国际条约的规定。但是，中华人民共和国声明保留的条款除外。

第四十三条　国务院邮政主管部门根据本法制定实施细则，报国务院批准施行。

第四十四条　本法自1987年1月1日起施行。

附：

刑法有关条文

（一）第三十六条　涉及的刑法条款：

第一百四十九条　隐匿、毁弃或者非法开拆他人信件，侵犯公民通信自由权利，情节严重的，处一年以下有期徒刑或者拘役。

（二）第三十七条　涉及的刑法条款：

第一百九十一条　邮电工作人员私自开拆或者隐匿、毁弃邮件、电报的，处二年以下有期徒刑或者拘役。

犯前款罪而窃取财物的，依照第一百五十五条贪污罪从重处罚。

（三）第三十八条　涉及的刑法条款：

第一百五十六条 故意毁坏公私财物，情节严重的，处三年以下有期徒刑、拘役或者罚金。

（四）第三十九条 涉及的刑法条款：

第一百八十七条 国家工作人员由于玩忽职守，致使公共财产、国家和人民利益遭受重大损失的，处五年以下有期徒刑或者拘役。

后 记

《当代中国的邮电事业》一书从1984年组织编写，经过各邮电专业和各有关部门的共同努力，十易其稿，在即将定稿付印时，已经到了1992年。本书下限写到1986年。但考虑到从1986年开始的第七个五年计划期间，中国邮电事业出现了大发展的新形势，取得令人瞩目的成就，因此，在本书《回顾与展望》中作了相应的补充。

参加这部书撰写的同志除已署名者外，还有（按姓氏笔画排列）：才文启、马吉图、马俊儒、王琪、王正初、邓俊文、尹家奎、冯大舜、白伟、刘超、刘硕仁、刘惠明、阮耕莘、江德、汤学耕、吕文启、团国兴、孙志平、陆文开、陈宁器、陈宝传、陈恩德、沈正仪、沈兆龙、沈嘉禾、肖秉一、肖朝勋、吴凤岗、吴贤宁、吴锡高、吴家骏、吴象南、吴睿轩、杨殿作、李鋆、李化中、李幼兰、李应魁、李坤喜、李国樑、李明清、周宝信、周新棠、范嗣廉、张凤生、张庆玲、张志明、罗华锐、金兆丰、柯象武、胡誉淳、赵乃基、赵网大、赵续武、夏汝奎、陶作民、徐和生、贾国贵、商彻、梁竞成、谢朝良、舒继光、傅能援、葛彦、董纯琦、童孝舜、程文焱、詹声谷、楼伯琴、廖世静、潘厚载等。

本书编写过程中，邮电部王子纲、赵志刚、朱春和、刘澄清等老领导以及许多长期从事邮电工作的干部、专家，热诚关心本书编写工作，提出很多宝贵的意见。各省、自治区、直辖市的邮电管理局都提供了大量的历史材料。

在此，我们谨向他们和所有为本书编写工作做出贡献的同志表示衷心感谢。

编　者

1992年12月